U0022758

韓晗主編

金山謠

美國華裔婦女史（增訂版）

令狐萍　著

秀威資訊・台北

謹獻給先父母——

令狐溥與馬慧瑗

「秀威文哲叢書」總序

自秦漢以來，與世界接觸最緊密、聯繫最頻繁的中國學術非當下莫屬，這是全球化與現代性語境下的必然選擇，也是學術史界的共識。一批優秀的中國學人不斷在世界學界發出自己的聲音，促進了世界學術的發展與變革。就這些從理論話語、實證研究與歷史典籍出發的學術成果而言，一方面反映了當代中國學人對於先前中國學術思想與方法的繼承與發展，既是對「五四」以來學術傳統的精神賡續，也是對傳統中國學術的批判吸收；另一方面則反映了當代中國學人借鑒、參與世界學術建設的努力。因此，我們既要正視海外學術給當代中國學界的壓力，也必須認可其為當代中國學人所賦予的靈感。

這裡所說的「當代中國學人」，既包括居住於中國大陸的學者，也包括臺灣、香港的學人，更包括客居海外的華裔學者。他們的共同性在於：從未放棄對中國問題的關注，並致力於提升華人（或漢語）學術研究的層次。他們既有開闊的西學視野，亦有扎實的國學基礎。這種承前啟後的時代共性，為當代中國學術的發展提供了堅實的動力。

「秀威文哲叢書」反映了一批最優秀的當代中國學人在文化、哲學層面的重要思考與艱辛探索，反映了大變革時期當代中國學人的歷史責任感與文化選擇。其中既有前輩學者的皓首之作，也有學界新人的新銳之筆。作為主編，我熱情地向世界各地關心中國學術尤其是中國人文與社會科學發展的人士推薦這些著述。儘管這套書的出版只是一個初步的嘗試，但我相信，它必然會成為展示當代中國學術的一個不可或缺的窗口。

韓晗

2013年秋於中國科學院

推薦序　世外癯仙玉質寒，依泥抱石不孤單
——令狐萍《金山謠——美國華裔婦女史》讀後

令狐萍教授是國際著名的移民史研究專家，1982年畢業於中國山西大學歷史系，1985年留學美國，專攻美國史，先後獲俄勒岡大學歷史學碩士、邁阿密大學歷史學博士學位。她已出版了十一部學術專著，發表了百餘篇史學專論。她首創的移民「文化社區理論」對美國華人研究界有很大的影響。她的研究領域十分廣泛，長期研究的領域有華僑華人、美國亞裔與華裔社會、以及美國亞裔與華人婦女的研究等。在一些與本書相關的領域，如跨國移民與僑鄉婚姻狀態、異族婚姻理論、婚姻比較研究、美國亞裔婦女史、美國華裔婦女史和中國女留學生歷史等等，她都有涉獵，並取得重要成果。

令狐萍教授現為美國杜魯門州立大學歷史系教授，為羅特格斯大學出版社「當今亞美研究」叢書首任編輯，前美國亞裔研究協會期刊《美國亞裔研究》主編。同時，還在中國大陸擔任「長江學者」講座教授（華中師範大學）、武漢僑務理論研究中心與國務院僑務辦公室僑務理論研究武漢研究基地兼職教授、暨南大學華人華僑研究院客座教授。她經常受邀到國際和中國大陸的研究機構與高等院校做學術報告或演講，曾被美國多家電台採訪，她的研究亦被國際及中國大陸多家報章與電台報導。中國大陸的《中華英才》半月刊（2013年6月1日）、北美中文權威報刊《世界日報》（2012年2月2日）和《世界日報週刊》（2006年1月15日版）曾刊登有關她的人物專訪。她也被收錄進國際和中國國內的多種名人錄中。

華人移民美國的歷史已經將近二百年，華人婦女移民美國的時

間稍遲。根據美國移民局的記錄，華人最早到美國是在1820年。1834年，有史可載的第一名中國婦女梅阿芳抵達紐約，是為華人婦女移民美國之始。但由於種種原因，長期以來，美國華人（華裔）婦女史的研究沒有受到應有的重視。華人（華裔）美國婦女不僅在美國大眾文化中被描寫為新奇與性感的玩物，在學術著作中，更是被遺忘。只是到了20世紀6、70年代，歷史學者們才開始把美國華人（華裔）婦女的歷史納入美國華族歷史的研究範疇。有關美國華人（華裔）婦女研究的論文和專著，到70年代末才出現。到8、90年代，歷史學家開始嘗試以專著論述華人（華裔）美國婦女的歷史。例如，成露茜的文章《自由人、契約奴、奴隸：19世紀美國的中國娼妓》解釋了產生19世紀美國的中國娼妓的原因；喬治・佩佛爾的文章《被禁止的家庭：中國婦女在〈佩奇法〉之後的移民經歷，1875-1882年》指出，1875年通過的《佩奇法》是第一個限制中國移民婦女入美的法案；陳素真的文章《對中國婦女的排斥，1870-1943年》贊同喬治・佩佛爾的觀點，並進一步指出，自1870年以來的各項排華法令的通過與實施是二戰前美國華人社會婦女移民稀缺的主要原因。這些文章大多著眼於調查19世紀時在美國的中國娼妓或考察排華法案從1870年到1943年對華人婦女的社會影響。不過，由於主題與論述範圍等方面的侷限，這些著述尚難以清晰地提供一幅關於美國華人（華裔）婦女的完整歷史畫面。

上世紀80年代以來，反映中國婦女在美國經歷的其他側面的著述相繼問世。例如，華裔社會學家葉月芳的著作《匯集我們的力量，姐妹們：華裔社區工作者的不斷增加的作用》考察了華裔婦女在華人社區中的社會作用；包小蘭的博士論文《撐起大半邊天：紐約唐人街車衣女工的歷史，1948-1991》再現了二戰後作為中國移民婦女主要組成部分之一的車衣女工的歷史；譚碧芳的《美國華裔婦女圖片史》，以多幅歷史照片和簡短的文字，提供了美國華人婦女150年來經歷的一個輪廓。該書以圖片為主，說明敘述為輔，尚無法全面、系統、深入地再現美國華裔婦女一個半世紀以來所經歷的痛苦與成功的歷史。總的來說，上述論著填補了美國華人婦女歷史研究中的一些空白，但全面反映華人婦女在美經歷的學術著作仍然闕無。

相比之下，令狐萍的《金山謠——美國華裔婦女史》更加全面、系統、深入地論述了美國華人（華裔）婦女在美國不屈不撓、艱苦奮鬥的歷史，為美國華人（華裔）婦女史研究填補了一項空白。全書共40餘萬字（中文）。包括珍貴歷史照片48幀、圖表17幅，以及有關美國華人（華裔）婦女的主要中英文文獻參考目錄。此書是作者從事美國華人歷史研究的諸多著述中影響較大的一部作品，曾獲美國福特基金會出版津貼獎，入選中華美國學會中華美國學叢書，後由中國社會科學出版社出版。此書自出版以來，受到學術界好評，成為中國高校與學術機構研究美國史、華僑華人史、婦女史等專業的經典教科書，在學術論著中被廣為引用。

其實，早在令狐萍作為博士候選人期間，就選定美國華人（華裔）婦女歷史作為她的博士論文研究範圍。此書是她在這一領域長期研究的順理成章的成果。筆者對該書領悟不深，當年粗讀之後，有以下粗淺見解，略述於次，僅供識者參考與批評指正。

首先，本書史料翔實豐厚，可信度高。

歷史學者往往十分重視學術著述的資料來源，並將之作為判斷一項著述學術水準的重要依據。本書的資料收集與撰寫修改歷時十多年。作者使用的資料，主要包括檔案記錄、口述訪談資料和社會調查、美國人口統計資料、報紙等大量的一手（原始）資料，以及有關美國華人（華裔）婦女研究的各種論文專著（包括中、英文）等二手資料。值得注意的是，作者在華盛頓國家檔案館以及在各州的分館閱讀了上千份移民檔案，從中搜集到了許多珍貴的有關美國華人（華裔）婦女的檔案記錄。如，從1870年至1933年的三藩市地區殯儀館記錄中的有關死因及死者生前職業的欄目裡，作者發現了有關早期美國華人（華裔）婦女的寶貴原始資料。作者還運用大量的口述訪談資料和社會調查資料，從多個側面佐證了歷史檔案。此外，作者還運用了大量有史料價值的圖片來做補充說明，使讀者能更清晰地瞭解美國華人（華裔）婦女的過去、現在和未來。顯然，此書的資料來源是十分過硬的。

在此書最後，作者還把自己收集的所有有關美國華人研究的史料、論著進行詳細分類，並附錄於後，為從事美國華人研究的專家、學者提供進一步研究的方便，讀者可以從書中看出作者厚實的歷史學功底。

其次，此書在華人婦女歷史的分期上推陳出新，凸顯美國華人婦女歷史獨特的階段劃分。

傳統的美國華人史研究專家大多傾向於將美國華人史劃分為三個時期：一是自由移民時期，從1848年加尼福利亞出現「淘金熱」大批華工赴美至1882年《排華法》的通過實施及華工被禁止入境；二是禁止移民時期，從1882年至1943年排華法的廢除；三是戰後時期，從1943年至今。

作者通過深入細緻的考察，認為這種分期方法不能如實準確地反映美國華裔婦女一個半世紀的歷史。因此，作者敢於突破傳統分期方法，以第二次世界大戰以及60年代美國的民權運動和1965年美國新移民法為兩個分水嶺，劃分美國華裔婦女歷史為如下三個時期，即，從19世紀中期至1943年所有排華法令的撤銷為第一時期，主要研究早期中國移民婦女；從1943年至1965年新移民法的頒佈為第二時期，重點考察戰後時期的美國華裔婦女；從1965年至今為第三時期，討論當代美國華裔婦女。這種分期方法能更貼切地反映美國華裔婦女一百多年歷史的階段性特點，得到學術界的廣泛認同，很多學術著作採用她的分期法。

再者，此書根據上述歷史分期，按論題組織史料和編排章節。

在此書的序言部分，作者簡述了一個半世紀以來美國華人（華裔）婦女的歷史，介紹有關美國華人（華裔）婦女史研究的重要史料和著作，並概述本書的主要論點與結論。

第一、第二及第三章可組成此書正文的第一大單元，分別討論中國早期移民婦女的移民動機、移民模式、她們的工作環境、家庭生活以及社會活動。由於華商之妻與中國娼妓構成了早期中國移民婦女的主體，也由於史學界在對這兩類早期中國移民婦女研究的缺失，這三章著重考察並論述這兩類中國移民婦女。同時，這三章也使用大量篇幅討論早期移民中的學生婦女。她們人數比例雖小，但她們在美國華人（華裔）婦女史中的作用是不可抹殺的。

第四章可獨立作為此書的第二大單元。作者全面闡述推動戰後中國婦女移民美國的社會與政治經濟力量，戰後華人（華裔）婦女的生活以及她們逐漸上升的經濟地位與社會流動性。

第五、第六和第七章構成了此書的第三大單元。第五章觀察分析自60年代以來發生於美國華人（華裔）婦女中的顯著經濟、社會、文化、政治以及心理變化。作者在著重分析討論各階層華人（華裔）婦女的同時，也對華人（華裔）婦女中的學生與知識婦女詳加考察，因為她們是形成所謂「模範少數族裔」稱號的重要原因之一。第六章重點討論涉及當代美國華人（華裔）婦女的一些重要問題。第七章總結一個半世紀以來美國華人（華裔）婦女的經驗教訓。這樣的編排，結構合理，脈絡清晰，重點突出。

最後還應提及，此書採用的是「新種族」學派的研究方法。

「新種族」是產生於20世紀60年代美國人權運動的史學研究流派。「新種族」學家，是相對於「傳統史學家」和「開明史學家」而言。在傳統史學家看來，60年代以前的美國傳統史學家多將移民視為「社會問題」，而解決問題的唯一途徑是用主流文化來同化移民，其著述側重於如何將移民同化；而在開明史學家看來，少數族裔是美國制度化的種族歧視與社會偏見的受害者。「新種族」學派不同於兩者，它強調少數族裔美國人要尋求政治和社會經濟的正義，不僅要組織起來，參與政治，而且要尊重本民族的文化遺產，從中吸取力量。

此書採用「新種族」學派的研究方法，闡述了華人（華裔）婦女不僅只是一個半世紀以來美國種族歧視的受害者，而且是克服文化差異、種族歧視和艱難困苦的英勇鬥士。她們不僅努力保存並發揚中國的傳統文化，使其在美國生根開花，而且入鄉隨俗，吸取美國文化的營養，為己所用。她們不僅在美國頑強生存，而且躋身於商界、科技學術界、政界女強人之列，為美國社會的繁榮和發展做出了巨大貢獻。華人（華裔）婦女在美國近一個半世紀的經歷是一部痛苦的歷史，更是一部成功的歷史。對美國華人（華裔）婦女歷史的研究，將再次證明中國人的勤奮不屈、堅強偉大，也將不斷加深對美國的多元文化與多種族社會的瞭解與認識。

在此書的撰寫過程中，作為一位有傑出成就的女性學者，作者本人也親身體驗並品嚐了華人婦女在異國奮鬥的艱辛。從此書中，不僅可以看到作者嚴謹的治學態度，而且可以看出作者力圖再現中國婦女在異國不屈不撓、艱苦奮鬥的歷史和神聖使命感。通過閱讀此書，定能大大加深對美國華人（華裔）婦女史的全面瞭解，豐富對華裔美國人及少數族裔美國人的認識，在研究方法上，亦值得比較、借鑒。對研究美國華人（華裔）婦女史和美國華人其他方面的學者來說，此書是一部不可多得的參考書。

筆者與美國不少華人學者有過頻繁的交往，其中與令教授的交往尤為長久，對她的學術成就十分景仰。這不僅因為令教授是目前筆者所知的美國華人學者中著述最為豐富者，而且還因為她卓越的學術見識、嚴謹的治學風格以及平易近人的待人態度，當然，還因為令教授與筆者同為一個學術領域的緣故。不過，筆者自知才疏學淺，對美國華人歷史一知半解，無法勝任作序的重任。因此，當令教授提出為她的繁體版《金山謠——美國華裔婦女史》（增訂版）寫一序言時，筆者只能根據十多年前閱讀此書的理解，寫一讀書感言，代為序。

暨南大學　高偉濃

2013年8月8日於美國

自序

1985年，同本書將要討論的許多中國婦女一樣，我乘坐中國民航飛機，抵達太平洋彼岸的美國，開始了隨後十多年的在異國學海的遨遊。作為一名女性，也作為一名旅居異鄉的學子，我自然地對美國華裔婦女的歷史開始發生興趣，希望在這一領域做些研究。本書的資料收集與撰寫修改，歷時十數載，其間我也從研究生成為教授，親身體驗品嚐了華人在異國奮鬥的艱辛。因此，在樸素自發的興趣之上，又增添了一層使命感，力圖再現中國婦女在異國的不屈不撓、艱苦奮鬥。本書不僅希望記錄她們為求生存而經歷的艱辛，更欲發現總結她們取得成功的經驗。

在本書的寫作過程中，我有幸得到了許多美國專家學者與友人的無私幫助和鼓勵，得到了許多研究機構與有關人員的大力支持，使我的願望得以實現。我謹在此表示感謝。我的良師與益友、美國著名20世紀史歷史學家艾倫・溫克勒爾（Allan M. Winkler）博士不斷地給予我鼓勵與建議，並親自閱讀校對每一次修改稿。著名亞裔移民史專家羅傑・丹尼爾斯（Roger Daniels）博士也在本書的全部寫作過程中，傾注了大量的關切，提供了許多有益的資料與具體的建議。美國婦女歷史學家瑪麗・弗瑞德瑞克森（Mary Frederickson）博士也始終熱情洋溢，為完善本書，提供各種建設性的建議。歷史學家劉海明博士、哥倫比亞大學教授蓋瑞・Okihiro（Gary Okihiro）博士、路易士・魏德（Louise C. Wade）傅士，和社會學家葉月芳（Stacey G.H. Yap）博士慷慨地提出各種有益的建議，使本書更上一層樓。

我深深感謝所有接受訪談的華人婦女。沒有她們的幫助，本書將難以完成。她們慷慨無私地將自己寶貴的時間與豐富的人生閱歷貢獻給了本書。她們的經歷組成了一部活生生的美國華裔婦女史。她們不僅熱情支持本書的寫作，而且許多人還成為我的摯友與忠實讀者。在此我要特別感謝伊沙貝拉・張（Isabelle C. Chang）、陳泗橋（Sze-Kew Dun，已逝）、廖黎燕、林白燕（Pai-Yen Lin Lu）、鐘靈秀博士（Alice C. Phillips）和貝拉・邵（Bella Shao，已逝）。

在我收集史料的過程中，美國國家檔案館、許多研究機構與大學的圖書館和檔案館的專家與工作人員，給予了熱情的幫助。我特別感謝下列機構的工作人員：美國國家檔案館總館（National Archives in Washington, D.C.）、美國國家檔案館太平洋山嶺地區分館（National Archives-Pacific Sierra Region in San Bruno, CA）、美國國家檔案館中部平原地區分館（National Archives-Central Plain Region in Kansas City, Missouri）、美國國家檔案館大湖地區分館（National Archives Records Administration-Great Lake Region, Chicago）、美國國會圖書館（Library of Congress）、三藩市地區法院（San Francisco District Court）、紐約市立圖書館（New York City Public Library）、哥倫比亞大學東亞圖書館（the East Asian Library at Columbia University）、加利福尼亞州立大學伯克利分校種族研究圖書館（the Ethnic Studies Library at the University of California at Berkeley）、夏威夷大學圖書館特藏館（the Special Collection at the University of Hawaii at Manoa）、俄勒岡大學圖書館特藏館（the Special Collection at the University of Oregon）、邁阿密大學圖書館（King Library at Miami University）、和杜魯門州立大學圖書館（Pickler Memorial Library at Truman State University）。

我由衷地感謝我的摯友、邁阿密大學圖書館員珍妮・普雷斯內爾（Jenny Presnell）。她全心全意地、不知疲倦地為我搜集並複印資料。她的友誼與支持為本書完成之必不可少。杜魯門大學圖書館館際借書處的工作人員希拉・斯沃福特（Sheila Swafford），通過館際借書體系，為我收集了大量的資料，我深深感謝她的幫助。美國國家檔案館太平洋山嶺地區分館的檔案保管員尼爾・湯姆森（Neil Thomsen）和美國國家檔案館中部平原地區分館的檔案保管員邁克爾・布洛德希德（Michael J. Brodhead）博士的敬業精神與極大的耐心、熱情，使我深受感動，難以忘懷。

我感謝美國大學婦女協會教育基金會、邁阿密大學、杜魯門州立大學對本書的慷慨贊助。沒有上述機構的經費支持，本書將難以完成。本書的出版得到由美國福特基金會贊助的中華美國學會美國學著作出版補貼基金的資助，特此致謝。

雖然本書的完成是筆者十數年來在美國進行學術研究的成果，但許多中國的美國學專家學者的專著與論述也使我受益良多。黃紹湘教授的《美國通史簡編》、劉緒貽教授與楊生茂教授主編的《美國通史叢書》和劉伯驥先生的《美國華僑史》都使我大受啟迪，也都在本書中被參考引用。同行專家們發表於中華美國學會和中國社會科學院美國研究所主辦的學術性季刊《美國研究》，與中國華僑華人歷史研究所主辦的《華僑華人歷史研究》的論文也都是我的必讀文章，它們大大開闊了我的研究視野，增進了我對美國史研究、華僑華人歷史研究的全面瞭解。除上述著述外，我也得益於許多其他中國史學專家的研究成果，無法一一列舉，在此謹表示感謝。

我的蒙師、國際著名東歐國際關係史學家程人乾教授，為我走上史學研究的不歸路，起了巨大的示範作用。他對史學研究的嚴肅認真、孜孜不倦，是我寫作此書的榜樣。我的母校山西大學與山西省教育委員會曾慷慨出資，大力支持我在美國進行美國史的學術研究，對本書的完成功不可沒。在此我表示衷心的感謝。

此外，我需要對本書的專業術語的使用以及英文人名地名的翻譯做一些說明。在本書中，我使用了「中國移民婦女」、「美國華裔婦女」等術語。在討論二戰以前的旅美中國婦女時，我一般使用「中國移民婦女」或「華人移民婦女」等術語。因為在1943年美國國會廢除所有排華法案之前，中國移民沒有選擇成為美國公民的權利。在討論戰後中國移民婦女在美國的最初經歷時，我也使用「中國移民婦女」一詞。因為，美國移民法規定，當外國移民獲取美國永久居民的身分後，還須等待五年方可申請成為美國公民。所以，從移民至美國公民要經歷數年甚至數十年的等待。在此時期，雖然這些中國婦女已定居美國，她們的法律身分仍為移民，她們仍持有中國護照，為中國公民。而在討論在美國出生的華人婦女（根據美國憲法，所有在美國國土出生者均為美國公民）或已獲美國公民身分的中國婦女時，我使用「美國華裔婦女」或「華裔美國婦女」等術語，來重點強調她們對於美國文化的歸屬性。她們是具有中國血統的美國人，是美國多元文化的有機組成部分。

在對英文人名地名的翻譯中，我參照標準常見英美姓名翻譯與約定俗成的人名地名翻譯，儘量採用已被使用過的翻譯名稱。對於從未被翻譯成中文的英文人名地名，我根據與標準翻譯相類似的翻譯原則譯成中文。在所有翻譯名稱與專門術語之後，我都在括弧內附有英文原文，以便於讀者查閱與該名稱有關的英文書籍資料。

由於早期中國移民多來源於廣東沿海各縣，他們的名字多以廣東地方方言的發音出現於原始史料中。例如美國國家檔案館收存的美國移民檔案資料，只登記有中國移民名字的廣東話發音，除少數移民用中文簽名外，許多文盲移民只在文件上十字畫押作為簽名，因而無從得知他們的確切中文名字。所以，我在翻譯廣東人名時，除參照常見的中國姓氏廣東話發音有關資料之外，還請教一些兼懂廣東話與普通話的人士，幫助翻譯。因為訛誤在所難免，我將所有廣東話人名的原始拼寫放在括弧內並附在普通話譯名之後。例如，「梅阿芳」（Afong Moy）。

為了尊重與保護訪談對象的隱私權，本書在引用口述訪談案例時，避免使用訪談者的原名，而僅使用訪談者姓氏英文拼寫的第一個字母。例如，「S女士」中的「S」為中國姓氏「宋」（Sun）的英文拼寫的第一個字母。在注釋中引用口述訪談時，我僅引用每一訪談者的數字編號。例如，「口述訪談第一」。

對於書中的缺點錯誤，我懇請讀者批評指正。

令狐萍

1998年於美國

增訂版序言

《金山謠——美國華裔婦女史》簡體原版本（中華美國學會中華美國學叢書，中國社會科學出版社，1999，獲美國福特基金會出版津貼獎）自出版以來，便有幸受到國際國內學術界的重視，在諸多學術著作中被廣泛引用，並為中國各大學的美國研究、華僑華人研究、婦女研究、美國文學等專業採用為經典教科書。

2013年6月，臺灣秀威資訊科技股份有限公司的「秀威文哲學術」叢書主編韓晗博士，再三向我邀約《金山謠》在臺灣以繁體出版，我欣然從命。拙著已問世十五年，仍然受到專家、學者、與讀者的信任與抬愛，讓我感動不已。能為中國的美國學與華僑華人研究拋磚引玉，吾亦深感欣慰！《金山謠》的增訂版以繁體在臺灣面世，將有助於更多海內外的讀者瞭解近代中國移民婦女在美國的艱辛與奮鬥，和成就與自豪。

《金山謠》的增訂版以繁體重新輸入原稿，並全部更新原稿中的相關詞語、內容、原始資料、與文獻參考書目。**除更新全書外，繁體增訂版也新增兩個章節與五個附錄。本版新增照片20幀，全書一共收錄48幀原始歷史照片、圖表17幅。本版各章更新增筆者與其他美國華裔研究學者自2000年以來的最新研究成果。**

本版新增的具體內容如下：前言部份添加對2000年後出版的有關華裔婦女的專門著述的討論；**第二章**新增對華商運營的討論以及華商對華僑華人社會的貢獻；**第三章**新增對華商妻生活與家庭結構的分析論述，並闡述中國女學生對增加華裔婦女正面形象的作用。**第四章**對美國華人婦女在二戰中的特殊貢獻以及她們對祖籍國與居住國政治運動的參與，增添或更新資料。該章特別新增對美國華僑華人研究先驅、美國「芝加哥學派」代表性學者譚金美（Rose Hum Lee）學術生涯的深入分析與探討。**第五章**新增對美國亞裔學運動在美國中西部與南部在1990年代與2000年代的發展的綜合性討論，2000年以來美國華裔婦女參政的突破性進展，以及有關關穎珊、趙美心等知名美國華裔婦女事蹟的最新資料。**第六章**新增對模範少數族裔、平等權益措施、異族通婚等美國華裔研究中的重大爭論性問題的最新研究與統計資料。另外，華僑華人研究中其他爭論性的問題，諸如華人社會中的「上城」與「下城」的階級對立問題，華人參政的問題，筆者也納入第六章一同論述。本書**新增第七章**，從幾個方面，專門論述全球化對美國華人社會的影響。第一，全球化的滲入導致臺灣留美運動的衰落，進而促成大陸精英人士在美國華人社會中的崛起。第二，全球化與華人精英階層的興起，使一種新的社區形態——文化社區——出現；傳統的唐人街不再成為海外華人社區的主導與單一形態。第三，華人一世紀半以來在美國公眾形象的演變，從一個側面展現近代中國的榮辱興衰，特別是全球化下中國的崛起。第四，近年來全球化下的中國「崛起」與美國「衰落」，給美國華僑華人帶來了新的機遇與挑戰。

附錄一新添自1999年以來有關華僑華人研究的學術專著與專論，以及影音資料。**附錄**二「美國華裔婦女大事年表」改為「美國華裔大事年表」，囊括從華人移民美國至今的與美國所有華裔有關大事。為了進一步方便讀者並協助研究人員的專門課題研究，增訂版也新創**附錄**三「華僑華人研究主要專有名詞及概念中英對照表」，**附錄四**「中外主要華僑華人研究機構及組織」，以及**附錄五**「美國2010人口普查有關亞裔華裔數據」，包括筆者根據美國人口普查局2010年普查數據編撰整理的**六幅圖表**。

筆者在此特別感謝韓晗主編的慧眼提攜。筆者也慶幸有機會與秀威資訊科技股份有限公司合作。劉璞編輯非常敬業謙和，耐心細緻地引領筆者渡過本書出版的一道道細節。蔡登山老師校對書稿，精益求精。公司的其他員工亦為出版本書作出了不懈努力。在此，我深表感激與敬意。

筆者也格外感謝國內美國史開創者之一、逾百歲老人劉緒貽教授。我進入美國歷史的研究領域，得益於劉緒貽、楊生茂、黃紹湘等先驅大師的浩繁著述，例如劉緒貽、楊生茂教授主編的六卷本《美國通史叢書》，黃紹湘教授的《美國通史簡編》。筆者受教於劉緒貽教授，逾32載筆交通信。直至2013年夏天，筆者作為中國教育部長江學者講座教授入教武漢的華中師範大學，才終於有機會與劉教授頻繁晤面促膝交談、補償32年的時空差距。中國華僑華人研究專家、暨南大學華僑華人研究所的高偉濃教授，慷慨為本書作序，筆者深深感謝老友的情誼。

筆者也得益於中外華僑華人研究學界多位前輩與同仁的研究成果，以及與他們的數載密切交流與合作。筆者在此深深感謝：北京大學周南京、梁英明、梁志明、李安山、李劍鳴、吳小安、楊保筠等教授；清華大學華商研究中心主任龍登高教授；中國社會科學院院長助理郝時遠，中科院美國所陶文釗，中科院世界歷史研究所丘立本；中共中央黨史研究室任貴祥；北京華文學院李嘉郁教授；華東師範大學戴超武教授；國務院僑務辦公室巡視員朱慧玲；中國華僑華人歷史研究所趙紅英、張秀明、巫秋玉、黃靜、程希等研究員；南方國際人才研究院院長王輝耀；廈門大學南洋研究院院長莊國土、李國梁、施雪琴、沈惠芬等教授，著名社會學家李明歡教授，歷史系王旭教授，人類學系主任曾少聰教授；福建社科院研究員黃英湖教授；福州大學當代閩台文化研究所所長甘滿堂教授；暨南大學副校長紀宗安教授，暨南大學華僑華人研究院院長曹雲華、高偉濃、陳奕平、潮龍起、鞠玉華、周聿峨、廖小健等教授，東南亞研究所黃昆章教授，社會科學部秦珊、賈海濤教授，華僑華人文獻資訊中心主任徐雲；廣東省僑辦副主任吳行賜；中山大學亞太研究院院長范若蘭教授；華南師範大學政治與行政學院萬曉宏教授；五邑大學副校長張國雄教授；韓山師範學院黃小堅教授；武漢華中師大校長馬敏，章開源、朱英、彭南生、李其榮、曾曉祥、魏文享、何卓恩、彭慧、詹娜等教授；上海社科院副院長熊月之、研究員吳前進、程兆奇、葉斌；上海同濟大學崔志鷹教授；江蘇師範大學張秋生教授；廣西社科院東南亞研究所所長趙和曼

（已故）；廣西民族大學鄭一省教授；臺灣劉伯驥教授（已故）、成露茜教授（已故）、臺灣交通大學蔡石山教授；臺灣中央研究院張存武、陳三井、朱浤源、湯熙勇、游鑑明教授；臺灣中原大學夏誠華教授；臺灣國立清華大學人類學研究所所長陳祥水教授；臺灣暨南國際大學歷史系李盈慧教授；臺北市立教育大學研究發展處處長徐崇榮教授；香港中文大學陳志明教授；香港大學冼玉儀、錢江教授；新加坡國立大學王賡武、黃賢強教授；新加坡南洋理工大學廖建裕、李元瑾、劉宏、游俊豪教授；韓國首爾大學鄭永錄教授；日本漢學家、中山大學亞太研究院院長濱下武志教授；日本武藏野美術大學廖赤陽教授；日本香川大學王維教授；日本早稻田大學陳天璽教授；菲律賓華裔青年聯合會吳文煥、洪玉華；荷蘭漢學家包樂史（Leonard Blussé）教授；丹麥漢學家朱梅（Mette Thun）教授；南非漢學家Karen L. Harris教授；澳大利亞學者Jan Ryan教授；紐西蘭華僑華人研究學者葉宋曼瑛教授；美國華僑華人研究學者陳國維、陳社紅、陳素真、陳勇、羅傑・丹尼爾斯（Roger Daniels）、杜維明、周錫瑞（Joseph W. Esherick）、胡其喻、孔飛力（Philip A. Kuhn）、鄺治中、李唯、李又寧、連培德、淩津奇、劉海銘、麥禮謙（已故）、舒沅、宋李瑞芳、王保華、王靈治、吳兆麟、徐元音、楊（譚）碧芳、楊飛、楊風崗、葉月芳、尹曉煌、余仁秋、張少書、趙小建、鄭達、鄭力人、周敏、謝漢蘭（Helen Zia）等教授；加拿大華僑華人研究學者黎全恩（David Lai）、李勝生（Peter S. Li）、黃偉民（Lloyd Wong）、余全毅（Henry Yu）、宗力等教授。

筆者的學術成長乃至本書的研究寫作，都離不開全家人的呵護關注。先父令狐溥，畢生為中華民族的獨立富強鞠躬盡瘁，死而後已。我向有為父做傳的宿願，但學業、工作事務繁忙，至今未果。先母馬慧瑗，為人師表，刻苦敬業，桃李天下。先父母在世時，總是鼓勵我永不自滿、不斷進取。本書的寫作與出版亦算是對先父母養育教誨的寥寥回報。長兄令狐靖、大姐令狐虹、二姐令狐燕數十載照顧、服侍年邁的父母，使我能在大洋彼岸，安心讀書、工作、養家。兄、姐的手足恩情，余將沒齒不忘。外子薩米博士，是我寫作生涯中的最佳助理與鐵面無情的評論家；愛子威廉與艾克，更是我的忠實「粉絲」！家人的摯愛與支持，是我學術耕耘永不枯竭的力量源泉！

令狐萍
美國杜魯門州立大學歷史學教授
中國教育部長江學者講座教授
2015年1月於美國

目次

表目次

前言

1820年，美國移民局記載了第一批抵美的華人。[1] 從此，中國學生、商人，特別是勞工源源抵達美國，直至1882年美國國會通過排華法令限制中國勞工，移美浪潮驟減。[2]

中國移民婦女，雖然在人數上大大少於中國男性移民，也在同時期抵達新大陸。1834年，有史可載的第一名中國婦女梅阿芳（Afong Moy），抵達紐約。隨後，其他中國婦女也陸續到達美國。自梅阿芳抵美三載之後，已有1784名中國婦女居於美國，主要分佈於加利福尼亞、內華達、夏威夷和愛達荷等州。[3]

1848年，大批金礦被發現於加利福尼亞州。從此，黃金的誘惑吸引了無數美國東北部的小業主、平民、失業者與冒險家開赴西部，挖掘黃金，也招致了大批移民從歐洲及亞洲飄洋過海，來美國實現黃金夢。黃金被發現的消息，也在19世紀50年代傳入中國。時值鴉片戰爭結束，中國淪為半封建、半殖民地社會，西方列強競相將其工業產品傾銷中國，導致傳統的自給自足的經濟崩潰，商人破產，手工業者失業，農民傾家蕩產。南方沿海省份，尤其是廣東、福建，首當其衝。內憂外患與凋蔽的經濟迫使大批廣東、福建的失業農民及手工業者，典賣家產，或以人身做抵押，購買船票，告別妻小，抵達加利福尼亞州。大部分抵美的華工都懷著到美國擺脫貧困、發財致富的夢想，視美國為黃金地。美國因此被廣東、福建移民稱為「金山」，首批華人

---

1 William L. Tung, *Chinese in America 1820-1973, A Chronology & Fact Book* (Dobbs Ferry, New York: Oceana Publications Inc. 1974), p.7. 其他學者如羅傑・丹尼爾斯以為早在1785年已有個別華人定居於賓夕法尼亞州。參閱Roger Daniels, *Asian America, Chinese and Japanese the United States since 1850* (Seattle: University of Washington Press, 1988), p.9.

2 Tung, p.7.

3 美國人口統計資料（U.S, Census）。

聚居的加利福尼亞州聖弗蘭西斯科（San Francisco）也因而被稱做「舊金山」。

這一移民西部的美國黃金潮大大推動了美國西部的開發，使美國從東北部十三州逐步發展為橫貫北美大陸的國家，在美國西部史與美國經濟政治及文化史上都具有重要意義。

在黃金潮與美國西部開發時期（1840-1880年），由於西部生存條件原始艱苦，西部冒險家們多為單身男子。娼妓業由此應運而生，因此，以男性為主體的西部社會發展繁榮起來了。

黃金潮時期的西部娼妓，多為墨西哥裔、西班牙裔婦女，或生長於墨西哥、巴西和祕魯的法裔婦女，以及從美國東海岸來的白人婦女。[4] 早期中國移民婦女也被騙或被迫加入娼妓業，以賣笑為生。[5] 1870年，在加利福尼亞州的3526名成年中國移民婦女中，有2157名被列為娼妓。[6] 美國西部各州政府迫於新教教會（Protestant）婦女社團的抗議活動，自1870年始，通過了取締娼妓法令。其中最著名的為《佩奇法》（Page Act）。該法令規定禁止娼妓入境。自此，大部分中國娼妓從良，成為中國移民商人、業主、及勞工之妻。但娼妓業的罪惡與不道德仍然被美國政府及反華人士利用為通過1882年《排華法》（Chinese Exclusion Act）的藉口之一。該法有效地禁止了華工及其家屬入美。

但是白人勞工，尤其是加利福尼亞州的那些成功地迫使美國國會通過1882年《排華法》的白人勞工，仍不滿於該法的有效力。由於

---

4 Curt Gentry, *The Madams of San Francisco* (Garden City, N.Y.: Double Day & Co., 1964), pp.16-23.

5 早期美國西部的中國妓女多為廣東省貧困破產的農民之女，被雇主謊稱招募女工，或招聘新娘騙往美國娼館妓院，淪為「妓奴」（Slave girl）。她們沒有人身自由，每日被迫接待嫖客，直至付清船費及高利債務。許多妓奴不堪凌辱，採取自殺、逃亡、或由嫖客贖身的方式獲取自由。

6 成露茜（Lucie Cheng Hirata），"Chinese Immigrant Women in Nineteenth-Century California," in Nobuya Tsuchida ed. *Asian and Pacific Experiences: Women's Perspectives* (Asian/Pacific American Learning Resource Center and General College University of Minnesota, 1982), p.40. 其他學者如瑪麗・柯立芝（Mary Coolidge）和喬治・佩佛爾（George Peffer）有不同見解。他們認為美國人口統計資料並不確切，中國娼妓的數目有可能被擴大，同時其他中國婦女的數目則有可能縮小，因為從事人口統計的官員有可能出於偏見將許多非娼妓中國婦女統計為娼妓。喬治・佩佛爾進而得出結論：在1870年，近一半居於三藩市的中國成年婦女屬於良家婦女。參閱 Mary Coolidge, *Chinese Immigration* (New York: Henry Holt & Co., 1909); George Anthony Peffer, "Wife? Prostitute! A Critical Examination of the 1870 and 1880 Census Enumeration of San Francisco's Chinese Community," Paper presented at Association for Asian American Studies 1996 Annual Meeting, Washington D.C., May 29-June, 1996, pp.2 -12.

中國勞工勤勉吃苦，順從聽話，在美國白人罷工時，常被資本家僱用做為替補。美國資本家與種族歧視者更有意煽動美國當地工人對華工的不滿，以便從中漁利。在美國歷史上，白人工會一直被認為是推動排華暴力活動，迫使國會通過排華法令的主要社會力量之一。為了加強1882年排華法的效力，國會於1888年10月1日通過了《司各特法案》（Scott Act）。該法令宣佈所有返華探親的中國勞工的回返證明書（return certificate）無效，[7]從而禁止了2萬名持有該證明的中國勞工重新入境。[8]在該法通過以前，中國勞工的家眷還可以以前居民的身分入美，司各特法則有效地禁止了這些華人移民婦女入美。但中國商人的妻女仍可以以前居民的身分再次入境，與其丈夫或父親團聚。[9]上述排華法令大大限制了中國婦女移民美國。因此，自1870年以來，中國移民婦女的人數保持在僅4000名左右長達近半個世紀。[10]

在19世紀後半期與20世紀初期，做為洗衣店主、中餐館業者、雜貨店主、農夫、廚師以及勞工的妻子，這些早期中國移民婦女時常面臨生活的艱難困苦、當地白人的歧視與敵意，日日處於驚恐不安之中。她們的日常活動包括煮飯洗衣、帶孩子。除家務事外，生活在鄉間的移民婦女還要管理菜園，貯存蔬菜與水果，餵養家畜，下地種田；同時居住於城鎮的中國移民婦女則要幫助他們的丈夫管理洗衣店、餐館與雜貨店，終日辛勞。懼於當時美國社會的種族歧視與暴力排華活動，這些早期移民婦女的活動天地僅僅侷限於當地華人居住區域唐人街的陋室中。

在第二次世界大戰中期至戰後的一段短暫時期，美國政府與各界對中國及華裔的歧視與敵視態度開始轉變。在第二次世界大戰中，中國做為反法西斯的同盟國成員之一，進入同盟國四強的領導集團（其他三國為美國、英國與蘇聯）。中國軍民在中緬戰場的浴血抗戰，也

7 Tung, p.70. 回返證明書是美國移民局簽發給回中國探親的中國勞工的證書，證明該探親者為美國居民，可以再次入境。

8 Tung, p.18.

9 1882年的排華法規定禁止中國勞工入美十年，但商人、學生、教師、外交官及其他政府官員仍可不受限制來美。

10 美國人口統計資料。

引起了美國各界人士的關注與敬佩。中國與中國人的形象在美國人的心目中開始改變。同時，民主黨總統富蘭克林・羅斯福（Franklin D. Roosevelt）又一向以開明激進著稱。在這一系列有利的內外因素推動下，羅斯福總統於1943年12月13日簽署《廢除排華法令》（Repeal of Chinese Exclusion Acts）的文件，宣佈自是日起所有排華法令無效。從此，排華法被一一廢除，有利於華人移民的法案被國會通過，中國婦女開始以軍人未婚妻、軍人妻子、戰時錯置人員（displaced person），難民以及美國公民妻子的各種身分進入美國。為獎勵包括華裔在內的在役與退伍軍人，美國國會於1945年至1950年通過一系列法令接納他們的外籍妻子入境。1945年12月28日，《戰爭新娘法》（War Bride Act）被通過。該法令規定美國在役軍人的外籍妻子（只要該婚姻在該法通過前或通過後30天之內生效）可以入境並有權申請成為公民。根據美國移民與歸化局（Immigration and Naturalization Services）的年度報導，在該法令被實行的三年之內，約有6000名中國婦女做為軍人妻子被接納入境。1946年6月29日，國會又通過了《軍人未婚妻法》（GI Fiancés Act），允納美國軍人的外籍未婚妻入境。在該法實行的三年期間，有91名中國婦女被接納入境。

1948年的《戰時錯置人員法案》（Displaced Persons Act）與1953年的《難民救援法》（Refugee Relief Act）是美國國會針對中國大陸突變的政治局勢而通過的法令。1949年10月，毛澤東領導的中國共產黨在長達28年的奮鬥中，終於戰勝了蔣介石為首的國民黨，奪取了全國政權。在此之前，不少國民黨的要員大亨見國民黨大勢已去，紛紛轉移資產，疏散子女到香港、台灣、美國和加拿大等地。在國民黨院外活動集團（China Lobby）的壓力下，美國國會於1948年6月25日通過《戰時錯置人員法案》，允許這些逃離中國的移民將其在美身分從臨時訪問轉為長期居民。約有3465名「被錯置」的中國學生、訪問人員、海員及其他人員運用該法成為美國長期居民。在同樣的政治背景下，美國國會又於1953年8月7日通過《難民救援法》，給予2000名持有國民黨政府頒發的護照的中國人入美簽證。截止到50年代，在美國的華人婦女數目已達40621名。[11]

在此期間，越來越多的美國華裔婦女加入就業者的行列。移民婦女的就業機會一般侷限於無技術性的職業如縫紉、餐館招待業、家庭服務業以及其他服務性行業。同時那些在美國出生長大的第二代華裔婦女則大多有較高的教育程度，因而有機會進入職業婦女圈。一些傑出的第二代華裔婦女更成為作家、律師和學者。黃玉雪（Jade Snow Wong）出生於舊金山唐人街的一個中國移民家庭，通過自身努力成為一名陶瓷工藝美術家與作家。她將自己的成長經歷，特別是作為第二代華裔婦女所體驗的由東西方兩種文化衝突而引起的失迷、困頓的心路歷程，寫成自傳體小說《第五個中國女兒》（Fifth Chinese Daughter），暢銷一時，尤為第二代華裔婦女喜愛。埃瑪・盧（Emma P. Lum）被任命為舊金山市的律師。譚金美（Rose Hum Lee）獲得了社會學博士，當選為芝加哥的羅斯福大學（Roosevelt University）社會學系主任，成為著名學者與社會活動家。一些傑出的華裔婦女如吳建雄博士成功地進入高科技領域，成為世界著名的科學家。

60年代，美國黑人發起了波瀾壯闊的民權運動（Civil Rights Movement）。在此運動的衝擊下，美國政府被迫通過法令，調整政策，注意保障美國黑人的各項權利。民權運動不僅提高和改善了美國黑人的社會地位，也使其他少數族裔受益。華裔自此衝破種族偏見、社會歧視的藩籬，逐步進入主流社會（mainstream society）。迫於美國聯邦政府大眾傳播委員會（Federal Communication Committee）的關於優先錄用少數族裔與婦女規定的壓力，美國三大電視廣播網之一的哥倫比亞廣播公司（CBS, Columbia Broadcasting System）在1971年僱用第二代華裔女記者宗毓華（Connie Chung）為該公司節目主持。宗毓華工作勤奮刻苦，脫穎而出為美國電視廣播業女強人。1981年，美國華裔女建築師林瓔（Maya Lin）才21歲，還是耶魯大學四年級的學生，她設計的越戰紀念碑藍圖便脫穎而出，從1420件參選作品中被選中。1982年紀念碑

[11] 美國人口統計資料。

完工後，這座黝黑的V字形巨牆，默默提醒人們越戰的沉痛教訓，具有震懾人心的力量。1996年，年僅15歲的華裔冰壇新秀關穎珊（Michelle Kwan），以其成熟、完美的冰上技巧，奪得世賽女子花樣滑冰冠軍。

一些其他美國華裔婦女也活躍政界，被任命聯邦政府要職。作家與社會活動家包柏漪（Bette Bao Lord）與她的任美國駐華大使的丈夫溫斯頓·洛德（Winston Lord）於1985年至1989年出使北京。第一代移民婦女趙小蘭（Elaine Chao）在1989年被布希政府任命為交通次長，成為華裔中的最高政府官員。同年，第一代移民婦女張之香（Julia Chang Bloch）也被布希政府任命為美國駐尼泊爾大使。

雖然中國婦女在近數十年來已經取得了令人矚目的成就，她們仍然被學術界冷落，為美國公眾所誤解。始自中國婦女到達美國，她們便一成不變地被美國大眾媒體報導為性感乖順、神祕誘人的玩偶。據《商業廣告》（*Commercial Advertiser*）記載，當梅阿芳在1834年抵達紐約時，她是被做為展品「身著中國服裝」，「向紐約美女們展示中國女子的不同風韻」。[12] 一個稱作「中國博物館（Chinese Museum）」的巡迴演出團體，也將中國女子描繪為「奇異」、「精妙」的玩物：「中國美人潘葉可（Pwan-Yekoo）女士以她獨特的中國服飾吸引了所有百老匯的觀眾。她迷人、狡黠、活潑和雅致。她的一雙小腳更是絕妙！」[13]《哈潑斯週報》（*Harper's Weekly*）於1858年1月30日刊載了一篇關於中國婦女的文章。文章淋漓盡致地描繪了中國女子的奇異髮形，她們的纏足與服飾，並戲謔說：「這些長得像狒狒的香港女人嘗起來一定像芒果。」[14] 這些描繪中國婦女的早期媒體形象並沒有失勢，在今天仍然影響報刊雜誌對中國婦女的報導。許多文章廣告仍然將中國婦女視為可以招攬讀者與顧客的誘餌。即使是在70年代創刊的著名的女權主義雜誌《女士》（*Ms.*）也不能擺脫巢臼。在該雜誌上刊登的一篇廣告中，一名東方女子斜臥躺椅，伸出一雙大腿，為某公司推銷長

[12] Loren W. Fessler ed., *Chinese in America, Stereotyped Past, Changing Preset* (New York: Vantage Press, 1983), p.6.

[13] *New York Express*, 22 April 1850.

[14] *Harper's Weekly*, 30 January 1858.

筒絲襪產品。[15]即使在今天，中國華裔婦女依然被視為舶來品、性感動物，為傳播媒體所利用。

在電影戲劇中，美國華裔婦女同樣被描繪為性感誘人的玩物。在傳統的好萊塢電影中，中國女子不是怪異冷酷，就是妖冶迷人，用以陪襯男主角（往往是白人）的英武、剛直和強悍。當代電影仍受這種模式的影響。例如1984年出產的電影《龍年》（*Year of the Dragon*），其中男主角是越戰退伍軍人，紐約市警察局的警官斯坦利・懷特（Stanley White）。他不顧個人安危屢次深入紐約唐人街，調查犯罪團夥的活動，而女主角特蕾西・謝（Tracy Tze）則是聞名紐約的電視主播。她像斯坦利・懷特一樣敬業，曾多次冒著生命危險，親臨犯罪現場，向觀眾直播新聞。二人在唐人街相遇，演出一場精彩的愛情戲。雖然該劇的編導一方面將特蕾西・謝描繪為職業女強人以反映美國華裔婦女的現狀，一方面仍為傳統模式所侷限讓特蕾西・謝表現為一個有心計、性感狡猾的女人。[16] 1986年出產的電影《中國女孩》（*China Girl*）雖遠不如《龍年》那樣大受爭議，但仍不脫舊俗。該劇的背景同樣置於紐約唐人街，是一齣現代的羅密歐與朱利葉愛情戲。純潔可愛的華裔女孩特安（Tyan）與義大利裔男青年托尼（Tony）相愛。兩人分別居於毗鄰的紐約唐人街與紐約小義大利城。兩個少數族裔居住區的居民，風俗習慣迥異，相視為敵。兩個相愛的年輕人必須先衝破種族與文化隔離，才能獲得幸福。該劇同樣渲染唐人街的暴力與犯罪，同樣將特安描繪成一個性感迷人但軟弱無助的弱者。

不同於上述電影，華裔電影編導王穎（Wayne Wang）於1985年編導的《點心》（*Dim Sum*）則從現實敏感的手法，從正面宣傳華人文化。該電影側重描寫第二代華裔女青年傑洛爾丁（Geraldine）的內心世界美及其與母親的親情。不同於其他美國青年，傑洛爾丁在成年與就業之後仍同母親住在一起，以便更好地照顧年邁的母親。為了母親，

---

15 *Ms.*, Magazine.

16 Michael Cimino, *Year of Dragon*, film, 1984. 該電影對唐人街犯罪團夥的誇張渲染，曾引起華裔各界人士的抗議，認為該劇刻意污蔑、詆誨華人，歪曲華裔形象。影界評論家也紛紛指責該劇誇大事實，並以暴力為噱頭招攬觀眾。

她曾一再推遲婚期。[17] 這種表彰中國優秀傳統道德文化的電影，一掃往日好萊塢的渲染暴力與色情的烏煙瘴氣，以其清新寫實的風格，逐步成為由華裔創作編導、反映華裔生活的電影的主流。而90年代的根據同名小說改編的電影《喜福會》（*The Joy Luck Club*）則比《點心》更上一層樓，更加細緻入微地描寫中國文化與美國主流文化的衝突，以及由文化衝突而引起的四對華裔母女之間的複雜微妙的關係。具有意義的是，四個第二代華裔女性均能在這種文化差異與衝突中，發現或重新發現自我，並加深對母親一代的瞭解與敬意。《喜福會》不僅為大多數華裔，特別是第二代華裔青年喜愛與認同，而且深受美國其他族裔的歡迎。

在這種新風氣的影響下，以多種文化形式表現亞裔美國人新風貌的全美亞裔美國人電影大眾傳播協會（NAATA, National Asian American Telecommunications Association）於1980年成立。該協會的宗旨為教育美國公眾，以準確、現實地表現亞裔新形象的作品來取代以往影視界對亞裔的反面的、一成不變的醜化的影劇，提高由亞裔美國人創作的影視作品的品質。亨利・周（Henry Chow）編導的電影《李茹》（*Liru*）是該協會發行的電影之一，曾獲奧斯卡（Academy Award）優秀劇作獎提名，並參加舊金山國際電影節。《李茹》表現美國華裔婦女對其種族特性與個人特性的索求。李茹是在舊金山長大的華裔女青年。她必須解決與母親的關係以及與男友的關係之間的矛盾衝突，必須決定是留在舊金山照顧母親，還是飛往耶魯大學與男友相聚。在反省回憶幼年經歷後，李茹對母親更加體貼。[18]

由全美亞裔美國人電影大眾傳播協會發行的記錄片《點心外賣》（*Dim Sum Take-Out*）通過五名華裔婦女對各自處理文化遺產的方式的對比，表現華裔婦女探求人生、種族、個人獨立與性行為等重大問題的努力。該記錄片表現手法明快，頗有音樂電視片的風格。[19]由黛博

[17] Wayne Wang, *Dim Sum.*, film, 1985.
[18] Henry Chow, *Liru*, film, 1991.
[19] Wayne Wang, *Dim Sum Take-Out*, film, 1990.

拉・朱（Deborah Gee）編導的紀錄片《斬龍》（*Slaying the Dragon*）追述好萊塢影片在過去60年中不斷重複的對亞裔婦女的不正確的描寫。通過電影節錄和與影評人士及亞裔女演員的口述訪談，該記錄片對所有表現亞裔婦女的好萊塢影片——從30年代的《巴格達竊賊》（*Baghdad Thief*）至80年代的《龍年》——一一作了評價，指出當今好萊塢影片所創造的亞裔婦女形象不過是往日電影中的邪惡的雌老虎（Dragon Lady），誘惑男人的蘇西・王（Suzi Wong），或乖順的日本藝妓的翻版。[20] 該片同時也評論這些銀幕形象對現實生活中的亞裔美國婦女的社會與心理影響。《銀色翅膀，亞裔婦女在工作中》（*With Silk Wings, Asian American Women at Work*）是包括《四個婦女》（*Four Women*）、《新領域》（*On New Ground*）、《口述歷史》（*Talking History*）和《坦率直言》（*Frankly Speaking*）等四個短片的系列記錄片，反映亞裔美國婦女在工作中的各個側面。《四個婦女》表彰四名亞裔婦女的傑出工作。韓裔的海蒂（Heidi）是一名社區社會工作者，熱心幫助韓國移民適應環境，改善生活條件。第二代華裔婦女薩拉（Sara）是一名建築系大學教授，設計新式公寓改進移民家庭的居住條件。第二代菲律賓裔女醫生雪麗（Shierley）領導一所社區診所，工作重，責任大，為了新移民的健康兢兢業業地工作。第二代華裔婦女派特（Pat）是從旅館清潔工成長起來的工會代表。她敢想敢說，為維護大部分為新移民的旅館清潔工的利益不遺餘力。她們都既有理想，又有勇氣，腳踏實地，將自己的才能與精力用於保障維護亞裔新移民的生活與權利，是新一代美國亞裔婦女的榜樣。由丁碧蘭（Loni Ding）編導的《新領域》記述十名亞裔婦女如何在傳統的男性領域中，向傳統挑戰，實現個人理想，成為股票經紀人、警官、划艇教練、電焊工、藥劑師、服裝設計師、法官和新聞主播。《口述歷史》講述五名亞裔婦女移民美國的個人經歷。她們分別從日本、中國、韓國、菲律賓和老撾來到美國。雖

[20] 雌老虎是好萊塢1927年出產的影片《巴格達竊賊》中的東方女子形象。蘇西・王是1960年好萊塢影片《蘇西・王的世界》（*The World of Suzi Wong*）中的女主角。日本藝妓的形象出自1957年的好萊塢電影《再見》（*Sayuunara*）中的女主角。

然國籍不同，移民時間迥異，她們都努力適應異國文化，努力為自己及其家庭創造新生活。《坦率直言》通過高中學生與老師、僱主的座談討論，反映這些年輕亞裔女孩如何面對從少年期到青年期的轉變而引起的挑戰。[21]

在這些由亞裔美國人製作反映亞裔美國人的新潮紀錄片中，亞瑟・曾（Arthur Dong）於1989年拍攝的《美國紫禁城》（*Forbidden City, U.S.A.*）最令人注目，獲得最佳種族研究影片金獎、最佳種族文化紀錄片特獎等多項大獎。該片多姿多彩，引人入勝。通過歷史影片的剪輯以及與當年演員和觀眾的口述訪談，它將觀眾領入半個世紀前舊金山唐人街中國人開辦的夜總會「紫禁城」（Forbidden City）。紫禁城曾是二十世紀三、四十年代名噪一時的國際旅遊熱點，是當時全美由華人主持的幾家夜總會之一。紫禁城夜總會的興盛有其歷史背景。第二次世界大戰期間，美國成為反法西斯同盟國的戰時兵工廠。軍備生產提供了大量的就業機會，許多美國人小有節餘。因戰時生活消費品匱乏，人們便將餘錢投入夜總會，娛樂消遣。同其他美國人一樣，華裔美國人此時也擺脫傳統束縛，湧入夜總會，調劑生活。由華人管理、亞裔演員表演的紫禁城夜總會便應運而生。正如該片編導亞瑟・曾所說：「我們華裔美國人不僅懂得如何刻苦工作，我們也懂得如何消遣快樂。」[22]許多華裔年輕人從業餘歌迷舞迷開始成為專業歌手與表演家，組成紫禁城表演團，表明年輕一代的亞裔美國人在二十世紀三、四十年代已開始向種族與文化障礙挑戰，尋求自我實現。[23]

《縫紉女工》（*Sewing Women*）是亞瑟・曾拍攝的又一優秀紀錄片，曾獲奧斯卡優秀紀錄片獎提名。該片記錄一個中國移民婦女在被戰爭蹂躪的中國大地輾轉逃難，最後抵達美國，以縫紉為生。[24]該片著

---

21 *With Silk Wings, Asian American Women at Work,* a series of four films: *Four Women, On New Ground, and Frankly Speaking* produced and directed by Loni Ding, and *Talking History* produced and directed by Spencer Nakasako, 1990.

22 Arthur Dong, Speech at the Seventh National Conference of Association for Asian American Studies (University of California, Santa Barbara, May 18-20, 1990).

23 Arthur Dong, *Forbidden City, U.S.A.* 56 min., Color Video, 1989. In *The American Experience.*

24 Arthur Dong, *Sewing Women,* 14 min., Black & White Video, 1982.

重表現這種突兀的文化轉換所帶來的困惑恐懼為所有美國移民面臨的共同考驗。該片是關於家庭、文化差異以及婦女的作用等主題的優秀參考資料。

華裔美國婦女不僅在美國大眾文化中被描寫為新奇性感的玩物，在學術著作中，她們也長時期被忽視遺忘。筆者認為，華裔美國婦女研究史學史主要經歷三個歷史時期。第一時期從19世紀後期至20世紀60年代。此時期華裔婦女在美國的經歷完全被忽視。第二時期即20世紀60至70年代，這一時期歷史學家開始將華裔美國婦女的歷史納入華裔美國史。第三時期即20世紀80年代至今，歷史學家開始以專著論述華裔美國婦女的歷史。

在第一時期，由於當時美國公眾的反華情緒以及美國政府自1870年以來的排華法令及其實施，多數史學家視中國人為「社會問題」（Social Problem），並從解決這一「問題」著手，多方面考察這一時期的反華暴力運動與排華法的通過與實施的過程。瑪麗·柯立芝（Mary Coolidge）在其《中國移民》（*Chinese Immigration*）一書中，著重討論排華法。作為第一部討論中國移民的重要學術著作，該書基於地方報紙與公共檔案，論證加利福尼亞州的白人工會與白人種族主義者及其煽起的反華排外情緒是推動排華法令立案通過的所有因素中的第一要因。[25] 雖然該書在出版後遭到一些保守史學家的批評攻擊，書中的廣博史料與慎密論證大大加深了學術界對華裔美國歷史的理解。斯圖爾特·米勒（Stuart C. Miller）的《不受歡迎的移民：中國人在美國人心目中的形象，1875-1882》（*The Unwelcome Immigrant: the American Image of the Chinese, 1875-1882*），在半個多世紀後，與瑪麗·柯立芝的《中國移民》遙相呼應。該書指出，中國人在美國人心目中的不良形象是美國排華法通過的主要原因。[26] 與此相反，岡瑟·巴斯（Gunther Barth）

---

[25] Coolidge, *Chinese Immigration.*

[26] Stuart Creighton Miller, *The Unwelcome Immigrant: the American Image of the Chinese, 1875-1882* (Berkeley: University of California Press, 1979). 由於當時中國勞工的窮困、中國傳統禮教的束縛以及美國的排華暴力事件與反華情緒，中國早期移民多為單身男子。沒有家庭、沒有天倫

的《苦澀的力量：中國人在美國的歷史，1850-1870》（*Bitter Strength: A History of the Chinese in the United States, 1850-1870*）則從中國移民著手。尋求排華法令形成的原因，論證排華法通過的主要原因是中國移民的「旅居性（sojourning nature）」，岡瑟・巴斯在該書中創立了關於中國早期移民的「旅居性理論（sojourner theory）」。他認為中國移民在移民動機與移民經歷上都不同於由其他國家來的移民，他們從未打算在美國國土定居，成為長期居民；他們只是旅居異鄉的遊子，總希望不久將能返回他們的出生地。這種旅居性心理因而妨礙他們在美國定居，使他們無力同化於主流文化。[27] 自從該書出版後，岡瑟・巴斯的中國移民「旅居性理論」長期主導了亞裔美國史的學術研究。

在此時期，不同於上述非華裔學者，華裔美國學者S・W・孔（S.W. Kung）於1962年出版其《中國人在美國人生活中：他們的歷史、地位、問題以及貢獻》（*Chinese in American Life: Some Aspects of Their History, Status, Problems, and Contributions*），強調樹立華裔的正面形象。他搜集了大量史料，論證早期中國移民不打算定居美國是因為他們發揚中國傳統，為其後代的利益而犧牲自己的幸福，寧願含辛茹苦，獨居異國，以積蓄血汗錢匯寄回家鄉，供養家小。他進一步揭示，自20世紀50與60年代以來，許多在美國的中國學者，為美國的自然科學與人文科學做出了巨大貢獻。他論證中國移民無論是作為工程師、教師、醫生、護士，還是作為洗衣店主與餐館業主，都為美國社會提供了無價的服務，他們個人也因此而受益。他指出美國人確實值得從各方面，特別是道德與精神方面，向中國人學習，從中國文化中汲取營養。[28]

1943年排華法的廢除與1965年美國移民法的改革開始大幅度地改變美國華人社會的結構。如前所述，二戰期間與二戰後排華法令的廢除使許多中國婦女得以赴美與丈夫團聚。1965年的新《移民法》

之樂，一些勞工在業餘時間出沒並沉溺於鴉片煙館與娼寮妓院中。許多美國報章雜誌因而對此現象惡意誇大渲染，使多數美國公眾將所有中國移民誤認為鴉片煙鬼與娼妓。

27 Gunther Barth, *Bitter Strength: A History of the Chinese in the United States, 1850-1870* (Cambridge, Mass.: Harvard University Press, 1964).

28 S. W. Kung, *Chinese in American Lite: Some Aspects of Their History, Status, Problems, and Contributions* (Seattle: University of Washington Press, 1962).

（Immigration and Naturalization Act）取消了以往的配額規定（根據此規定，中國每年只有105名配額），世界東半球的所有獨立國家每年都可有2萬名移民進入美國。這一改革允許更多的華人入美，美國華人社會中的女性比例逐漸升高。60年代以後，以單身漢為主的傳統唐人街已被以家庭為主的新的華人社會所取代。此外，60至70年代，在民權運動的推動鼓舞下，美國婦女開始向以男性為中心的社會挑戰。她們吸收民權運動中黑人的經驗教訓，遊說地方與聯邦政府，同時向白宮施加壓力，爭取婦女在教育、就業、居住、選舉等各方的平等權利。

反映這一歷史與社會變化，社會學家與歷史學家也紛紛著書立說，闡述討論婦女與家庭的重要性。第二代華裔婦女與社會學家譚金美（Rose Hum Lee）首先在其博士論文《洛磯山地區華人社會的興盛與衰落》（*The Growth and Decline of Communities in the Rocky Mountain Region*）中研究洛磯山地區華人社會中的家庭形態與社會結構。她的論文引用大量口述訪談資料，詳細考察洛磯山地區華人社會的家庭結構、社會組織以及當地華人經濟。雖然她的論文在1947年便已完成，但直至民權運動與女權運動之後的1978年才得以出版。該著作在華裔美國社會史的研究中佔有重要地位。[29]

繼譚金美之後，另一名社會學家斯坦福・萊曼（Stanford M. Lyman）在其著作《華裔美國人》（*Chinese Americans*）及其文章《中國移民中的婚姻與家庭，1850-1960》（"Marriage and the Family Among Chinese Immigrants to America 1850-1960"）中重點討論華裔美國人的社會組織結構。他考察了華人社會中的內部社會問題以及華人解決這些問題的策略方法。他著重分析華人如何將他們的傳統社會組織結構移植於美國社會，以及由這種遷移所引起的調整變化。在分析華人社會在20世紀50年代以前女性稀少的原因之後，他指出，華人社會中男女性別比例的失調是引起娼妓、賭博和吸毒等主要社會問題的直接原因。[30]

---

[29] Rose Hum Lee, *The Growth and Decline of Communities in the Rocky Mountain Region* (New York: Arno Press, 1978).

[30] Stanford M. Lyman, "Marriage and the Family Among Chinese Immigrants to America 1850-1960," *Phylon* 24 (1968): 321-30, and *Chinese Americans* (New York: Random House, 1974).

同樣，勞倫・費斯勒爾（Loren W. Fessler）的著作《華人在美國：一成不變的過去，變化的今天》（*Chinese in America, Stereotyped Past, Changing Present*）也從不同於傳統歷史學的角度，考察美國的社會、經濟與政治條件及其對美國人對華人社會態度的影響。同時考察華人社會適應美國社會條件的對策。該書的一些章節專門討論了家庭、婚姻、教育、生計、居住條件等與華裔婦女相關的論題。[31]

華裔歷史學家蔡石山（Shin-shan Henry Tsai）的《華人美國經歷》（*The Chinese Experience in America*）將中國人的美國經歷分為三種：旅居者（Sojourner），土生華裔（ABC, America-born Chinese）與學生。旅居者多為以中國為生活中心、不會講英語的老華僑。他們曾不斷遭受美國社會的不平等對待、種族暴力衝突以及孤立隔離，被迫屈居從屬地位。他們在美國的經歷是一齣痛苦的悲劇；他們保持著「純粹的中國人」的特性。土生華裔也不斷地面臨東西方價值觀念的相互衝突，也不斷地尋求解決文化同化中的問題的方法。他們因而有著雙重性的生活，時常處於心理矛盾中。雖然他們大都全部被美國文化同化，但他們並沒有完全融入美國社會。有著高等教育的學生移民是現代中國的精華。他們試圖強調文化多元性，主張美國文化多樣性。雖然他們膚色外表與白人不同，他們中的一部分人仍然沒有完成與美國文化的同化，但他們屬於美國的中產階級，已經在職業上完全融入美國社會。他們在美國成功愉快的經歷使他們贏得了「模範少數族裔（Model Minority）」的稱號。在考察這三類華裔美國人時，蔡石山也抽出部分章節討論了城市華人社會中的華裔婦女經歷。[32]

討論華裔美國婦女的獨立專著最終在20世紀70年代末出現。自70年代末80年代初起，一些專家學者開始在雜誌著作中發表文章，研討華裔美國婦女的經歷。這些文章大多著眼於調查19世紀時期在美國的中國娼妓，或考察排華法案從1870年到1943年對華人婦女的社會影

---

[31] Loren W. Fessler ed., *Chinese in America, Stereotyped Past, Changing Present* (New York: Vantage Press, 1983).

[32] Shin-Shan Henry Tsai, *The Chinese Experience in America* (Bloomington Indiana: Indiana University Press, 1986).

響。華裔女學者成露茜（Lucie Cheng Hirata）的文章《自由人，契約奴，奴隸：19世紀美國的中國娼妓》解釋產生19世紀美國的中國娼妓的原因。她認為，由於中國社會是家長制的、地域性的父系社會，婦女的唯一作用是傳宗接代、伺候丈夫與公婆。既然賢慧孝順為最高的道德準則，對婦女而言，留在家中伺候公婆就比陪伴丈夫出洋更為重要。因此，只有極度貧困家庭的女孩才離家外出，以賣淫或幫傭為生，並匯錢回鄉，接濟父老。[33] 喬治・佩佛爾（George Peffer）在其文章《被禁止的家庭：中國婦女在佩奇法之後的移民經歷，1875-1882年》中指出，1875年通過的《佩奇法》是第一個限制中國移民婦女入美的法案。在1882年《排華法》通過以前，《佩奇法》就已有效地限制了中國婦女移民美國。[34] 另一名華裔女學者陳素真（Sucheng Chan）的文章《對中國婦女的排斥，1870-1943年》贊同喬治・佩佛爾的結論，並進一步指出，自1870年以來的各項排華法令的通過與實施是二戰前美國華人社會婦女稀缺的主要原因。[35]

勿庸贅言，上述文章使我們對早期中國移民婦女的認識大大加深，但這些文章在其主題（主要為中國娼妓）與範圍（對中國移民的限制期，1870-1943年）等方面的侷限性妨礙它們提供關於華裔美國婦女的完整畫面。

1980年代，反映中國婦女在美國經歷的其他側面的著述相繼問世。華裔女社會學家葉月芳（Stacey G.H. Yap）的著作《彙集我們的力量，姐妹們：華裔婦女社區工作者的不斷增加的作用》考察華裔婦女在華人社區中的社會作用。該書以波士頓的唐人街為案例，提供了大量證據，揭示華裔婦女自二戰以來便積極投身於社區活動，為華人社區的穩定繁榮做出了貢獻。[36] 另外華裔女歷史學家包小蘭（Xiaolan

[33] Lucie Cheng Hirata, "Free, Indentured, Enslaved: Chinese Prostitutes In Nineteenth-Century America," *Signs* 5 (1979): 3-29. See also Hirata, "Chinese Immigrant Women in Nineteenth-Century California."

[34] George Anthony Peffer, "Forbidden Families: Emigration Experiences of Chinese Women under the Page Law, 1875-1882," *Journal of American Ethnic History* 6 (1986): pp, 28-64.

[35] Sucheng Chan, "The Exclusion of Chincse Women, 1870-1943," in Sucheng Chan ed. *Entry Denied* (Philadelphia: Temple University Press, 1991), pp.94-146.

[36] Stacey Guat-Hong Yap. *Gather Your Strength, Sisters: the Emerging Role of Chinese Women Community*

Bao）的著作《撐起大半邊天：紐約唐人街車衣女工的歷史，1948-1991》再現二戰後作為中國移民婦女主要組成部分之一的車衣女工的歷史。該書主要考察紐約車衣女工生活的五個方面：車衣女工在車衣廠的生活，她們與美國其他勞工工會的關係，她們在各自家庭中的作用，她們自罷工而始的政治覺醒和對中國車衣女工與其他族裔車衣女工經歷的比較。[37]

雖然上述論著填補了美國華裔婦女歷史研究中的一些空白，全面反映華裔婦女在美經歷的著作仍然不存在。譚碧芳（Judy Yung）的《美國華裔婦女圖片史》以多幅歷史照片和簡短的文字，提供了美國華裔婦女150年來經歷的一個輪廓。[38] 但該書以圖片為主，說明敘述為輔，無法全面再現美國華裔婦女一個半世紀的痛苦與成功的歷史。由此可見，一部全面深入論述美國華裔婦女歷史的著述是極為需要的。

本書主要尋求全面再現華裔婦女在美國的歷史，以補充美國史研究與婦女史研究中的一項空白。本書分析概括自19世紀中期以來華裔婦女的移民模式，考察研究中國移民婦女適應環境，採納當地習俗，生存奮鬥的策略。本書採用「新種族」的研究探討方法，[39] 闡述中國婦女不僅只是一個半世紀以來美國種族歧視的受害者，而且是克服文化差異，種族歧視，艱難困苦的英勇鬥士。她們不僅努力保存光大中國傳統文化，使其在異地生根開花，而且入鄉隨俗，吸取美國文化之營養為己用。她們不僅在異國頑強生存，而且躋身於商界，科技學術界，政界女強人之列，為美國社會的繁榮發展做出貢獻。

本書不僅對比都市華裔婦女與偏僻鄉村華裔婦女適應環境策略之異同，同時也從家庭、生活、就業等方面比較研究華裔婦女與19、20

Workers (New York: AMS Press, 1989).

[37] Xiaolan Bao, *Holding Up More Than Half the Sky: Chinese Women Garment Workers in New York City, 1948-92* (Urbana: University of Illinois Press, 2001).

[38] Judy Yung, *Chinese Women of America, A Pictorial History* (Seattle: University of Washington Press, 1986).

[39] 「新種族」是產生於60年代人權運動的史學研究流派。60年代以前的傳統史學家多將移民視為「社會問題」，而解決問題的唯一途徑是由主流文化來同化移民，其著述側重於如何將移民同化。開明史學家則強調少數族裔為美國制度化的種族歧視與社會偏見的受害者。既不同於傳統史家，也不同於開明派學者，「新種族」學派強調少數族裔美國人欲尋求政治與社會經濟的正義，不僅要組織起來，參與政治，而且要尊重本民族文化遺產，從中吸取力量。

世紀其他少數族裔婦女。本書將指出中國移民婦女與其他同時期少數族裔移民婦女經歷的異同，併發掘引起這些異同的原因。

如同其他族裔移民婦女一樣，中國移民婦女飄越太平洋來到新世界，以擺脫貧困，尋求新生活。然而，中國人外表和膚色與白人的差異，中國文化與西方文化的迥異，使華人婦女的移民經歷比之於其他少數族裔移民婦女的經歷，更為艱辛。在繁華都市，華裔移民婦女往往集中於華人聚居區——唐人街。在那裡，她們的就業機會大多侷限於洗衣店、餐館業、雜貨零售業和車衣業，屈居於美國社會的底層。在偏遠鄉村，華裔移民婦女則在管理家務之外，出沒田間，從事農業生產。不同於她們在都市的同胞，在鄉村的華裔移民婦女夾雜居住於白人區，逐漸與當地社會同化。這些早期移民婦女，以她們的獨特智慧，堅韌毅力，在異國他鄉的土壤上頑強地生存了下來。

如同其他族裔移民婦女，中國移民婦女的生活同樣不可避免地受新環境與接收國文化的影響。首先，在傳統的中國社會，婦女是其丈夫的附屬；丈夫要供養妻子，妻子則為丈夫生兒育女，對丈夫百依百順。這種夫妻關係，被視為天經地義。受移民經歷影響，許多移民家庭的夫妻結構開始產生變化。適應生存需要，中國移民婦女不僅要盡管理家務，撫養子女的職責，在鄉村的婦女還要幫助丈夫收種菜園，管理農田，增加收入；在都市的婦女則要幫忙照料家庭生意，或出外幫工賺錢，補貼家用。從事家務以外的經濟活動使中國移民婦女在家庭中的地位大大提高；她們開始與丈夫分享家庭事務的決定權。這種婦女領域的拓寬無疑是移民經歷的產物之一。然而，雖然中國移民婦女在家庭經濟中起著日益重要的作用，她們中的多數仍然深受傳統文化的影響，不能擺脫「三從四德」的桎梏。因而在許多移民家庭中，男人仍居主導地位，擁有對家庭事務的絕對決定權。其次，生長於美國的華人移民家庭的女兒，也同她們的父母一樣，在各方面不可避免地受其移民經歷影響。在家中，這些年輕的第二代華裔，多受中國傳統文化的薰陶；她們要聽從父母，尊敬兄長，從母親身上學習如何做標準的女性。在學校，她們則被教導要尊重個性獨立，追求自我實現。身受兩種相互衝突的文化的影響，她們往往處於兩種文化的夾縫中，無所適從，成為所謂「邊際人」，在文化上既不是純粹中國化，又不能百分之百的美國化。

如同其他族裔移民婦女一樣，中國移民婦女同樣面臨各種問題，有著無盡的擔憂。首先，她們要為家庭的柴米油鹽擔憂，必須節衣縮食，以維持生計。其次，她們希望家業繁榮，子女上進。為了這些希望，她們寧願放棄個人的理想，為家庭昌盛、兒女進步而自我犧牲。不幸的是，她們不僅受主流文化的排斥，而且常常被在美國生長的兒女所誤解。她們對子女的期望常常與子女們個人的願望相抵，文化差異與代溝相互交織，使她們感到失望與迷惘。

中國移民婦女的經歷又與其他族裔移民婦女的經歷不盡相同。不同於其他少數族裔婦女，美國華裔婦女長期在政界默默無聞，在工會運動中也往往被動不活躍。而同時期的愛爾蘭裔婦女與猶太裔婦女則在美國工會運動中活躍非常，許多愛爾蘭裔或猶太裔婦女成為知名的工會運動領袖，對美國的工會運動產生影響。然而自20世紀60與70年代以來，美國華裔婦女開始逐步參與政治，進入主流社會。日益增多的華裔婦女的參政意識不斷上升，許多華裔婦女活躍於政界，成為全國性知名人物。

長期以來，傳統的美國華裔史研究史學家傾向於將美國華裔史劃為三段。第一段為無限制的移民期，從1848年加利福尼亞州黃金潮大批華工入美至1882年《排華法》的通過實施，華工被禁止入境。第二段為移民限制期，從1882年至1943年排華法的廢除。第三段為戰後期，從1943年至今。然而，這種分期法顯然不能如實正確地反映華裔美國婦女一個半世紀的歷史。首先，早在所謂的「無限制的移民期」，中國移民婦女已被阻擋境外。當19世紀50年代娼妓業在美國西部城市興起繁榮時，許多中產階級新教教會的婦女開始組織肅清妓院的活動，呼籲各州政府取締娼妓業，禁止中國移民婦女入境（中國移民婦女大多被美國社會視為娼妓）。1875年的《佩奇法》即以此為目的而通過。雖然該法令從文字上是針對所有國籍、所有族裔的娼妓，但在其實行過程中，中國娼妓首當其衝。更有甚者，該法打擊對象雖僅限於娼妓，但受反華情緒影響的美國各級執法人員將其擴大為排斥所有中國移民婦女的立法。[40] 所以，早在1882年《排華法》限制中國勞工入境之前，中國移民婦女便已被美國各級政府排斥。因而，傳統的分段法不能確切詮釋此時期的美國華裔婦女史。其次，將第二次世界大戰以來的美國華裔婦女歷史統歸為一個時期，同樣無法全面闡述自20世紀60年代以來發生於美國華裔婦女中的深刻經濟、社會、文化、政治和心理變化。

不同於傳統的分期法，本書取第二次世界大戰以及60年代美國的民權運動和1965年美國新移民法為兩個分水嶺，劃分美國華裔婦女歷史為如下三個時期：第一時期，從19世紀中期至1943年所有排華法令的撤銷，研究早期中國移民婦女；第二時期，從1943年至1965年新移民法，重點考察戰後時期的美國華裔婦女；第三時期，從1965年至今，討論當代美國華裔婦女。

基於此分期法，本書按論題組織史料編排章節。序言簡述一個半世紀以來美國華裔婦女的歷史，介紹重要華裔婦女史研究史料及著作，並綜述本書主要論點與結論。第一、第二及第三章分別討論中國早期移民婦女的移民動機、移民模式、她們的工作環境、家庭生活以及社會活動。由於華商之妻與中國娼妓構成了早期中國移民婦女的主體，也由於史學界在對這兩類早期中國移民婦女研究方面的缺憾，這三章著重觀察這兩類中國移民婦女。同時，第一、二、三章也使用大量篇幅討論早期移民中的學生婦女。她們人數比例雖小，但在美國華裔婦女史中的作用是不可抹殺的。第四章闡述推動戰後中國婦女移民美國的社會與政治經濟力量，戰後華裔婦女的生活以及她們逐漸上升的經濟與社會流動性。第五章觀察分析自60年代以來發生於美國華裔婦女中的顯著經濟、社會、文化、政治以及心理變化。在第四、五章

[40] George A. Peffer, *If They Don't Bring Their Women Here: Chinese Female Immigration before Exclusion* (Urbana: University of Illinois Press, 1999).

中，在著重分析討論各階層華裔婦女的同時，本書對華裔婦女中的學生與知識婦女詳加考察，因為她們是形成所謂「模範少數族裔」稱號的重要原因之一。第六章討論涉及美國華裔婦女的一些重要問題。第七章綜述全球化對美國華人社會的影響。第八章總結一個半世紀以來美國華裔婦女的經驗教訓。

本書使用的資料主要包括檔案記錄、口述訪談資料和社會調查、美國人口統計資料和有關的各種論文專著。原始資料主要來源於收藏於美國首府華盛頓的國家檔案資料館（National Archives and Records Service, Washington, D.C.），國家檔案資料館聖・布魯諾分館（National Archives-Pacific Sierra Region in San Bruno, California），堪薩斯城分館（National Archives-Central Plain Region in Kansas City, Missouri）以及芝加哥大湖區分館的移民檔案史料。在華盛頓國家檔案館，作者閱讀了上千份移民檔案，包括從1843年至1954年（輪船）乘客抵達登記表，1898年至1903年的中國移民申述信件登記表，1898年至1908年美國移民總監簽發的關於中國移民案例的來往信件，1900年至1908年移民總署寄給中國移民申述人的信件，1877年至1891年美國海關的中國移民案例，1914年至1921年的中國移民偷渡案例，1893年至1920年的中國移民申請補發遺失損壞的居住證明書的申請書，和1902年至1903年的中國移民遣返記錄。筆者從中發現數百份關於中國移民婦女的案例，這些婦女多為中國商人的妻子或美國公民的女兒。從國家檔案館聖・布魯諾分館的浩繁檔案資料中，筆者又搜集了數百個有關在舊金山與夏威夷的中國商人的妻子和娼妓的案例。從該館的排華法案例，中國商人合股人名單檔案和19世紀末20世紀初舊金山的電話簿與商業地圖，筆者發現了大量關於早期中國移民的商業結構與商業經營的資料。從1870年至1933年的舊金山地區殯儀館記錄中的有關死因及死者生前職業的欄目也提供了有關早期華裔婦女的可貴資料。

在國家檔案館的堪薩斯城分館，從衣阿華、密蘇里、堪薩斯、內布拉斯加、明尼蘇達、北達科他和南達科他的美國地區法院記錄中，筆者也發現不少有關中國人的案例。此外，筆者從俄勒岡大學圖書館特別資料館的威廉・史密斯檔案（William Carlson Smith Documents）中也搜集了近百個有關在加利福尼亞州與夏威夷的早期華人移民與第二代華裔的自傳與口述訪談資料。在國家檔案館的芝加哥大湖區分館，芝加哥華人移民歸化案例檔案（Chicago Chinese Case Files, 1898-1940），又為本書增添許多寶貴的原始檔案資料。

除檔案資料外，口述訪談資料為本書的又一主要原始資料。筆者調查訪問了200多名居住於美國各地區的華裔婦女，她們的年齡從18歲至80歲不等，她們所從事的職業包括大學教授、中學教師、研究員、圖書館員、心理諮詢員、技師、學生、雜貨零售業主、旅館業主、餐館業主、衣廠女工、農婦以及家庭主婦。調查問題包括移民背景、所受教育、就業與工作、婚姻與家庭以及社會活動與政治參與。多數被訪問者接受了筆者數次訪問，使筆者得以詳細記錄有關她們旅美生涯的各個側面。這些有關華裔婦女生活的生動記錄，不光佐證了歷史檔案，並賦與這些塵封的檔案與生命。同時，筆者也對旅美的當代留學生作了多次抽樣調查，豐富了本書關於學生婦女的論述。

本書使用的人口普查資料與其他統計資料多搜集於國家與地區檔案館以及移民歸化局的年度報告。但個別統計資料來源於第二手資料。筆者也使用了大量出版發行於美國主要華人聚居地的從1980年至1990年的華文報紙。這些報紙提供了關於華裔婦女生活的多方面的寶貴資料。

筆者參考了所有與美國華裔婦女有關的著述，這些著述提供了有益的背景知識以及各學派的不同論述，筆者從中受益良多。由於本書篇幅所限，筆者無法提及每一部著作，但筆者對所有著述及其作者，都懷著極高的敬意與極大的感激。

筆者希望本書能加深我們對美國華裔婦女史的瞭解，豐富我們對華裔美國人及少數族裔美國人的認識。

第一部分

早期中國移民婦女（1840-1943）

第一章　19世紀移民：中國婦女抵達金山

美國歷史是一部敘說一批批富有探險精神的移民，從不同的海岸，遠涉重洋，抵達美國海岸的歷史。19世紀與20世紀初的美國移民婦女，來自於不同的國度，有著迥異的生活與文化背景，懷著不同的移民動機。此期的愛爾蘭婦女與德國婦女生長於愛爾蘭與德國的鄉村。移民以前，她們的生活節奏隨自然季節的轉換而變化，日出而作，日落而息。與生產土豆有關的農業活動是她們生活的重心。而來自東歐國家的猶太婦女的生活，則被那悠久的主宰人們的法律與道德行為的宗教傳統所影響。波蘭婦女的生活不光圍繞著教區，而且以村莊為中心。來自南義大利的婦女，則從她們關係密切的、基本自給自足的大家庭中汲取生活的力量，並對她們的家庭忠心耿耿。其次，即使在同一民族的婦女中，意識形態、階級出身以及地區的差異仍然存在。少數猶太婦女已拋棄了控制她們生活的宗教束縛，尋求社會主義和猶太復國主義等世俗意識形態與生活方式。波蘭移民的大多數來自於落後的鄉村，但仍不乏生長於都市的成熟老練之人。同樣，來自某一省份的義大利婦女可能會發現她們的語言、生活習慣與她們的來自鄰省的同胞不盡相同。但是，儘管存在著種種差異，這些移民婦女卻擁有一個共同點：為經濟力量所驅使，移民美國。[1]

---

1 Maxine Seller, *Immigrant Woman* (Philadelphia: Temple University Press, 1981), pp.15-22; Hasia Diner, *Erin's Daughters in American, Irish Immigrant Women in the Nineteenth Century* (Baltimore: The Johns Hopkins University Press,1983), PP.1-29; Linda Schelbitzi Pickle, *Contented among Strangers, Rural German-Speaking Women and Their Families in the Nineteenth-Century Midwest* (Urbana: University of Illinois Press,1996), pp.28-40; Susan A. Glenn, *Daughters of the Shtetl: Life and Labor in the Immigrant Generation* (Ithaca: Cornell University Press, 1990), pp.8-12; Josef J. Barton, *Peasants and Strangers, Italians, Rumanians, and Slovaks in an American City, 1890-1950* (Cambridge, Mass: Harvard University Press,1975), p.27. 參閱 Robert Henry Billigmeier, *Americans from Germany* (Belmont, Calif.: Wadsworth Publishing Company,1974); Jacob R. Marcus, *The American Jewish Women*, 1654-1980 (New York: Ktav

中國移民婦女為什麼來到美國？她們與其他族裔移民婦女的移民動機有何差異？歷史學家已經對中國男性移民的移民動機做了大量研究。蔡石山（Shih-Shan Henry Tsai）強調中國內部的問題，諸如自19世紀後半期以來的人口膨脹與土地集中，是引起華人移民海外的主要原因。他認為，從18世紀中葉至19世紀中葉，中國的人口翻了近三倍，從1741年的1.45億增加到1850年的4.3億。但是，在同一時期，可耕地的面積不僅沒有增加，反而日益集中到少數豪劣手中。因此，或上山落草，或下海出洋，成為廣東貧窮農民的唯一出路。[2] 與蔡石山的觀點一致，羅納德・塔卡基（Ronald Takaki）著重指出這些中國移民或「金山客」是來美國「尋求金山」，以擺脫貧困。[3] 羅傑・丹尼爾斯（Roger Daniels）則總結中國移民一方面被來自中國國內的諸如政治迫害、經濟機會缺乏等社會經濟力量所推動，一方面被由美國加利福尼亞黃金潮所吸引而移民美國。[4] 以上著述，客觀地解釋了中國男性移民的原因。但是，迄今為止，學術界還未對中國婦女移民的原因與動機進行研究。要找出中國婦女移民的真正原因與特殊背景，我們首先需要瞭解19世紀中國婦女所處的社會條件。

第一節　19世紀中國婦女的社會條件

在史前社會中國婦女有著重要的作用，居主導地位。上古神話反映，婦女被尊為人類的創造者（如女媧）和社會的領導者（如西王母）。在中國社會進入父系社會之後，婦女的地位逐漸開始淪落下降。漢代獨尊儒術，強調男尊女卑的儒家思想使婦女屈於從屬地位。

Publishing House,1980); Kathie Friedman-Kasaba, *Memories of Migration: Gender, Ethnicity, and Work in the Lives of Jewish and Italian Women in New York, 1870-1924* (Albany: State University of New York Press, 1996).

2 Shih-Shan Henry Tsai, *The Chinese Experience in America* (Bloomington: Indiana University Press, 1986), pp.2-3.

3 Ronald Takaki, *Strangers from a Different Shore* (Boston: Little, Brown and Company, 1989), p.80.

4 Roger Daniels, *Asian America Chinese & Japanese in the United States Since 1850* (Seattle, WA.: University of Washington Press, 1988), pp.9-12.

到宋代，儒家哲學思想被進一步強化成統治社會、制約人們言行的法律與道德準則，婦女的地位更一落千丈。纏足、納妾等約束與奴役婦女的惡劣習俗均起源於宋代。[5] 當19世紀西方資本主義已進入成熟期時，封建制度仍牢固統治著中國社會，儒家思想仍被尊為社會的道德規範。在這種傳統社會中，中國婦女一般受著三重約束：思想意識約束、社會經濟約束和身體約束。

第一，思想意識約束。中國的傳統哲學系統地形成一套理論體系來論證女性劣於男性，因而必須屈從於男性統治。比如春秋戰國時期百家之一的重點研究自然現象的陰陽五行學說，提出宇宙基本由相互作用的兩大因素組成：陰與陽。女性、地面、月亮、黑暗、軟弱、被動等人類與自然的特性與現象屬於陰，而男性、天空、太陽、光明、力量、主動等特性與現象為陽。[6] 兩者相輔相成，缺一不可。儒學吸收了陰陽互補的觀點，但卻進一步認為兩者不能處於同等地位，前者為主導，後者為從屬。[7] 從此，儒家理論成為歷代中國社會約束婦女行為表現的法典與規範。[8] 根據儒家的準則，一個女性必須具有「四德」，即婦德、婦容、婦功與婦行。「四德」要求婦女順從男性，取悅男性，服侍男性和尊敬男性。而「三從」——在家從父，出嫁從夫，夫死從子，更將婦女的一生牢牢地困縛於男性的統治下。[9]

第二，社會經濟約束。如上男尊女卑的傳統意識決定了婦女在中國社會經濟中的次要與從屬地位。在中國封建社會中，女子被排除於讀書做官的仕途之外，而為官入仕是中國歷代統治階級的主要經濟收入來源，「有權便有錢」。婦女只能從事與傳宗接代或娛樂男性有關的行業，如媒婆、接生婆、戲子、娼妓和老鴇。[10] 雖然在中國的北方農村，婦女也從事諸如紡線織布的家庭手工業，在南方的許多省份，婦

[5] John King Fairbank, *East Asia, Tradition and Transformation* (Boston: Houghton Mifflin Company, 1973), p.142.

[6] 同上，p.49。

[7] Shi Jun, "Confucius and Chinese Culture," *China Reconstructs* 38 (September 1989): p.12-15.

[8] Olga Lang, *Chinese Family and Society* (New Haven: Yale University Press, 1946), p.43.

[9] 同上。

[10] 同上，p.42。

女也下田勞動，但是她們勞動所得的收入並不歸她們個人，而屬於她們的家庭，只有一家之主（自然是男性）才能處理銀錢收入。[11]

第三，身體約束。為了進一步體現女性的孱弱和對男性的依賴性，纏足在中國社會出現，成為男性社會強加於女性的又一層束縛。纏足究竟起於何時，學術界仍不得而知。一種猜測是，纏足最初可能出現於唐朝的宮廷舞女中。纏足舞娘，顫顫巍巍，舞步可能更加優美。至宋朝，纏足習俗已走出宮廷，成為上層婦女的時髦。因宋朝經濟繁榮，史稱「商業革命」，許多繁榮都市出現，大地主與富商均居於都市，享受都市的文化與娛樂。與此相適應，女性做為娛樂男性的玩物的觀念深入社會，纏足應運而生。[12] 到了清朝，纏足不僅是上層社會婦女的專有，而且成為普及各地的習俗。[13] 雙腳的大小成為衡量一個女子美貌、家庭教養、舉止行為的標準，成為決定一個女子婚姻的關鍵。女子一般在三至五歲的幼年時期，便由愛女心切的父母強迫纏足。二寸寬六尺長的黑布將一雙腳緊緊纏裹，直至除大腳趾外的其他腳趾逐步彎曲折斷在腳掌下。裹足後的女子雖有著絕妙的「三寸金蓮」，但無法行步甚至立足，形同殘廢。

為什麼纏足對女子的身體摧殘是如此的明顯但卻一直相沿至近代？纏足的擁護者認為，纏足使女性更加完美，更具性感。許多男子在床第間把玩一雙小腳，如醉如癡。不少學者也認為纏足對許多中國男子有引起性慾的作用，就是這種性心理使纏足普遍風行，世代沿襲直至20世紀中期。[14] 實際上，纏足的更深刻的作用，在於它具體體現了以男性為主導的社會對女性的控制。纏足婦女行走艱難，無法從事體力活動。體力的缺欠造成她們心理上、體力上、經濟上對男性的依賴性。沒有獨立意識的女性是不會對以男性為中心的社會構成威脅的。甚至連灌輸婦女道德倫常的《女兒經》都承認：纏足不僅是為了使女

---

[11] Philip C.C. Huang, *The Peasant Economy and Social Change in China* (Stanford: Stanford University Press, 1985), p.192; Philip C.C. Huang, *Peasant Family and Rural Development in the Yangzi Delta, 1350-1988* (Stanford: Stanford University Press, 1990), p.13.

[12] 見Fairbank前引書，p.142; Xu Xishan, "Sancun Jinlian"[Bound Feet]. *The World Journal*, 8-10 March, 1997。

[13] 見Lang前引書，p.45。

[14] 見Fairbank前引書，p.143和 Xu上引文。

子雙腳變成美麗的彎弓，更使她們的戶外活動受限制。[15]

中國婦女並不是此時期唯一屈從於男子的女性群體。我們可以從世界其他文化中發現類似的例子。李朝（Yi dynasty）時期的韓國婦女過著與中國婦女極為相似的生活。她們的一生同樣受制於她們的父親、丈夫和兒子。她們在家庭中的功用主要侷限於傳宗接代、撫育子女、照顧家人和管理家務。[16]同樣，明治時期的日本婦女在此男性為中心的社會也屬於從屬地位。她們無權擁有家產，無權在法律上代表其家庭，無權接受公立教育，更無權投票選舉。[17]近期的一項關於德國移民的研究，也表明19世紀時期的德國婦女被剝奪了擁有資產與接受教育的權利。[18]與此相似，歷史學家海西亞・黛娜爾的關於愛爾蘭移民婦女的研究指出，在19世紀的愛爾蘭，女子無權繼承家族的土地財產，婦女受其丈夫統治並與其公婆同住。[19]但是，與世界同時期其他國家的婦女相比，中國婦女不僅承受著心理意識與社會經濟的約束，更在體力上被嚴酷摧殘。當她們決定飄洋過海，旅居異國時，她們必須比其他移民婦女群體克服更多的障礙。

第二節　移民動機

為什麼中國婦女能克服重重障礙，遠離家鄉，移民美國？如同來自其他國家的移民婦女，19世紀至20世紀初的中國移民婦女也是在兩種力量——「推力」和「拉力」的作用下，成為美國「新移民」中的一部分。推力來自於中國包括發生於19世紀中期的天災、人禍與社會動亂。而拉力則指實現家庭團聚的強烈願望、擺脫貧困的理想和實現個人抱負的決心。天災人禍加社會動亂，毀滅了基本的生存條件，迫使人們鋌而走險；而對美好生活的憧憬，又給人們以動力，吸引人們

---

15 見Lang前引書，p.46。

16 Ai Ra Kim, *Women Struggling for a New Life* (Albany: State University of New York Press, 1996), pp.6-8.

17 Evelyn Nakano Glenn, *Issei, Nisei, War Bride* (Philadelphia: Temple University Press, 1996), P.203.

18 Pickle, pp.23-24.

19 Diner, p.10, 16.

闖入未知的世界。

19世紀中期是近代中國歷史的最低潮。外患內憂，民不聊生。1840年，鴉片戰爭爆發。西方列強以堅船利炮強行打開中國的大門。兩次鴉片戰爭後的《南京條約》與《北京條約》迫使中國政府割地賠款，開放口岸，並允許傳教士入華、外國領事駐京，中國政治經濟權益大受損害。鴉片戰爭最為嚴重的惡果之一是鴉片貿易。早在鴉片戰爭前，外國商人便勾結中國商行與海關官吏，販運鴉片，影響中國經濟，毒害中國人民。清朝政府被迫多次嚴令禁止鴉片，派遣欽差大臣林則徐虎門銷煙，以至鴉片戰爭爆發。鴉片戰爭後，鴉片不再受中國政府的禁止，鴉片貿易暢通無阻，鴉片源源不斷地湧入中國。鴉片進口由1842年的3.2萬箱躍升為1848年的4.6萬箱，更升為1850年的5.3萬箱。同時中國國庫中的白銀大量外流。僅1848年一年就有1000多萬兩的白銀出口，使得早已不平衡的白銀與銅幣兌換率更為不平衡，早已凋敝的經濟處於崩潰。不僅鴉片貿易使中國經濟瀕臨崩潰，從各個通商口岸湧入的外國商品更加深了中國的經濟矛盾。在所有口岸中，廣州所受打擊最為劇烈。廣州是有著悠久對外貿易歷史的商業要市。早在宋代，中國人便在廣州與阿拉伯商人貿易。明代中國遠航業發展，廣州更成為對外貿易的重要集散地之一。清政府限制對外貿易，廣州成為對外商開放的唯一口岸。長期的對外貿易使廣州的經濟發展在很大程度上依賴於對外貿易。而鴉片戰爭後，五口（廣州、廈門、福州、寧波和上海）通商，外貿重心北移，廣州失去長期獨佔的外貿專利，經濟大受影響。許多以與對外貿易有關的行業為生的商人、小販、腳夫、船夫、旅舍主失去生計，成為無業遊民。外國機器製造品的湧入，摧毀了傳統的自然經濟。家庭作坊生產的粗布無法與廉價的洋布競爭，許多農民破產，加入失業大軍。這些人無疑將成為潛在的移民。

19世紀中期的中國，除遭受外國列強的武裝侵略、經濟入侵外，還飽受自然災害的打擊。這一時期大小水旱災害、饑荒不斷，其中最為嚴重的是1847年發生於河南的旱災，1849年發生的殃及湖北、安徽、江蘇和浙江等四省的長江水患，以及同年發生於廣西的大饑荒。此外，1852年黃河改道北移，淹沒山東大部。水旱洪災使成千上萬的災民流離失所，無處為生。清政府雖也緊急救援，賑濟災民，但無奈杯水車薪，加之地方官吏層層貪污克扣災款，人民處於水深火熱之中。這些無處謀生的災民成為農民起義的天然力量與後備軍。波及全國16省、持續14年的太平天國起義因此而爆發，震撼了清朝的腐敗政治與搖搖欲墜的經濟。

除政治經濟因素之外，一些文化因素也影響中國19世紀的海外移民。例如客家文化因素。廣東與廣西兩省久為客家居住地。客家原居於中國中部。因宋朝時金人入侵中原，王室南移，客家人也隨之南遷，客居於廣東與廣西兩省，因之被稱為「客家」。與本地人習俗迥異，客家人吃苦耐勞，強悍外向，其婦女也不遵守纏足習俗。當外國宗教勢力滲入中國後，許多客家人皈依異教，篤信天主。客家人與當地人在經濟、宗教、文化與習俗等方面的種種差異，使得雙方矛盾與摩擦不斷，並常常演變為小型武裝暴力衝突。難以在當地立足，具有遷徙性的客家人便思慮海外謀生。19世紀移民美國、尤其是移民夏威夷的中國移民，許多人出自客家。值得注意的是，具有天足的客家婦女，行動自如，吃苦能幹。同她們的纏足同胞相比，她們具有極大的機動性。她們敢於拋頭露面，能夠忍受移民所帶來的文化不適與種種艱辛。

根據羅納德·塔卡基的研究，1990年在夏威夷的2.5萬多中國移民中，有3400多名，或者13.5%為女性移民。而同年在美國本土的近9萬中國移民中，僅有4500名，或5%為女性移民。羅納德·塔卡基對此現象作出了解釋，認為移民來源的差異是造成美國本土中國移民女性偏低的主要原因：大部分夏威夷的中國移民為客家人，而多數美國本土的中國移民則為廣東本地人。前者不實行纏足，客家婦女因而比廣東本地婦女行動靈活，體力強健，更適應於長途遠行，在海外謀生。除客家文化特性外，羅納德·塔卡基也注意到其他因素，諸如夏威夷政府與甘蔗種植園主對婦女移民的鼓勵政策，和夏威夷白人對華人的友好態度，也對較多華人婦女移民夏威夷起了促進作用。[20]

與「拉力」有關的因素中，實現家庭團聚的願望與中國婦女移民史的產生、發展並存。中國歷代賢哲都強調家庭的重要性，均以家庭為社會的重要組成部分、基本細胞，家庭的安定和睦為社會穩定發展之必需。「齊家治國平天下」，只有家庭組織與社會結構平穩，才能天下安定。經歷了2000多年傳統社會的中國，「夫唱婦隨」的傳統意識早已深入人心，「嫁雞隨雞，嫁狗隨狗」的口頭禪更是家喻戶曉。因此許多中國婦女不顧艱難險阻，決心抵達美國與丈夫團聚。根據美國移民檔案，居住於紐約的中國商人鄺隆（Kwong Long）於1886年返回中國，然後攜帶妻子與女兒一道抵美。[21] 同年，舊金山的華商麥武（Lao Moow）的妻子麥李氏（Lao Lee Shee）從家鄉廣州抵美與丈夫團聚。[22]

許多華僑的女兒也抵達美國與父親團聚，或與其未謀面的新郎成親。由於19世紀末美國西海岸的排華暴力活動，也由於中國移民經濟的拮据，許多美國華僑將他們在美國出生的女兒送回中國的親戚處，以保證她們的安全，同時也節約開支。[23] 當這些女兒們成年後，將由父親接回美國或返美結婚，成為華商的妻子。1888年7月12日，舊金山的一份地方報紙載文記敘四名中國女孩抵達舊金山，被海關拒絕，但又獲登岸權的故事。1888年7月，舊金山華商雷多福（Lum Dock Fune）的兩個女兒雷平喜（Lum Pink Hee）與雷平洋（Lum Pink On），與另一舊金山華裔伍賀勇（Ng Hog Hoy）的女兒伍亞荷（Ng Ah Hoe）與伍亞英（Ng Ah Ying）同乘喬治・埃爾德號（George W. Elder）輪船抵達舊金山。舊金山美國海關官員拒絕讓她們入境，因為她們沒有證明身

20 Ronald Takaki, "They also Come: the Migration of Chinese and Japanese Women to Hawaii and the Continental United States," *Chinese America: History and Perspectives 199* (San Francisco: Chinese Historical Society of America, 1990), pp.3-19.

21 Case 3358d, entry 134, "Custom Case File Related to China Immigration, 1877-1891," RG 85, National Archives, Washington, D.C.

22 Case 3358a, Entry 134，同上。

23 "Survey of Race Relations" Document 245, Hoover Institution on War Revolution and Peace Archives; in Sucheng Chan, *Entry Denied: Exclusion and the Chinese in America, 1882-1943* (Philadelphia: Temple University Press, 1991), p.96.

左：夏威夷華商楊公和（Young Kwong Hoy）之妻楊伍氏（Young Ng She）與子楊三武（Young Sum Wood），1918年。（美國國家檔案館太平洋山嶺地區分館收藏）
右：中國新娘，舊金山，1900年。（加州大學伯克利分校種族研究圖書館收藏）

分的文件。這兩名華商隨即向地方法院上訴，說明這些女孩均在美國出生，作為美國公民，她們應該被允許入境。法院依法給予她們入境權。除了赴美與父親團聚外，這四名女孩中年長的兩位，21歲的伍亞荷和也已成年的雷平喜，將分別成為舊金山的兩名華商的妻子。[24]

根據《美國移民局關於中國移民案例的來往信件，1898-1908》，在1898年至1908年這十年間抵達美國的數以千計的中國婦女中，90%以上是赴美與丈夫或父親團聚的華商的妻女。[25]

除了實現家庭團聚的願望，擺脫貧困，來美國發財致富的夢想也是吸引許多中國婦女移民美國的「拉力」之一。亞彩（Ah Toy）是赴美的早期中國移民婦女之一。1849年，她從香港抵達舊金山以便「改善生活條件」。不久，亞彩便成為舊金山最成功的名妓之一。為了「一睹亞彩的芳容」，嫖客們不惜排一個街區長的隊，花費一盎司黃金

[24] Case 3358d, Entry 134，同上。
[25] Entry 132 "Chinese General Correspondence, 1898-1908," RG 85, National Archives, Washington, D.C.

（相當於16美元）。[26]亞彩不僅風靡舊金山唐人街，而且成為地方法院的知名人物。一般中國娼妓都十分懼怕美國員警，更不敢與法庭打交道。而亞彩則不同凡響，「深為美國的法律制度所折服，常常將她的個人煩惱訴諸法律，以求解決。」[27]她多次出入於法庭為其行業辯護，並向法庭起訴那些以黃銅冒金，企圖欺騙她的嫖客。[28]對亞彩而言，美國的確是一座「金山」。

黃金的誘惑也驅使其他中國婦女成為奴僕或娼妓。加利福尼亞州的早期中國娼妓之一王亞蘇（Wong Ah So）描述她淪為娼妓的悲慘經歷：「在我19歲的時候，這個男人來到我家，告訴我母親美國黃金遍地……他說他在美國開有一家洗衣店，很能賺錢。他對我也非常體貼。我母親因此很喜歡他，同意將我嫁給他同赴美國。我以為我是他的妻子，非常感激他將帶我到這個人人富有、幸福、偉大、自由的國家。」豈料在他們雙雙抵達舊金山兩週後，王亞蘇大為震驚地得知這個男人是帶她來美國賣為奴僕的，她將被迫為娼妓。[29]

許多華商的妻子也被在美國的掙錢機會所吸引而決定移民美國。當作者訪問第二代美國華裔婦女C太太時，她追憶了她的家庭歷史。她父母的婚姻典型地反映出當時中國人認為美國是個黃金滿地的國家的普遍錯覺。「我父親在美國拼命工作攢錢準備娶親。當他進入中年時才有了一定的積蓄，便返回中國向比他年輕20歲的母親求親。這樁婚姻是由我母親的父母安排決定的，他們告訴我母親，在美國掙錢容易，在美國她的生活會比在中國好得多。」[30]

但是並不是所有的中國移民婦女都是來美國與親人團聚，或是為美國的經濟繁榮所吸引而移民美國。一些中國婦女渴慕美國的教育制度與鼓勵自由獨立的精神。這些因素吸引她們橫渡太平洋，來到美國

---

[26] Curt Gentry, *Madames of San Fancisco: An Irreverent History of the City by the Golden Gate* (New York: Doubleday, 1964), p.52.

[27] 同上。

[28] 同上書，p.52-53。

[29] "Story of Wong Ah So," in *Orientals and Their Culture*, Social Science Institute, Fiske University, (Nashville: Fiske University, 1946), pp.31-33.

[30] 口述訪談第7。

尋求實現個人的抱負。早在1881年，數名中國女學生已抵達美國。[31]根據美國中國學會（China Institute of America）1954年所做的調查，中國留美女學生的人數在20世紀初穩步上升。從1910年至1930年，中國女留學生的人數翻了六倍，與中國留學生總數同步增長（**見表1.1**）。同時我們還應該考慮，這個調查可能並未包括所有的在美留學生，所以中國留美女學生的實際人數可能比該調查所反映的要多些。

表1.1　1900-1930年中國留美學生人數

年度	男	女	性別不明	總數
1900	3			3
1901	12		2	14
1902	7	1		8
1903	4	1		5
1904	18	2	1	21
1905	24		1	25
1906	55	4	1	60
1907	69	1	1	71
1908	64	6	7	77
1909	58	3	8	69
1910	90	6	11	107
1911	77	7	6	90
1912	69	4	6	79
1913	109	14	15	138
1914	155	16	19	190
1915	172	17	24	213
1916	143	19	19	181
1917	136	21	16	173
1918	183	26	20	229
1919	219	20	22	261
1920	322	26	47	395
1921	304	40	43	387

[31] Y. C. Wang, *Chinese Intellectuals and the West*, 1892-1949 (Chapel Hill University of North Carolina Press, 1996), p.49.

1922	307	49	47	403
1923	351	32	43	426
1924	322	32	29	383
1925	279	37	33	349
1926	266	42	33	341
1927	233	50	19	302
1928	237	43	26	306
1929	286	34	20	340
1930	248	40	28	316

資料來源：Chinese Institute in America, *A Survey of Chinese Students in American Colleges and Universities in the Past Hundred Years* (New York, 1954), pp.26-27.

第三節　阻礙中國移民婦女入境的因素

無論中國婦女與親人團聚的願望是多麼強烈，擺脫貧困與實現個人抱負的決心是多麼堅定，在早期美國華裔史中，只有很少數的中國婦女能夠抵達美國這座「金山」，在美國的華人社會因而長期被冠以「單身社會」（bachelor society）的稱號。[32]筆者的研究表明，阻礙中國婦女移民美國的主要因素有三：第一，中國華工有限的經濟能力；第二，來自中國社會的約束力量；第三，美國當局制定的歧視限制華人的移民法令。

第一，中國華工的經濟能力有限。早期中國移民多以合同勞工的方式抵達美國。[33]因這些華工多為失業的貧苦農民，無力以現金支付從廣州至舊金山的旅費（一般為50美元），負責招募華工的中國經紀

32 Daniels, p.17.

33 中國移民究竟以合同勞工還是以自由移民的身份來到美國，對此，美國學術界仍有爭議。一部分學者認為，中國勞工多為「苦力」（coolie）。參見T.W. Kung, *Chinese in American Life*, pp.15-18, and Roger Daniels, *Asian America*, p.10. 其他學者則質疑「苦力」一詞，認為大部分早期中國移民是以自由人的身份抵美。參見Many Coolidge, *Chinese Immigration*, pp.49-54; Stan Steiner, *Fusang: The Chinese Who Built America* (New York: Harper & Row, 1979), p.113; Jack Chen, *The Chinese of America* (San Francisco: Harper & Row, 1980), p.25; and Shin-shan Henry Tsai, *China and the Overseas Chinese in the United States, 1868-1911* (Fayetteville: University of Arkansas Press, 1983), P.16. 筆者認為早期中國移民既包括「苦力」、合同勞工或者契約勞工，也包括自由勞工。

人便擬定合同為其墊付旅費，而華工則同意抵達美國後，在一定期限內，無償地為美國僱主工作，直至還清僱主支付給招工的經紀人的船票旅費以及利息等款項。這種先賒付船票抵美，然後以在美勞動所得償還欠款的方式被稱作「賒票制」（Credit Ticket System）。因此華工一般在合同期內（三至五年）的工資在克扣欠款之後，所餘無幾。從下面這兩則史料中我們可以進一步瞭解「賒票制」。第一是1862年張貼在香港的招募到俄勒岡的礦工的海報。海報署名人為阿陳，大約為俄勒岡礦主僱傭的中國經紀人。「阿陳的同胞們！」廣告如此開頭，「美國的俄勒岡急需勞工！他們將提供良好的住宿條件與充足的食物。他們將支付你每月薪金24美元。你一抵達那裡，他們將會友善待你。絕對沒有擔心被賣為奴的必要。所需旅費為58美元。有田產者可賣掉田產做為旅費，無田產者可與我貸款……」[34]

第二則為美國路易斯安那州一個甘蔗種植園與中國勞工簽定的合同。合同條款如下：「第一，該勞工所欠招募人100美元旅費，須從其月薪中克扣支付；第二，合同期為五年，合同期內僱主支付月薪7美元；第三，工時為從日出至日落，其中有一小時為早飯與午飯時間；第四，在甘蔗收穫期，勞工須在夜晚加班，僱主支付超過6小時以上加班時間50美分；第五，勞工還須為僱主做家務活。」[35]

許多美國種族主義者便據這些苛刻條款而稱這種中國勞工的移民方式為「苦力貿易」（Coolie Trade）進而以此作為歧視排斥華工的藉口。[36] 本書雖不苛同以「奴隸貿易」來形容中國赴美勞工，但以上史料所揭示的中國勞工所受到的苛刻待遇，以及他們經濟條件的拮据窘迫，足以解釋為什麼早期中國移民中婦女稀缺的原因。

即使在償清欠款之後，這些早期中國移民的微薄收入也使得在美國養活家小極為困難，被認為不實際。以一些19世紀末20世紀初典型的中國移民為例：一個洗衣店僱工在1920年每月最多可掙100美元，

---

[34] Stan Steiner, *Fusang*, pp.113-114.

[35] Jack Chen, *The Chinese of America* (San Francisco: Harper & Row, 1980), p.25.

[36] 見Daniels前引書，pp.10-25。

而一個雜貨店員可掙30至40美元，這些錢難以維持一個家庭每月的開支。[37]

一些美國的研究工作者於20世紀20年代在美國西海岸從事的口述訪談的資料也揭示，財政經濟的困難是中國男性移民關於在美國贍養家小的最主要的顧慮。「（我）沒有足夠的錢接她來這裡，如果我有足夠的錢，我一定會接她來（美國）。她非常想來這裡。」[38]

第二，來自中國社會的約束力量。不僅華工的有限的經濟能力阻礙中國婦女移民美國，中國社會的傳統習俗也使得中國婦女移民海外阻力重重。如前所述，中國封建社會強加於婦女的意識形態、社會經濟以及體力方面的約束，使她們在政治、經濟、文化以及社會生活中處處處於劣勢，難以主宰個人的生活與命運。尤其是已婚的婦女，生兒育女，服侍丈夫，孝順公婆，被認為是其不可推卸的天職。由於儒學在忠孝仁義等倫常教育中，特別強調恭敬孝順父母，將其置於其他德行之上，所以留在家中服侍公婆，似乎比移民海外與丈夫團聚更合乎賢妻良母的道德規範。除遵從傳統道德規範以外，許多中國移民的父母有意將兒媳留在身邊，以保證遠在天邊的兒子定期匯款。[39]所以將婦女留在國內不僅符合傳統道德，且具有經濟意義。移民檔案也揭示大部分赴美與丈夫團聚的中國婦女其公婆已去世。[40]

第三，美國當局制定的歧視限制華人的移民法令。雖然中國移民的有限經濟能力與中國傳統觀念的約束都對中國婦女移民美國起著阻礙作用，但是，限制華人婦女入境造成美國華人社會長期男女比例失調的最主要因素，則是美國當局制定的一系列歧視、排斥華人的移民法令。美國華裔史研究的學者們在近半個世紀以來，已對19世紀以來美國的反華運動做了大量深入細緻的研究。斯圖爾特・米勒（Stuart C. Miller）的研究試圖從人種學的角度尋找美國19世紀以來反華運動產生的原因。他指出美國白人對中國的敵意是美國新教派傳統的排外

37 Case 19571/18-5, 14284/4-4, RG85, National Archives, Pacific Sierra Region, San Bruno, CA.

38 "Survey of Race Relations," Document 251，同前。

39 Chan, *Asian Americans*, p.104.

40 Cases 19571/18-5, 14284/4-4, RG85同前。

情緒的反映。種族主義者認為「蒙古人種」血液低劣，中國人的頭腦中政治細胞不發達，所以中國人移民美國將威脅雅利安人（白人）在美國的主導地位。[41] 而其他學者諸如埃爾默・桑德邁爾（Elmer C. Sandmeyer）則認為美國人的反華情緒主要是出於經濟考慮，在19世紀70年代美國經濟蕭條時，中國移民往往成為解決勞資糾紛、轉移內部矛盾的替罪羊。[42] 不同於上述白人學者，華裔文化人類學家許烺光（Francis L. K. Hsu）視此排華反華情緒為典型的文化誤解：一方面多數美國公眾在對中國文化所知甚少，而這種對中國文化的無知往往造成他們對中國人的偏見；另一方面，語言的障礙、風俗習慣的差異、對不同宗教信仰的調和以及其他文化傳統，又使中國移民在文化上孤立於白人。他們往往下意識地與他們不友善鄰居或同事的敵視態度與行為保持一定距離，以求平安無事。不幸的是，中國人這種自發的隔離卻給他們自己打上了劣等種族的烙印。[43]

最近，一些歷史學家認為歧視限制性的移民法律是造成美國華人社會婦女短缺的主要原因。文森特・唐（Vincent Tang）指出自1882年以來的一系列歧視限制性的移民法案，包括1882年的排華法（The Chinese Exclusion Act），1888年的司各特法（The Scott Act），1892年的蓋瑞法（The Geary Act），1902年無限制延期所有排華法令的法令，1907年的排華法和1924年的移民配額法（The Quo Act），成功地限制了中國移民婦女入境。文森特・唐進一步指出，由於這些排華法令沒有明文詳細規定如何執行排斥華人的政策，遣返華人的決定權實際掌握在移民局與各地方法院手中。[44] 喬治・佩佛爾（George A. Peffer）的研

41 Stuart C. Miller, *The Unwelcome Immigrant: The American Image of the Chinese*, 1785-1882 (Berkeley, Calif.: University of California Press, 1979).

42 Elmer C. Sandmeyer, *The anti-Chinese Movement in California* (Urbana, IL.: University of Illinois Press, 1973).

43 Francis L.k. Hsu, *The Challenge of the American Dream: The Chinese in the United States* (Belmont, Calif.: Wadsworth Publishing Co., Inc., 1971).

44 Vincent Tang, "Chinese Women Immigrants and the Two-Edged Sword Habeas Corpus," in *The Chinese American Experience: Papers from the Second National Conference on Chinese American Studies*, ed. Genny Lim (Chinese Historical Society of America & the Chinese Culture Foundation of San Franciso 1980), pp.48-56.

究則揭示了即使在1882年的排華法通過之前，美國國會已通過旨在排斥華人移民婦女的佩奇法（The Page Act）。該法令規定禁止中國、日本和其他「蒙古人種」的合同勞工入境，禁止將婦女作為娼妓入境。該法極為有效地將中國婦女阻擋在美國國界之外。[45] 與喬治・佩佛爾觀點一致，陳素真（Sucheng Chan）在其論文中進一步揭示早在佩奇法通過的十年前，加利福尼亞州立法機構已通過幾項立法來限制華人移民婦女。例如1866年3月21日通過的「取締中國娼寮妓院的法令」。（An Act for the Suppression of Chinese Houses of Ill Fame），該法令不僅痛斥中國娼妓，而且嚴厲處罰那些允許將其房產用於不道德活動的房主。1870年3月8日通過的「防止將蒙古、中國、日本婦女綁架，拐賣為娼妓的法令」（An Act to Prevent the Kidnapping and Importation of Mongolia, Chinese, and Japanese Female, for Criminal or Demoralizing Purposes），則使中國婦女進入加利福尼亞州非法化。[46]

如上法令有效地限制了大部分中國婦女抵美與其丈夫團聚。美國移民歸化局的資料檔案也佐證了上述學者的結論。從1882年排華法的通過，至1943年各項排華法的廢除，這一期間抵美的中國移民婦女多為不被列入排斥名單的美國華商妻女。[47] 出於與中國經商貿易的利已主義的考慮，與資本主義唯利是圖、仰慕金錢的偏見，1882年的排華法將華商置於赦免之列，他們可以不受該法限制，自由入境。華商的妻女也因而得以移民美國。

儘管美國歧視限制華人的移民法令設立重重障礙，阻撓中國婦女入境，許多中國婦女仍迫切希望與家人團聚，有機會開創新生活。雖然大多數移民在入境時持有合法文件，但購買偽造文件冒名頂替商人或美國公民親屬者也大有人在。許多中國勞工假意與中國商行入股，

[45] George Anthony Peffer, "Forbidden Families: Emigration Experiences Chinese Women under the Page Law, 1875-1882." *Journal of American Ethic History* 6, No.1 (1986): pp.28-46.

[46] Sucheng Chan, "The Exclusion of Chinese Women" *in Entry Denied.*

[47] Entry 132, "Chinese General Correspondence, 1898-1908," Entry 134, "Customs Case File No.3358d Related to Chinese Immigration, 1877-1891," Entry 135, "Chinese Smuggling File1914-1921," Entry 136, "Chinese Division File 1924-1925," Entry 137, "Applications for Duplicate Certificates of Residence 1893-1920," RG85, National Archives, Washington, D.C.

成為股東，從而將身分由勞工變為商人，然後再安排其家眷赴美。[48] 一些華商、或已成為美國公民的華人在返鄉探親之前，往往向移民當局申請表明在探親結束時，將與在華的妻子兒女一同抵美。華人中從事人口拐賣的不法分子，則借機購買華商或美國公民子女的出生證明，或以娶親的名義誘騙良家婦女赴美，再將其轉賣為娼妓或奴僕。[49] 因而便有許多人改名換姓作為「證書兒子」（廣東話「紙仔」Paper Son）、「證書女兒」（Paper Daughter），或假冒人妻，進入美國海關。一些移民則先抵達加拿大、墨西哥或加勒比海國家，然後再乘火車、坐渡輪迂迴偷渡入境。[50]

中國移民譚傳灃（How Chun Pong）的案例頗具代表性。1899年，譚傳灃從中國廣東抵達加拿大溫哥華，並在當地的一家洗衣店幹活4年，然後乘火車偷渡入美，在密蘇里州的聖路易（St. Louis, Missouri）開設洗衣店。1913年，他以非法入境的罪名被逮捕，並被美國聖路易地方法院傳訊。在傳訊時，譚傳灃講述了他入境的經過。他的供詞揭示了偷渡入境的一般運作方式。「我和一個白人男子在蒙特利爾（Montreal）登上一列火車，當時天色很黑，車廂裡只有我們兩人。火車行駛了數小時後，在天亮時停在一個不知名的小站。我被藏在火車上的一個小房間裡，後來我又被放出來，和其他旅客一同坐在車廂裡。我在紐約下車……我付給蒙特利爾的中國走私犯130美元，他再付錢給那個白人男子。」[51] 在1923年之後，加拿大與墨西哥也通過其排華法令，使得偷渡入美境加倍艱難，從此偷渡入境的方式漸不為人所用。[52]

美國移民當局對以上弊端則採取假定所有中國移民為非法移民，直到當事人證明自己的合法身分。中國移民被單獨囚禁於各口岸的移民局拘留所，少則數星期，多則數月。從1910年至1940年，美國移民當局在舊金山灣的孤島天使島（Angel Island）設立移民過境站

---

48 Lin Yutang, *Chinatown Family* (New York: John Day, 1948), p.11.

49 見Story of Wong Ah So，前引書。

50 Entry 135, "Chinese Smuggling File," RG 85, National Achieves, Washington, D.C.

51 Chinese Exclusion Cases Habeas Corpus Petitions, Case File 103 U.S. District Court for the Eastern District of Missouri, St. Louis, RG21, Natiom Archives-Central Plains Region, Kansas City, Missouri.

52 Betty Lee Sung, *Mountain of Gold* (New York: The MacMillan Company, 1967), p.97.

（Immigration Station）。每當從太平洋彼岸駛來的輪船抵達舊金山碼頭，移民局官員便登船逐個檢查旅客身分證件。持有適當合法文件者被准予登岸，餘者則由一小型渡輪載運至天使島的移民過境站聽候審訊，等待移民局的裁決。雖然偶有極少數的白人移民或其他亞洲國家來的移民也被關押在天使島，但絕大部分天使島囚犯為中國人。

一些學者將天使島的移民過境站等同於紐約的伊利斯島（Ellis Island）移民過境站，並稱其為西岸的伊利斯島。實則二者不盡相同。伊利斯島位於劃分紐約與新澤西兩州州界的哈德遜河上。從地理置上，該島屬於新澤西州，但行政上歸屬紐約州。[53] 美國內戰以後，大批移民從歐洲和亞洲湧往美國。在美國內戰前的40年內，約有500萬移民進入美國；但是從1860年至1900年，約有1500萬移民進入美國。在美國歷史上，1880年以前進入美國的移民被稱為「老移民」（Old Immigrants），多來自西歐與北歐國家。這些所謂「老移民」多受有較高程度的教育，會講英語，擁有一定資產或技藝，在宗教上多屬於來美國尋求政治理想與宗教自由的衛理公會教徒。而從1880年至1914年第一次世界大戰爆發期間進入美國的移民則被稱做「新移民」（New Immigrants）。不同於老移民，新移民基本來自東南歐國家和亞洲的農業地區，他們大多一文不名，一字不識，不通英文。來自東南歐的新移民多信仰天主教與希臘東正教，為貧困與宗教迫害驅使來到美國。而來自亞洲的新移民，主要為中國人、日本人和韓國人，多為尋求改善貧困處境而移民美國。這些新移民的湧入，大大改變了美國的政治經濟生活，引起美國本地主義者、種族主義者、白人勞工組織以及保守政客的恐慌，惟恐新移民將擁塞城市，降低生活水準，並異化美國的白人主流文化。由於70%以上的新移民抵達紐約港，聯邦當局遂制定移民政策，於1892年1月1日在紐約港外的伊利斯島設立移民過境站，過濾篩選合格移民，准予入境。頭等與二等艙的旅客由移民局官員登

[53] 近來，紐約州和新澤西州在為伊利斯島的歸屬權大打官司。新澤西州稱該島歷來屬於新澤西，只是在19世紀30年代該州立法機構才將其割讓給紐約州，這是一大歷史錯誤，須予以糾正。而紐約州則宣稱絕不放棄伊利斯島。

船檢查身分，然後予以入境。而三等艙與統艙的乘客則被通通以渡輪載至伊利斯島的移民過境站逐個檢驗。從這點來看，伊利斯島與天使島的移民過境站設立的目的是相同的：一方面設立專門的政府機構更有效地控制與處理日益增多的移民入境手續，而另一方面以特殊隔離的方式使新移民、特別是貧窮的新移民的入境更為困難。過境程序中的身體檢查、隔離治療會使多數不懂英語的新移民感到羞辱、困惑和壓抑；而對那些被遣返回母國的不幸者，伊利斯島猶如鬼門關。

但兩島之間本質的區別在於伊利斯島的移民過境站只是過境站，而天使島的移民過境站實則為移民監獄。在移民的高峰時期，伊利斯島的移民過境站一天可以處理約5000移民的入境手續。過境站是一座鑲嵌著大理石的紅磚大樓，移民首先進入有二層樓高的寬敞的登記廳。在這些新移民提著行囊登上通入登記廳的樓梯時，移民局僱傭的醫療官員則從樓梯頂部居高臨下逐個審視他們，挑選出那些有明顯生理缺陷的人，在其外衣上用粉筆劃出記號，其他的人逐個由醫生從頭至腳進行檢查，然後再用粉筆在被懷疑有疾病的移民的衣服上劃出標誌不同疾病的符號。這一程序將20%的移民過濾出來，進一步檢查。其餘通過體檢的移民在登記大廳裡被移民官逐個提問：你的職業是什麼？性別？出生地？婚否？你是無政府主義者嗎？你打算到美國什麼地方？有工作在那裡等待你嗎？你隨身帶有多少錢？雖然問訊時間不過兩分鐘，卻足以使許多移民驚慌失措。通過問訊後，移民會突然發現他（她）自由了，可以踏上美國領土，開始新生活。整個過境檢查約三至五小時，80%的移民都可以在抵達伊利斯島的當天登岸。其餘因疾病被隔離拘留的移民多數在治療檢查後也會被放行。只有約2%的移民被遣返出境，他們之中包括患有傳染性疾病，如患有沙眼的人，年邁體衰或有身體缺陷、無法勞動的人，無丈夫陪伴的婦女，被懷疑為不法分子、無政府主義者以及契約勞工的人。[54]

[54] Leslie Allen, *Ellis Island* (Liberty Island, New York: Evelyn Hill Group, 1995), pp.18-20.

與伊利斯島相反，天使島移民過境站則專為關押華人而設立。在天使島移民過境站開放的30年內（1910年1月21日－1940年11月5日），共有約17.5萬華人抵美。他們中的許多人被羈押在天使島等待醫療檢查或移民文件審查結果；那些未通過審查被遣返中國的華人也在此等待駛往中國的船隻。移民過境站設在天使島的一座木結構的二層樓中。一旦到達天使島，移民官員便將白人移民與其他種族移民分開，將中國移民與其他亞洲移民隔開。男女移民被分別關押兩處直到被批准入境後才能夫妻團聚。移民先被送往島上的羈押所醫院接受撿查。因中國移民大多來自貧困農村，許多人感染寄生性疾病。美國政府因而將許多寄生蟲或感染性疾病分類定為「令人噁心的危險的傳染性疾病」，希圖以此做為否定中國移民入境的理由。1903年，沙眼患者開始被拒絕入境。1910年，鉤蟲病患者被列為禁止入境者。1917年，肝吸蟲病患者也被排斥於境外。由於這些規定基本上影響了中國移民，許多人認為美國移民當局是故設籬障以阻礙華人入美。通過體檢的華人則被拘禁在集體宿舍中，等待入境申請被批准。這些拘禁華人的宿舍，極為簡陋。室內無任何家具，只有一行行二層或三層臥鋪，極似監獄。集體宿舍房門緊鎖，由看守日夜監視。為了防止拘禁者互相串通，移民當局禁止羈押者會見島外的親友。他們的信件、包裹也被定

天使島美國移民過境站外面的石碑，該石碑於1978年樹立，上面鐫刻著：「別井離鄉飄流羈木屋，開天闢地創業在金門。」（令狐萍個人收藏）

期檢查。在羈押中，這些移民不論是否持有合法文件，都得準備通過移民當局的嚴格交叉審訊。審訊對申請人境者及其證人分別進行。審訊問題包括家庭成員、日常生活、村莊房舍的位置等。因為這些問題極為詳盡繁瑣，拘禁人一般在出國以前便將對如上問題的答案記錄下來，不斷背誦記憶。尤其是那些「證書兒子」、「證書女兒」或其他冒名頂替的移民，更得將這些詳細記錄家庭生活的「作弊書」（Coaching Book）隨身攜帶，在旅途中時時習誦，並在輪船抵達美國海岸時銷毀。

No. A 7459

TOYO KISEN KAISHA.
(Oriental S. S. Co.)

ALIEN TAX RECEIPT.

0960

HONGKONG OCT 28 1920 191

RECEIVED from

En route from HONGKONG to HONOLULU

Per S. S "TENYO MARU" Voy. 60 Sailing OCT 28 1920

THE SUM OF FOUR DOLLARS, U. S. GOLD, TO COVER TAX REQUIRED BY THE UNITED STATES FOR ALIENS IN ACCORDANCE WITH "AN ACT TO REGULATE THE IMMIGRATION OF ALIENS INTO THE UNITED STATES," EFFECTIVE JULY 1, 1907.

Agent.

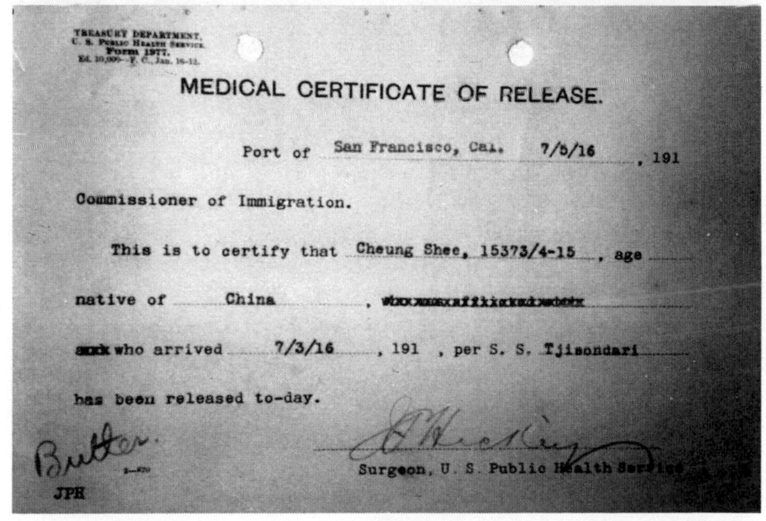
TREASURY DEPARTMENT,
U. S. Public Health Service.
Form 1977.

MEDICAL CERTIFICATE OF RELEASE.

Port of San Francisco, Cal. 7/5/16, 191

Commissioner of Immigration.

This is to certify that Cheung Shee, 15373/4-15, age

native of China,

who arrived 7/3/16, 191, per S. S. Tjisondari

has been released to-day.

Surgeon, U. S. Public Health Service

JPH

上：華商之妻胡氏的輪船船票，1920年。（美國國家檔案館太平洋山嶺地區分館收藏）

下：華商之妻張氏在天使島移民過境站醫院的出院證明，1916年。（美國國家檔案館太平洋山嶺地區分館收藏）

從王氏的案例中，我們可以對此交叉審訊窺見一斑。王氏是舊金山一華人洗衣店僱員麥操（Mark Tau）的妻子。她於1920年9月攜幼子麥允開（Mark Woon Koey）與麥允希（Mark Woon Hew）從廣東赴美，欲與丈夫麥操以及三年前已抵美的長子麥允仰（Mark Woon Nging）與次子麥允暖（Mark Woon Noon）團聚。但在9月1日抵舊金山後，她與兩幼子便被移民局拘禁在天使島。1920年10月22日，移民局檢查官J．P．巴特勒（J.P. Butler）就相同的問題分別訊問麥操、麥允仰、麥允暖與王氏，希圖從他們回答問題的異同中，來判斷王氏與其子的真偽。其中訊問王氏的一些問題為：

問：你的村子面朝哪？答：面北。

問：村屋如何排列？答：排成行。

問：每行有多少間屋子？答：所有房屋從村頭至村尾排成一行。

問：哪一座是你的房子？答：從東數第二座。

問：你在村裡別的房子裡住過嗎？答：沒有。

問：村子有圍牆嗎？答：沒有。

問：村邊有樹林或竹林嗎？答：村子兩面各有一樹林與竹林，村子背面有小山。

問：村子背面有樹林灌木叢嗎？答：沒有。

問：村子前邊有什麼？答：什麼都沒有。

問：你的村子有魚塘嗎？答：沒有。

問：你的村子前面從未有過魚塘嗎？答：沒有。

問：村前有水溝嗎？答：沒有。

問：村前有積水的低窪地嗎？答：沒有。

問：村子的任何一面有魚塘嗎？答：沒有。

問：你知道什麼是魚塘嗎？答：知道。魚塘是有魚的池塘，但是我們村沒有池塘。

問：你們村附近有沒有屬於別村的池塘？答：我不知道。

問：你的村莊座落何處？答：於平坦農田中。

> 問：說出鄰村的名字、方位以及與你村的距離？答：村東二里以外是郭新（Gop Sen）村，村西兩里以外是郝伯（Hock Bo）村，村南21里以外是南溪洪（Lung Chee Hong）村，村北兩里以外是南梅（Lungmee）村。

這些問題都非常繁瑣。值得注意的是檢查官J・P・巴特勒反覆詢問王氏關於村裡有無魚塘的問題。因為檢查官在訊問王氏之前已審訊過麥揉、麥允仰與麥允暖，他們均回答村裡有池塘。訊問結束後，移民檢查官比較四人的回答，認為除村子有無魚塘的問題外，其餘答案則基本相同。巴特勒對於村子有無魚塘的問題，根據麥操回憶池塘常年乾涸且無魚的回答，認為王氏與麥操答案基本無異，因而在其報告中建議批准王氏及其幼子以公民的親屬身分入境。[55]

而在另一案例中，申請入境者與證人的供詞多處矛盾，引起移民檢查官懷疑，入境申請因而被否決。余王氏（Wong Yee Gue）據稱是在美國出生的紐約華裔余添壽（Yee Home Sue）的妻子。二人於1909年在余添壽回鄉探親時結婚。1915年4月19日，余王氏乘船抵達舊金山申請以公民妻子的身分入境，隨即被拘押在天使島。兩天後，余王氏被審訊。移民檢查官A・M・朗（A. M. Long）對比余王氏與其夫證詞，發現多處不符。例如余王氏為天足，而其夫稱余王氏為纏足。他們所說的在廣東家鄉余龍（Yee Toon）村的村鄰的情況也完全相反：余王氏稱其鄰居夫妻均健在，而余添壽則認為鄰居夫妻均去世。A・M・朗據此做出結論：二人夫妻關係不屬實，建議移民總監否決余王氏的入境申請。1915年5月18日，美國移民歸化局總監塞繆爾・巴克斯正式否決余王氏的入境申請。[56]

由以上兩案例可見華人移民入境申請被批准與否完全取決於申請人與證人證詞是否一致。如當事人與證人事先有準備，不漏破綻，即使雙方宣稱的關係事實上並不存在，仍有可能被接納入境。反之，即

[55] Case 19571/18-5, RG 85, National Archives, Pacific Sierra Region, San Bruno, CA.

[56] Case 14284/4-4，同前。

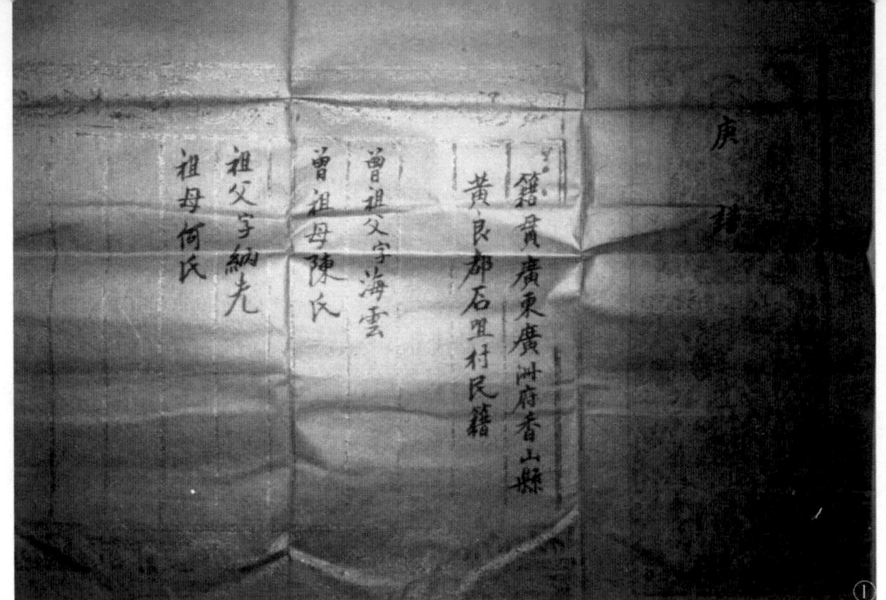

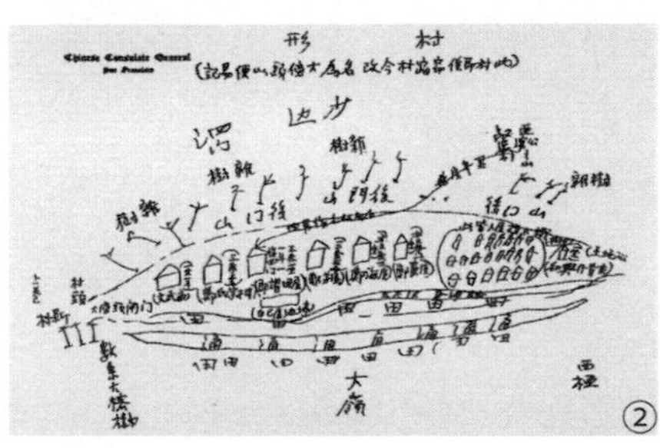

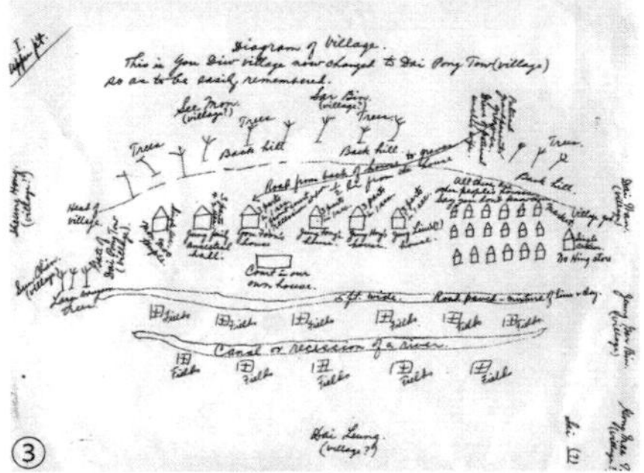

①：中國移民入境時攜帶的作為結婚證明的家族庚譜，1916年。（美國國家檔案館太平洋山嶺地區分館收藏）

②：中國移民為人境交叉審訊而準備的村莊地形圖，1927年。（美國國家檔案館太平洋山嶺地區分館收藏）

③：中國移民為人境交叉審訊而準備的村莊地形圖英文翻譯，1927年。（美國國家檔案館太平洋山嶺地分館收藏）

④：天使島移民過境站中國移民入境前的拘禁室，1910-1940年。（令狐萍個人收藏）

⑤：天使島移民過境站被拘留移民使用的衛生間，1910-1940年。（令狐萍個人收藏）

使是真實的夫妻、父子、父女關係，若申請人及其證人的證詞稍有出入，仍會被否決入境權。此外，檢查官之間的差異也是影響移民去留的重要因素。有的檢查官嚴厲但公正，有的檢查官則樂於從細枝末節中找出當事人口供的漏洞從而否決其入境權。同時訊問問題的類型也取決於總檢查官的個人好惡，對當事人的主觀印象等因素。許多問題諸如「你一年收到幾封家信？」「你父親如何將旅費匯給你？」「你家前門有多少級台階？」「誰住在你村第二排房子的第三家？」「你家院裡有多少棵樹？」與申請入境事宜風馬牛不相及，往往令申請入境者與其證人難以作答或回答前後矛盾。移民當局專為華人移民設計的這一套拘禁交叉審訊，極有可能是為了從生理與心理上迷惑、恐嚇中國人，以限制華人入境。因而，美國政府處理中國移民的政策及其實施是偏頗武斷、充滿弊端、極不公正的。

在拘禁期間，華人移民婦女與其丈夫、兒子（只有12歲以下的兒童可以隨其母親）隔離，前途茫茫。許多移民婦女是有生以來第一次走出其生長或其夫家所在的村莊，被拘禁在孤島上，接受高鼻深目的洋人訊問，其困惑、壓抑是可想而知的。有些婦女抑鬱成疾，有的則以輕生來結束這渺茫無期的等待。據1903年5月30日的舊金山華文報紙《中西日報》報導，當舊金山華裔盧連的妻子馬氏被拘禁於舊金山碼頭的移民拘留所「木屋」中時，極度鬱悶，不思飲食，遂染重病。盧連多次向移民局申請允許其妻保外就醫，均被拒絕。該案引起舊金山華人社區的極大憤慨。[57]

另一案例為聳人聽聞的竹筷自殺案，發生於1941年11月19日。1940年，設在天使島的移民入境站因被火焚燒而遷移至舊金山銀色大街801號。紐約華商洪新區（Hom Hin Shew）的妻子王氏及其9歲幼子洪李民（Hom Lee Min）於1941年10月24日抵達美國舊金山，欲與其丈夫團聚。但在其所乘輪船「柯立芝總統號」抵岸的當天，王氏與其子便

[57] 在1910年天使島移民入境站開設之前，美國移民局在各口岸城市設立移民拘留所，以檢查確認移民身份。舊金山海關的移民拘留所設在舊金山碼頭附近的一幢木樓中，設備簡陋，環境惡劣，被華人稱為「木屋」。

被分別拘留於移民入境處的拘留所中。王氏寡言內向，整日擔心自己與兒子是否能入境。11月18日，當她聽說其入境申請已被否決，其檔案已發往華盛頓由移民總監來最後批示，多日積聚的鬱悶突然爆發，精神完全崩潰，於第二天凌晨在拘留所的女廁中以削尖的竹筷刺入右耳道與喉管，當場斃命。[58] 該案深刻地揭露了美國對華移民政策的不人道性，與華人移民婦女絕望無助的心理狀態。

但華人移民婦女並不全是軟弱無助的受害者。她們中的許多人以各種方式抗議移民當局的非人道待遇。一位移民婦女向其孫女回憶她與丈夫團聚前被關押在天使島的經歷。「當我在移民局拘留所等待入境被批准時，你祖父（從舊金山）寄來一盒點心（dim sum）。我把點心連包扔出窗外。我一直在等待他們讓我登岸。如果他們要遣送我回中國，我會跳入太平洋。」[59] 有些婦女則以哭泣、叫喊來抗議對她們的監禁。為對付這些精神壓抑、情緒激動的移民婦女，天使島的移民當局專門設置一間三尺見方的「隔離室」，將不服從管教的拘押犯鎖入，直至她們安靜服貼為止。一些犯人題詩於拘留所壁上發洩心中的苦悶與憤怒。一首無名詩歎道：「埃塵此地為仙島，山野原來是監牢。既望張網焉投入，祗為囊空莫內何。」另一首無名詩抗議道：「美有強權無公理，囹圄吾人也罹辜。不由分說真殘酷，俯首回想莫內何。」[60] 雖然這些行動無助於改善她們的處境，但中國移民婦女的抗議有助於她們宣洩心頭積鬱，維護個人的尊嚴與人格，暴露天使島移民入境站對中國移民的非人道待遇。

一些堅強有主見的移民婦女不光抗議對她們的不公正待遇，更援引移民法則，有理有據，爭取入境權。朱郭氏（Gee Quock Shee）是這類婦女中的典範。朱郭氏於1873年出生於舊金山的中國移民家庭。她在18歲時嫁與加州聖馬提奧（San Mateo）的華商余合五（Yee Ho Wo）

---

58 Case 41369/11-29，同前。

59 Connie Young Yu, "The World of Our Grandmothers," in *Making Waves, An Anthology of Writings By and About Asian Women*, ed. Asian Women United of California (Boston: Beacon Press, 1989), p.36.

60 Him Mark Lai. *Island, Poetry and History of Chinese Immigrants on Angel Island* (Seattle: University of Washington Press, 1980), p.61, 59.

為妻。朱郭氏雖然不識字，但熟通英語，精明幹練。她與其丈夫都在雜貨行余興公司（Yee Hing & Co.）中任職。因朱郭氏與其夫在該公司的十名股東中擁有最高股份1000美元（該公司資金總額為5300元），因而成為該公司經理。余合五管理帳務，而朱郭氏除料理生意外，主要擔任收款與出納。每日由一名公司的男性僱員陪同到聖馬提奧銀行存款、提款。1907年，朱郭氏與余合五回中國探親兼做生意。1910年，余合五因生意關係滯留中國，而朱郭氏以商人妻子的身分獨自返美。一旦返美，朱郭氏便被羈押於移民局拘留所等待澄清身分。在接受聽證時，朱郭氏說明她在余興公司的工作性質與經理身分，並向移民檢查官提出：「如果你們因為我丈夫暫時不在美國而否決我做為商人妻子的入境權，我將抽回這份申請，重新申請以商人的身分入境。」她的證詞清晰有條理，加之聖馬提奧銀行出納亨利・赫根（Henry W. Hagan）與聖馬提奧市警察局長M・F・博蘭德（M. F. Boland）為她作證，移民當局遂同意將她的身分改為商人並准許其入境。[61]

第四節　移民與定居模式

早期中國移民婦女如何來到美國？她們的移民與定居模式是否與來自其他國家的移民婦女相似？這些問題均為研究美國華裔婦女歷史的重要課題。從現有的研究中，我們得知，不同時期抵達美國的各族裔移民婦女有著不同的移民與定居模式。顯而易見，來自歐洲國家的移民婦女在移民人口總數中佔有較高比例，多以連鎖移民（Chain Immigration）的方式來到美國，定居於美國東北部工業城市的工人階級與移民聚居區中。[62] 而中國移民婦女則占早期中國移民總數的極小部分，做為華商或美國華裔公民的妻子，或被人販偷渡入美，定居在東海岸與西海岸大城市的華人聚居區——唐人街中。

61 Case 10385/5799，同前。
62 連鎖移民指已赴美的移民安排自己的親友移民，而這些親友又將自己的親友帶來美國，以此類推，形同鎖鏈。

從19世紀初起，愛爾蘭移民便湧入美國，猶如人潮，離棄一個家園尋求另一個家園。愛爾蘭移民中半數為婦女。她們多為愛爾蘭不利於婦女的經濟條件所驅使而移民美國。在愛爾蘭農村，一家只有一子能繼承家中的土地所有權，其餘子女必須各奔前程，自謀生路。[63] 當家中有一人在美國時，其他人也隨即前來投奔。愛爾蘭婦女的移民往往形成女性鎖鏈：姊姊幫助妹妹移民，姑姑帶來姪女，表姐妹們互相扶持。[64]

類似於愛爾蘭移民，來自東歐的猶太移民男女性別比例也基本平衡。但不同於愛爾蘭移民，猶太移民中相當大比例的人口為兒童，表明猶太移民婦女多為已婚者並攜其子女一同移民。[65]

如同愛爾蘭婦女，義大利婦女也做為移民鎖鏈的一個個環節來到美國。同時代的觀察家與歷史學者們已經注意到，村落性的鎖鏈移民主導義大利移民潮流；義大利的一些村莊專門輸出移民，在美國各地的義大利聚居區都能夠找到來自這些村落的移民。[66]

日本婦女的移民方式在某種意義上類似於愛爾蘭移民與東歐猶太移民。做為妻子、新娘和女兒，她們以家庭成員的身分來到美國。在1924年之前，大部分日本婦女以日本移民新娘的身分赴美。許多日本男性移民已在美國生活多年，希望能夠回鄉娶親。那些有足夠積蓄的日本移民男子得以成行，在日本結婚並攜新娘返美。然而，多數日本移民男子則採取較為經濟省錢的「照片新娘」（picture brides）的方式，將自己的照片寄回日本，尋找新娘。在舉行了新郎缺席的婚禮後，新娘註冊加入夫家的戶籍，然後以移民妻子的身分入境美國，與從未謀面的丈夫團聚。以此種方式移民美國的日本婦女被稱為「照片新娘」。[67]

---

63 Diner, p.10.

64 同上，pp.30-34。

65 魯道夫・格蘭茲（Rudolf Glanz）的研究表明，在19世紀的猶太移民人口中，24%為14歲以下的兒童，大大高於其他族裔的新移民。參見Rudolf Glanz, *The Jewish Women in America: Two Female Immigrant Generations*, 1820-1929 (New York: Ktav Publishing House, Inc., and National Council of Jewish Women), p.1.

66 Josef J. Barton, *Peasants and Strangers, Italians, Rumanians, and, Slovaks in an American City, 1890-1950* (Cambridge, Mass.: Harvard University Press, 1975), pp.49-53.

67 參閱Yamato Ichihashi, *Japanese in the United States* (Stanford: Stand University Press, 1932), p.10; Chan, *Asian Americans*, p.107.

同樣，在1910年至1924年之間，約有7000名韓國人移民美國，其中近2000人為婦女。這些韓國移民婦女大多已婚並有子女。韓國移民中的男女性別比例高達3：1，為同時期亞裔移民中最為家庭化的移民群體。[68]

與義大利移民相似，早期中國赴美移民也多來自中國一省——廣東省。一些美國華裔史研究學者的著作顯示在19世紀與20世紀初的中國赴美移民中，60%的人來自廣東台山縣，而其餘40%則來自台山鄰近的新會、開平、恩平、南海、番禺、順德、花縣、東莞、中山、寶安、珠海等縣，以及廣州和香港等城市。[69]

早期中國婦女的移民模式與其他族裔移民婦女的模式相似：由家人或親友資助的移民大多以連鎖移民的方式赴美。多定居於其親友所在城市或鄰近地區；而那些由人販偷渡入境的婦女則多集中於加利福尼亞州。由於美國政府1882年通過的排華法限制華工入美，規定只有商人、學生、政府外交官及短期旅遊者才能入境。因此，19世紀末20世紀初的華人移民婦女一般為商人妻女、富商的僕人傭婦，或者非法偷渡入境的娼妓。

在多數情形下，中國人移民的方式一般為男性移民先行赴美，在那裡拼命工作積蓄資金。當積蓄足以支付其往返盤纏時，該移民便回鄉省親，再攜帶妻小同赴美國。鄺隆（Kwong Long）與朱林（Gue Lim）的案例則屬此類。根據美國移民檔案，鄺隆為住在紐約的華商。在美國苦做多年後，決定於1886年回鄉，接妻女赴美，全家團聚。[70]另一名華商朱林，也於1900年向移民當局申請批准其妻子及兒女入境並獲准。[71]

---

68 Eun Sik Yang, "Korean Women in America: 1903-1930," in *Korean Women in Transition, at Home and Aboard,* eds. Eui-Young Yu and Earl H. Phillips (Los Angeles: Center for Korean American and Korean Studies), pp.167-181，該書為考察20世紀初韓國移民婦女在美國生活的較為優秀的文集。

69 Sung, *Mountain of Gold*, pp.11-13.

70 Case 3358d, Entry 134, "Custum Case File 3358d Related to Chime Immigration, 1877-1891," RG 85, National Archives, Washington, D.C.

71 Case 1355, Entry 132, "Chinese General Correspondencce, 1898-1908" RG 85, National Archives, Washington, D.C.

作者搜集的口述訪談資料也進一步證實中國移民婦女的上述移民模式。居住馬薩諸塞州史密斯堡市的第二代華裔婦女C太太向作者講述她的父母是如何移民的。她的父親原為一香港商人，在19世紀末20世紀初時來美國碰運氣。同大部分中國移民一樣，他先到達舊金山，到處做工，然後又遷往波士頓。先是為人做筆記，逐漸積攢了些錢後便自行開店做茶葉生意，隨後娶親買房子，成為波士頓著名華商之一。她說：「我的父親在美國長期打工，省吃儉用，直到人到中年時，才攢夠娶親的費用。他回到廣東老家迎娶我母親，然後再帶她來到美國。那時我母親才16歲。」[72]另一名第二代華裔婦女S太太的家史與C太太的十分類似。「我父親是一名銀行職員，他於20世紀初年來到舊金山，而我母親則留在中國老家，直至1906年舊金山大地震以後才來到美國與我父親團聚。」[73]如果有足夠的積蓄，大部分華商都能夠安排家眷赴美。

一些有勇氣有膽識的中國婦女甚至赴美接管丈夫經手的生意。金華（Gin Far）是舊金山一華商的妻子。1889年，金華與丈夫及其幼子返回中國。不久，其丈夫病故於家鄉。金華決定攜幼子返美接管丈夫在舊金山的生意。在入境申請中，金華堅持要以原美國居民的身分與其子一同入境。移民當局在澄清她的居民身分以及其丈夫商行生意的情況後，批准她與幼子一同入境。[74]

雖然多數富裕的華商能夠在初次赴美時攜家眷同行，或獨身先抵美，隨後安排家眷。但是，對大部分窮苦的華工而言，將家眷遷往美國，需要長期不懈的努力與漫長的等待。許多華工在這種痛苦期盼中終老他鄉，再也難圓婚夢。從林語堂的小說《唐人街》中，我們對中國華工爭取全家團圓的不屈努力可見一斑。《唐人街》是林語堂先生旅居美國紐約時，對所聞所見的華人在美國努力適應環境、生存奮鬥的真實寫照。該書描寫20世紀30年代時定居於紐約唐人街的馮家兩代

---

[72] 口述訪談第7。

[73] 口述訪談第9。

[74] Case 1151, Entry 132, RG85, National Archives, Washington, D.C.

人的故事。書中主人公湯姆・馮（Tom Fong）是第一代華人移民，為了實現發財致富的黃金夢，他忍痛告別妻小，於19世紀末來到美國，先在阿拉斯加淘金，後輾轉紐約。艱苦的移民生活以及美國政府的排華法使得他長期無法和家人團聚。但中國傳統的家庭觀念在他頭腦中根深蒂固，他在多年的獨身移民生活中，日夜思念妻子。「……他就像一條橫渡大西洋到彼岸產卵的鰻魚。」[75]這種反覆的橫渡大西洋的遠征使他得以履行他的家庭社會義務。他的妻子在家鄉為他生兒育女，傳宗接代，而他的美國黃金被用來購置田產，贍養家小。雖然像其他華人移民一樣，他在美國被強盜搶過，被暴徒襲擊過，但最終他用多年積蓄在位於紐約80街與第三大道的一間地下室裡開設了一間小小的洗衣店。以洗衣店為大本營，湯姆・馮開始在美國土地上一步步實現他的家庭夢。為此，他必須想方設法避開美國移民當局的法律屏障。首先，他的次子弗雷迪（Freddie）註冊成為一艘遠洋輪船的海員，跳船偷渡入境。[76]年輕力壯的弗雷迪幫助父親賺錢以早日實現團圓夢。然後湯姆・馮以錢收買一家雜貨店主，稱自己為該店股東之一，因而將其身分由勞工轉變為商人。最後弗雷迪將積蓄寄往家鄉安排湯姆・馮的妻子與其他子女赴美。湯姆・馮全家終於在美國團聚。[77]

這種移民方式不僅反映在華裔美國文學中，而且為大量的移民檔案所印證。例如，出生於加利福尼亞州斯托克敦市（Stockton）的洗衣店傭工麥操（Mark Tau）於1905年他25歲時返回中國娶親。因為無力在美國撫養家庭，麥操遂獨自返美。其後每隔幾年回國看望妻子王氏一次。他在1917年和1919年分別將長子麥允仰（Mark Woon Nging）和次子麥允暖（Mark Woon Noon）接入美國。1920年，在兩個兒子（分別為16歲和14歲）的幫助下，麥操收入增加，終於有能力將妻子王氏與兩個幼子（分別為8歲和1歲）接來美國，從此闔家團聚。[78]

中國早期移民婦女的第二種移民方式為通過奴隸貿易偷渡入境。

---

[75] Lin Yutang, *Chinatown Family*, pp.196-197.
[76] 同上，p.7。
[77] 同上，p.10-11。
[78] Case 19571/18-5, RG 85, National Archives, Pacific Sierra Region, San Bruno, CA.

由於加利福尼亞州黃金潮時期的華工大部分為單身，娼妓業因之在美國西海岸興起。加州華人娼館妓院多由華人聚居區的傳統幫派或同鄉會控制，娼妓來源一般為廣東農村。華人中的痞子、流氓充任人口販子或經紀人，開赴中國農村，或伺機綁架良家女子，或謊稱招工，誘騙貧困潦倒的父母將女兒賣掉。

舊金山華人區長老教會的翻譯陳丁香（Lilac Chan），在幼年時被人販從廣東家鄉賣至美國為奴僕，後被新教派婦女反娼妓組織援救出苦海，從此終身服務於華人宗教界。她回憶當年被賣為奴的痛苦經歷：

> 1893年我6歲時來到美國。我的不爭氣的父親將家中所有財產賭得精光，讓我們挨餓受苦。我的外祖母家十分富裕。我記得外祖母總穿綾羅綢緞，常常帶給我們許多禮物。那天，我父親哄我說要帶我去外祖母家，我非常高興，跟著父親上了一條渡船。臨行前母親一直哭泣，我不明白母親為什麼哭泣，我只是去外祖母家啊。母親給了我一個新牙刷和一條新毛巾，並把它們放到一個黑色的布袋裡。當我看到母親哭泣時，我說：「媽媽，不要哭，我只是去看外祖母，我很快就會回來的。」我的不爭氣的父親，難以想像的是我的父親，就在那條渡船上將我賣給人販。他把我鎖在船艙裡，然後和人販子討價還價。我在船艙裡又踢又叫，但他們不放我出來。直到很長時間以後，大概我父親討了個好價錢離開了渡船，他們才放我出船艙。我在船上跑上跑下到處找不到我父親。他把我丟給這陌生的女人，獨自走了。晚飯時間，那個女人帶我到寧波吃飯，我拒絕吃飯，只想回家。晚飯後她將我帶到上海，把我留給另一個女人。那個女人對我很好，從沒有讓我幹活。不知在上海待了多長時間以後，一個女人從舊金山來帶我到了美國。[79]

[79] Victor and Brett de Bary Nee. *Longtime Californ'* (New York: Pantheon Books, 1973), p.84.

傳奇式的愛達荷早期華人移民婦女波莉・貝米斯（Polly Bemis）的故事與陳丁香的故事十分類似。波莉・貝米斯原名Lalu Nathoy，於1853年出生於中國北方農村。在貧窮中度過童年。在她18歲那年，土匪進村以兩袋黃豆種強迫其父將Lalu賣掉。Lalu被轉賣到美國成為契約奴，然後被拍賣給愛達荷州沃倫（Warren, Idaho）的一個中國酒店主。在那裡她受命看護受傷的白人礦工查理・貝米斯（Charlie Bemis）。兩人相愛並結婚，在鮭魚河（Salmon River）邊開闢農田。波莉・貝米斯吃苦耐勞，熱情善良，深為當地入喜愛。[80]

這種奴隸貿易在19世紀後半期與20世紀初盛行一時，從中牟利者不僅有人口販子、經紀人以及美國西海岸中國娼館的老闆，也包括美國移民局官員、員警以及黑社會的暴徒、惡棍。這些不幸的女孩在中國被人販用幾十美元買進，然後海運至美國，以偽造文件蒙混入境，再被轉賣至舊金山的妓院主，賣價可高達數百至數千美元。妓院主不光僱用打手看管恐嚇這些被奴役的女子，還用金錢賄賂移民官員與地方員警保護他們的生意。妓院主還常常將這些女奴轉賣給華人富商或其他買主。

羅斯的故事典型地反映了這種奴隸貿易。「羅斯出生於中國內地。她家中8個子女中有5個是女孩，羅斯排行第六。由於家鄉遭饑荒，羅斯在她14歲那年被人販帶到香港。她的姐姐已經先在香港做工。人販告訴她，她將被帶到美國嫁給一個開乾貨店的中國商人。1920年12月，羅斯16歲時乘船前往美國。一個月以後，羅斯和人販在舊金山登岸入境……羅斯在中國被人販用500美元買進，在舊金山以4500美元被賣給第一個妓院老闆，後來又被兩次轉賣，在22個月之內，她為第一個僱主賺回7000元。（僱主）給她一份證明在美國出生的身分證並教她告訴別人她是在美國出生的。」[81]

---

[80] Lihua Yu, "Chinese Immigrants in Idaho," (Ph.D. diss., Bowling Green State University, 1991), p.207; Rothanne Lum McCumm, *The Thousand Pieces of Gold: A Bibliographical Novel* (San Francisco: Design Enterprises of San Francisco, 1981).

[81] "Life History-'Rose' Slave Girl," William Carlson Smith Document A-83, Special Collection, University of Oregon, Eugene, Oregon.

當大多數早期中國移民婦女或由丈夫贊助安排赴美，或為奴隸販運入境時，另一些中國婦女則以不同方式進入美國，她們為留學美國的學生。19世紀末、20世紀初的中國女留學生一般由美國基督教團體贊助支持，遠渡重洋，求學深造，形成中國早期婦女移民的第三種模式。這種模式的形成與其時世界局勢、中國國情關係不能分割。當西方列強在鴉片戰爭後打開中國的大門時，隨著外貨的傾銷，西方宗教組織與傳教士也爭相在中國沿海與港口城市設立教堂，傳播基督福音。為了標榜基督教的仁慈，顯示西方文化的進步與文明，各教派在傳道的同時也設立了醫院、學校以及其他慈善性機構。美國新教會組織在此傳教活動中一馬當先，異常活躍。[82] 在教育為男性專利的傳統社會，教會學校為中國女子接受西方教育提供了機會。1844年，第一所中國的基督教會女子學校在寧波成立。[83] 1846年，由美國國外佈道團委員會派遣的一對年輕夫婦戴爾・鮑爾（Dyer Ball）博士及其夫人將他們在廣州城的寓所改建為學校，最初只有8名中國女孩入學。但到19世紀末，在這所女子學校註冊的學生有幾百名。[84] 1860年，汕頭的第一所教會學校在美國的浸禮會傳教士J・W・詹森（J.W. Johnson）及其夫人寓所的樓下開設，直至1874年詹森夫人退休。[85] 根據廣州傳教士會議的一份報告，在1920年，有236名中國女孩在廣州的教會中學就讀。[86] 1933年進行的一項私人調查表明，在廣州的教會女子中學，有85%的學生來自商人或職業工作者（教師、醫生、律師、公務員、教會工作人員等）的家庭，半數的學生家長為新教派教友。[87]

除初等與中等教育外，各基督教派也在中國設立女子高等教育機

[82] 有關美國新教教派在中國推廣教育的論題，參閱令狐萍Huping Ling "A History of Chinese Female Students in the United States, 1880s-1990s," *The Journal of American Ethnic History* 16, No.3 (Spring 1997): 81-109; Mary Releigh Anderson, *A Cycle in the Celestial Kingdom* (Mobile, Alabama: Heiter-Starke Printing Co.,1943); and Peggy Pascoe, *Relations of Rescue: The Search for Female Moral Authority in the American West, 1874-1939*(New York: Oxford University Press, 1990).

[83] Anderson, p.60.

[84] 同上，p.83。

[85] 同上，p.83。

[86] Canton Missionary Conference, "Program of Advance," p.27.

[87] Anderson, p.202.

構。1906年，美國女傳教士兼教育家路愛拉・邁納爾（Louella Miner）創立中國第一所女子大學——華北女子學院，後改為燕京女子大學。至此女子入學人數穩步上升。1912年，華北女子學院有20名學生。1932年，中國的19所教會大學中已有17所對女子開放，女子入學人數達1261名，占教會大學學生總數的22%。近半數的女學生集中於三所大學：燕京大學，223名；上海大學，206名；桂林女子學院，174名。[88] 顯然，這些來自教會家庭，受過教會學校西方教育的中國女性，在排華法案盛行美國的時候（1882-1943），能夠得益於她們與美國新教會宗教組織的社會文化聯繫，順利進入美國國境。

在1881年至1892年的11年間，有4名中國女學生由美國基督教會贊助來美國留學，在獲得醫學學位後返回中國，成為第一批中國留美女學生與中國最早接受西方醫學訓練的女醫生。[89] 其後中國留學生繼續赴美求學。1900年1月，根據美國移民檔案，中國牧師陳興開（Chan Singkai）的女兒，20歲的陳美利（Mary Chan）從加拿大的維多利亞申請入境美國。在此之前，陳美利在維多利亞讀書五年，美國維多利亞海關總署中國移民部同意她入境。[90] 陳美利是否在入境後就讀美國大學則不得而知，但可以肯定的是她是訪問美國的早期中國女學生之一。

1914年6月24日，15歲的中國女孩伍顏棠（Ng Gan Tong）以學生身分被美國移民當局接納入境。在此之前，她曾申請做為美國華裔的女兒入境但遭拒絕。伍顏棠的第二次申請得以順利通過，與她在廣州一所教會學校——路德女學堂的教育背景不無關係。除了出具她在路德女學堂的課程表與成績表等證據外，伍顏棠還得到了在廣州的美國領事的幫助。在給舊金山移民總監的信件中，美國領事要求移民總監允許伍顏棠入境，因為「該申請人已在路德女學堂就讀四年。該校是廣州有名望的學堂之一，並有大量學生註冊就讀。該校的學生記錄顯

---

88 同上，p.210.

89 Y.C. Wang, *Chinese Intellectuals and the West*, 1872-1949 (Chapel Hill: University of North Carolina Press, 1966), p.49.

90 Case1139, Entry 132, "Chinese General Correspondence, 1898-1908," G 85, National Archives, Washington, D.C.

示伍顏棠從1909年9月至1913年6月在該校求學。這四年期間，伍顏棠選學聖經、國文、算術、地理、歷史、衛生、英文、音樂圖畫、體操手工與裁縫等課程，證明她確實屬於學生。申請人的照片也由校長埃德娜・洛利（Edna Lowry）女士與傳教士負責人C・A・納爾遜（C.A. Nelson）神父辨明認可。」[91] 舊金山的移民總監不僅同意接納伍顏棠以學生的身分入境，並且指示一旦入境，伍顏棠必須被「安置於合適的學校」給與「充分的生活費和學費」。[92]

1916年陳平安（Chan Ping On）、陳平港（Chan Pink Hong）和陳平寧（Chan Pink Ning）三姐妹前來美國與其父親——舊金山中國衛理公會聖公會教堂牧師與教會學校教師陳洛山（Chan Lok Shang）團聚。雖然她們以教師之女的身分被接納入境，但三姐妹在申請表上都表明自己為學生。[93]

這一時期最著名的中國留美女學生為宋氏三姐妹宋靄齡、宋慶齡和宋美齡。其父宋耀如少年時漂泊海外，曾任船員雜役。他在1878年12歲時抵達美國，先在北卡羅來納州受洗為基督徒並取洋名查理・宋（Charles Jones Soong），後在美國南部接受衛理公會基督教育。1886年他以衛理公會牧師的身分返回中國傳教，並娶上海富商之女倪桂珍為妻。不久，宋耀如放棄傳道，轉為經商辦實業。他先為外國機械公司在上海代辦，後創立上海商務印書館，成為上海早期的中國實業家之一。倪桂珍雖未到過美國，但在上海的教會女子學校受過教育，擅長數學，喜彈鋼琴，十分嫻雅。宋耀如與倪桂珍育有6個子女，依次為：長女宋靄齡（後成為蔣介石財政部長孔祥熙的夫人），次女宋慶齡（後成為孫中山夫人），長子宋子文（後成為蔣介石的外交部長），三女宋美齡（後成為蔣介石夫人），次子宋子良，三子宋子安。1904年，14歲的宋靄齡跟隨父親的朋友詹姆士・勃格（James W. Burke）牧師來到美國喬治亞州梅肯鎮（Macon, Georgia）的私立衛斯理陽女子學院

91 Case 12994/6-18, RG 85, National Archives, Pacific Sierra Region, San Bruno, CA.
92 同上。
93 Case 10433/2855 A, B, C, and D, RG85, National Archives, Pacific Sierra Region, San Bruno, CA.

（Wesleyan College）讀書。三年以後，宋慶齡年滿14歲，宋家決定也將慶齡送往美國念書。年僅9歲的美齡堅持同去。1907年，宋慶齡、宋子文與宋美齡一同抵達美國。他們先在新英格蘭地區的一所私立學校念了一年，翌年兩姊妹一同到達宋靄齡學習的喬治亞州梅肯鎮衛斯理陽女子學院。宋靄齡與宋慶齡分別於1908年和1913年畢業回國。宋美齡因年紀太小，先由一私人家庭教師瑪姬・巴克斯（Margie Burks）小姐教授四年，然後於1912年正式進入大學。1913年宋美齡轉入馬薩諸塞州衛斯理學院（Wellesley College），1919年獲英文學士學位並回國。[94]

此時期自費留學的中國女學生多由基督教傳教會組織贊助，同時仍有部分女學生因獲得中國政府的獎學金而得以赴美留學。1902年，有3名傑出的女學生獲得江蘇省政府的留美獎學金，一名獲得浙江省政府留美獎學金，前往美國讀書。[95] 除地方政府外，中央政府也設款資助公費留學生。1909年，中國清政府開始用美國政府退賠的部分庚子賠款設立庚子賠款獎學金，派遣留學生到美國學習。[96] 根據Y・C・王的研究，至1910年時，中國女留學生巾幗不讓鬚眉，與中國男留學生同樣爭取中國政府的獎學金。[97]

1912年中華民國成立以後，新政府繼續派遣留學生赴海外學習。通過「清華學院」，從1912年至1929年，中國留學生被源源不斷地派往美國學習。[98]1912年，第一批清華畢業生被派往美國。1913年因政府經費不足停止派遣留學生一年。從1914年開始，民國政府恢復逐年派遣留學生的慣例。至1929年，約有1268名清華學生獲得政府庚子賠款獎學金赴美國學習。[99] 清華學院設立之初，民國政府沒有明文規定留

---

94 參閱簡潔與孟祈編：《蔣介石與宋美齡》，吉林文史出版社，1989年。

95 Y. C. Wang, p.73.

96 1900年的義和團反帝運動失敗後，外國列強強迫清政府簽訂不平等條約，並賠償列強鉅款4.5億兩白銀，史稱「庚子賠款」。1908年5月，迫於中國人民日益高漲的反美情緒以及抵制美貨的愛國運動，美國國會通過法案，退賠部分庚子賠款給中國政府，但規定該款項必須被用於發展教育。中國政府遂設立庚子賠款獎學金，用於派遣留美學生。

97 Wang, 同上。

98 此時的清華學院不同於正式大學，實則為大學預備學校，專門招收年輕學生，為在美國大學留學做準備。

99 Wang, p.111.

學生在美國學習的期限，但通常政府贊助7年。1914年，政府通過限制獎學金為6年的新規定，其後又減為5年，最後4年。由於此時期清華學院只招收男學生，所以每隔一年，清華學院專門設立10個獎學金名額，通過考試，從其他院校中選拔女留學生。從1914年至1929年，有53名女留學生獲清華獎學金留學美國，獎學金期限為4年。當1920年清華學院計畫暫停派遣女留學生時，各地女大學生紛紛抗議，表明當時中國的知識婦女已具有渴求西方教育，爭取男女平權的強烈願望。[100] 除中央政府設立的清華獎學金外，民國初期各省政府也設立獎學金派遣留學生，但地方政府對留學生的選派工作必須由中央政府監督。從1912年至1916年，省政府獎學金贊助的學生完全由中央教育都選拔。1916年，教育部通過新規定，要求省派學生必須通過地方與北京兩級考試。教育部同時決定省政府的獎學金的名額以及留學生在海外學習的專業。[101] 由於民國政府及各地方省政府的努力，至1922年在美的中國留學生人數已達1446名，其中135名為女性。[102] 無論是自費還是公費，大多數中國女學生在赴美之前，已在中國的教會學校接受了西方教育，並掌握了流利的英語。[103]

與其他族裔移民婦女相同，早期中國移民婦女多定居於美國的口岸城市。19世紀時，舊金山為美國西海岸主要口岸城市之一。從太平洋乘船抵達美國的中國移民多在此落腳，百分之80的中國移民婦女以舊金山為定居地。在1870年抵達美國的4566名中國移民婦女中，有3873人滯留於舊金山地區；在1900年抵達美國的4522名中國移民婦女中，有3456人定居於舊金山。[104] 從1940年始，紐約與舊金山相爭，成為美國本土上中國移民婦女聚居的第二大口岸城市。在同年入境的20115名

---

[100] Wang, pp.112-113.

[101] 同上，p.101。

[102] China Institute in America, *A Survey of Chinese Students in American Colleges and Universities in the Past Hundred Years* (New York, 1954), p.27.

[103] Rosalind Mei-Tsung Li, "The Chinese Revolution and the Chinese Women," *The Chinese Students Monthly* 8 (June 1922), p.675.

[104] U.S. Census Bureau Publications.

中國移民婦女中，有12255名定居於加利福尼亞州，而1954名則以紐約為家。[105] 在這些口岸城市中，中國移民婦女同其他族裔移民婦女一樣（均居於少數族裔聚居區），集中於城中的華人聚居區——唐人街，與唐人街之外的主流社會完全隔絕，並為其忽視。[106]

我們可以從社會組織形態與生活居住條件這兩個角度來考察早期中國移民婦女的定居模式。首先，自華人移民美國，形成華人聚居區之始，唐人街的管理與運作便由富裕華商通過所謂「六大會館」來控制。六大會館是旨在幫助中國移民適應異國條件、維持美國華人聚居區社會秩序而形成的建立於宗族地域關係上的獨特的華裔移民社會組織。它包括岡州會館、三邑會館、陽和會館、人和會館、寧陽會館與合和會館，先後設立於1851年至1862年之間。為了合力抗爭當時在美國西海岸日益猖獗的反華情緒與暴力事件，六大會館於1882年聯合組成中華會館（Chinese Consolidated Benevolent Association），被美國公眾稱為六大會館（Chinese Six Companies）。六大會館先控制舊金山唐人街，隨著華人向美國其他地區的遷移發展，六大會館成為美國各地華人聚居區的普遍社會組織形態。六大會館的董事由有影響的華商輪流擔任。

六大會館的主要功用有三點。第一為法律功用。六大會館不僅做為華人社會的合法代表直接與美國當局交涉談判，還僱用一批歐裔律師為華人移民的合法權益辯護，特別是在牽涉排華法的案例中。從美國移民局檔案史料中，可以發現大量美國歐裔律師為華人辯護的案例。[107]會館的第二功用為社會功用，也是會館的主要功用。一旦在舊金山碼頭登岸，一個華人移民的生活便處於會館的嚴密控制之中。移民被會館派來的人接至會館，登記註冊，然後被安排在那裡臨時住宿，會館提供水與煮飯用具。準備返鄉探親的華人移民在啟程前也在

---

105 同上。

106 有關美國華人社區的情況，請參閱 Chalsa M. Loo, ed., *Chinatown: Most Time, Hard Time* (New York: Praeger, 1992), and Min Zhou, *Chinatown: The Socioeconomic Potential of an Urban Enclave* (Philadelphia: Temple University Press, 1922).

107 Entry 132, "Chinese General Correspondence, 1989-1908," RG National Archives, Washington, D.C.

上：舊金山的中華會館總部，2014年。（令狐萍個人收藏）
下：中華會館贊助的中文學校，舊金山，2014年。（令狐萍個人收藏）

那裡臨時住宿，並向會館申請出境許可。會館在索清該移民所有欠款之後，才發放出境許可。[108] 因而會館成為嚴密控制華人的生活組織機構。此外，會館的其他社會功用還包括調停會員糾紛、賑濟扶助孤寡殘廢等。會館的第三功用為文化功用。各會館均出資贊助唐人街華文學校，以在華人下一代中延續中華文化，弘揚中國傳統。

六大會館在發揮上述功用時，為美國華人移民社區提供了有益的服務，華人婦女與兒童均受其惠。然而，做為一種父系家長式的男性社會組織機構，六大會館將華人移民婦女完全排斥於會館的各項活動之外。[109]

---

[108] 參見Him Mark Lai, "Historical Development of the Chinese Consolidated Benevolent Association/Huiguan System," *in Chinese America: History and Perspectives*, 1987 ed, Chinese Historical Society of America (San Francisco: Chinese Historical Society of Amen 1987), pp.19-20.

[109] 自20世紀60年代以來，在美國民權運動的影響下，華人社區中與美國主流社會有聯繫的各

這種美國華人社會的組織形態與中國的傳統社會機構大相徑庭。在傳統的中國社會，士大夫階級把持著政府的各級統治機構，而行商做賈的商人階級則受盡各朝政府的挾制貶抑，也為歷代封建文人所不齒。身為統治階級，中國的官僚士紳沒有必要、也沒有興趣飄泊海外，以求發展。具有經濟實力與一定文化教育的華僑商人自然成為以勞工為主體的早期美國華人社會的統治階級。窮苦華工以商人為榜樣，希圖有朝一日能擁有自己的生意，實現發財致富的夢想。美國公眾也視六大會館為美國華人社會的合法代表，而會館董事則被稱為唐人街的市長。商人的妻子也被美國移民當局視為受人尊敬的良家婦女而免受刁難。

雖然與傳統的中國社會相比，美國華人社會的統治階級源於不同的社會階層——商人，但華商對美國華人社會的控制與士大夫階級對中國傳統社會的控制，同樣具有家長制的性質。因為以宗族地域關係為基礎的會館制度實質上是中國傳統的男性為中心的宗族家長制在美國土壤上的變體。雖然早期中國移民婦女生活在美國的土地上，但她們仍然無法擺脫唐人街宗族家長制的統治。她們要服從丈夫，尊重會館的領導。所以，從社會組織形態的角度分析，華人移民婦女在很大程度上仍然處於被統治、被壓迫的地位。

其次，從生活居住條件來考察，富裕的華商一般住在舊金山唐人街的企李街（Clay Street）與唐人街（Sacramento Street）一帶有四間或五間臥室的公寓中。室內家具陳設一般為中國式。[110] 但有些富商也購置一套沙發以顯示自己的社會地位。[111] 但是大部分華商為經營餐館、雜貨店、中藥店的小商人，他們大多居於都板街（Dupond Street）或昃慎街（Jackson Street）。樓下為家庭經營的生意，樓上為住所。[112]

種社會組織大大削弱了六大會館在華人中的權利地位。六大會館被迫實行改革，包括實行改善華人聚居區條件的措施，積極參與主流政治，吸收婦女參加六大會館組織機構等。1996年12月29日，從台灣移民美國的華裔婦女葉莉莉獲選為人和總會館出席中華會館的商董，成為中華館150餘年來第一位女性商董。參閱《世界日報》1997年1月5日。

110 John Kuo Wei Tchen, *Genthe's Photographs of San Francisco's Chinatown* (New York: Dover Publications, 1984), p.44.

111 同上。

112 "Map of Chinese Firms in Chinatowns, San Francisco, 1894," RG National Archives, Pacific Sierra Region, San Bruno, CA.

由於19世紀末20世紀初美國華人聚居區內婦女稀缺，商人妻因而被視為寶貴商品而置於家中，極少在外拋頭露面。這些商人妻子的主要職責為生兒育女，管理家務。所以，早期華人移民婦女不光與唐人街之外的主流社會隔離，而且被排斥於唐人街的男性社會之外。一位居住在蒙大拿州比由特城（Butte, Montana）華人區的最年長的華人婦女回憶道：「當我做為新娘來到美國時，我從未想到我是來到一所監獄。直到1911年的辛亥革命，我一年只被允許走出住處一次。那是新年時人們互相走訪請客。我們穿上織錦緞手繡長褶裙……我孩子他爸爸會僱一乘全封閉轎子來載我和孩子們……在我們走出住宅之前，我們先派出孩子們到街上探視是否有男人在外邊。女人遇見男人被認為是不禮貌。如果當男人們在街上時，我們必須走出去，我們會用綢扇遮住臉疾速走過……新年過後，我們把好衣服收起來等待下一年再穿。有時，我們也會在某家孩子滿月時被請去吃酒。除此之外，我們從不互相串門；一年裡出門太多會被認為是不禮貌。」[113] 這位婦女的生活可能相當典型，由此我們可見華商妻子在美國生活之一斑。

此時期的中國移民婦女多數為纏足，行走不便。一旦遭受暴徒襲擊，難以自衛。而在19世紀後半期，華人在美國西海岸遭受暴徒襲擊的事件屢屢發生。為了保護他們的婦女免受襲擊，華商往往把妻子關在家中。一位第二代華裔女青年對此評論道：「我的父親周遊了全世界……但是他的妻子竟然不能獨自上街。」[114]

雖然多數早期中國移民婦女過著與外界隔絕的生活，但我們應當注意到一些例外。比如第二代華裔婦女S太太的母親的生活就較少受限制。當問及她的母親是否也過著禁閉式的生活，她不以為然。「早年間，婦女們也出去訪問親友。我母親可以隨時到她想去的地方。她有一雙天足，大部分與我母親年齡相仿的婦女都有天足。我母親個性非常獨立。雖然她不會講英語，但她可以到任何地方去。」[115]

---

[113] Rose Hum Lee, *The Growth and Decline of Chinese Communities in Rocky Mountain Region* (New York: Arno Press, 1978), p.252.

[114] Yu, "The World of Our Grandmothers," p.37.

[115] 口述訪談第9。

總之，雖然早期中國移民婦女受到來自中國社會的封建傳統的約束，中國勞工經濟能力不足的限制，以及美國政府的歧視限制華人的種種移民法令的排斥等多重阻力，她們仍然以各自不同的動機來到美國。正如一位社會學家在半個世紀前所指出的，移民「發端於人們對一地生活的不滿和對另一地生活的期望」。[116] 如同來自其他國度的移民婦女，中國移民婦女因不滿於中國社會的內憂外患、水旱災荒，渴望新的美好的生活而移民美國。許多婦女懷著與長期分離的丈夫團聚的願望。這種願望給她們以離開家鄉、告別故友、異地求生的勇氣。另一些婦女則視美國為黃金寶地，受經濟力量的驅使來美國尋求發財致富的機會。還有一些婦女，為了自我獨立，自我實現的目的而赴美求學，希望通過教育實現男女平等。雖然目的各異，但她們都希望移民美國成為她們新生活的開端。然而一旦抵達美國領土，她們卻發現自己從一個牢籠來到另一個監獄：先是被有限期地拘禁於天使島的移民入境站，後被無限期地囚居於唐人街的狹小住所內，幾乎與外世隔絕。

[116] Herbert Blumer, "Collective Behavior," in *New Outline of the Principles Sociology*, ed. Alfred McClung Lee (New York: Barnes & Noble, 1949, 1951), 199.

第二章　19世紀後期與20世紀初期中國移民婦女的就業情況

> 她們全家都住在雜貨店的後面。這個雜貨店向中國出口乾蝦和海帶。曾祖母……不僅要照顧孩子，要做特別的蛋糕為了能在節日裡出售，而且要幫助她的丈夫在店裡幹活。
>
> ——虞容儀芳（Connie Yong Yu）《祖母的世界》

一旦抵達美國海岸，大部分美國移民婦女，清醒地意識到，要生存她們必須工作，而對職業的選擇又往往與每個移民婦女的具體情況相關。例如該移民婦女的受教育程度、她的職業技能、她的職業態度、她移民的時間與定居地點以及美國社會當時的就業形勢。在19世紀後期與20世紀初期，移民婦女多受僱於家務工作和其他服務性質的工作，諸如餐館、洗衣店、雜貨店、旅店，或者就業於紡織廠、製衣廠，或者在家中包攬針線活。一般地說，單身移民婦女往往從事於家內服務工作，為僱主管理家務，或到工廠上工。而有家庭負擔的已婚移民婦女，多在家中包攬縫紉活計，替人漿洗衣服，收留寄宿人，或經營小規模家庭生意。

在中國婦女移民美國初期，即從1834年第一名中國婦女梅阿芳抵達美國至第二次世界大戰時中國婦女成批抵達美國，中國移民婦女一般從事於非技術性的、以出賣體力勞動為主的行業，例如提供家務服務、性服務，或其他為美國當地人所不屑的服務性職業如洗衣店、餐館和雜貨店。

雖然從工作性質、從事工作的範圍來看，中國移民婦女與其他族裔移民婦女的就業情況相似。然而，透過表面現象深入觀察，二者則不盡相同。第一，雖然其他族裔移民婦女也受僱與家務服務，但她們與僱主的關係為僱傭關係；而從事家內服務的中國婦女一般為賣身為奴的年輕女孩，她們沒有人身自由，其命運掌握在主人手中。第二，雖然其他族裔移民婦女以及美國本地婦女也有賣淫為生的，但她們多為受僱於娼館的或獨立的職業娼妓，或迫於生計偶爾賣淫的婦女；而中國娼妓多為從中國誘騙拐賣的奴隸，她們被迫與妓院主簽訂契約（一般為4年），契約期間，無償出賣肉體，所得全歸妓院主。第三，許多其他族裔的單身或未婚年輕婦女進入工廠，從事無技術性工作或半技術性工作，雖然她們飽受資本家剝削，處於美國工人階級的最底層，但其工資待遇比從事於家庭服務性工作所獲略高一籌；而中國未婚移民婦女則多為無人身自由的家僕、傭婦或娼妓，她們很少有機會進入工廠。

第一節　被賣身為奴的女孩

19世紀與20世紀初，許多移民美國的年輕中國女孩先開始作為富裕華裔家中的丫頭傭人，她們中少數偶爾也做零工，例如以剝煙葉等為生。她們所受的待遇也因主人家庭情況與性格的差別而異。有些被視如家人，或被收為養女；有些則被主人殘酷虐待，處境悲慘。陳丁香，一位被賣為奴的女孩就遭遇了這兩個極端：「我被賣至的每一家人都對我很好，除了那最後一家……啊，這個女人真可惡！人們說她原來也是人家的傭人，受盡她的主人虐待。她強迫我一邊背著她的胖大嬰兒，一邊洗尿布。你知道，你必須彎下腰來洗東西。但每當我彎下腰時，這個嬰兒便將我拉起來並大哭大叫。我被他吵得無可奈何，便不顧一切在他臉上掐了一下……他的母親惱火萬分，跑去拿起燒紅的烙鐵在我胳膊上猛燙。」[1]

[1] Nee, p.85.

左：被賣身為奴的女孩，19世紀90年代。（美國國會圖書館，加州大學伯克利分校種族研究圖書館收藏）
右：被拘禁的年輕女奴，20世紀初年。（加州大學伯克利分校種族研究圖書館收藏）

當她們年紀稍長，這些做丫頭傭人的女孩子中的一些人便嫁與華商為妻，有的被買至娼館、妓院，淪為娼妓。根據成露茜（Lucie Cheng Hirata）的研究，1860年在舊金山的中國婦女中有85%的人為娼妓。到1870年降至71%，1880年更降至21%。[2]而另一些學者則有不同的結論。他們認為從事娼妓業的中國婦女的數字可能被擴大，同時其他中國良家婦女的數目則有可能被縮小。因為從事人口普查的官員有可能出於偏見，將許多非娼妓的中國婦女統計為娼妓，因此這些學者做出結論：在19世紀70年代，近一半的居於舊金山的中國成年婦女屬於良家婦女。[3]即使我們取後者的結論，在19世紀後期，每兩名在舊金山的中國婦女中，就有一人從事娼妓業。所以，很有必要對這些婦女的生活進行考察。

但是，早期中國的移民婦女多數為文盲，因而無從發現她們個人對其生活的直接記錄。然而基督教會婦女社團在傳教過程中曾詳細記錄了大量有關的資料，資料中記載的許多事件發生在舊金山，這些資

[2] Hirata, "Free, Indentured, Enslaved," pp.23-24.

[3] 見 Mary Coolidge, *Chinese Immigration* 和 George Anthony Peffer, "Wife? Prostitute! A Critical Examination of the 1870and 1880 Census Enumerations of San Francisco's Chinese Community," paper presented at the 13th National Conference of the Association for Asian American Studies, May 29-June 2, 1996, Washington, D.C.

料被保存了下來。資料中的多篇揭示那些被賣身為奴的中國女孩所處的惡劣居住條件。這些資料同時也高度評價了一些基督教個人團體的英勇行動。例如位於舊金山唐人街920號，由唐納第納・卡麥隆女士領導的長老會女館，曾救援了大量被賣為奴隸的中國女孩。除了這些早期中國娼妓記錄之外，一些近代學者也撰文立著，揭示了這些中國娼婦的悲慘生活。[4] 一些學者提出中國娼妓不僅是階級和性別壓迫的受害者，同時也是經濟上被剝削的犧牲品。[5]另外一些學者認為中國娼妓不僅僅是受害者和犧牲品，也是不甘屈服的、向命運做鬥爭的個體。[6]

這些資料著作對於我們瞭解19世紀後期的中國娼妓提供了有價值的意見。然而，它們也狹隘地侷限於對中國人移民社區的觀察與分析：中國娼妓備受中國男性和唐人街父系家長式的長老的剝削和壓迫；她們試圖向這種奴役制度挑戰。這些資料著作沒能從更全面廣泛的角度來觀察在美國的中國娼妓業。

中國娼妓不僅僅是父系統治和中國移民社會經濟剝削的犧牲品，也是全球性的資本主義剝削的犧牲品。地理大發現和工業革命，使得資本主義能夠對全球的資源與市場進行掠奪。因此，高工業化的國家能夠從落後的發展中國家引誘和吸引大量的廉價勞工。在19世紀後期，美國崛起為最強大的工業強國之一，它自然成為人們逃避來自於母國的自然疾病、經濟困難和政治與宗教迫害的避風港。新移民們或自願、或被迫成為美國資本主義剝削的目標。因為美國西部的開發與全國經濟的發展，需要大量中國廉價勞工。而這些勞工需要有基本的

---

4 Records of Women's Occidental Board of Foreign Mission of the Presbyterian Church, 1873-1920, San Francisco. Carol Green Wilson, *Chinatown Quest* (San Francisco: California Historical Society with Donaldina Cameron House, 1974). Interviews conducted by Victor G & Brett de Bary Nee, in *Longtime Californ'*. 有關近期學術著作，見 Curt Gentry, *Madams of San Francisco*, (New York: Doubleday, 1964); Marion S. Goldman, *Gold Diggers and Silver Miners: Prostitution and Social life on the Comstock Lode* (Ann Arbor: University of Michigan Press, 1981); Lucie Cheng Hirata, "Free, Indentured, Enslaved: Chinese Prostitutes in Nineteenth-Century America," 和 "Chinese Immigrant Women in Nineteenth-Century California" ; Mildred Crowl Martin, *Chinatown's Angry Angel: The Story of Donaldina Cameron* (Palo Alto, Calif: Pacific Books, Publishers, 1977); Pascoe, *Relations of Rescue*; Benson Tong, *Unsubmissives Women: Chinese Prostitutes in Nineteenth-Century San Francisco.* 同時見Rythanne Lum McCunn, *Thousand Pieces of Gold: A Biographical Novel* (San Francisco : Design Enterprise, 1981) .

5 Hirata, "Free, Indentured, Enslaved."

6 Tong, *Unsubmissive Women.*

物質生存條件以保持延續其生產力。所以中國娼妓們不可避免的起了安撫這支廉價勞工隊伍的作用。因此，19世紀美國的娼妓業，像所有近代與現代的商業化的娼妓業一樣，與其說是中國父系社會的結果，更不如說是全球資本主義發展的產物。

作為全球勞工運動的一部分，19世紀後期抵達舊金山的中國娼妓，多來自香港、廣州及其鄰近地區，被人誘騙拐賣，然後海運至美國。[7]在抵達舊金山之後，這些年輕的中國婦女被送到唐人街，入住被稱為「奴隸集中地」（barracoon）的臨時住所。一些少有姿色的「幸運的」女孩被富裕華商選中為妾，因為許多華商認為有經驗的妓女迷人、世故，長於交際應酬，善於款待賓客，故而為理想的妻妾。少數俊俏的女孩則被招募到一些上等妓院。她們多數被安置在唐人街的樓上公寓，穿戴華麗，接待那些有錢的、固定的中國嫖客。雖然她們所受的待遇較好，但仍然隨時有被妓院主轉賣的可能。

除了上述這些「幸運者」之外，大多數女奴都被根據個人姿色，賣至不同檔次的妓院。一入妓院，她們都被迫與院主簽訂契約。契約期一般為四年，在此期間，立約人必須無償為妓院主工作，以還清欠款。此外。契約還規定，四年之內，立約人只能有一個月的病假日（指月經），若懷孕則必須延長契約一年。[8]根據成露茜（Lucie Cheng Hirata）的調查，許多下等娼妓，每接一名客人，只能掙得25美分至50美分。她們的嫖客一般為窮苦勞工，包括中國人與美國白人。這些妓女的居住狀況非常悲慘。「她們一般住在與街道齊平的地下室，住室狹窄，陳列簡單：一席床鋪，一兩張竹椅，一個洗臉盆。陋室一般無窗，只有門子上方有一鐵欄小窗。」[9]妓院主一日提供兩餐或三餐。晚餐一般量大，包括大米以及摻有雞蛋、豬肝、豬腎的燉肉。[10]陳丁香（Lilac Chen）年幼時，曾經被賣為奴，當她被倪偉德（Victor G. Nee）

---

7 Hirata, "Free, Indentured, Enslaved," p.6; Goldman, p.96.

8 參閱 Alexander Macleod, *Pigtails and Gold Dust* (Caldwell, Idaho: Caxton Printers, 1948), pp.180-181.

9 Hirata, "*Chinese Immigrant Women in Nineteenth-Century California*," in *Asian and Pacific American Experience*, 38-55.

10 Charles Doric, *San Francisco's Chinatown* (New York: Doubleday, 1964), p.243.

參訪時，描述了這些妓女的夜生活。「那個把我帶到舊金山的婦女叫李太太，她在舊金山唐人街有一所最大的下等酒吧間。哦，她有許多女孩、女奴，每天晚上7點鐘，所有這些女孩子要穿上綾羅綢緞，坐在一扇大窗面前。嫖客們進來選擇他們需要的女孩……」[11]這些妓女們經常要被她們的主人和客人虐待。一些妓女偶爾被她們的主人毆打至死，一些顧客甚至強迫她們進行變態的性行為。

在苛刻的生活和工作條件下，這些被奴役的女孩壽命短暫。許多人患有疾病，其中肺結核和性病最為常見，所以她們在十幾歲或二十幾歲就逝去。根據舊金山市與舊金山縣中國人殯儀館的記錄，在1870年代到1878年之間，所有記錄在案的600多名婦女中，大多數在十幾、二十幾歲和三十幾歲時死於肺結核、性病，或者死因不明。因為所有死者在職業一欄中皆為空白，大量的婦女很有可能是娼妓。[12]

在偏遠的礦區，娼妓們面臨著最悲慘的命運。與城市中的妓院相比，礦區的妓院更為原始和落後。例如，1875年在內華達州的康姆斯托克採金區（Comstock Lode），84名中國婦女中只有9名不是妓女。[13]這些妓女一般在公用設施中招攬顧客，她們的顧客為不同種族的礦工和勞工。她們經常被她們的白人顧客叫做「華婦」、「吊眼夾腳婦」或「異教徒」。[14]一些中國娼婦們穿著富有異國情調的綾羅綢緞，渾身珠光寶氣來招待白人們。然而，一般低級的中國娼婦多穿著粗布，為了能從每個客人身上賺到25美分到50美分而拼命工作。[15]

在這些閉塞的礦區，中國娼妓們也最容易成為種族犯罪的受害者。例如在1870年，在康姆斯托克採金區的四名中國娼婦被相互紛爭的堂會綁架。後來只有一名倖存者在鐵路上被發現，她被釘在一個從舊金山運到雷諾（Reno）的柳條箱內。[16]

---

11 Nee, p.85.

12 Chinese Mortuary Record of the City and County of San Francisco, National Archives, Pacific Sierra Region, San Bruno, CA.

13 Goldman, p.95.

14 Yung, *Chinese Women of America*, p.19.

15 Goldman, p.96.

16 同上, p.97.

一些中國的娼妓們企圖以逃跑或自殺來擺脫她們的悲慘處境。內華達州的一名中國娼妓從她的主人那裡逃走並躲在深山裡。當她被發現時，「她的雙腳全部凍僵，她不得不被截肢」，最後她「拒絕服藥並且絕食以尋求死亡」。在內華達州維吉尼亞城（Virginia City），6名娼妓以自殺來結束她們悲慘的生命。[17]

少數幸運的娼妓成功地採取法律行動逃離奴役，最終過著正常人的生活，安妮・李（Annie Lee）就是其中之一。安妮・李是一名年輕漂亮的廣州女孩，1875年，她在愛荷華州的愛達荷城（Idaho City）的一家屬於陽和（Yeong Wo）會館的妓院做妓女。後來，她逃到鮑埃瑟（Boise, Idaho），嫁給她的心上人，一位名叫阿關的（Ah Guan）的年輕中國人。她的主人因此上訴法庭，控告她偷竊巨額財寶。當她被逮捕並送上法庭時，她贏得了法官的同情。在法官面前，她清楚地表明她渴望結束奴役並且嫁給心上人的心願。「法官拒絕通過翻譯，他要自己訊問她。在宣誓後，法官問她，是否想要回到愛達荷城或者留在鮑埃瑟。她回答：『我想留在鮑埃瑟。』」[18]最後，法庭撤銷了該案，安妮・李順利地返回她的丈夫那裡。

根據最廣泛接受的社會學概念，賣淫具有如下特徵：第一，具有外在的動機的性行為；第二，具有僱傭性質的性行為；第三，混交的性行為；第四，不受個人感情影響的性行為。[19]娼妓的身分越高，與這四個特點的聯繫越不明顯。[20]而中國娼妓所從事的皮肉生涯則與這四個特點密切相關。可見，中國的娼妓處於娼妓業的最底層。由於她們絕對的低收入，她們力圖吸引盡可能多的顧客。因為她們的顧客主要來自於低收入的勞工階級。再者，作為妓奴或者作為妓院主的「契約奴」，中國娼妓們一無所有，並且得按照她們主人的意願生活。如果用如上四個特點來衡量，中國的娼妓們的確處於娼妓業的最底層。[21]

---

17 Yung, *Chinese Women of America*, p.19.

18 Idaho Statement, 11 December 1875, c. 1-2, p.2; Li hua Yu, "Chinese Immigrants in Idaho," Ph.D. diss., Bowling Green State University, 1991, p.210.

19 Kingsley Davis, "The Sociology of Prostitution," *American Sociological Review* 2 (October 1937): 746-748.

20 Goldman, p.73.

21 Goldman, p.98.

比較19世紀末期和20世紀初期的中國娼妓和日本娼妓，對我們有一定的啟發性。像那些被強迫賣淫的中國娼妓們一樣，在夏威夷的日本娼妓，在大多數情況下，也是被強迫賣身的。然而，根據瓊・霍利（Joan Hori）的研究，她們不僅是被拉皮條者賣掉，同時也被她們自己的丈夫出售而成為妓女。[22] 一些日本男人為了能賺到100至200美元，把自己的妻子賣給別的男人。當一些妻子被出售，然後再被轉賣給妓院主時，這些丈夫們常常可以獲利50美元至100美元，甚至1000美元。[23] 這樣的利潤導致更多妻子被帶到夏威夷被賣身為妓。但是，並不是所有被賣掉或成為娼妓的妻子都是受害者或者商品。一些日本婦女和比自己丈夫更有吸引力、或更有錢的男人私奔。一些日本婦女嚮往並投奔城市，在那裡她們比較容易賺錢。而在鄉村，她們在甘蔗田裡苦做一天只能賺35美分。如果一名妓女在每個客人那裡賺到50美分到1美元，一個晚上至少可以賺到4到5美元。一個有著漂亮容貌、受人歡迎的妓女，每晚可以賺到20美元。即使減去租房子與買衣服和食物的費用，一名生意興旺的妓女在月底能淨得200美元。[24]

日本娼妓的工作條件也和中國娼妓的非常類似。日本娼妓們每天從晚上7點工作到午夜。她們工作的妓院通常是沿著街一行行聳立的棚式建築。每座建築的前部都有一個寬6英尺，進深12英尺的店面，開有一個又低又小的窗戶。通過這個小窗戶，客人能觀察到坐在裡面昏暗檯燈下的妓女們。如果他選中其中一名，他就會進入到只有一層木頭隔離的臥室。[25]

與中國和日本娼妓不同，許多白人娼妓作為獨立的職業妓女而開業，並且生意興隆。特別是在黃金潮的高潮年代，娼妓數量有限，因而不必競爭便可賣出高價，娼妓業十分有利可圖。根據歷史學家朱莉・傑佛雷（Julie Roy Jeffrey）的研究，在礦區，一個妓女能在不到一

[22] Joan Hori, "Japanese Prostitution in Hawaii during the Immigration Period," *in Asian and Pacific American Experiences: Women's Perspectives*, pp.56-65.

[23] 同上，p.58-59。

[24] 同上，p.61。

[25] 同上，p.60。

年的時間內賺到10萬美元。[26]這些人屬於高級娼妓並且認為她們所從事的是一種職業。顯而易見，中國娼妓則享受不到這種幸運。然而，不論她們的種族和等級如何，所有娼妓業的婦女，如同歷史學家盧斯·羅森（Ruth Rosen）指出的，都認為她們的交易是一種工作形式：一種明顯的經濟生存方式，這種方式偶爾還能幫助她們進入社會的上層。[27]

同那些與美國西部發展不可分割的中國「苦力」一樣，這些早期的中國娼妓們是唐人街經濟發展中的重要力量。成露茜在其關於19世紀加利福尼亞州中國娼妓的研究中分析道，如果每個客人平均付38美分，每個娼妓每天接待7個客人，一個低等妓女每年能賺到850美元，在4年契約期滿後能賺到3404美元。假設在1870年每個妓院平均擁有大約9名妓女，妓院主能毛賺7650美元。減去房租和婦女們的贍養費，妓院主最後能得到平均不少於5000美元的收入。成露茜因此而得出結論：中國娼妓在維持華人移民的單身漢社會中起了重要的作用，她們是積累美國資金和廉價勞動力的有效來源。她同時指出，許多中國商人不僅利用娼妓提供色情服務，同時利用她們在白天的空閒時間，令她們在製衣業中工作，充分榨取她們的勞動力，以便積累資金，發展擴大其他企業。[28]因此，中國娼妓不僅是性壓迫的犧牲品，也是經濟和階級剝削的犧牲品。

深為娼妓業的罪惡所困擾，中產階級基督教會婦女在美國西部城市中聯合行動，希圖建立婦女的道德權威。儘管她們的計畫有多種形式，但是最常見的一種是建立救援之家和救援機構，以便為受害者提供一個溫暖如家的環境，讓那些不幸的、從被男人剝削中解救出來的婦女，能夠生活在中產階級白人基督教會婦女的密切保護之下。在1874年，基督教婦女西方董事會設立於舊金山的長老會館，就是在西部的這樣一個機構。[29]它的領導人瑪格利特·卡奧伯特森（Margaret

---

26 Julie Roy Jeffrey, *Frontier Women: The Trans-Mississippi West 1840-1880* (New York: Hill and Wang, 1979), p.121.

27 Ruth Rosen, *The Last Sisterhood, Prostitution in America, 1900-1918* (Baltimore: The Johns Hopkins University Press, 1982), p.xiv.

28 Hirata, "Chinese Immigrant Women in Nineteenth-Century California."

29 見 Pascoe, *Relations of Rescue*, pp.13-17.

Culbertson）和唐娜第那・卡麥隆（Donaldina Cameron）曾聯絡警察局成功地救援了大量女孩，並且利用報紙的力量吸引公眾注意力，掀起一個反對中國娼妓的運動。陳丁香（Lilac Chen）的故事提供了對這種救援工作的生動描寫。陳丁香曾經是一名在舊金山唐人街最大的低級酒吧間為奴的女孩，後來被賣給一位狠毒的華人婦人作傭人。如同前一章所述，一次，她的主人用燒紅的烙鐵猛燙她的胳膊。然後一位白人婦女將此事報告長老會館，長老會館立即派人去救援她。「她們把我形容的比我本人要高大。因此當長老會館的救援人員到來時，她們沒有認出我。後來那位向長老會館報告的婦女說：『你們為什麼沒有把她帶來？她就是那個女孩子。』然後她們又來到我的主人家。但是此時她們仍然不敢確認我就是那位女孩子。因此她們脫光我的衣服，仔細地檢查我的身體，發現我全身被我主人打得青一塊紫一塊。然後她們才把我帶回長老會館。哦，這時外面正下著滂沱大雨。我嚇得要死。你知道，我被人背著從一個地方到另一個地方，面對的都是陌生人。我不知道我會被帶到哪裡。在這滂沱大雨中，她們把我帶到了遠離我熟識的人的地方。一個肥胖員警背著我從我住的昃慎街（Jackson Street）到唐人街（Sacramento Street），最後來到卡麥隆女士的長老會館。我在那裡得到了自由。」[30]

長老會館的第一位主持者瑪格利特・卡奧伯特森在其日記中還記錄了陳羅（Chun Loie）的故事。這個故事典型地反應了這種反對「黃奴貿易」的鬥爭。1892年3月25日，瑪格利特・卡奧伯特森寫道：「今天下午我接到消息，在企李街（Clay Street）和都板街（Dupond Street）西北角，有一名大約9歲的小女孩被殘酷地虐待。我帶著員警趕到她家。把她帶回長老會館。她的情況真慘！她的頭上有被斧頭砍過的兩個傷口。她的嘴、臉和手由於遭到她主人殘酷體罰而腫脹。」[31]

一些被解救的女孩還能勇敢地在法庭上作證。卡羅爾・威爾遜（Carol Green Wilson）在其著作《唐人街求索》（Chinatown Quest）中

[30] Nee, pp.85-86.
[31] Martin, pp.43-44.

記述道，一位住在舊金山的被迫為奴的10歲小女孩玉英（Yute Ying），被她的主人殘酷虐待。在被卡麥隆小姐救出後，她受舊金山法院大陪審團傳喚，為奴隸交易的罪證作證。她告訴陪審團，許多中國小孩被帶到美國為奴。在法庭上，她迅速的反應、清晰的回答以及乾淨整潔的外貌給陪審員留下很深的印象。[32]

儘管長老會館只能庇護人數有限的中國女奴逃離人身虐待和經濟剝削，但是救援運動對於在1870年以後中國娼妓業的衰退做出了一定的貢獻。

第二節　商人妻

當獨身的中國婦女被強迫成為家內傭僕或妓女的時候，已婚的中國婦女（大多數是商婦）則被限制在家作為家庭主婦。根據美國人口普查的數據，儘管成年中國婦女的總數在下降，但是家庭婦女的人數則從1873年的753人（占華人婦女總數的21%）增加到1880年的1445人（占華人婦女總數的46%）。由於加州反娼妓運動的壓力，娼妓業急速衰退，許多娼妓嫁給中國男子，成為家庭主婦。所以，1880年已婚中國婦女比率的增加極有可能反映出這種娼妓從良的趨勢。

大多數已婚的婦女是商人的妻子。[33]富裕華商的妻子通常生活在與外界隔絕的生活環境中。美國華人社會中的商家往往是樓下做生意，樓上住家。她們的居室通常陳列著中國式的桌椅，並且裝飾著中國式的裝飾品。[34] 在她們的孩子出世之前，她們極少出門或被別人看到。[35] 她們的孩子出生以後，她們的主要的職責是撫養孩子、操持家務。儘

---

[32] Wilson, p.31.

[33] 在這一章節中所討論的商人婦女具有非常廣泛的職業。許多婦女作為商人的妻子，包括洗衣店主、餐館業主和雜貨店主的妻子。也有相當一部分中國婦女成為小業主，經營餐館和雜貨店。還有許多中國婦女從事服裝加工業，或者在家中攬活，或者在衣廠做工。由於在1881到1943年間居住美國的中國婦女多以商人妻子的身份入境，所以在這一章節我使用「商人妻」這一術語，以便於討論。

[34] 參閱 Tchen, *Genthe's Photograph* , p.106.

[35] 參閱 Lee, *The Growth and Decline of Chinese Communities in the Rocky Mountain Region*, p.252.

管商人妻子所屬的社會階層使她們類似於美國的中產階級白人婦女，然而基督教婦女對前者的生活狀況感到驚訝，並且認為中國商人妻子的生活是家庭禁閉的最好的例子。許多傳教士在記錄中感歎道：中國婦女被文化傳統和纏足束縛之深，以至於她們之中「只有少數人被允許走上大街，大多數婦女從未離開過她們的房間。」[36]

一般來說，富裕商婦的生活相對要容易一些。因為許多富有商家擁有自己的傭人，富商的妻子因而沒有必要從事做飯、清理房間和洗衣等日常家務。她們經常利用她們的閒暇時間縫紉、刺繡。她們的刺繡品常常做為饋贈親人和朋友的禮物，或者作為其丈夫和孩子帽子的飾物。[37]

然而，只有富餘的商婦能過著這種悠閒的生活。大多數已婚中國婦女面臨著生活的重重艱難。作為洗衣店主、餐館老闆、雜貨鋪、廚師和勞工的妻子，這些已婚婦女除了要做她們的日常家務，還不得不與丈夫一起並肩從事生產性的勞動。

在19世紀後期和20世紀初期，洗衣店生意是中國人在美國最主要的職業之一。1870年之後，來自美國社會的對中國移民的排斥與歧視，非常有效地將中國人逐出勞工市場。由於到處遭受種族歧視與迫害，中國人難以找到工作，他們不得不依靠自己的能力，發掘創造就業的機會。當他們被深山中的採金礦排斥後，他們在城市發現了一個同樣賺錢的金礦。他們認識到開設洗衣店後，他們再沒有必要與美國勞工競爭，在產業工業中尋找工作，或者冒風險投資其他商業。開設洗衣店所需的只有一塊洗衣板、幾條肥皂、一個烙鐵和一個熨衣板。[38]他們只需要選擇一個適當的地區，尋找一個低租金的地點，就可以開業。

在蕭成鵬（Paul Chan Pang Siu）的關於中國華人洗衣業的研究中，一項口述訪談資料描述了美國華人移民開設洗衣店的過程：「我不知道洗衣業是如何變成在這個國家的中國人的職業的。但是我想他們是互相模仿學習而形成的一個行業。畢竟洗衣工作是不困難的；它也不

---

[36] Pascoe, p.52.

[37] 參閱圖片，*Genthe's Photographs*, p.99, 105。

[38] Betty Lee Sung, *The Story of the Chinese in America* (New York: Collier Books, 1971), p.190.

需要很高的技術。一個人所需要做的只是觀察其他人如何做。這也不會花太多時間。在洗衣業開創的初期，許多經營者都非常無知，既沒有文化，也沒有經驗，他們甚至不知道怎樣寫數字。當一批衣服洗完後，他必須要記下顧客所欠的錢。作為一個文盲，他不會寫數字。但是他有他的辦法。你看，他會畫一個50美分硬幣大小的圓圈來表示半美元，畫一個10美分大小的圓圈來表示10美分，以此類推。當客人來拿他們的衣服時，會根據圓圈所表示的意思來相應地付錢。這實在是可笑。」[39]

中國人的洗衣店不僅是店主工作的地點，也是其睡覺吃飯的地方。根據蕭成鵬的研究，一個典型的中國洗衣店的內部包括四個部分。第一部分是店面。它通常占洗衣店總面積的2/3，作為洗衣店員工的辦公室和工作間。在這裡，洗衣店主熨燙衣服，並且給衣服掛上標記，等待顧客來收取洗好的衣服。在這裡，洗衣店主也安置了他做生意的必需品：熨衣板、算盤、櫃檯、衣櫥和錢櫃。第二部分緊接著店面，但在房子中央用一布簾與店面隔開。在這裡，在一排排的衣櫥之間通常是洗衣店主及其家人的居住區。第三部分是烘乾間，位於房子中間或後部。在烘乾間的中央，放置著一個老式炭爐，用來烘乾濕衣服。房間上部大約有12條平行的粗鐵絲，一排排掛著濕衣服。洗衣店的最後一個部分，是後區，幾乎所有的洗衣機器都放置在這裡，包括洗衣機、洗衣池和蒸汽爐。[40]

在19世紀後期和20世紀初期，這種中國人工洗衣店的佈局不僅在舊金山、紐約和芝加哥等中國人聚居的美國大都市中非常典型，也常見於中國人稀少的較偏遠的小鎮。在科克斯維爾（Kirksville），一個位於密蘇里州東北部的鄉村小鎮，兩名中國移民，楊科（Young Kee）和查理・楊（Charlie Young），於1913年開設一家人工洗衣店。他們不僅工作在洗衣店，並且居住在店鋪後面。[41] 顯而易見，為了以最低的費用

[39] Paul C. P. Siu, *Chinese Laundryman: A study of Social Isolation* (New York: New York University Press, 1987), p.52.

[40] 同上，p.58。

[41] Kirksville City Directories, 1892-1992, Special Collection, Pickler Memorial Library, Truman State University, Kirksville, Missouri.

左：位於加州新城堡市（New Castle, California）的中國雜貨店「共和生」及其雇員，1926年。（美國國家檔案館太平洋山嶺地區分館收藏）
右：華商的妻子與孩子，20世紀20年代。（加州大學伯克利分校種族研究圖書館收藏）

獲得最高利潤，中國洗衣店的工人不得不在擁擠的作坊工作，工作條件惡劣甚至危險。

對於一位洗衣店主的妻子，她的生活不比她的丈夫更容易。她的屋子在洗衣店的後面，她在那兒睡覺，做飯，撫養孩子。她的房子一年四季昏暗潮濕。當她處理完家務時，她必須幫助丈夫在洗衣店工作。她的日常生活在長時間、單調乏味的工作與無盡的孤獨中度過。她日常所見的人只有那些帶來髒衣服包裹和領取乾淨衣服的顧客們。美籍華裔女作家湯婷婷（Maxine Hong Kingston）在其小說《女戰士》（*The Woman Warrior*）中描述到，華人移民婦女勇蘭（Brave Orchid），一位紐約洗衣匠的妻子，每天在洗衣房從早上6：30工作到午夜。隨著洗衣房工作的節奏，她一會兒將她的孩子放在熨衣桌上，一會兒把孩子放在包裹架上。從襪子和手帕上掉落的灰塵窒息著她，而且使她每天都不斷地咳嗽。[42] 洗衣匠的妻子們很容易被這種艱苦的勞動所累倒，經受著體力上的疲憊和精神上的壓抑。[43]

[42] Maxine Hong Kingston, *The Woman Warrior, Memoirs of a Girlhood among Ghosts* (New York: Alfred A. Knopf, 1977), pp.104-105.
[43] Sung, *The Story of Chinese in America*, pp.197-198.

如同洗衣店一樣，餐館業也是中國移民在美國的最重要的行業之一。在華人移民美國之初，中國餐館起始於中國單身移民社區，包括採伐林區、礦區和其他中國人願意出賣苦力的地區，主要滿足這些與外界隔絕的中國勞工的三餐需要。當中國人為他們自己的需要而設立的餐廳逐步吸引著大量非中國人時，許多精明的中國商人開始意識到，餐館業適合中國人精於烹飪的特性，並且可以提供穩定的收入，是個有利可圖的行業。因此，在19世紀90年代，中國餐館如雨後春筍，在美國的許多地方開始興起。[44]大多數的小型中國餐館一般由夫妻經營：丈夫任廚子，在廚房炒菜、洗碗；妻子作為服務員，在前台端菜，照看酒吧，並擔任收銀員。

儘管早期美國西部環境艱苦，一些美籍華人婦女，還是成為十分成功的業主。華裔女學者鍾素芳（Sue Fawn Chung）有關華人移民婦女王九芹（Gue Gim Wah）的案例研究提供了早期中國商婦的很好的例子。在她的文章《王九芹：內華達美籍華裔婦女的先驅》中，鍾素芳講述了王九芹，一位居住於內華達州礦區小鎮的美籍華人婦女先驅的生平。王九芹的故事也說明，中國移民婦女不僅能夠在艱苦的條件下生存，而且能夠取得成就。1900年，王九芹出生於林隆里（Lin Lun Li），一個靠近廣州的小村莊。她在1912年時由她在舊金山的商人父親謝伍羅（Ng Louie Der）帶到美國。1916年，王九芹嫁給湯姆•王（Tom Fook Wah），一位在內華達州王子城（Prince, Nevada）開設寄宿處和中餐館的生意人。1930年，王九芹開始幫助她的丈夫在這一地區經營中國礦工寄宿處。在積累了足夠的資金和經驗以後，王九芹於1942年在王子城和卡塞爾頓礦區（Caselton Mine）兩地開設她自己的餐館。此時正值第二次世界大戰，她每天要工作很長時間。由於採礦區一天之內有三次換班，她獨當一面，為三班的礦工提供三餐。除了漫長的工作時間之外，她還得擔心那些難以得到的供給食品。由於戰爭的需要，美國戰時政府實行食品供應制度。為了能買到必需的食品，她必須從

---

[44] 劉伯驥：《美國華僑史》，（台北：黎明書局，1981年版），頁297。

礦工那裡收集食品供應券，因此每天要花大量的時間在簿記管理上。她每天非常忙碌和疲勞，以至於常常在餐廳的椅子上睡著了。

在她50多年的餐館生涯中，王九芹不僅服務於當地的中國社區，而且還吸引了大量美國食客。她的理財能力使她在該地區頗有聲望，她精湛的烹飪技藝使大量當地白人成為她的忠實顧客。在二戰期間，赫伯特．胡佛（Herbert Hoover），一位王子城和卡塞爾頓礦區的礦主，成為她的餐館的常客。無論他在附近的什麼地方住宿，他總要包一架飛機，飛到她的餐館——王氏餐廳，享用中餐。她的成功受到高度的認可。1980年10月31日，在慶祝內華達州116周年時，王九芹受邀到內華達州府卡森市（Carson City），作為內華達建州日遊行的領隊。她是被授予此榮譽的該州的第一位亞裔和第二位婦女。[45]

雜貨生意雖然是一些西南部州的中國人經營的主要商業之一，但是在1940年之前，它位居中國移民所經營的商業的第三位。[46]中國雜貨店主要提供用於烹飪中國菜肴的原料和華人社區所需的其他物品。與中國餐館不同，中國雜貨店的主要顧客是中國人和其他亞裔移民，並且雜貨店主要集中於唐人街和亞裔社區。

中國雜貨生意的運作根據商店規模的大小而不同。較大的中國雜貨公司不僅賣中國雜貨，還出售普通的商品。在19世紀和20世紀初期，較大的中國公司通常有五個以上的合股人，每人擁有從500美元到1500美元的資本，每年銷售價值約5萬至15萬美元的貨物。[47]下面的例子向我們描述一家大的中國雜貨公司是如何經營的。「順發公司」（Sun Fat），人稱「中國廉價商店」（Chinese Bargain Store），是位於舊金山主街（Main Street）2536號的一家著名的中國雜貨商店，專賣中國乾貨。它建於本世紀初，在1918年重新裝修。到1921年時，該公司已有9個合股人，而且其中的7人專門從事於公司生意的經營。在這7人

[45] Sue Fawn Chung, "Gue Gim Wah: Pioneering Chinese American Woman of Nevada," *History and Humanities* ed. Francis X. Hartigan (Reno: University of Nevada Press, 1987), pp.45-79.

[46] Sung, *The story of the Chinese in American*, p.203.

[47] Cases 16135/5-11, 19938/4-11, 12017/36900, 33610/7-1, RG85, National Archives, Pacific Sierra Region, San Bruno, CA.

中，一位擁有1500美元資本的合股人任經理，另一位擁有1500美元的合股人擔任會計，其他擁有500美元到1000美元資金的合股人分別任記帳員和推銷員。經理每月收入70美元，會計和記帳員65美元，其他的人員為60美元。除月薪以外，公司也包管僱員的食宿，所有的僱員都住在雜貨店的樓上。公司以月薪60美元專門僱一個廚師為他們做飯。[48]

①：華人女孩與弟妹在其家庭雜貨店「共和生」外面，加州新城堡市，1926年。（美國國家檔案館太平洋山嶺地區分館收藏）

②：舊金山唐人街昃慎街（Jackson Street）華人商業佈局圖（部分），1894年。（美國國家檔案館太平洋山嶺地區分館收藏）

③：山姆華（Sam Wah）洗衣店，1978年。（聖路易郵報）

④：華人洗衣店使用的古舊熨斗，2010年。（聖地亞哥華人博物館收藏）

[48] Case 19938/4-11，同上。

類似於順發公司，位於屋侖（Oakland, California）九街383-385號的唐山公司（Tong Song）創立於19世紀末期，是一家出售綜合貨物的公司。在1923年，該公司有18個合股人，每人擁有1000美元的股份。其中的11人直接參與公司的經營，包括一名經理、一名採購、一名經紀人和8名推銷員。公司平均每年銷售價值15萬美元的貨物，而且將所得利潤中的一部分分發其成員，每人每年可得100美元的紅利。每個成員，包括經理，每月薪金50美元。公司每月付45元僱一個廚師為所有僱員做飯，同時還僱傭一名白人，駕駛公司的卡車為顧客提供送貨服務。[49]

不同於以上兩家公司，在舊金山商業街（Commercial Street）670號的亨利公司（Henry Company）是做進出口批發生意的。1932年，該公司有18個合股人，其中有6名參與公司的經營。6人中包括一名經理，擁有2000美元的股份；一名董事，擁有4000美元股份；以及4名推銷員，分別擁有從500美元到2500美元不等的股份。公司每月付成員工資55美元（推銷員）到75美元（董事和經理）。一名成員住在公司，其他人員只在公司吃飯，大家輪流做飯。[50]

筆者新近的研究證明，跨國族群網路融入華人商業活動的各方面。[51]對大的華商來說，族群網路在募集資金創業初期、商品採購、招聘僱員方面起著至關重要的作用，無論是批發還是零售業都是如此。美國移民局的原始檔案揭示，華商一般是從親戚及朋友處借錢經商而非自銀行貸款，而後者在美國及其他西方社會是傳統且盛行的借款方式。較大的雜貨店或餐館大概有十名到十二名合作者，每人投資1000美元左右，最大的股東及組織者通常被選為經理。[52]

大公司一般擁有合股資金和集中的人力，同時每位成員在公司中都有明確固定的職責和固定的收入。相比之下，許多小型中國雜貨店多以家庭方式經營，由不拿薪金的家庭成員滿足雜貨店經營的各種

---

49 Case 12017/36900，同上。

50 Case 33610/7-1，同上。

51 參見令狐萍 Huping Ling, *Chinese Chicago: Race, Transnational Migration, and Community since 1870* (Stanford: Stanford University Press, 2012), p.58-96.

52 芝加哥華人移民歸化案例文件（CCCF），1913年12月2日，文件2005/182-E；梅宗凱的證詞來自芝加哥華人移民歸化案例文件（CCCF），1906年4月11日，文件463。

勞動力需要。雜貨店主的妻子和他們的丈夫並肩工作，她們在店裡包貨、上貨和賣貨。正如虞容儀芳（Connie Young Yu）在其家史中所描述的，她的曾祖母陳氏（Chin Shee），於1876年抵達舊金山和她的丈夫，一位成功地經營中國乾貨店的商人團聚。她住在店鋪的後面，在那裡她生育撫養了6個孩子。虞容儀芳的曾祖母不僅照顧她的孩子，而且幫助她的丈夫經營生意。虞容儀芳記敘道，每日的艱苦勞動和各種責任，使她的曾祖母在中年時便滿臉皺紋。[53]

一般小型家庭雜貨店主知道很少的英語，他們只勉強能夠告訴顧客商品的價格。一位生長在夏威夷的中國女孩陳莉莉（Lily Chan）在其自傳中寫道，「他們（她的父母）不懂英語，但是他們知道如何經營雜貨店」。[54] 這些雜貨店主一般只有少量的利潤，因為他們的經營對象主要是中國人，而華人在美國人口總數中只占很小的比例。然而，他們的勤勞、節省和精明使他們能夠在這種艱苦的環境下生存。

但是，中國移民婦女並不總是被動地成為家庭生意中的無報酬勞力；一些精明能幹、有主見的婦女常常在生意中擁有自己的股份，並且成為她們丈夫的合股人。朱郭氏（Gee Guock Shee）就是一位堅強和有能力的早期中國生意婦女（見前章）。她在1872年生於舊金山，當她18歲時，嫁給了加州聖馬提奧（San Mateo, California）的華人余合五（Yee Ho Wo）。在她的兒子長到可以自己獨立在家時，她加入其家庭生意，余興公司（Yee Hing & Co.），一個專賣綜合貨物的商店。儘管她在公司中與其他合股人同樣擁有500美金的股份，但是作為一名婦女，她的名字和利潤不能被列入公司生意合股人名單中。由於朱郭氏連同其丈夫在余興公司中佔有最多的股份，她和她的丈夫實際上成為公司的擁有者。作為公司的推銷員和出納，朱郭氏在余興公司起了很重要的作用。每天，她站在櫃檯的後面照顧生意，清點進款，並讓她的丈夫把銀錢入帳。顯然，她實際上是公司的經理，她的丈夫為公司的會計。朱郭氏同時也負責公司的財政收支。她經常在一名公司男

---

[53] Yu, "The World of Our Grandmothers," p.37.

[54] Lily Chan, "My Early Influences," 25 October 1926, William Carlson Smith Documents, MK-2.

成員的陪同下，去聖馬提奧銀行為公司存錢或取錢。雖然朱郭氏沒有受過任何正規教育，但她諳熟英語，頭腦靈活，因而能夠成為一名成功的生意婦女。她給聖馬提奧的許多居民留下了深刻的印象，包括聖馬提奧銀行的出納亨利・赫根（Henry W. Hagan）和市執法官布蘭德（M.F. Boland）。[55]

史料證明，除了洗衣店、餐館和雜貨生意，服裝加工生意也是早期中國移民婦女的一項重要職業。和猶太移民婦女的情況相似，中國移民中的服裝加工業起始於家庭縫紉。在19世紀末期和20世紀初期，許多已婚的中國移民婦女在家中為單身的中國男性移民縫製或修補衣服，以增加家庭收入。美國舊金山海關的移民調查資料表明，家庭縫紉是19世紀後期和20世紀初期中國移民婦女的主要職業。舊金山最早期的中國移民婦女之一羅候氏（Low How See），就是一位女裁縫。1896年3月26日，她被傳喚到舊金山海關的移民局，為幾名申請進入美國的中國婦女作證。當移民官員問及羅候氏的職業時，她回答道，「我在自己家中工作。與我相熟的朋友經常將活計送到我家，所以，我有足夠的裁縫活計在家裡做」。[56] 其他幾位在舊金山海關移民局作證的已婚中國婦女陳氏（Chun Shee）、朱氏（Jow Shee）和戴氏（Tai Shee），當被問到職業時，她們都表明自己是女裁縫。[57]

在一些中國移民家庭中，甚至出現丈夫和妻子共同經營的裁縫店。一位在蒙大拿州比由特市（Butte, Montana）華人社區的最年老的婦女在1940年代追憶道：

> 我為百貨店縫製成打的寬鬆式中國衣服，賺來了我所有的零用錢。我縫製的中國服裝非常結實，很受歡迎。那些男式長袍甚至被運送到蒙大拿以外的社區。許多中國男子會寄來他們的訂單，要我為他們縫製長袍。每當我完成一打服裝，我會開始

[55] Case 10385/5799, RG85, National Archives, Pacific Sierra Region, San Bruno, CA.

[56] Case 3514/536, RG85, National Archives, Pacific Sierra Region, San Bruno, CA.

[57] Cases 9514/537, 9514/538, and 9509/37, RG85, National Archives, Pacific Sierra Region, San Bruno, CA.

縫製另一打。實際上我們這個社區所有婦女都像我一樣，在家中縫紉或縫補衣服。我們總是有足夠的活計。我做兩種衣服：一種是可以經常清洗的服裝，另一種是用於特殊場合的毛料服裝。我從來沒有見過那些男顧客。我丈夫在我們的店裡接訂單，量好並寫下尺寸；我做出衣服，然後由我丈夫送給顧客。直到1911年辛亥革命時，我靠縫紉為家裡儲存了幾千塊錢。[58]

雖然一些婦女經營家庭服裝生意，但更多的婦女則進入車衣廠工作。例如C太太的母親，待她的孩子長大後在車衣廠工作了10年。[59] 在19世紀後期和20世紀初期，車衣廠規模大小不等。比較小的車衣廠一般只有二、三個人。例如前章所提到的舊金山的乾貨商店順發公司，在出售雜貨的同時也僱傭了兩位會使用縫紉機的女性職員，朱氏（Jow Shee）和王氏（Wong Shee），專門負責操作店裡的兩架縫紉機。與每月賺60元工資的男性職員不同，朱氏和王氏的工資是公司根據她們縫製的服裝的件數來付錢的。[60] 顯而易見，順發公司不僅出售中國雜貨，同時也設有小型的服裝廠。

許多服裝廠則僱傭十幾個女縫紉工，佔有唐人街某建築物的一層作為她們工作的作坊，作坊裡密密地排著大量縫紉機。縫紉女工們是由衣服件數來掙取工資的，通常每件只有幾美分的收入。S太太追憶她母親作為縫紉工的經歷時講述到：「我的母親和其他一些婦女在一個車衣廠做縫紉，衣廠的承包人租了一個店面，裡面安置了許多縫紉機。大約有十幾名婦女在那兒做活。我母親白天去車衣廠幹活，中午回來為我們做飯。車衣廠的工作時間是很靈活的，……她們的工資是由服裝件數來決定的。儘管工資很低，但是多少還是能夠賺到一些錢的。」[61]

儘管車衣廠的工資低、工作環境惡劣，這種工作時間的靈活性是吸引移民婦女來衣廠做工的主要原因。靈活工時至今仍然是紐約、洛

[58] Lee, *The Growth and Decline of Chinese Communities in the Rocky Mountain Region*, pp.193-194.

[59] 口述訪談第7。

[60] Case 19938/4-11, RG85, National Archives, Pacific Sierra Region, San Bruno, CA.

[61] 口述訪談第9。

杉磯和舊金山海灣地區那些主要僱傭亞裔移民的大型服裝廠的共同特點。[62] 許多婦女認為，如果能在增加家庭收入的同時，也完成家務責任，那末，這種車衣業工時的靈活性也算是對其低工資的一種補償。

如同餐館業一樣，縫紉業滿足了單身中國男性移民的基本生活需求。同時，中國移民婦女以縫紉賺來的錢成為家庭收入的重要部分。正如歷史學家羅傑・丹尼爾斯（Roger Daniels）指出的，許多已婚中國婦女從事縫紉業這個事實，「闡明了亞裔美國人經濟成功的一個重要的和經常不被人注意的因素：就是亞裔已婚婦女在大多數美國已婚婦女還未加入勞工大軍的時代，便為她們族群所做的經濟貢獻」。[63]

不僅已婚中國婦女把縫紉作為一種職業，許多中國妓女也被迫在每天的空閒時間內做一些縫紉工作。如上一節所述，成露茜的研究表明，19世紀加利福尼亞州的娼妓在白天被指定要做縫紉和其他形式的工作，而晚上她們還不得不出賣肉體。[64]

和在衣廠工作的其他族裔婦女一樣，中國衣廠女工也試圖組成工會，聯合行動，以改善她們的工作條件。歷史資料表明，在20世紀30年代，中國衣廠女工已經組織罷工活動。在美國華裔婦女工會運動史上，最具有影響力的華裔婦女工人的罷工發生於1938年的年初。當時，中國衣廠女工工會（Chinese Ladies Garment Workers Unions）選擇了舊金山一家全國性的「一美元商店」（National Dollar Stores）作為她們的罷工目標，因為該店僱傭中國車衣女工縫製服裝，而且付給中國車衣女工的工資比其他屬於工會的工人要低許多。當罷工發生時，一美元商店付給中國衣廠女工的工資為每星期4美元到16美元之間，同時，工會會員所得的工資為每星期19美元到30美元之間。[65] 1937年11月，中

[62] 參閱Xiaolan Bao, " Holding up More Than Half the Sky: A History of Women Garment Workers in New York's Chinatown, 1948-1991," p.61; Richard Kim et al, "A Preliminary Investigation: Asian Immigration Women Garment Workers in Los Angeles," *Amerasia Journal* 18:1 (1992): p.71; Miriam Ching Louie, "Immigration Asian Women in Bay area Garment Sweatshops: After Sewing, Laundry, Cleaning and Cooking, I have No Breath Left to Sing," *Amerasia Journal* 18:1 (1992): p.11.

[63] Daniel, p.78.

[64] Hirata, "Chinese Immigrant Women in Nineteenth-Century California," p.46.

[65] *Chinese Digest*, July 1937, March 1938, and July 1938.

國車衣女工們對僱主提出增加工資的要求，但是僱主不予理睬。中國車衣女工們對僱主的頑固不讓步極為憤怒，決定組織國際婦女衣廠工人工會（ILGWU, International Ladies Garment Workers Union）的地方341分會（Local 341），也被稱為中國婦女衣廠工人工會（Chinese Ladies Garment Workers Union）。此次罷工事件說明，至少在1937年，中國衣廠女工已經組織了獨立的地方工會，並且組織了集體罷工活動。因而，傳統的觀點認為中國婦女在美國工會運動中默默無聞，是與歷史事實相悖的。

國際婦女衣廠工人工會的組織者珍妮·美塔斯（Jannie Maytas）在該次罷工運動後記錄道：「我們將中國工人組織成為一個獨立的地方工會，並不是因為我們相信這種種族隔離。我們向中國工人提出，她們既可以組織一個獨立的地方工會，也可以加入舊金山的國際婦女衣廠工人工會101地方工會，但是如果她們認為組織中國人獨立的地方工會能向中國人證明她們是獨立自治的，她們完全有權力組成她們的獨立工會。我們也告訴她們，我們並不打算從她們建立獨立工會的過程中為白人工人謀取任何利益，她們可以有她們自己的地方工會……她們希望有她們自己的工會。」[66]

當與資方的進一步的協商沒有任何結果時，108名中國衣廠女工於1938年2月26日走上街頭罷工，並封鎖糾察一美元商店所屬的車衣廠與三家商店。在國際婦女衣廠工人工會的道義和財政支持下，罷工者們堅持了13天，最後終於被迫使她們的僱主實行部分讓步。在1938年6月10日簽署的協議中，僱主保證為中國衣廠女工增加5%的週工資，限定14美元為最低週工資，並且在勞工節那天也付給工人工資。[67]

---

[66] Patricia M. Fong, "The 1938 National Dollar Store Strike," *Asian American Review* 2, No. 1 (1975): p.184; John Laslett and Mary Tyler, *The ILGWU in Los Angeles: 1907-1988* (Inglewood, CA: The Star Press, 1989), p.31.

[67] Entry 155, "H/M 1989 Formal and informal Unfair Practices and Representation Case Files, 1938-1949," RG 25, National Archives, Washington, D.C.

第三節　學生

與課業有關的活動是大部分在美中國女留學生生活的主要部分。正如大多數中國男留學生選擇的學習領域多集中在實用領域，例如經濟管理、化學和工程，多數中國女留學生也同樣選擇那些與她們未來的職業有利的學科。根據美國中國研究會（China Institute in America）的調查，中國女留學生所選擇的前十門學科，按照選擇人數的多寡依次為：（1）教育，（2）社會學和化學，（3）家庭經濟學，（4）英語，（5）綜合藝術，（6）音樂，（7）歷史，（8）心理學和醫護學，（9）數學，（10）生物、藝術、考古和醫藥學。[68]許多中國女留學生獲得了優良的學習成績。[69]例如，宋氏三姐妹中的宋美齡，曾於1913年至1917年在麻省的衛理斯學院（Wellesley）主修英國文學，輔修哲學。她在大學四年級時被學校授予該校最高的學術榮譽獎，杜倫特學者（Durrant Scholar）。[70]

除了與學術有關的活動之外，這些早期的中國女留學生們同時也積極參加課外活動，例如祈禱會、各種俱樂部的活動以及青年婦女基督教協會（YWCA，Young Women's Christian Association）組織的各項活動。[71]宋氏三姐妹，特別是宋美齡，在各種課外活動中十分活躍。她們經常去教堂，也加入網球俱樂部，並且在暑假到美國各地旅遊。[72]

更重要的是，一些中國女留學生更關心自己的祖國，關心中國的前途，考慮自己對中國的未來能起什麼作用。1911年，宋慶齡，宋氏三姐妹中的老二，為衛斯理陽女子學院的雜誌《衛斯理陽》（*The*

---

[68] China Institute in America, *A Survey of Chinese Students*, pp.34-35; 同時參閱 Li, "The Chinese Resolution and the Chinese Women," p.674.

[69] *A Survey of Chinese Student* 表明「在美國大學和院校的中國留學生的學術成績普遍高於平均水平」，p.21。

[70] Howard L. Boorman, ed, *Biographical Dictionary of the Republic of China* (New York: Columbia University Press, 1970), Vol.3, p.147.

[71] Li, "*The Chinese Resolution and the Chinese Women*," p.674.

[72] 葉國超，《蔣夫人在衛斯理陽的日子》，《世界週刊》，1990年4月29日。

Wesleyan）寫了一篇題為〈受外國教育的中國留學生對中國的影響〉的文章。她在文中推崇，中國應該建立一種西方體制的政府，並且在文中暗示，那些返回中國的留學生已經提高了中國政府官員的素質與質量。[73]

與中國縫紉女工一樣，在這一時期的中國女留學生也開始顯示她們的政治影響，並且成為中國留學生組織中的重要部分。在美國大學和專科院校的中國留學生最早於1911年在各校組成了當地的中國學生俱樂部。在此基礎上，一個全國性的、稱為中國留學生聯盟的中國學生組織成立了。聯盟每年夏天組織一次中國留學生的全國性會議，並且組辦《年刊》、《季刊》和《月刊》等聯盟的出版物。這些出版物不僅記錄了學生活動的消息，而且登載許多由留學生撰寫，並反映中國留學生觀點與看法的文章。[74] 中國女留學生不僅積極參加聯盟的各種活動，而且投稿聯盟雜誌，闡述她們對於中國政治問題的見解。她們尤其關心中國的前途和中國的婦女解放運動。1922年6月，一位名叫李梅冬（Rosalind Mei-Tsung Li）的中國女留學生，在中國學生聯盟《月刊》上發表了一篇名為「中國革命和中國婦女」的文章。在文章中，李梅冬尖銳地批評了中國社會的刻板禮儀、道德以及基督教的教條。她號召中國女孩們擺脫社會的束縛，開始新的生活：

> 我的直覺告訴我，在美國的男留學生和女留學生之間的主要區別是，前者沒有理想，而後者有理想……在美國的中國女留學生個性的驚人一致性，說明她們已經被一種共同的理想所支配。當我對她們進行細緻的分析時，我發現她們都具有兩點共性，即正確性和實用性……中國社會的禮儀道德就像四月的霜凍，使人們冰冷僵化。除此之外，我們中的大多數人有特權在中國接受教會學校的嚴格教育。在教會學校裡，受聖經舊約和美國西部邊疆傳統的影響，我們的清教主義表現被擴大兩倍，甚至三倍。我們在家庭和社會中被束縛、被扼殺，又被治癒，

[73] Jung Chang, *Mme Sun Yat-Sen* (New York: Viking Penguin Inc., 1986), pp.25-26.

[74] China Institute in America, *A survey of Chinese Students*, p.23.

最後被僵化在教會學校中。奇怪的是，我們仍然能夠行走。如果中國革命值得我們的後代為此感到驕傲，它必定意味著一種嶄新的生活。當然，如果中國革命不能觸及眾多中國婦女生活的各個層次與側面，它就無法開創中國人的新生活。[75]

中國女留學生對於她們的政治、職業和個人生活的解放的追求，部分地反應了此時期現代中國知識分子共同掀起「啟蒙運動」的努力。她們對中國社會傳統道德的有力與果敢的批評，使她們截然不同於此時期的其他中國移民婦女。多數中國移民婦女此時仍然被傳統的清規戒律所束縛，不知婦女解放為何物。此外，此時期的美國社會與美國一般公眾，錯誤地認為在美國的中國婦女盡為娼婦。因此，儘管中國女留學生只占在美國的中國婦女的一小部分，但是她們的出現很有可能為早期的中國移民婦女樹立一定的正面形象。

許多早期中國女留學生在完成學業或培訓後，返回中國，並且在其專門領域中表現十分突出。前一章提到的4名從美國高等學校獲取醫學學位的中國女留學生在返回祖國後，成為中國最早期的接受過現代醫學訓練的女性醫生。[76] 其他中國女留學生也同樣成為其專業領域的先驅者。C女士的母親於1930年從俄亥俄州的丹尼森大學（Denision University）獲得社會學學士學位，然後返回中國，先後在幾所知名大學中教授英語。1936年，她和丈夫一起在香港設立中國南方學院（South China College）。日本侵華戰爭時期，日本軍佔領香港，夫妻倆不得不將學院遷往中國內地。1949年，在共產黨接管中國大陸的前夜，他們又將學院搬回香港。同年，她開始在崇治學院（Chung Chi，現在的香港中文大學）教學，後來成為該校婦女大學部主任。[77]

同樣，宋氏姐妹利用她們在美國的教育投身於中國的政治活動。宋慶齡在1913年從衛斯理學院獲得哲學學士學位後返回中國。她景仰

[75] Li, "The Chinese Revolution and the Chinese Women," pp.673-675.

[76] Wang, p.49.

[77] 口述訪談第1。

孫中山及其革命事業，因此成為孫中山的私人秘書，並且竭盡全力輔助他的革命生涯。孫中山逝世後，她繼續堅持孫中山的理想與宗旨，成為令人尊敬的婦女領袖。宋美齡有著與她姐姐同樣的志向。1927年，她與中華民國的總統蔣介石結婚。從此，她作為蔣介石的私人秘書、英文翻譯以及親善大使，傾其一生，輔助蔣介石的政治生涯。作為中國的婦女領袖，她在30年代直接負責領導蔣介石政府中婦女機構的工作，特別是她負責的「新生活運動」，為中國的女權運動起了極大的推動作用（見第三章）。作為蔣介石的外交大使，她在二戰期間多次訪問美國，在美國國會與各地演講，宣傳中國的抗戰，改變了美國公眾對中國以及華人的不良印象，贏得美國政府對國民黨政府的支持。[78]

第四節　農婦

當中國移民婦女在美國的城市從事上述職業時，在偏僻鄉村的中國移民婦女則不僅要完成繁重的家務，而且要與她們的丈夫一起耕作務農。在1882年的《排華法案》通過以後，為擺脫美國西海岸城市中強烈的反華情緒，許多中國移民男子搬遷到偏僻的鄉村地區，她們的妻子也跟隨著他們一起來到這些遠離大城市、也遠離唐人街的偏遠地區。

然而，排斥限制中國人的各項反華法案繼續困擾著這些居住在鄉村地區的中國移民。在19世紀的最後20年，美國遭逢經濟危機，農產品價格下跌，農民損失慘重。為了保護他們的經濟利益，美國的自耕農組織起來，集體行動。深受經濟危機的影響，沮喪的中西部和西部農民發現，禁止外籍人士的土地所有權對於緩解他們的經濟困境似乎是一劑容易吞服的良藥。因此他們發動了反對外籍人士土地法的運動（alien land law movement）。[79]在1885年到1895年之間，美國中西部和西部地區的12個州通過了反對外籍人士土地法案，印第安那州首先

---

[78] 參閱作者撰寫的有關宋美齡的辭條。Huping Ling, "Mme. Chiang Kai-shek," in Franklin Ng, ed. *The Asian American Encyclopedia* (New York: Marshell Cavendish Corp., 1995).

[79] Douglas W. Nelson, "The Alien Law Movement of the Late Nineteenth Century," *Journal of the West* 9 (1970): pp.49-59.

發難，於1885年通過了一個綜合全面的反對外籍人士土地法案。1887年，伊利諾伊州、科羅拉多州、威斯康辛州、內布拉斯加州和明尼蘇達州競相效法印第安那州，也迫使州政府立法機構通過反對外籍人士土地法案。1888年，衣阿華州通過了類似的法案。兩年後，華盛頓也加入反對外籍人士土地法案的運動。1891年，堪薩斯、德克薩斯和愛達荷等州相際通過反對外籍人士土地法案。1895年，密蘇里州成為19世紀美國通過反對外籍人士土地法的最後一個州。[80] 儘管19世紀反對外籍人士土地法案運動的主要打擊對象是來自歐洲的不居住於本地的大土地擁有者，並且大多數的反對外籍人士土地法案已被這些州的立法機構在19世紀末廢除，但該立法為其後加利福尼亞州的反對外籍人士土地法案開了先例。從1913年開始，加利福尼亞州的反對外籍人士土地法案禁止「無公民資格的外籍人士」，包括中國人、日本人、韓國人和印度人，在加州擁有土地。在華盛頓州，該州議會也於1921年通過了一個類似的法案。然而，為了生存的需要，中國移民想方設法，以他們在美國出生的孩子的名義，獲得了土地的所有權或租賃權。

大多數從事農業的中國移民主要居住在加州、俄勒岡州、內華達州、華盛頓州和亞利桑那州。在加州的大多數農夫生產水果、土豆、蔬菜、小麥、大米和棉花。在維拉麥特河（Willamette River）流域的俄勒岡州的農夫主要生產大麻。而生產棉花的中國農夫則主要集中於亞利桑那州。[81] 根據1910年的美國人口普查，在美國從事農業的中國移民總數為17200名，其中11986名在加利福尼亞州，799名在俄勒岡州，783名在內華達州，706名在華盛頓州，605名在亞利桑那州，473名在愛達荷州，404名在蒙大拿州，166名在密西西比州，146名在新墨西哥州，113名在紐約州，107名在新澤西州。在所有從事農業的中國移民中，只有706名擁有自己的農場。大多數中國農夫或是租賃土地，或者在白人土地擁有者的農場中擁有部分股份，或者是被僱傭的農業工人。以一位在薩克拉門托河（Sacramento River）河谷耕作的農民馬古蘇

80 同上，頁52-53。
81 劉伯驥，頁305-310。

（Mar Goon Sow）為例。馬古蘇從1900年起在一片面積為160英畝的土地上耕種，並擁有該農場1000美元的股份。從這1000美元的股份中，他每年收入800美元。然後把收入的百分之10寄回中國，撫養那裡的妻兒老小。當他在中國的兒子死於疾病後，他安排她的妻子陳氏（Chan Shee）來到美國與他團聚。[82]

中國移民中的農夫一般依照傳統的男女分工，男子在農田耕作，農夫的妻子從事家務勞動。農婦們每日例行的家務包括打掃房子、做飯、照管孩子，甚至收留寄宿人以增加家庭的收入。除了這些家務勞動以外，她們種植、儲存蔬菜，飼養家禽。一些中國農婦還與丈夫一道在田裡耕作。例如，在加利福尼亞州的佐治亞那（Georgiana, California），一個37歲的農夫朱周（Gee Chow）率領全家人務農，包括他23歲的妻子Kee。Kee自從5歲起已定居在美國，是在20世紀初作為農業勞力的為數不多的婦女之一。[83]

婦女勞動範圍的擴大在夏威夷更為普遍和明顯。與在美國本土的移民勞工不同，在夏威夷的農業工人不僅入境不受限制，而且被鼓勵攜帶他們的妻子同赴夏威夷，在甘蔗園或大米種植園勞動。這些華人婦女們被預付20美元的紅利，並且被要求做一些較輕的體力活，例如割甘蔗和剝甘蔗，來抵償她們到夏威夷的路費以及在種植園的食宿費。此外，她們每月被付給3美元的工資。[84]這些農婦們和她們的丈夫一起並肩勞動。在三年至五年的合同結束後，一些中國農業勞工們能夠購買一家小農場進行耕作。

這種由契約勞工至小自耕農的過程被一位在夏威夷的高中生在記述家史時詳細地描述了下來：

> 1890年，夏威夷需要勞工的消息傳到了中國。一方面為了逃避單調乏味的生活，另一方面也由於家鄉缺少發展的機會，我父

[82] Case 18362/3-3, RG 85, National Archives, Pacific Sierra Region, San Bruno, CA.

[83] Sucheng Chan, *This Bitter- Sweet Soil: The Chinese in California Agriculture,* 1860-1910 (Berkeley: University of California Press, 1986), p.397.

[84] Yung, *Chinese Women of America*, p.36.

> 親馬上報名參加。他和他的妻子、兩個兒子和女兒告別了家鄉與他的母親，在1891年來到澳門。他們經過四個月的長途海上航行，最後終於抵達夏威夷的馬胡口那（Mahukona）。他們乘坐火車直接到達種植園為其勞工提供的住所。勞工們的宿舍是一排排的粗陋房屋，幾戶勞工家庭分住一排。但每一戶只有一間房屋，用於吃飯、睡覺和娛樂。在三年的艱苦勞動之後，我的父親在哈拉窪（Halawa）購買了一個農場……[85]

然而並不是所有在大米和甘蔗種植園的中國勞工都非常幸運地成為自耕農或土地擁有者。實際上，許多僱傭勞工，在大米和甘蔗種植園耗盡一生，從未有能力購買農場，在夏威夷建立家庭。[86]

面臨陌生的環境，惡劣的生活條件和無盡的苦難，這些中國移民妻子的生活非常艱難。但是對於那些失去丈夫的中國移民婦女來說，生活更是加倍艱辛。作為單身母親，她們往往肩負著養家餬口與料理家務的雙重負擔。此外，她們大多沒有受過正規教育，且不諳英語，因而被隔絕於白人社會之外。因此，相比於失去丈夫的白人婦女，這些孤寡的華人移民婦女面臨著更多苦難。那位在夏威夷的高中生繼續寫道：

> 我父親去世後，我經歷了我以前從來沒有經歷過的苦難。我的長兄被迫輟學，參加工作，幫助母親養家；我的姐姐也同樣中斷學業，留在家中照顧家務和年幼的弟妹。母親則忙著餵養家畜……在我父親死後一年，我母親被迫賣掉我們所有的家當，全家遷往檀香山（Honolulu），與我的已經在那裡工作的兄長相聚。母親認為在檀香山她可能給我們更好的機會。[87]

85 "Autobiography of a Chinese Student," William Carlson Smith Documents, Ad-55.

86 Clarence E. Glick, *Sojourners and Settlers: Chinese Migrant in Hawaii* (Honolulu: Hawaii Chinese History Center and the University Press of Hawaii, 1980), pp.52-54.

87 "Autobiography of a Chinese Student," William Carlson Smith Document, Ad-55.

與居住美國大城市華人聚居區、並被美國主流社會排斥與歧視的移民婦女相比，在偏遠地區的中國移民婦女較有可能與當地美國社會同化。在這些地區，沒有中國人集中的聚居地，華人因此不得不與其他種族的人口混雜居住。梁梅仙（May Seen）的例子具有一定的代表性。梁梅仙是明尼蘇達州的一位早期中國移民婦女，她於19世紀90年代至20世紀40年代之間居住於明尼阿波利斯（Minneapolis）。她性格外向，聰明好學，成功地與當地的白人社會與文化融合。作為居住於明尼蘇達州多年的唯一的中國婦女，她認識了許多明尼阿波利斯的上層社會婦女。梁梅仙的丈夫在明尼安那波利斯開設洗衣店，他經常駕著一輛色彩鮮豔的馬車，在明尼阿波利斯的上流社會住宅區勞利山（Lowry Hill）地區為顧客運送漿洗的衣服。與梁梅仙熟識的白人婦女包括明尼蘇達州的第一位婦女議員梅白絲・培濟（Maybeth Hurd Paige）。[88]

瑪麗・瑪蒙（Mary Mammon），曾經是舊金山的中國夜總會「紫禁城」的舞女，她在回憶她的童年時說：「我出生在亞利桑那的一個鄉村小鎮。我們不得不與基本上都是白人的當地人融合。因此，在我們家，我們的傳統是美國傳統，我們的中國傳統並不那麼深厚。」[89]，另一位曾經工作在同一中國夜總會的女演員彩銀意（Noel Toy）有著同樣的經歷。「我們是在那裡（舊金山海灣地區的一座小鎮）的唯一的中國家庭，」她告訴採訪者說：「因此我並不認識許多中國人。我是在純粹白人的環境下長大的。當我進入一所專科學校時，我看到一位東方婦女。我驚訝的喊道，一個東方人！我的天啊！一位東方婦女！我從來就沒有想過自己也是一名東方人。」[90]

一般來說，在鄉村地區的美國白人比在大都市的白人對中國人更加好奇，也較少敵意。這種較為友善的環境有助於中國移民婦女與華裔美國婦女同化於主流社會。王九芹的個案為我們提供了明顯的例證。1915年，王九芹年僅15歲，便由父母主婚嫁給湯姆・王，一位

[88] Sarah R. Mason, "Family Structure and Acculturation in the Chinese Community in Minnesota, "in *Asian and Pacific American Experience: Women's Perspectives*, pp.160-171.

[89] Dong, *Forbidden City, U.S.A.*

[90] 同上。

居住在內華達州王子城的43歲的中國單身漢。婚後，她幫助她的丈夫經營寄宿店並為寄宿的客人做飯。當她意識到接受教育對於她瞭解認識這個新環境的重要性時，她開始就學於當地的王子學校（Prince School）。王子學校的孩子們對她非常友善，並且幫助她學習英文。除了正規的課程以外，她的老師還對她的英文進行個別指導。為了滿足學校孩子們對她的特殊文化背景的好奇心，王子學校的老師在1917年11月組織了一個名為「亞洲之旅」的特別節目。許多學生的父母和朋友都被邀請參加了這個特殊的活動，並且瞭解了一些亞洲的文化。王九芹在王子學校接受教育時的有益經歷，幫助她與美國白人社會建立密切的聯繫。她與王子礦區聯合金屬簡化公司的總監列奧那德・托馬斯（Leonard G. Thomas）的女兒瑪麗・托馬斯（Mary Thomas）成為最要好的朋友。兩位婦女之間的友誼持續了一生。[91]

這些在鄉村的中國移民婦女所表現出的勤勞、節儉、友善和能力等種種美德贏得了她們的白人鄰居的尊敬。波利・貝米斯（Polly Bemis）是在愛荷華州歷史上最著名的中國婦女。她的傳奇式的故事和她與查理・貝米斯（Charlie Bemis）的浪漫愛情被寫成不同版本的故事。[92] 波利原名叫Lalu Nathoy，1853年9月11日出生於中國北方一戶貧窮的農民家庭，並且在窮困中度過她的童年。在她18歲的那年，土匪擄掠她的村莊，她的父親將她用兩袋種子的價格賣給了土匪。波利後被輾轉賣至美國舊金山。[93]1872年，一位在愛達荷州沃倫（Warren）開設酒店的華人小業主洪金（Hong King），以2500美元買下波利，波利成為洪金的奴隸。在一次撲克遊戲中，洪金輸給查理・貝米斯，遂同意以波利抵債。波利贏得了自由，並嫁給查理・貝米斯。[94] 波利勤勞熱

[91] Chung, "Gue Gim Wah: Pioneering Chinese American Women of Nevada," pp.45-79.

[92] Fern Coble Trull, "The History of the Chinese in Idaho from 1864 to 1910," M.A. Thesis, the University of Oregon, 1946. 該碩士論文是有關波利・貝米斯的早期研究之一。Mary Alfreda Elsensohn, *Idaho Chinese Lore* (Cottonwood, Idaho: Idaho Corporation of Benedictine Sister, 1971).該著作是關於波利・貝米斯的最可靠的史料之一。Ruthanne Lum McCunn, *The Thousand Pieces of Gold: A Biographical Novel* (San Francisco: Design Enterprises of San Francisco, 1981). 儘管這是一本充滿浪漫主義的小說，該書被認為是關於波利・貝米斯個人故事的真實記錄。

[93] McCunn, 13-50.

[94] Elsensohn, 82.

心，並粗通中草藥和簡單的護理知識。在環境艱苦、缺醫少藥的美國西部邊疆，她幫忙料理了許多鄰居的生病的孩子。一次，查理受了槍傷，波利甚至施行外科手術挽救了查理的生命。[95] 1894年他們正式結婚之後，夫妻倆在鮭魚河（Salmon River）河畔買下了一座農場。[96] 在他們的農場裡，波利種植了李子、梨、櫻桃、草莓、黑莓、玉米、韭菜、西瓜和各種各樣的家庭蔬菜。她同時還飼養了一些雞、鴨和一頭牛。她甚至成為一名熟練的捕魚人。[97] 所有在她家寄宿的人在離開時都滿載著水果、蔬菜和對波利的好客與善良的美好記憶。[98] 波利・貝米斯的友善和快樂的天性，使她能夠在美國西部邊疆惡劣的環境下生活，並且被當地的人民所敬仰和愛戴。

在俄勒岡州也可以發現類似的故事。在俄勒岡伍德（Wood）的採木區，一位14歲的華裔女孩在1910年間嫁給了一位50歲的中國廚師。這個女孩在舊金山長大，只受過兩年的小學教育。但是，在這短暫的兩年中，她學到了美國人的生活方式，並且融入了當地的白人社區。她被林區所有婦女喜愛。偶爾，她會用中國的草藥治療一些鄰居的病痛。[99]

波利・貝米斯和她餵養的母雞，愛達荷。（加州大學伯克利分校種族研究圖書館收藏）

95 McCunn, 182-184, 190-200; Elsensohn, 83.

96 根據Elsensohn的研究，貝米斯夫婦的結婚證書原件存放在愛達荷州棉木市的聖哥楚德博物館（St. Gertrude's Museum, Cottonwood, Idaho）。

97 Elsensohn, pp.83-84.

98 Trull, p.104.

99 "Story of a Chinese Girl Student," William Carlson Smith Documents, A-56.

如同在美國本土上鄉村地區的中國移民一樣，在夏威夷的許多中國移民與當地的夏威夷土著和睦相處，關係融洽。大多數在19世紀定居夏威夷的中國移民已經學會夏威夷語，與夏威夷土著居民交流無礙，許多華人還娶夏威夷女子為妻，從此落地生根，以夏威夷為家。[100]這些早期的華人與異族通婚和共居的形式，可以部分地解釋為什麼在夏威夷鮮見中國妓女，以及中國移民與夏威夷人密切融合的原因。

雖然中國移民婦女在19世紀後期和20世紀初期懷著不同的希望來到美國，她們卻有著共同的發現：美國並不是一個黃金俯拾即是的地方。要在異地他鄉生存，她們必須與丈夫一道辛勤苦幹。她們還發現，她們不能像愛爾蘭婦女和東歐婦女一樣加入現代大工業的勞工隊伍。儘管面臨有限的就業機會，這些中國婦女以其決心、韌性和勤勞工作找到了她們各自生存的方式。洗衣業、餐館業、雜貨店業、縫紉業和農業，都是這些婦女基本的賴以為生的生存手段。娼妓業也毫無例外地成為窮苦婦女的生計。雖然被排斥於美國的主流社會的就業市場之外，中國移民婦女在本族群社區內找到了她們可以勝任的工作。她們的堅忍與辛勞不僅保障了她們自身的生存，同事也保證了美國的華裔社區及其成員的經濟獨立與發展。

[100] Glick, p.13.

第三章　家庭生活與社區活動

> 我的父親用很長時間來積聚娶親的費用。當他終於積攢了足夠的錢用以養活家小時，他已經人到中年。我的父親越洋返鄉，回到廣東物色他的新娘。那年我的母親才16歲。
>
> ——伊沙貝拉・張

移民婦女在一個新國家的種種經歷很有可能影響她們的家庭生活與結構。身處全新的社會環境，面臨截然不同的文化習俗，這些移民婦女逐步意識到她們與其丈夫、子女的關係或多或少地在發生變化。類似於在美國的其他族裔的移民婦女，中國移民婦女的家庭生活與家庭結構也開始發生變化。

與此同時，中國婦女衝破傳統禮教的束縛與美國社會對移民的種種歧視限制，走出家門，參與各種家庭聚會與傳統慶祝活動。許多婦女甚至投身社區政治活動，密切關注中國政治局勢的發展。

第一節　家庭生活

一、家庭結構的變化

由於中國移民中男女性別比例的極度不均衡，也由於有關中國早期移民婦女資料的缺乏，使得中國移民婦女的研究長期處於空白。多數研究美國華裔生活的著作或者完全忽略華裔的家庭生活，或者僅寥寥數筆輕描淡寫。[1] 有關華裔美國人家庭生活研究的落後局面延續至80

[1] 有關前者的著述，參見Mary Coolidge, *Chinese Immigration*與Gunther Barth, *Bitter Strength*。關於後者的著述，參見Tsai, *The Chinese Experience* in America, Daniels, *Asian America*和Sucheng Chan,

年代，一些專家學者開始專門深入探討美國華人生活的家庭生活與家庭結構。

伊芙琳・格林（Evelyn Nakano Glenn）的論文《分居的家庭、小業主家庭與雙工資收入家庭：對美國華裔家庭策略的分析》是首篇論述美國華裔家庭生活的重要學術成果。[2] 格林在該著作中指出，在華人移民史上，為了適應美國的政治及經濟環境，為了生存的需要，在不同的時期，出現了三種不同類型的華裔移民家庭模式：分居的家庭、小業主家庭與雙工資收入家庭。從1850年至1920年，分居家庭模式在華人移民家庭中居主導地位。由於早期中國移民多以賒票制的方式，隻身赴美，妻小大多留在中國家鄉，造成多數移民家庭隔洋分居。在分居家庭中，創造家庭收入的生產性勞動與家庭的其他功用相分離，由遠居異國的丈夫來從事該勞動。與此同時，家庭的其他功用，如傳宗接代、社交往來以及生活消費則由居住家鄉的妻子和家人來完成。

第二種模式於本世紀20年代出現於美國各主要華人社區。這些小業主家庭一般由洗衣店主、餐館業主以及雜貨店主與他們的家屬組成。由於1882年的《排華法》（Chinese Exclusion Act）禁止華工及其家屬入美，從此時至1943年該法被廢除之時，被接納入美的中國婦女一般為商人——包括洗衣店主、餐館業主以及雜貨店主在內的小業主的妻女。在小業主家庭中，所有家庭成員，包括未成年的子女，一律無償地參與與家庭經營的生意有關的勞動。[3]

第三種模式出現於本世紀60年代。由於1965年的《移民法》（Immigration Act of 1965）廢除了移民限額，並鼓勵移民家庭團聚，多數在60年代之後赴美的華人得以舉家移民。因而以家庭為主的中國新移民社區取代了以往以單身漢為主的唐人街。在新移民家庭中，丈

This Bittersweet Soil: The Chinese in California Agriculture, 1860-1910 (Berkeley: University of California Press, 1986).

2 Evelyn Nakano Glenn, "Split Household, Small Producer and Dual Wage Earner: An Analysis of Chinese-American Family Strategies," *Journal of Marriage and the Family* 45, No. 1(1983), pp.35-46.關於海外華人家庭生活的比較研究,參見 Peter S. Li, "Immigration Laws and Family Patterns: Demographic Changes among Chinese Families in Canada, 1885-1971," *Canadian Ethnic Studies* 12 , No. 1(1980), pp.58-73.

3 Glenn，同上，p.40。

夫與妻子雙雙工作，共同經營移民家庭。「這些不同家庭模式的出現」，格林作出結論，「實際上可以被解釋為中國人為了生存並適應美國環境而採取的不同對策」。[4]

格林的研究對中國移民家庭作出了理論性的解釋，下列著作則提出了移民家庭存在的證據。桑地・利敦（Sandy Lydon）的專著《中國黃金：蒙特利灣區的中國人》考察了加利福尼亞州蒙特利灣（Monterey Bay）的中國漁村。他指出，蒙特利灣中國漁村的漁民不同於那些典型的離開家小隻身到加州的金礦或鐵路做工的中國勞工。由於捕魚是一項家庭性的勞動，所以蒙特利灣的捕魚業是由中國移民和他們的家庭共同建立的。早在1879年，已有學者觀察漁村婦女同丈夫一道捕魚的情景。有些婦女雖不出海捕漁，但在家中用利斧來分割處理丈夫捕到的魚。一些漁民和他們的家屬還組成了漁業公司。桑地・利敦的研究不僅指出蒙特利灣的漁民家庭的存在，更強調了這些漁村婦女在當地漁業生產中的重要性。[5]

華裔女歷史學家陳素真（Sucheng Chan）在其專著《這片苦樂交加的土地：加利福尼亞農業中的華人，1860-1910》中提到，20世紀初年在加州北部的華人金礦礦工與普通勞工中，存在著一妻多夫的現象。[6] 在該書中，陳素真也討論了20世紀初加州薩克拉門托—聖荷昆河谷（Sacramento-San Joaquin Delta）地區的華人移民家庭生活，並觀察到中國移民夫妻間的年齡懸殊為移民婚姻的一大特點。[7] 西爾維婭・明尼克（Sylvia Sun Minnick）的《三埠：聖荷昆的華人》一書，也從聖荷昆縣的結婚登記記錄中發現1875年至1880年之間，該縣共有17對中國夫妻登記在冊。[8]

同樣，勞拉・王（Laura Wang）的關於加利福尼亞州索拉奴縣萬里

---

[4] 同上，p.35。

[5] Sandy Lydon, *Chinese Gold: The Chinese in the Monterey Bay Region* (Capitola, CA: Capitola Book Company, 1985), pp.156-158.

[6] Chan, *This Bittersweet Soil*, p.390.

[7] 同上，pp.391-395。

[8] Sylvia Sun Minnick, *Samfow: The San Joaquin Chinese Legacy* (Fresno, CA: Panorama West Publishing, 1988), p.246.

河地區（Vallejo, Salano Country, California）華人社區的研究，也提供了該地從1910年至1940年間以家庭為中心的華人社區存在的證據。[9] 無獨有偶，在其論文《從中國人到華裔美國人：內華達山地小城的華人婦女及其家庭》中，大衛・俾斯利（David Beesley）也向學術界否認早期華裔移民家庭存在的傳統解釋挑戰。[10] 俾斯利運用美國人口統計數據及其他資料，論證在內華達山區的一個小城中，一些擁有固定收入的華人勞工有妻子或其他婦女陪伴在側。[11]

中國移民家庭不僅存在於加州與山地州，一些學術論文證明在美國中西部也存在著一些零星的中國移民家庭。薩拉・梅森（Sarah R. Mason）的個案研究考察了明尼安那波利斯（Minneapolis）的一名中國移民婦女梁梅仙（Liang May Seen）。她的文章指出，從1890至1940年之間，梁梅仙對於其家庭的經濟生存以及與美國主流社會的同化，都起了極為重要的作用。[12]

顯然，上述論著肯定了早期華人移民家庭的存在，對我們瞭解中國移民家庭提供了非常重要的資料。但是，許多學術問題，諸如華人婦女在移民家庭中地位的變化與否，以及這些變化如何產生，都有待解答。在本章的這一節中，筆者將論證在大多數中國移民家庭中，婦女不僅成為唯一的女性家長，並與丈夫一道從事養家餬口的生產性勞動。在發揮上述功用的同時，女性自然參加家庭中各項事務的決定。

首先，華裔移民家庭結構逐步變化，婦女成為唯一的女性家長。傳統的中國封建家庭一般為數代同居的大家庭，由男性封建家長統治。一旦成婚，女子則成為其夫家的成員，必須竭盡全力服侍長輩，逢迎一家大小，更要努力爭得公婆的歡心，以求符合賢妻良母的傳統道德規範。這種幾世同堂的大家庭卻罕見於北美的華人移民社會，大

---

9 Laura Wang, "Vallejo's Chinese Community, 1860-1960," *in Chinese America, History and Perspective*, 1988 (San Francisco : Chinese Historical Society of America, 1988), pp.153-168.

10 David Beasley, "From Chinese to Chinese American: Chinese Women and Families in a Sierra Nevada Town," *California History*, Vol.67 (Sept.1988), pp.168-179.

11 同上。

12 Sarah R. Mason, "Liang May Seen and the Early Chinese Community in Minneapolis," in *Minnesota History* (Spring 1995): pp.223-233.

部分美國華裔移民擁有核心家庭。考察自1880年以來近半個世紀的美國人口統計資料，極少發現數代同堂的移民家庭案例。雖然離鄉背井、身處異境，多數華人移民婦女，尤其是年輕女性，首次驚喜地發現她們成為自己家庭的主導者。在飽嘗了離別親友的痛苦，海上漂泊的艱難以及天使島美國移民檢查站的數月隔離、監禁、審訊之後，她們終於看到了這一切艱辛所換來的補償：她們從此不再受制於公婆的權威，她們將與丈夫合力支撐她們的小家庭。正如一位居住於舊金山的華人移民婦女海倫・王（Helen Hong Wang）所說：「在美國做女人比較好，起碼你可以出去工作，可以和丈夫一起管理家務。而在中國，婦女拋頭露面出外工作掙錢，會被認為有失其家庭體面。只有婆婆才有權利管家。」[13]

華人移民婦女不僅成為女性家長，而且成為家庭贍養者。雖然在中國歷史上，許多中國北方婦女已經從事諸如紡線織布、餵養家畜等副業生產，在中國南部，許多婦女也下地插秧，與男子同耕，以增加家庭收入。但是她們從未被社會普遍承認為維持家庭生計的贍養者。當移民海外，脫離了傳統大家庭的束縛時，每一個移民家庭則成為一個獨立的生產單位以求生存。生存的艱難要求夫妻協力合作。因而移民婦女所從事的經濟活動——無論是有償的工作，或是在家庭經營的小生意中的無報酬的勞動——都被視為不可或缺的。從此意義上講，華人移民婦女已成為其家庭的供養者。雖然她們也許並未掙得家庭收入的一半，她們仍然可以被視為其家庭的供養者。她們對家庭的經濟貢獻是不能僅用數字來衡量的。對大多數華人移民婦女而言，生活的重心是圍繞著艱苦勞動而求生存。湯婷婷（Maxine Hong Kingston）的小說《女戰士》（*The Women Warrior*）中的主人公訴說道：

> 這是一個可怖的魔鬼國家，人們在這裡幹活，一直幹到死的那一天……自從我上岸到美國的那天起，我從未停止過幹活……

[13] Yung, *Chinese Women of America*, p.44.

而在中國，我甚至連我自己的衣服都不用洗。我本來不應該離開中國的。但是沒有我，你父親養活不了全家。我身強體壯，很能吃苦受累。[14]

如前一章所述，中國移民婦女所從事的勞動對她們的家庭經濟是必不可少的。她們的有償或無償勞動使得中國移民家庭在異國土地上的生存成為可能。因而，她們在家庭裡的作用就不僅限於生兒育女，而且成為維持家庭生計的供養者。

華人婦女的這一新作用使她們在家庭中的地位自然升高，她們逐步開始同其丈夫分享家庭事務的決定權。當這些移民婦女同丈夫並肩勞動時，她們對與家庭生計有關的一切瞭若指掌，因而她們通常對家庭事務具有較高的發言權。這種形式與愛爾蘭移民婦女在美國的經歷極為相似。有關專家和學者發現，由於移民而引起的環境改變使得愛爾蘭男性移民在家庭中的地位普遍下降，權利大大降低，而愛爾蘭移民婦女則在家庭中逐步享受她們在愛爾蘭從未享有過的權威地位。美國相對開放的經濟選擇使得許多年輕的愛爾蘭婦女或者進入工廠做女工，或者到中產階級家庭幫傭，因而擁有固定收入。經濟地位的提升使得她們在家庭以及社區的影響力大大增強。[15] 類似的變化也出現於中國移民婦女中。對多數中國移民而言，一個家庭則是一個獨立的生產單位，丈夫與妻子組成一個梯隊，各自對對方而言都是不可或缺的。對家庭權利與義務的共同分享，使得妻子在決定家庭事務上享有更高的發言權。

同樣，對美國西部邊疆婦女和中國移民婦女的比較對我們也有啟迪作用。從19世紀中期到後期，在美國西部邊疆的開發過程中（1848-1888），艱難困苦的環境迫使拓邊的家庭夫妻攜手，相濡以沫，以求生存。許多邊疆婦女不光煮飯燒菜、漿洗衣物、照顧孩子、飼養家畜、貯存蔬菜、製作肥皂、蠟燭、收留寄宿人，而且同丈夫一道，開

14 Kingston, p.104.
15 Diner, p.46.

荒種地。[16]有些婦女甚至可以在危急關頭拿起武器，保衛家園。這種共同勞動導致傳統的男女分工界限開始模糊，在一些個案中甚至消失。歷史學家朱麗・傑佛雷（Julie Jeffrey）指出：當邊疆婦女在體力上與感情上都深深投入於家庭經濟中時，她們在家庭中的權利增加。因而，這些自力更生的西部邊疆婦女與典型的19世紀維多利亞婦女的形象大相徑庭。[17]

與此相似，大多數早期的中國移民婦女，無論是身處大都市唐人街，還是居於華人罕見的偏遠鄉村，都必須同丈夫一道從事養家餬口的生產性勞動。在城市，她們要幫助丈夫管理洗衣店、餐館和雜貨店。在鄉村，她們則要飼養家畜、管理果園、下田種地。此外，大都市唐人街的華人小生意往往是前店後家，中國移民婦女多住在店鋪的後面或樓上。如前引的王九芹、陳氏和一些其他城市移民婦女的個案，華人小生意人常常將店鋪的後部改裝成家庭居所。[18]家庭生活與生產性活動的融合交錯，使得華人移民妻子難以避免捲入與家庭生意有關的活動。

導致中國移民婦女參加生產性勞動的更為重要的原因，在於美國社會對華人的排斥與歧視。當中國移民被排除在美國主流社會的勞工市場之外時，他們必須發掘、依賴自身的能力，自力更生，以求生存。不僅中國移民男子要肩負養家的重擔，中國移民婦女、甚至孩子都要竭盡全力參加生產性勞動，幫助增加家庭的收入。

與此同時，女性活動範圍的擴大極大地提高了中國移民婦女的自尊與自信，她們因而更自然地與丈夫分享家庭事務的決定權。因此，對於美國西部邊疆婦女和中國移民婦女而言，生存的必須要求所有家庭成員全力投入生產性的經濟活動。同時，與以往截然不同的生存環

---

16 Sheryll Patterson-Black, "Women Homesteaders on the Great Plains Frontier," *Frontiers: A Journal of Women Studies,* 1 (Spring 1976), p.72, 74; Glenda Riley, *Frontierswomen: The Iowa Experience* (Ames, Iowa: Iowa State University Press, 1981), p.52, pp.57-58 ; Sandra Myres, *Westering Women and the Frontier Experience, 1800-1915* (Albuquerque: University of New Mexico Press, 1982), pp.160-164; and Katherine Harris, " Sex Roles and Work Patterns among Homesteading Families in Northeastern Colorado, 1873-1920," *Frontiers: A Journal of Women Studies* 7(1984), pp.45-46.

17 Jeffery, pp.44-45, 60-65.

18 Chung, "Gue Gim Wah," p.50; Connie Young Yu, "The World of Our Grandmothers," p.37; and Jade Snow Wong, *Fifth Chinese Daughter* (New York: Harper & Row, 1945), p.5.

境，雖然恐怖陌生，但較之於她們的出生地則較少各種傳統文化的禁錮。因而，一國境內的人口流動（Migration）與漂泊異國的移民活動（Immigration）都為婦女活動範圍的擴大提供了有利的環境。

然而，在19世紀後期及20世紀初期，多數中國移民婦女仍然恪守男尊女卑的祖訓，屈從於丈夫在家庭中的權威地位。雖然由於移民，這些婦女成為家庭中的唯一女性家長與維持生計的供養者，她們在家庭中的地位明顯提高，但是移民美國仍難以動搖她們在長期的傳統文化薰陶下所形成的觀念，她們仍然相信只有忍辱負重、夫唱婦隨，才能求得家庭的穩固。夏威夷麥金利高中（McKinley High School）的一名女學生在她的家庭回憶錄中談到，只有她的父親「是獨具權威的一家之長」，雖然她母親在家中的地位也非常重要，全家的溫飽完全離不開母親的日夜操勞。[19]

與此相似的對男性遵從的傳統觀念也可以從19世紀末20世紀初定居於紐約州水牛城（Buffalo）的義大利移民家庭中發現。雖然移民於一個不同的國度，大多數義大利移民婦女仍然對婚姻持有傳統關念，視扶持丈夫、撫養子女為本分。身處異國，她們從保持母國的傳統習俗中找到安全，感到寬慰。[20]同樣，雖然移民經歷使得移民美國中西部的德裔移民婦女對家庭經濟的貢獻大為增加，她們在家庭以及社區中的重要性日益明顯。但是，她們同在母國一樣，繼續對男性權威保持尊重。[21]

從20世紀初的韓國移民家庭中也可以發現類似的男性居主導地位的例子。韓國移民婦女瑪麗・朴・李（Mary Park Lee）和她的全家於20世紀初年移民美國。她在回憶錄中回憶道，雖然她的母親為了增加收入，幫人漿洗衣物，在家中收留寄宿人，辛勤勞作不亞於她的父親，但是只有她的父親才能對家中重要的事務出決定。[22]

---

19 "Life History, " William Carlson Smith Documents, MK-12.

20 Virginia Yans-Mclaughlin, *Family and Community: Italian Immigrants in Buffalo, 1880-1930* (Urbana: University of Illinois Press, 1982), p.91, 99 and 223.

21 Pickle, p.75.

22 Mary Park Lee, *Quiet Odyssey* (Seattle: University of Washington Press, 1990).

二、家庭婚姻關係

在中國移民家庭中，家庭結構多呈現老夫少妻或夫妻年齡相差至少10歲以上。大衛・比斯利的學術研究，調查分析了居住於內華達一山區小城的27對已婚的中國移民夫妻。他的研究發現，這些夫妻中女性的平均年齡為22歲，而男性為31歲。[23] 美國移民歸化局的檔案文件與筆者的口述訪談資料，也印證了中國移民家庭中這種夫妻年齡懸殊的特殊婚姻結構。

造成這種夫妻年齡顯著懸殊的主要原因，首先在於美國1943年之前的苛刻的對華移民政策。這些具有種族偏見的排華法禁止華裔婦女入美，從而有效地導致了中國移民男女性別比例的嚴重失調。1875年的《佩奇法》（The Page Act of 1875），雖然在理論上適用於不同種族與國籍的在美國西海岸操業的妓女，但該法實質上是專為排斥華裔婦女而制定的。1882年的《排華法》禁止中國勞工及其親屬在10年內入境。該法在其有效期終止的1892年被延期10年，而在1902年又被無限期延期，從而全面禁止華工及其妻子入美。因而，從1906年至1924年，平均每年只有150名華人婦女合法入境。[24] 為了徹底杜絕中國勞工家屬入美的可能性，美國國會又在1924年5月26日通過了《1924年移民法》（The Immigration Act of 1924）。該法禁止任何華裔美國公民的外籍中國妻子入境。由此，從1924至1930年，未有任何華人婦女被接納入境。[25] 1930年，美國國會取消了1924年的禁令，允諾在1924年5月26日之前便與華裔美國公民具有合法婚姻關係的中國婦女入境。依照此一規定，從1931年至1941年，每年約有60名中國婦女入境。[26]

造成華人移民夫妻年齡顯著懸殊的第二個原因，是在美國許多州實行的《反異族通婚法》（Anti-miscegenation Laws）。該法禁止中國男

[23] Beesley, p.174.
[24] Daniels, p.96.
[25] 同上。
[26] 同上，pp.96-97。

性移民同其他族裔的女子結婚。[27]反異族通婚法在美國的產生與實行，主要起因於美國白人社會對白人與黑人之間異族通婚的強烈反應。在17世紀北美殖民地時期，黑人經由「三角貿易」（Triangle Trade）被歐洲奴隸販子販賣到美國為奴。[28] 為了防止可能出現的黑白通婚，馬里蘭州於1661年通過了美國第一個《反異族通婚法》，禁止白人女性與黑人男性通婚。效仿馬里蘭州的先例，美國有38個州先後通過了類似的反異族通婚法。[29]1850年，加利福尼亞州的州議會通過《反異族通婚法》，禁止白人與黑人通婚。該法令在1872年被納入該州的新民法的第60條。1880年，加州的反異族通婚法令經過大幅度的修改，中國人與白人通婚與黑白通婚一道被列為違法。同年，加州的立法者又引進民法第69條，禁止簽發結婚證予白人與「黑人、混血人和蒙古人」之間的婚姻。[30] 雖然「蒙古人」一詞，從人種學的角度包括中國人、日本人、韓國人和其他亞洲人，但加州的《反異族通婚法》實則專為華人而制定，以響應當時美國西海岸的強烈反華浪潮。1905年，為了統一《民法》的第60與69條，並反映當時美國社會對另一蒙古人種——日本人的普遍厭惡與恐懼，加州立法院修改《民法》第60條，規定任何白人與蒙古人之間的婚姻為「非法無效」。[31] 上述《反異族通婚法》在有關州內實行至1967年，才最後被宣佈為違反憲法而取消。

造成華裔移民夫妻年齡顯著懸殊的第三個原因，是中國勞工的經濟窘困。大部分勞工以「賒票制」方式赴美，必須先償還債務以取得人身自由。許多人為了娶親，辛苦積攢大半生。待資金備足時已人過中年。加之1882年的《排華法》禁止中國勞工與其眷屬入境，這些中

[27] 有關反異族通婚法的著述，參見Suchang Chan, "Exclusion of Chinese Women," pp.128-129, and *Asian Americans*, pp.59-60; Megumi Dick Osumi, "Asians and California's Anti-Miscegenation Laws," *in Asian and Pacific American Experiences: Women's Perspectives*, pp.1-37; Robert J. Sickles, *Race, Marriage, and the Law* (Albuquerque: University of New Mexico Press, 1972), p.64; and Betty Lee Sung, *Chinese American Intermarriage* (New York: Center for Migration Studies, 1990), p.2.

[28] 參見黃紹湘著《美國通史簡編》（北京：人民出版社1979年版），頁22。

[29] *New York Times*, March 13,1966, sec. 4, p.12; Fowler V. Harper and Jerome H. Skolnick, *Problems of the Family* (New York: Bobbs-Merrill, 1962), pp.96-105.

[30] *California Statutes*, 1880, Code Amendments, Ch.41, Sec.1, p.3.

[31] *California Statutes*, 1905, Ch.481, Sec.1, p.3.

年勞工只有從在美國出生的華人女子中尋找新娘，因而形成老夫少妻的婚姻模式。

最後，中國家庭中的男性家長制也助長了老夫少妻的婚姻模式的形成。在男性家長制的中國家庭中，兒女的婚姻由父母包辦，婚姻並不是基於男女的情投意合，而是新郎與新娘雙方家庭的權衡交易。為了女兒在經濟上有依靠，家長往往選擇那些雖不年輕、但小有積蓄的求婚者為新郎。

發生於20世紀初年的舊金山的一樁婚姻，便是這方面的極好例證。一位在美國出生的年僅14歲的華裔女子被其父母決定出嫁，她必須從兩名中國男子中擇一。她與這二人從未謀面，只看過他們的相片，因而難以選擇。她的父母便為她作出決定。他們說，「這個男子20多歲，雖然年輕，但他毫無積蓄。他上有父母，下有眾多兄弟姐妹。你會成為他們全家的奴僕。那個男子雖然50多歲了，但他沒有家

①：1920年代華人的家庭生活。（令狐萍個人收藏）
②：芝加哥著名華商湯信的全家福，1913年。（美國國家檔案館芝加哥大湖地區分館收藏）
③：有九個子女的華人大家庭，1960年代。（令狐萍個人收藏）

庭，無牽無掛，你要什麼，他會給你什麼。『寧做老夫的嬌妻，不做少夫的奴隸』」。他們又告訴她，「這個年輕男人是不會滿足於你的，他還會追求其他女人。那個男人老成持重，比較靠的住。嫁給他比較安全。」依照父母的建議，這個年輕女孩嫁給了那個50多歲的男人，俄勒岡州伍德縣（Wood, Oregon）的一個伐木區的廚師。[32]

王九芹的婚姻是這種由父母包辦而造成老夫少妻模式的又一例證。王九芹在15歲時嫁給了她父親的朋友湯姆・王，一個居住於內華達州王子城的43歲的餐廳業主。湯姆於1871年出生於加州瑪麗斯維爾（Marysville, California）。因他的雙親在他出生後便去世，他被送往中國由嬸母撫養。1892年，他21歲時，他以美國公民的身分入美。他先在加州瑪利斯韋爾的一家白人家中幫廚，後遷往內華達州王子城開設寄宿店。至1905年，他已有一定積蓄，開始考慮成家。當他探訪在舊金山的朋友謝伍羅（Ng Louie Der）時，注意到他的女兒在其家庭雜貨店中出入，便決定求婚。他請求謝伍羅將女兒嫁給他。謝伍羅認為女兒已到婚齡，湯姆是個優秀人選，因此接受湯姆的求親。湯姆和王九芹於1916年結婚。[33]

這種老夫少妻的婚姻結構導致了許多中國移民家庭的不幸。由於夫妻年齡的懸殊，夫妻之間常常形成代溝。婚姻的雙方對於生活的態度也不盡相同。這些在美國出生長大的華裔女性，在美國公立學校接受了或多或少的西方教育，因而比較她們在中國生長的受中國式教育的丈夫更為美國化。

以在舊金山出生的14歲華裔女孩的婚姻為例。該華裔女子容貌秀麗，個性溫和；而她的年老的丈夫則嫉妒多疑，脾氣暴戾，喜怒無常。她雖然只在美國公立學校接受了兩年的教育，但已深受美國文化的影響。她的丈夫傳統守舊，極為憎惡她的所有白人化的行為表現。這個華裔女子的婚姻因而成為一個漫長的悲劇。[34]

---

32 "Story of a Chinese Girl Student," 1 August 1924, William Carlson Smith Documents, A-56.

33 Chung, "Gue Gim Wah: Pioneering Chinese American Women of Nevada," pp.45-79.

34 "Story of a Chinese Girl Student," 1 August 1924, William Carlson Smith Document, A-56.

除夫妻雙方年齡懸殊之外，重婚是困擾中國移民家庭的另一問題。根據佩吉・帕斯科（Peggy Pascoe）的研究，許多中國商人有不止一個妻子。「受重婚的困擾，這些家庭充滿了因嫉妒而引起的火藥味。而這種現像是重婚婚姻所不可避免的。」[35] 雖然帕斯科的研究揭示了中國移民家庭中重婚現象的一些蛛絲馬跡，基於種種複雜的原因，美國亞裔研究學術界對於中國移民家庭重婚現象的研究是極其不夠的。造成這種學術真空現象的主要原因是原始文件不足。由於重婚違反美國法令，因此極少有人公開承認重婚。在中國移民史上，重婚導致許多中國移民婦女被美國海關拒絕入境，也引起了許多移民家庭的不幸。

中國移民家庭中最為普遍的重婚現像是納妾制。納妾制是男性家長制的中國傳統社會與其他保守社會的產物。納妾制在中國的起源雖不甚明瞭，但其無疑與中國社會的男性家長制性質息息相關。在這種社會中只有男子可以延續宗祠、繼承家產，保持其家族在地方上的社會經濟地位。儒家學說將男性家長制為中心的信仰體系化，形成數千年以來主導中國個人與社會的文化意識。儒家思想認為，「不孝有三，無後為大。」男子若無子嗣即可三妻六妾、一娶再娶，合理合法，天經地義。納妾制在宋代得到強化發展。由於宋代商業經濟發展，城市繁榮，婦女從事生產勞動的必要性因而比過去減少，在社會經濟中的地位因此而削弱。與此同時，富裕的地主紳商則居住城鎮，享受閒適的生活。[36] 納妾與土地家產以及其他佔有物一道，成為一個男子社會地位與經濟能力的標誌。許多富有的中國男子娶妻納妾，不僅為了滿足性需要，更為了炫耀經濟財富與社會地位。巴金的著名小說《家》便形象地表現了中國封建家庭中男性統治者的這種心態。[37]

重婚的封建習俗在中國歷史上已多次受到挑戰與衝擊。在太平天國運動中，太平天國的綱領便主張男女平等，廢除重婚納妾。在新文化運動中，深受西方民主意識影響的新青年也猛烈抨擊一夫多妻制。

[35] Pascoe, p.53.

[36] Fairbank, p.53.

[37] 參見巴金《家》。

但直至1949年中華人民共和國成立，封建的重婚制才被最後廢除。中華人民共和國政府於1950年頒佈《婚姻法》，宣佈廢除重婚、納妾等封建習俗。[38]

重婚不僅是中國封建制度的產物，也是美國移民政策的副產品。在一系列排華法案被廢除的1943年之前，大部分中國移民將妻小留在國內，隻身赴美。由於移民法令的限制，許多中國移民難以返鄉探親。例如1888年的《司各特法案》，禁止返華探親的中國勞工再次入境。許多華工因此而不敢回國探親。一些長期無法返鄉的華工，在適當的機遇下，在美國二度娶妻。

也有些中國男子，不滿於媒妁之言，離家出走，找到了自己的伴侶，但從未與前妻正式辦離婚手續。美國移民當局難以分辨這些不同的婚姻狀態，因而對所有牽涉重婚關係的中國婦女一概拒絕入境。著名的李隆案便是美國移民局官員對重婚關係強烈反應的極好例證。

李隆是居住於俄勒岡州波特蘭市（Portland, Oregon）的一名中國富商。他於1898年10月返回中國探親，打算攜帶妻女一同赴美。李隆及其家眷於1900年4月3日抵達波特蘭。由於李隆具有美國居民身分，波特蘭的海關檢查官員便很痛快地讓李隆入境。但是，他拒絕李隆的妻子與女兒入境，原因是重婚關係。因為李隆在此婚姻之前，已結婚一次，他的前妻仍住在中國。李隆的妻子與女兒因此被拘禁於海關的拘留所一年有餘。其間，李隆僱用了數名白人律師，與美國移民當局反覆周旋。[39] 雖然，從現有的歷史檔案中，李隆的妻女是否最後被允許入境仍不得而知，但顯而易見的是，重婚關係使得一些中國婦女入境更為困難。

一些中國移民不僅牽涉重婚關係，而且由於經濟窘迫而參與人口走私。1920年，居住舊金山的華裔男子林空（Lum Quong）返回中國探親。臨行前，他接受了舊金山一個女人口販子的傭金，同意為她帶

---

[38] 中華人民共和國婚姻法，《中國法律年鑒，1987》（北京：法律出版社，1987年版），頁168-169。

[39] Entry 132, Record Group 85, National Archives, Washington, D.C.

回一名女奴。但事實上，林空只打算給自己娶親。他在廣東家鄉物色到一個女子並和她結婚。但這樁婚姻不幸失敗。林空便離開妻子，獨自來到香港。在香港探訪一個朋友時，他在冼彩（Sing Choy）的義父的店鋪看到她，便通過媒人向她提親。他隱瞞了他已接受傭金替人購買奴隸的事實，謊稱自己是舊金山的商人，專回中國娶親。冼彩的父母立刻接受他的提親。這對新婚夫婦在香港居住6個月後，準備啟程返美。這時林空前妻的姐姐突然來到香港，要求冼彩匯錢給她丈夫的前妻。冼彩大為震驚，方知丈夫還有前妻。冼彩向父母哭訴自己被騙，她的父母立刻質問林空。林空滿口保證他會帶冼彩去美國，作個體面的妻子。夫妻最後抵達美國。一俟抵達美國，林空便向妻子哭訴，說他已接受傭金，答應替人購買奴隸。他說因為無法償還這筆錢，他已被人口販子恐嚇。他又向同族的人借錢，遭到拒絕。冼彩在舊金山居住3個月後，被丈夫交給人口販子。人口販子強迫她賣身為妓「三年，以償還她丈夫欠下的債務」。[40]

但是中國婦女並不完全是婚姻中被動受欺的弱者。許多婦女勇於拋棄不幸的婚姻，離家出走，尋找個人幸福。1910年，一名在波特蘭出生的華裔女子，被父母強迫嫁給蒙大拿州比尤特（Butte, Montana）的一名華裔男子。她與丈夫毫無感情，最終完全無法忍受這樁婚姻。她拋棄了丈夫，跑回波特蘭，和一名與她相愛多年的中國男子私奔。據傳他們在上海定居，非常相親相愛。[41]另一名居住蒙大拿州比尤特的華裔婦女，已是9個孩子的母親，也拋棄家庭，和丈夫的同族親戚私奔。她的家人認為她的行為傷風敗俗、有辱家門，與她完全斷絕關係。她的丈夫也企圖激起當地人們的公憤，向她採取報復。幸運的是，「在這一事件發生時，全社區已深深捲入發生在中國的戰事（指抗日戰爭——作者注），無暇顧及此事。」報復不成，她的丈夫帶著兩個最年長的子女離開比尤特，在西海岸的某個唐人街定居。其餘年幼的子女

[40] Martin, pp.221-223.

[41] Lee, *The Growth and Decline of Chinese Community in the Rocky Mountain Region*. p.253.

跟隨其母親到了芝加哥。[42]

雖然美國的許多州實行《反異族通婚法》，仍然有少數中國男子與其他族裔的女子通婚。這些娶異族女子為妻的中國男子多半屬於勞工階層。他們的配偶的種族與文化背景也因地區而異。[43]

在美國南部，異族通婚的男性華人多半是鐵路建築公司或甘蔗種植園主從加利福尼亞州或古巴、祕魯招募來的勞工。他們的異族妻子多半是美國黑人，或是來自愛爾蘭、法國的移民婦女。美國國家人口統計局1880年對路易斯安那州的人口統計資料顯示，在該州的489名華人中，有35人已婚、喪偶或離婚。在已婚的男子中，只有4人娶有中國妻子，其他人的妻子均為其他族裔的婦女。在娶異族女子為妻的華工之中，有4人的妻子為黑白混血的女子，有12人的妻子為黑人，有8人的妻子為白人。在這8名白人婦女中，有6人具有愛爾蘭或法國移民背景。[44]

在美國中西部，異族通婚多半發生於小業主與勞工中。在明尼安那波利斯（Minneapolis）和聖保羅（St. Paul）兩市，至少有6名中國男子在20世紀初年娶了異族女子為妻。這些男子大多是經營餐館或洗衣店的小業主，有些是勞工。他們所娶的異族女子多為愛爾蘭或波蘭移民。這些婦女常到雙城（指明尼安那波利斯和聖保羅兩市）的中國餐館做工，清洗碗碟，洗菜切菜，因而和雙城的中國小業主熟識相愛，進而結婚。[45]

在紐約城，美國人口統計資料以及當時的地方報紙都記載了一些異族通婚的案例。這些案例顯示19世紀末的紐約，存在著一種中國男

---

[42] 同上書。

[43] Lucy M. Cohen, *Chinese in the Post-Civil War South, A People without a History* (Baton Rouge: Louisiana State University Press, 1984), p.147; James W. Loewen, *The Mississippi Chinese: Between Black and White*（Cambridge, Mass.: Harvard University Press, 1971）, p.75; Sarah R. Mason, " Family Structure and Acculturation in the Chinese Community in Minnesota," in *Asian and Pacific American Experiences: Women's Perspectives*, pp.160-170; and John Kuo Wei Tchen, "New York Chinese: The Nineteenth-Century Pre-Chinatown Settlement," *Chinese American: History and Perspectives, 1990*(Chinese Historical Society of America, 1990), pp.157-192.

[44] 《美國人口統計局第十次人口統計資料，1880年》（路易斯安那州新奧爾良市：人口統計資料），見Cohen, p.147。

[45] Mason, p.163

了與愛爾蘭女子通婚的異族婚姻形態。紐約《哈潑斯週報》（*Harper's Weekly*）和其他地方報紙雜誌，爭相報導有關「支那人」（Chinamen）與「愛爾蘭」（Hibernian）女子的故事。這些故事中的中國丈夫都吃苦耐勞，也很體貼他們的愛爾蘭妻子。雖然他們中有些人很可能在中國也有妻小，但他們與其愛爾蘭妻子在紐約生兒育女，逐步在異國紮根。[46]

譚丙（Hum Bing）的婚姻在與異族女子通婚的中國男性中頗具代表性。1882年，譚丙從廣東台山來到美國，定居於明尼蘇達州的威爾瑪市（Wilmar, Minnesota）。威爾瑪市位於明尼安那波利斯的西面，當地有一鐵路中心。譚丙看中了這裡的良好地理位置，開始在此地經營生意。他在威爾瑪和明尼安那波利斯開設了幾家洗衣店和一家旅店，生意做得很成功。他又娶了一位愛爾蘭婦女為妻。這位愛爾蘭婦女原是他的一位摯友的妻子。他的朋友原在蒙大拿修築鐵路，不幸在一次事故中受傷去世。一方面由於譚丙具有與美國文化同化的強烈願望，另一方面也由於他的愛爾蘭裔妻子的影響與幫助，譚丙和當地的居民打成一片，成功地融入美國主流社會。[47]

與中國男性移民相比，只有極少數的華裔女性在此一時期與異族男子通婚。例如在前一章討論過的波利・貝米斯和其他一些女性。為什麼華裔女性與異族通婚的比例會低於華裔男性許多？造成此種現象的原因很複雜。其中，由於美國政府的排華反華移民政策而造成的男女比例失調，是華裔女性與異族通婚的比例低於華裔男性的主要原因。19世紀末期，華人中的男女性別比例約為20：1。20世紀初期，該比例上升為14：1。[48] 華人女性稀少，華人男子因此不得不從其他族裔中尋找配偶。而華人女子在華人社區內則有足夠的選擇。

此外，來自美國社會的種族與文化偏見和華人移民社會內部的自閉心態，也可以部分地解釋這種現象。水仙（Suey Sin）和S太太的案例可以清楚地顯示這些原因。水仙是一位年輕貌美的華裔女子。1920

[46] Tchen, "New York Chinese," pp.176-177.
[47] Mason, p.168.
[48] Daniels, p.69.

年，她在洛杉磯好萊塢從影，曾在一些影片中扮演配角。在一部影片的攝製中，她和一位漂亮瀟灑的白人男演員相遇。兩人先是逢場作戲，不久假戲真演，雙雙墜入情網。但是，他們的戀愛遭到這個男演員家庭的反對。他的母親與姐姐極力阻撓他們的關係。雖然這個男演員深愛水仙，但最終沒有勇氣和他的家人決裂，與水仙結婚。[49]

與水仙不同，S太太年輕時從未和任何白人男子談過戀愛，因為當時她所在的華人社會仍然很封閉，難以接受華人與其他族裔的婚姻。S太太於1917年出生於舊金山的一個中國移民家庭，是個乖巧順從的女兒。和舊金山唐人街的其他華裔女孩一樣，S太太白天上美國的公立學校，放學後又去中文學校學習中文。功課之餘，她幫助做家務，和母親學做針線女工。高中畢業後，她開始工作，先後在幾家公司做秘書。在遇到她未來的丈夫之前，她從未和別的男子戀愛過。二戰時期，她的丈夫在舊金山美國政府所屬的戰爭情報局（The Office of War Information）擔任語言技師，從事情報翻譯工作。他們經朋友介紹認識、戀愛，並於1946年結婚。「那時我們舊金山唐人街的大部分女孩子，」S太太回憶道，「都嫁了中國人，因為當時異族通婚在華人社會很不受歡迎。」[50]

雖然華人移民家庭中人口的多寡因家中男性家長的社會地位而異，大多數中國移民家庭的人口都比較多。[51] 其原因在於許多家庭經濟寬裕的中國男性移民，都希望多生兒女，以求晚年經濟有保障。眾多的子女也可以排遣他們因移民而產生的孤寂感。C太太的家史在這方面最具代表性。C太太的父親是波士頓的一名富有的華商。她在口述訪談中回憶道，「我們家有兄妹9人。我的父親在美國沒有任何親戚，常常感到孤獨寂寞。因此，他認為多生孩子將會給他的晚年帶來依靠。」[52] S太太的家庭情況也與此相似。她的父親是舊金山的一個

[49] "Los Angeles Chinatown," Clara Gilbert , 12 June 1924 , William Carlson Smith Document, AX 311 .
[50] 口述訪談第9。
[51] Hirata, "Chinese Immigrant Women in Nineteenth-Century California," p.48.
[52] 口述訪談第7。

商人。她的家中有兄妹7人，4個男孩，3個女孩。[53] 類似於美國本土的華商家庭的模式也可在夏威夷發現。許多夏威夷的農民家庭也人口眾多。以檀香山的一個農夫的女兒陳莉莉（Lily Chan）的家庭為例。根據陳莉莉的自傳，她的家庭「人口很多，5個兄弟，4個姐妹。所以，我的父親必須拼命幹活來養活全家……」[54] 同她的父親一樣，她的母親也終日操勞，清掃，做飯，帶孩子，沒有片刻空閒。

三、第二代華裔婦女

19世紀末20世紀初，由於在美國的華人婦女稀少，因此土生華裔女子或第二代華裔婦女的數目也很小。在全美的89832名華人中，只有2353名第二代華裔婦女。1910年，第二代華裔婦女的數目增至3014人。1920年，增至5214人。1930年，增至10175人。隨著二戰時期及戰後中國移民婦女的大量遷入，以及土生華裔兒童數目的增加，第二代華裔婦女的數目在1949年達到14560人，而當時全美華人總數為40262人。[55]

同其他族裔的移民子女一樣，多數20世紀初期的第二代華裔女孩在家中受到母國傳統文化的薰陶。一名第二代華裔女孩在其自傳中談到，「我們在家一般吃米飯、肉類和新鮮蔬菜。我和母親在家穿旗袍，那是一種高領長袖的中式服裝。」[56]，許多第二代華裔女孩也在家學做女工。根據三從四德的道德規範，女工（婦功）為婦女之必需。一個母親有義務將女工傳授給其女兒。例如S太太，一個出生於舊金山的第二代華裔婦女，自幼便與母親學做針線。她穿的大部分衣服都是自己縫製的。[57]

雖然多數中國移民家庭居住於低於一般標準的簡陋房舍中，家中也沒有幾件家具，但他們儘量保持室內整潔。夏威夷檀香山市麥金利高中（McKinley High School）的一個女孩子在1926年寫道：

---

[53] 口述訪談第9。

[54] Lily Chan, "My Family Influence," 25 October 1926, William Carlson Smith Documents , MK-2.

[55] Daniels, p.69.

[56] "Life History," by a Chinese girl at McKinley High School, Honolulu, 20 November 1926, William Carlson Smith Documents, MK-12.

[57] 口述訪談第9。

我們家很小，只有兩間房子。一間作為客廳，另一間作為臥室。我們的房子只有兩扇窗戶。廚房和廁所都在室外，由好幾家合用……我們的家具雖然很舊，但母親每天總是把它們擦洗得很乾淨。我們家幾乎沒有什麼畫像與飾物，幾幅掛曆和一些家庭照片是家中的所有裝飾……[58]

中國移民婦女不僅在家庭的飲食、穿著和家務等方面保持中國傳統，在對子女的教養中，她們也極力運用中國的傳統教育方式。雖然生活在美國，她們仍然極為重視中國的文化與習俗，儘量教授子女中國的語言和文化。許多早期中國移民婦女在國內沒有受到什麼正規教育，更不懂多少英語。因而中國移民家庭的子女往往在公共場合使用英語，而在家中則同父母講中國方言。C太太的家庭教育非常具有代表性。她在回憶她在波士頓度過的童年時說，「我從小和父母講廣東方言。我的父親不願意我們在家講英語。為了學習中國語言，我們每天在公立學校放學後，從5點半至8點半，又去中文學校上課。從星期一到星期五，天天如此，連週末也不例外。」[59]

S太太在舊金山的童年生活也與此十分相似。她的回憶錄提供了有關美國華文學校的詳細情況。

我在舊金山出生長大。在舊金山的華裔子女一般在公立學校放學後，又去中文學校上學。中文學校一般教授廣東話，中國字也是用廣東話發音的。星期一到星期五，中文學校從下午5點至晚上8點上課。星期六，則是從上午10點至下午1點。我們每月交一塊錢作為學費。我的中文學校叫南橋學校。該學校由當地的中華公所（即中華會館——作者注）興建。中華公所擁有許多房地產，其收入便用來修建學校。學校由中華公所的董事會管理。董事會的成員都是男性，每年開會數次。教師則有男有

[58] "Life History," 20 November 1926, William Carlson Smith Documents, MK-12.

[59] 口述訪談第7。

> 女。有的教師是由大學生兼任。他們白天上課，課後來中文學校教書。有些中文學校由衛理公會教堂資助。天主教會也有一所中文學校……我在上初中時，便不再去中文學校。雖然中文學校也開設高中課程，但許多人學到初中程度便輟學。所以中文學校的班級，一般年級越高，人數越少。我也隨大流。[60]

由於生長在美國社會，許多第二代華裔女孩對於中國的傳統習俗並不以為意，有些人甚至對中國習俗表示反感。1920年，一個夏威夷的華裔女孩在其自傳中寫道：

> 我經常拿中國人的一些習俗來開玩笑。我也很不喜歡許多中國習慣。比如，你必須給來你家訪問的客人敬茶。你不能叫客人的名字，因為那樣對客人不尊重。我更不喜歡中國人的婚姻習慣。[61]

嚴格的家庭教育，繁重的家務負擔以及有限的受教育機會，成為對第二代華裔女孩的普遍社會侷限。1924年，一個出生於舊金山的華裔女大學生抱怨道：「我們的父母管教我們非常嚴厲。即便以中國人的標準而言，都過於嚴格。我和姐姐嚴守家教，從未去過任何舞會，從未交過男朋友。我們總是在做家務活。」[62]

依照中國傳統，中國移民父母非常重視教育，認為良好的教育是在美國社會生存發展的必要條件。然而，同他們在國內的同儕一樣，他們認為正規教育只適合於男性，只有兒子才有必要接受教育。華人父母通常希望女兒待在家中，學做女工，或者做零工，幫助補貼家用。1926年，檀香山麥金利高中的一位女學生在其家庭自傳中抱怨道：「他們認為女孩子不需要像男孩子一樣接受太多的教育。他們認

[60] 口述訪談第9。
[61] "Life History,"20 November 1926, William Carlson Smith Documents, MK-12.
[62] "Story of a Chinese College Girl," 1 August 1924, William Carlson Smith Documents, A-54.

為女孩子只能待在家裡做活，而男孩子可以在外面玩。」[63] 許多華裔女孩只受過幾年的公立學校教育，父母便令她們停學回家，在家做飯、洗衣、縫紉、照看弟妹或做其他家務活。她們也在家庭經營的餐館、洗衣店和雜貨店裡幫忙，或者外出到捲煙廠做工，掙錢補貼家用。[64] 舊金山的一位華裔女學生，在1924年回憶道，她的姐姐在14歲時便決定出嫁的主要原因是繁重的家務活。「她覺得她再也不能忍受這樣繁重的家務勞動了。作為家中最年長的女孩子，她總是在幹活，從未有一點空閒。」[65]

雖然許多中國移民父母對他們女兒的教育仍然持有傳統態度，而更多的中國移民父母，受到當時美國社會開明風氣的影響，開始逐步認識到讓女兒接受教育的社會與經濟價值。美國人口統計資料中有關適齡學生入學率的統計，反映了中國移民家庭對待子女教育的態度轉變。根據1940年的美國人口統計資料，5歲至20歲之間的華裔女孩的入學率自1920年開始，便高於同齡的白人女孩與華裔男孩（**見表3.1**）。

表3.1　1910-1940年美國5-20歲人口的入學率（%）

年	土生白人		移民白人		黑人		其他種族*	
	男	女	男	女	男	女	男	女
1940	76.3	73.1	59.7	53.4	70.2	68.1	82.6	80.4
1930	74.9	72.3	58.9	51.8	65.3	63.0	75.1	79.6
1920	67.5	66.7	47.7	42.8	57.9	58.8	63.6	67.0
1910	62.5	62.0	40.4	38.4	48.5	50.4	48.3	59.7

*中國人被列為其他種族。其他種族主要包括中國人與日本人。
資料來源：Census of the United States 1940, Population Vol. II, Characteristics of the Population, pp.37-39.

由於她們所受的美國式正規教育，許多第二代華裔女子表現西化，在各方面盡力模仿美國白人女子。為了達到「百分之百的美國

63 "Life History," 20 November 1926, William Carlson Smith Documents, MK-12.

64 Tchen, *Genthe 's Photographs*, p.28 and p.98; Case 25103/7-20 , RG 85, National Archives, Pacific Sierra Region, San Bruno, CA.

65 "Story of a Chinese Girl Student," San Francisco, 1 August 1924, William Carlson Smith Documents , A-56.

化」，她們穿著大膽入時，不斷出入各種聚會派對，也參加學校的樂隊與各種體育活動。[66]許多華裔女大學生也上舞蹈與聲樂課。一些女大學生還受聘於舊金山的一家夜總會「紫禁城」，成為職業舞蹈家或歌手，參與該夜總會的東方節目表演（"Oriental" floor show）。「我們在30年代和40年代參加夜總會的表演，」當年紫禁城夜總會的歌手弗蘭斯・陳（France Chun）回憶道，「我們的行為使華人社會大為震驚，也讓白人社會大惑不解」。[67]

當第二代華裔女子日益西化與獨立時，她們不再畏懼父母的尊嚴，開始向父母的權威挑戰。她們力圖掌握個人的前途與命運，企圖獨立決定自己的婚姻與職業計畫。為了逃避父母包辦的傳統婚姻，一些第二代華裔女子甚至逃入基督教新教會主辦的收容所。當類似的厄運降臨舊金山的一個華裔女孩，她決定逃離家庭，擺脫父親的控制，到卡麥隆女士（Miss. Cameron）主持的長老會教會收容所尋求幫助與庇護。

> 我的父親給我買了到中國的船票……我一直在跟我父親講我不去中國。在輪船出發的前一天晚上，我告訴他，如果他一定要我回中國，我會到長老會教會收容所請求他們保護我。但是他不相信我……當時我住在親戚家裡，他們也認為我應該回到中國去嫁人，而且越快越好。但是，我不打算嫁人，而決定接受教育。我的姐姐曾經要求我去見卡麥隆女士，並告訴卡麥隆女士她的煩惱。所以我告訴親戚我要代姐姐去見卡麥隆女士一下。他們同意我去。第二天早上，在輪船出發前，我到了卡麥隆女士的教會收容所。[68]

第二代華裔女子不僅有勇氣反抗父母包辦的婚姻，並且公開表示自己對婚姻的看法。一位檀香山麥金利高中的女學生在1926年寫道：

---

[66] "Interview with Mrs. Machida," 2 July 1924, William Carlson Smith Documents; Interview 9.

[67] *Forbidden City, U.S.A.*, 12/8/89, Videocassette.

[68] "Story of a Chinese Girl Student," San Francisco, 1 August 1924, William Carlson Smith Documents, A-56.

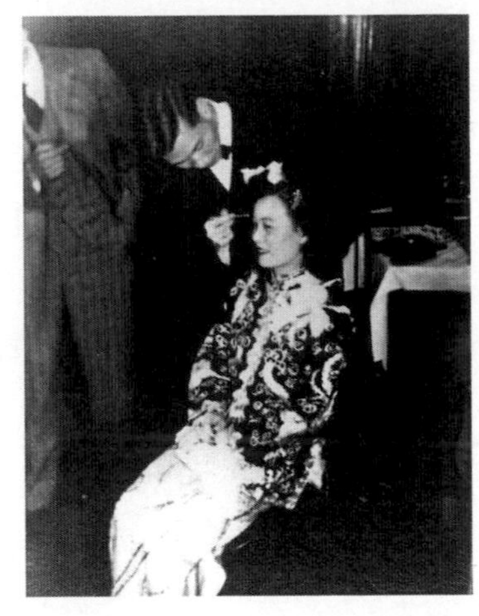

一位舊金山第二代華裔婦女的婚禮，1946年。（令狐萍個人收藏）

「我情願嫁一個夏威夷出生的中國人，因為他的各種看法會和我的類似。而一個在中國出生的中國男子則會有和我完全不同的觀點，這種不同將導致許多矛盾衝突。」[69] 一個名叫埃德娜（Edna）、在夏威夷出生的華裔農家女孩，被母親要求嫁給一個比她年長許多的男人。在強烈地反抗了她的母親為她包辦的婚姻後，埃德娜終於和她心儀的男友，一個夏威夷出生的年輕華裔男子結婚。[70]

在高中時代，許多第二代華裔女孩都夢想著做一名職業婦女，尤其是做一名女教師，因為教書是當時社會向女性開放的少數職業之一。一位在夏威夷檀香山麥金利高中讀書的第二代華裔女孩陳莉莉（Lily Chan）回憶道，「從12歲開始，我便開始夢想我將來的職業。我一直想教書……我的父親和母親也希望我能當一名教師」。[71]

許多第二代華裔女子對於未來有著美好的設想，一心希望全盤西化並融人美國主流社會。但是，她們卻面臨重重阻力：她們不僅受到來自於家庭方面的傳統習慣的阻力，而且也受到來自於美國社會的種族文化偏見的困擾。儘管她們受過較高程度的教育，能講流利地道的英語，許多第二代華裔女子仍然感覺到她們不能順利地與主流社

[69] "Life History," 20 November 1926, William Carlson Smith Documents, MK-12.
[70] "A Wedding in Chinese and in America" no date, William Carlson Smith Documents A-108.
[71] Lily Chan, "My Early Influences," 25 October 1926, William Carlson Smith Documents, MK-2.

會融和。一些第二代華裔女子認為她們在文化上成為「邊緣婦女」（marginal women），既難認同中國文化，又不歸屬主流文化。1926年，一位第二代華裔女子詹妮・池（Jenie Chii）在一篇題為《東方女子在西方》的文章中寫道：

> 第二代華裔女子……不同於那些受傳統文化約束的老一代中國婦女。雖然衝破了舊的傳統的桎梏，她們仍然為日常生活中的新的問題所困擾。她們是一個不確定的個體。在有意或無意之間，她們都在反映存在於自身中的傳統中國文化與美國環境的衝突。她們已斬斷了與東方文化的聯繫，卻仍未找到與西方文化溝通的紐帶。[72]

這種中國傳統與美國環境的衝突不僅反映在第二代華裔女子個人的言行中，更反映在美國華裔家庭的母女關係中。在美國出生的第二代華裔女子飽受美國文化的薰陶，更習慣於西方的習俗，處處模仿她們的西方同儕。與此相反，那些在中國出生的移民母親則深受中國傳統的影響，主張以中國的傳統價值觀念來教養她們的女兒。因而，文化隔膜與代溝在華裔母女中就自然產生。

雖然大部分中國移民婦女沒有文化，很少受過正規教育，她們卻從母國帶來了完整的傳統文化習慣。她們的日常活動與個人行為表現多受儒家傳統規範的約束。傳統的儒家思想要求婦女逆來順受，忍辱負重，遵循「三從四德」的道德規範。一個女子要「在家從父，出嫁從夫，夫死從子」。更要具有「婦德」（深明大義）、「婦容」（讓男子賞心悅目的外表）、「婦功（嫻熟的縫紉手藝與家務技巧）和「婦行」（沉默寡言，乖巧順從）。當中國移民婦女試圖以這些傳統道德來教導她們在美國出生的受過教育的女兒時，不光使得她們的女兒大為不解，而且引起女兒的反叛行為。

---

[72] Janie Chii, "The Oriental Girl in the Occident," *Women and Missions*. No.5 (1926), pp.174-175, as cited in Yung, *Chinese Women of America*, p.49.

當許多第二代華裔女孩在家中所受的中國教養與她們在美國學校所受的西方教育相互衝突時，她們感到迷惑困頓。一位舊金山的華裔高中女學生於1924年在其家庭自傳中寫道：「我的父母總是告訴我要安靜、順從、尊重長輩。但是，在學校，老師卻鼓勵我們多提問題，並且可以反駁老師的意見。我不知道到底應該聽誰的。」[73]

一些第二代華裔女孩甚至向父母的家長權威挑戰。黃玉雪（Jade Snow Wong）的個人經歷在這些具有反叛性的第二代華裔女性中頗具代表意義。黃玉雪出生於舊金山的一個華人移民家庭。她的家中子女眾多，黃玉雪是五個女兒中最年幼的一個。從童年開始，她便學會了聽從父母，尊敬兄長。在她逐漸長大，並有了自己的理想抱負時，她開始同父母不斷發生矛盾。當她與自己選擇的男友談戀愛時，遭到了父母的極力反對。後來，她決定上大學時，她的父母又說一個女孩子不必上大學。黃玉雪不顧父母的阻撓，遷出父母家。她靠著替人做家務養活自己，並完成了大學的學業。[74]

除教育背景不同以外，這些在美國出生的第二代華裔女孩對母國語言的生疏也加深了她們與母親一代的文化隔膜與代溝。雖然許多第二代華裔女孩被父母要求在家講中國方言，她們的中文程度卻不足以完滿表達她們的內心感覺，並瞭解父母的心路歷程。正如譚恩美的小說《喜福會》中的主人公胡精美（Jing-mei Woo）所說，「我母親和我從不相互理解。我們相互猜測對方的意思，似乎我聽懂的總比母親講的要少，而母親聽到的總比我講的要多。」[75] 這種對母國語言運用的侷限與文化差異一道，造成了美國華裔家庭中母女間的代溝。

---

73 "Life History," 1 August 1924, William Carlson Smith Documents, A-31.

74 Wong, *Fifth Chinese Daughter*, p.129.

75 Amy Tan, *The Joy Luck Club* (New York: G. P. Putnam's Sons, 1989), p.37.

第二節　社區文化與政治參與

一、社會與文化參與

雖然大部分中國移民婦女的活動範圍僅侷限於各自家庭的狹小圈子，為了生存而忙碌操勞，但是，許多中國移民婦女也試圖跨出家門，走入社區，參加各種社會文化活動，包括家族或社團聚會，傳統節日慶祝活動，教會彌撒以及教會組織的社會文化活動和娛樂活動。參與這些社區文化生活，為中國移民婦女艱苦忙碌的日常生活增添了一些歡樂與生氣，緩解了些許生活的壓力。更為重要的是，在這些社區活動中，華人婦女加深了與華人社會的聯繫，近一步與母國文化認同，並從中國文化中汲取精神力量，為在異國生存發展而持續努力。

中國傳統節日的慶祝活動為中國移民婦女、特別是早期移民婦女，提供了與親戚朋友相見的機會。蒙大拿州比由特（Butte, Montana）唐人街的一名老年中國移民婦女，在口述訪談中回憶說，每逢中國春節，久困家中的中國移民婦女便穿上她們最好的衣服，戴上首飾，拜訪親戚，會見朋友，交換關於各自家庭與朋友的最新消息。「婦女們總是很高興再次見面。我們互相交換有關我們在中國的親戚和朋友的消息。我們鑒賞評論各自的衣物與首飾。因為女人和男人分桌吃飯，所以在飯桌旁，我們可以無拘束地談論婦女們關心的各種問題。」[76]

除了中國傳統節日的聚會，慶祝新生兒的宴會也給這些早期中國移民婦女提供了見面的機會。「有時，」同一位老年移民婦女回憶道：「當某一家族的新生兒滿月時，邀請大家去吃滿月酒，我們婦女們又可以再次見面。」[77]

與社會活動相同，宗教活動也為中國移民婦女提供了精神出路。在美國各大城市的唐人街，都可以看到基督教的教堂與非基督教的各種教堂和廟宇。這種不同宗教的相容共存，是中國人與許多其他東亞

[76] Lee, *The Growth and Decline of Chinese Communities in the Rocky Mountain Region*, p.252.

[77] 同上。

民族中的普遍現象。不同於歐洲人對待宗教的刻板排他性，中國人對於宗教採取一種靈活包容的實用主義態度。這種開放實用的觀點，使得中國移民可以在某一個教堂做彌撒，而參加另一個教堂的聚會，與不同的宗教組織同時保持聯繫。與各種教會組織的聯繫使中國移民婦女得益於教會提供的各種不同服務。

一般來說，在較大的華人聚居區，中國移民婦女有較多的機會與來自不同教會的白人婦女建立聯繫，並得到她們的幫助。正如譚恩美的小說《喜福會》所描述的，二次大戰後，中國婦女吳素媛（Suyuan Woo）和她的一家以戰爭難民的身分移民來到舊金山，無親無故。當地的難民歡迎協會（Refugee Welcome Society）便向她們伸出了援助之手，送給吳素媛兩包舊衣服。這個難民歡迎協會是由一群來自第一中國浸禮教會（First Chinese Baptist Church）的白髮蒼蒼的老年傳教士婦女組成。由於這兩包衣服，當她們邀請吳素媛參加教會時，吳素媛感到難以拒絕，因而加入了該教會。[78] 根據口述訪談資料，許多中國移民婦女也在類似的情況下參加了各種教會。在教會彌撒和教會舉辦的英語課、烹調課、縫紉課以及聚餐會等各種活動中，中國婦女有機會接觸觀察美國社會生活，結交美國朋友，甚至有可能找到工作。毫無疑問，與美國教會的聯繫有效地幫助了中國移民婦女適應新的環境，渡過艱苦的移民創業期。

雖然這些女傳教士多為當地白人婦女，她們也竭力從熱心於宗教的華人婦女中吸收招募宗教工作人員。一些中國移民婦女由參加教會活動開始，逐步變成虔誠的教徒，進而成為宗教工作人員。[79] 另一些被迫成為家庭奴僕的年輕女孩，在由基督教長老會收容所援救而擺脫奴役後，接受了基督教育，從此對基督教篤信不疑，終身致力於宗教工作。陳丁香（Lilac Chen）的經歷便是這方面的一個例證。陳丁香童年時被人口販子拐賣美國，先後在數家華商家中做女僕，受盡了虐待，

[78] Tan, p.20.

[79] "Letter from Young Chinese Girl after Her Return to China," 23 June 1923, William Carlson Smith Documents, A-128.

華裔婦女參加美國基督教會舉辦的野餐，1930年代。（令狐萍個人收藏）

最後被設在舊金山唐人街的卡麥隆女士的基督教長老會教會收容所於1910年援救出苦海。陳丁香在教會學會了英文，接受了基督教育，並成為該教會的英文翻譯，幫助了許多其他受奴役的中國女孩逃離苦海。陳丁香於20世紀70年代84歲高齡時，接受美國社會學家倪偉德（Victor Nee）和布蘭特・倪（Brett de Bary Nee）的訪問，在訪問中，陳丁香回憶了當年在長老會收容所的救援工作：

> 我在長老會幫助卡麥隆女士所做的工作叫做救援工作。我們先調查尋訪那些被賣到妓院為奴，或被迫做家庭奴僕的中國女孩，然後將她們帶到教會收容所，她們因此獲得自由。有時有人向我們報告某處有被奴役的女孩，有時那些受奴役的女孩自己偷跑出來，將一張寫有自己名字與地址的紙條塞入收容所的前門，我們發現後，便按地址找到請求救援的女孩，讓她恢復自由。[80]

[80] Nee, p.86.

雖然基督教會在幫助中國移民婦女適應新環境中起了重要的作用，但是相比於韓國移民婦女，基督教會對於中國移民婦女並不是像對於後者那樣不可或缺。一些關於韓國移民婦女的著述，強調了基督教會對於韓國移民婦女的重要性。這些研究認為，在早期韓國移民婦女的歷史中，基督教會不僅為韓國移民婦女提供了精神安慰，而且滿足了這些婦女的社會與精神需要。由於40%以上的韓國移民在抵達美國之前，便已成為基督徒，所以韓國移民中的基督教會，實際上成為移民群眾的草根組織，起了組織聯繫韓國移民婦女的作用。[81]

除了上述差異之外，基督教會在中國移民婦女與韓國移民婦女對於新環境的適應過程中也起了不同的作用。對於中國移民婦女，基督教會的宗教活動，尤其是教會舉辦的各種文化活動，起了一種文化櫥窗的作用。移民作為一種突然的文化移植，將中國移民婦女從東方的封建文明古國，猛然拋入美國這個西方資本主義國家。在這個全然陌生的社會，她們感到惶恐孤寂、無所適從，必然儘量創造一個她們所熟悉的環境，並退縮到這個小天地中，尋求自我保護。此外，當時美國社會對於亞洲人的種種暴力與非暴力的種族與文化歧視，更迫使中國移民採取自我封閉式的生活方式，避免與主流社會接觸，退守唐人街。這種封閉式的移民定居方式，使中國移民孤立於美國主流社會，從而招致更多的批評與歧視。通過基督教會這個櫥窗，中國移民婦女得以窺視美國主流文化的一些側面，瞭解一些美國中產階級家庭的生活方式。這些觀察與瞭解有助於她們突破中國文化的禁錮，有勇氣走出唐人街，逐步與美國社會同化。與此相反，作為草根組織，韓國移民中的基督教會則極力保持韓國傳統文化，其組織形式也具有強烈的韓國傳統社會的男性家長制傾向。因此，韓國移民中的基督教會起了阻礙韓國移民婦女與美國社會同化的作用。[82]

---

81 有關基督教會作為韓國移民草根組織從而強化移民民族意識的著述，參見Eun Sik Yang, "Korean Women in America,1903-1930," *in Korean Women in Transition, at Home and Abroad*, pp.173-174.

82 一些有關韓國移民的著述指出，甚至在本世紀80年代，韓國移民中的基督教會仍然反映韓國傳統社會的許多特性：保守、等級森嚴和以男性為中心。韓國移民婦女在教會中只能參加一些服務性的活動，而沒有任何決定權。參見Eui-Young Yu, "The Activities of Women in Southern California Korean Community Organizations," in *Korean Women in Transition*, pp.289-290.

除了傳統節慶、親朋聚會和教會舉辦的各種活動，唐人街的文化戲曲生活也為華人婦女提供了走出家門享受一些生活樂趣的機會。二十世紀20年代，美國社會經濟繁榮，人民生活水準普遍提高，文化生活比以往更為豐富。與美國主流社會同步，舊金山的唐人街也興起一股文化戲曲熱。這種新興的文化戲曲活動對於華人婦女的社會生活有著很大的影響。華人社區的許多年輕婦女常常「藉觀看粵劇的機會，穿上她們的最新流行的西式禮服與飾物，來展現她們的時髦」。不久，粵劇便改變了舊金山華人社區的夜生活。「在粵劇於（20世紀——作者注）20年代出現於唐人街之前，」羅納德・瑞德爾（Ronald Riddle）在他的研究中觀察到：「中國人在夜晚一般待在家中，社會交際與來往一般發生在家庭之內……粵劇出現之後，年輕人開始舉辦晚宴，互相邀請到家中聚會。」[83]

S太太對於兒時在舊金山生活的回憶印證了瑞德爾的研究。她回憶道：

> 當年舊金山有兩所專門上演粵劇的劇院。演出一般在晚上進行。老年人通常都會去看粵劇。在無聲電影出現之前，劇院經常邀請中國的粵劇團來演粵劇，特別是在星期六晚上。演出在七點鐘開始，門票一元。但是到九點鐘左右。如果還有空位，門票會降到兩毛五分錢。婦女們也去看粵劇。[84]

從20世紀20年代開始，舊金山的華裔青年也和美國的其他年輕人一樣，熱衷於跳交誼舞。這種社會風氣反映了華裔女青年嚮往追求西方時尚的傾向。一位美國記者在1929年報導道：

> 前不久一些中國店鋪的櫥窗上貼著巨幅海報，展示一位時髦的

[83] Ronald Riddle, *Flying Dragons, Flowing Streams: Music in the Life of San Francisco's Chinese* (Westport, CT: Greenwood Press, 1983), p.145.

[84] 口述訪談第9。

年輕中國女郎在和一位身穿西服的年輕中國男子跳舞。海報上的大標題是：《中國大學生跳曳步舞！》如果那些保守的老華人，看到這些舊金山地區中國大學生的充滿生氣的舞會，舞廳裡喧鬧的爵士樂，服裝豔麗年輕貌美的女士們的一派狂歡，真不知他們該如何做想。[85]

二、政治參與

在政治活動方面，華裔婦女遠不如其他少數族裔婦女、特別是愛爾蘭裔婦女和猶太裔婦女活躍。這種局面一直持續到20世紀60年代。在美國歷史上，愛爾蘭移民婦女對美國的工會運動有著傑出的貢獻。以「瓊斯媽媽」（Mother Jones）著稱的瑪麗・瓊斯（Mary Harris Jones）就是這方面的典範。瑪麗・瓊斯出生於愛爾蘭，是一位愛爾蘭移民母親和妻子。艱苦的移民生活使她對工會運動發生了興趣，她在19世紀70年代，逐步成長為一名堅強的工會組織者與領導人。近半個世紀以來，她參與組織了一系列美國歷史上著名的罷工運動，包括1877年的匹茲堡鐵路工人大罷工，1886年芝加哥秣市廣場麥考密克農機製造廠工人的罷工，1894年阿拉巴馬州伯明罕的鐵路工人罷工，1900年和1902年的全國煤礦工人大罷工（在這次罷工中，瓊斯組織礦工的妻子舉著墩布與掃把遊行），1912至1913年的西佛吉尼亞礦工罷工，1915至1916年的紐約車衣工人和電車工人罷工，以及1919年的鋼鐵工人大罷工。[86]

除了瓊斯媽媽以外，一些愛爾蘭裔的婦女工會活動分子也受到了美國公眾的注意。同時，大部分的愛爾蘭裔工人階級婦女，也熱情地支持工會運動。歷史學家海西亞・第那爾（Hasia Diner）在其著作《愛爾蘭的女兒們在美國》中指出：「在各行各業的愛爾蘭裔美國婦女……似乎都心甘情願地忍受公眾的指責與社會的藐視。以求保護她們的經濟利益……當一些愛爾蘭婦女工會運動領袖的注意力，從工會

[85] Riddle, p.179.

[86] Mary Field Parton ed., *Autobiography of Mother Jones* (Chicago, 1925; reprint, North Stratford, NH: Aver Company & Publishing Inc., 1974).

運動轉移到更為激進的馬克思主義的經濟分析理論時……絕大多數愛爾蘭裔的工人階級婦女都認為工會運動是極端重要的。她們之所以工作，是因為如果她們不結婚，她們就必須工作來養活自己。如果工會運動可以增加她們的經濟收入，她們根本不在乎社會輿論是否對她們參加工會運動進行譴責。」[87]

同樣，縫紉工業中的猶太移民婦女也積極參加罷工運動，以改善她們的工作條件。1909年10月，襯衣縫紉工人工會第25分會的執行委員會（the Executive Board of Waist Maker's Local 25）說服了國際婦女縫紉工會（International Ladies Garment Workers' Union, ILGWU），號召紐約所有的襯衣縫紉工業的工人舉行總罷工。該分會包括6名猶太移民婦女和9名猶太男子，在工會運動中非常活躍。從1909年11月到1910年2月，兩萬多名襯衣縫紉工人在紐約曼哈頓下區的縫紉工廠外面罷工示威，要求52小時工作週，超時工作費，廢除對工人罰款，取消內部轉包合同，以及承認工會活動合法等條件。到罷工的末期，大部分僱主接受了罷工工人提出的部分或全部條件。在這次縫紉業工人罷工活動中，猶太移民婦女工會積極分子起了重要的作用。[88]

與愛爾蘭或猶太移民婦女比較，中國移民婦女在工會運動中則相對沉寂。她們的活動範圍一般侷限於各自的家庭或華人社區內。但是應該指出的是，中國移民婦女在美國工人工會運動中不活躍的主要原因，是由於她們參加華人社區之外工廠工作的機會極為有限。其次，華人內部的各種社會文化因素，包括恐懼主流社會的心理障礙、中國傳統文化對婦女的限制、以及父系家長制的禁錮，都導致了中國移民婦女在工會運動中不活躍的現象。[89]

雖然華人婦女在美國主流政治中可見度較低，不如其他少數族裔婦女活躍，但是她們在自己的社區中卻並不總是沉默。20世紀10年

[87] Diner, pp.101-102.

[88] Susan A. Glenn, *Daughters of the Shtetl: Life and Labor in the Immigrant Generation* (Ithaca: Cornell University Press, 1990), pp.167-169.

[89] Esther Ngan-Ling Chow, "The Feminist Movement: Where Are All the Asian American Women?" in *Making Waves*, pp.367-370.

代，具有資產階級改良性質的婦女解放運動在中國和美國興起。在中國，民主與自由的西方意識，由受過西方教育的中國學者引入中國。這些現代意識鼓舞、激勵著中國的青年知識份子倡導在中國實行現代化。他們熱忱地相信，中國要實行現代化，必須先提高其婦女的社會地位。在這些開明思想的鼓舞下，反對纏足協會（Anti-footbinding Societies）、女子學校以及提倡女權的各種組織，在中國各大城市中日益活躍。婦女對公眾活動的參與也日見增多。一些具有民主意識的中國年輕婦女發起了勤工儉學運動，組織青年婦女到海外留學。參加勤工儉學運動的中國青年知識份子，因羨慕法國的資產階級革命而多到法國留學。在那裡，她們吸收西方的先進知識，觀察西方的民主制度和體驗西方的社會生活，以求推動中國的革命與現代化。[90]

與此同時，在美國，改良運動人士（progressives）和女權運動者也向美國國會和聯邦政府施加壓力，要求為婦女提供更多的受教育與參與公眾生活的機會。許多美國中產階級婦女成為這一時期社會改良運動的熱情參與者。她們積極投身於戒酒運動（temperance）、貧民寄宿所運動（settlement house movement）和爭取婦女選舉權的運動（suffrage movement）。[91]

對於發生於中國和美國的女權運動，美國華人婦女是如何回應的呢？一些學者指出，美國華裔婦女的社會覺醒已顯見於20世紀10年代。雖然大部分華裔婦女此時並未參與主流社會政治，她們卻積極支持婦女爭取接受教育、接受僱傭以及參與政治等各項權力。[92]

在此社會啟蒙運動中，一些中國女學生格外活躍。她們發表公開演說，痛斥將中國貧窮人家的女孩販賣到美國的妓院作為性奴隸，或為富裕的華商做妾或家內奴僕的奴隸買賣制度。1902年，一位從天津

---

90 Jonathan D. Spence, *The Gate of Heavenly Peace: The Chinese and Their Revolution, 1895-1980* (New York: Penguin Books, 1988), p.165.

91 Glenda Riley, *Inventing the American Women* (Arlington Heights, IL: Harlan Davidson, Inc., 1987), pp.153-177.

92 Judy Yung, "The Social Awakening of Chinese American Women as reported in *Chung Sai Yat Po*, 1900-1911," in *Chinese America: History and Perspectives*, 1988, ed. Chinese Historical Society of America (San Francisco: The Chinese Historical Society of America, 1988), pp.80-102.

來的名叫謝婷婷（Sieh King King）的16歲女學生，在舊金山唐人街的一家戲院前面，向聽眾發表演說。她激烈抨擊販賣女奴的制度（slave-girl system），要求男女平等。[93]在20世紀20年代，許多第二代華裔女孩也批評這種販賣女奴的制度「猶如玩股票，猶如一筆投資」。[94]

一些中國知識婦女也公開演講，爭取喚醒在美國的華人婦女的政治意識，鼓勵她們支持並參加中國的革命事業。[95] 1904年，一位名叫張竹君的年輕中國知識婦女在舊金山的中國社區宣傳演講。她號召在美國的華人婦女團結起來，齊心反抗中國社會對婦女的限制與壓迫，並捐款贊助開辦女子學校，救助寡婦與孤兒。[96] 另一位名叫伍風鳴的年輕中國知識女性，也於1903至1905年間在加利福尼亞州的舊金山、屋倫（Oakland）和馬里蘭州的巴爾的摩（Baltimore, Maryland）等地舉行集會，發表演說。她在演講中宣傳革命思想，攻擊無政府主義者，號召在美國的華人支持中國的革命事業。[97] 根據《舊金山電訊報》（*San Francisco Call Bulletin*），1911年，兩名從加利福尼亞州立大學伯克利分校畢業的女學生，J・張（J. Jung）和B・盧（B. Loo），「在一次公共集會中發表演講，她們言詞激烈，充滿了愛國的熱情。她們號召中國人站起來，用暴力來贏得選舉權，推翻滿清統治，建立民主共和」。[98]

1931年8月13日，日本侵略者襲擊並佔領瀋陽。消息傳到美國的華人社會，華人義憤填膺。中華會館立即於8月21日召開緊急會議，全美的91個華人組織派代表參加了會議。8月24日中華會館召開全體大會，會議通過成立旅美華僑統一義捐救國總會（China War Relief Association of America），簡稱義捐救國總會，也稱華僑救國會。該會在西半球共發展了47個分會。義捐救國總會的當務之急是募集捐款，援助中國的抗日戰爭。在各種募捐活動中，最為有效的是「一碗米運動」（Bowl of Rice Movement）。這是美國華僑的一種集體募捐活動，通過此活

93 *San Francisco Chronicle*, 3 November 1902.
94 "Story of a Chinese Girl Student," 1 August 1924, William Carlson Smith Documents, A-56.
95 「革命事業」在這裡指推翻滿清，建立民國的1911年辛亥革命。
96 《中西日報》1904年4月26日。
97 《中西日報》1905年2月14日。
98 *San Francisco Call Bulletin*, 13 February 1911, as cited in Yung, *Chinese Women of America*, p.60.

動，義捐救國總會募集了大量捐款與藥品衣物等其他救援物資，運往中國，支援中國的抗戰。義捐救國總會還組織了抵制日貨的活動。1938年，該會在紐約組織兩次抵制日貨的遊行，一些韓國僑民也前往參加。1939年1月，義捐救國總會洛杉磯分會，組織一千名華人及韓國人，與兩千名美國人一道，共同糾察，阻止貨輪將廢鐵運往日本。同時，華盛頓州艾威特市（Everett）的義捐救國會，也向該市市長請願，要求禁止將廢鐵運往日本。1939年3月，華人在俄勒岡埃士多利商港（Astoria）組織糾察，迫使當局宣佈禁止由該港運載廢鐵往日本。通過「一碗米運動」、遊行集會、糾察抵制以及各種文化活動，義捐救國總會籌集了數百元募捐，支援中國的抗日戰爭。[99]

不甘落後於男同胞，美國華裔婦女也滿腔熱忱地投入了抗戰救援活動。許多婦女參加了「中國婦女新生活運動協會（Association for Chinese Women's New Life Movement）」。新生活運動於1934年由蔣介石的國民黨政府發起，由蔣介石夫人宋美齡直接領導。該運動發揚中國的傳統，號召國民提高道德觀念。在中國的抗日戰爭中，新生活運動積極支援抗戰，組織了包括籌款、獻血和緊急救護等各種抗戰救援活動。[100]配合中國國內的新生活運動，美國的華人婦女建立了中國婦女新生活運動協會，發起組織各種抗戰救援活動。「中國婦女新生活運動協會」紐約分會，在抗戰救援活動中十分活躍。根據紐約的華文報紙《民氣日報》（*The Chinese Nationalist Daily*），1944年1月25日（那天是中國農曆春節），許多婦女新運會成員參加了義捐救國總會紐約分會組織的舞獅遊行，幫助籌款以援救中國的戰爭難民。[101]

居於美國主要華人聚居區的華裔婦女踴躍參加各種抗戰救援活動。她們積極響應宋美齡夫人支持中國抗戰的號召，組織各種活動籌款抗戰。1943年6月，在舊金山的4個主要婦女組織，包括婦女愛國會（Women's Patriotic Association）、婦女協會（Women's Association）、

---

99 劉伯驥，第566-577頁。

100 參見令狐萍撰寫的有關蔣宋美齡的條目，*The Asian American Encyclopedia*。

101 《民氣日報》1944年1月24日。

方圓俱樂部（Square and Circle Club）和青年婦女基督教協會（Young Women's Christian Association），聯合發起組織籌款義演活動。這些組織敦促美國華僑學習中國語言和文化，建議華僑與美國慈善組織機構建立聯繫，以支援中國的抗戰。[102]在紐約的華裔婦女也積極參加籌款義賣活動。1944年12月10日，紐約華僑舉行戰爭公債推銷大會。紐約婦女新生活運動協會的成員穿起婦女志願服務會的藍色紅邊制服出售公債。華人女歌星黃醒寰穿著美國軍人慰勞會的軍服演唱美國流行歌曲。推銷大會極為成功。[103]

芝加哥的華裔婦女成立了華人婦女俱樂部（Chinese Women's Club）響應來自祖國的號召，支持中國抗戰。她們與芝加哥華人平民救亡協會共同努力，成功舉行了捐款活動。1937年9月10日《三民晨報》（*San Min Morning Paper*）發表評論稱，「受她們的影響，甚至小孩為了抗戰都捐獻出了買糖果的零花錢。我們給予多少並不重要，重要的是我們如何給予。這就是女人和小孩心中的信念。」[104]俱樂部成員大部分由社區領導人和社會活動家組成。芝加哥僑領梅氏兄弟老三梅宗瑀（Moy Dong Yee）的女兒，梅洛倫（Lorrain Moy）和她母親魯氏（Luk Shee）一起參加了俱樂部，而當年她才9歲即成為該組織的創始會員。二戰期間，梅洛倫成為美國志願者服務組織的成員，代表亞洲血統的美國服務人員工作。[105]芝加哥的一名女實業家歐陽曼斯（Mansie O'Young）是俱樂部最活躍的成員。她在20世紀40年代擔任華人婦女俱樂部的主席，直接負責唐人街美國婦女志願者服務組織（The Chinatown Unit of the American Women's Volunteer Service）的成立，該組織1943至1945年為芝加哥美籍華人軍人經營著一家接待中心。它坐落於舍麥大道（Cermak Road），中心主要為伊利諾州藍圖的陳納德空軍基地（Chennault Air Force Base in Rantoul, Illinois）的軍人提供娛樂活動。它也組織各種戰爭救助活動。[106]

---

[102] 《世界日報》1943年6月2日。
[103] 《民氣日報》1944年12月20日。
[104] *SMMP*, 1937年9月10日。
[105] 龔謝鳳雛（Ruth Kung）2007年9月1日於芝加哥採訪鄭梅金婝（Lorraine Moy Tun）。
[106] 克里斯多夫（Christoff）(1998); 芝加哥美國華人博物館（CAMOC）關於華人的展品。

據《民氣日報》報導，截至1944年底，美籍華人已購買逾2000萬美元的戰爭公債。[107] 從1938年至1947年，美國華僑平均每年寄往中國700萬美元的匯款。「這些匯款被用作美國華僑在中國的親屬的生活費用，被用來購買田產」，更為重要的是，「被用作對中國的抗日戰爭的直接貢獻」。[108]

除了義務籌款之外，美國華人婦女也積極組織與參加支援中國抗戰的獻血活動。1943年7月，在紐約的美籍華僑建立紐約華人血庫（The New York Chinese Blood Bank）。中國著名旅美作家林語堂的女兒林如斯擔任該華人血庫的秘書。許多當地的華人婦女也參加了該血庫的組織活動。從1943年7月至1944年1月的半年期間，該血庫共籌集足夠1157人所需之血。該血庫應史迪威中將的請求，派人前往雲南，從事滇緬戰區的救護工作。[109]

許多華裔婦女在此時期還成為各種婦女組織的成員。受西方民權思想與女權運動所鼓舞，美國華裔婦女邁出家門，參加各種婦女組織，例如青年婦女基督教協會（YWCA, Young Women's Christian Associations）。截至1921年，全美共有三個青年婦女基督教協會。該協會組織贊助各種社會文化活動，包括烹調課、英語課、職業培訓班、遊藝活動和社交聚會。其他婦女組織諸如方圓俱樂部也組織其成員義務籌款，以出資贊助優秀學生、孤兒院、老人院以及中國的抗戰。

除參加婦女組織外，美國華裔婦女開始實施其選舉權。任美國舊金山移民局翻譯的梁娣（Tye Leung）成為在1912年美國總統選舉中投票的第一名華裔婦女。[110] 30年代初期，在中國青年婦女基督教協會與方圓俱樂部的鼓勵下，舊金山的華裔婦女開始註冊選舉政治候選人。[111] 1949年，波士頓華人社區的華裔婦女發起組織了波士頓華人婦女俱樂部（Boston Chinese Women's Club）。該俱樂部為中華會館的下屬組織，贊助各種社會與政治活動。[112]

---

107 同上。
108 Sung, *Mountain of Gold*, p.282.
109 《民氣日報》1944年1月10日。
110 Tsai, p.98.
111 Yung, *Chinese Women of America*, p.61.
112 Peter Kwong, *Chinatown, New York* (New York: Monthly Review Press, 1979), pp.99-100.

移民海外對於中國移民的家庭生活與家庭的內部組織結構有著極大的影響。中國移民婦女一方面極力保持她們從中國帶來的文化習慣，一方面不可避免地體驗著發生於家庭生活中的變化。她們在其移民家庭經濟中的不可或缺的作用使她們首次成為家庭中的唯一女性家長與家庭贍養者。因此，中國移民家庭中的夫妻關係，比之中國社會的傳統夫妻關係更為平等。

中國移民婦女一方面享受著由移民而帶來的各種自由與機會，一方面感受到在美國的移民生活中中國文化氛圍的缺憾。她們認為這種文化環境為她們養育後代所必須，因而在其移民家庭中苦心經營中國文化氛圍。然而，她們保持與發揚中國文化的努力，卻招致了她們的在美國出生的、接受了西方教育的子女的反感與反抗。這種文化隔膜與代溝在中國移民家庭中不可避免地引發緊張關係與矛盾衝突。因而，反映表現文化衝突與代溝成為此一時期美國華人文學的主流。

從19世紀後期開始，美國華人社區的各種社會活動與社區組織有效地減緩了中國移民婦女因從傳統社會過渡到工業社會而引起的壓力。這些社會文化活動與社區組織，也為她們因移民艱苦生活而產生的心理壓力提供了疏解的機會。社交聚會在中國傳統社會多為文化性質，以加強人們的社會文化聯繫，豐富人們的社會文化生活。而在中國移民涉足的新世界，社交聚會不光具有文化作用，更成為新移民汲取文化力量繼續奮鬥的生存方式。

雖然華人婦女在此一時期還未參加美國主流政治，但她們已活躍於華人社區中。一些中國知識女性在華人社區中極力喚醒華人婦女的政治意識，鼓動她們支持中國的政治活動與抗日戰爭。許多華人婦女也熱情投身於華人社區的抗戰救援活動，並積極參加各種美國華裔婦女的社會與政治組織。

第二部分

戰後美國華裔婦女（1943-1965）

第四章　戰後美國華裔婦女

歷史事實揭示，第二次世界大戰成為美國華裔婦女歷史的一個重要轉捩點。1943年，美國國會廢除所有排華移民法案，中國移民婦女因此得以入境。同時，一些新的有利於中國移民婦女的法令的通過，使得更多的中國移民婦女得以援引《戰爭新娘法》（War Bride Act）和《軍人未婚妻法》（GI Fiancés Act）進入美國境內。中國移民婦女的入境，使曾經是以單身漢為主的華人聚居區，逐步過渡到以家庭為主的、男女性別漸趨平衡的美國華裔社會。此外，二戰時期美國國內的戰時總動員，也為華裔婦女提供了大量的在主流社會工作的機會。不同於早期的中國移民婦女，許多戰後的美國華裔婦女除了在傳統的華人所從事的四大職業——洗衣店業、餐館業、縫紉業和雜貨商業——中工作而外，也有機會成為職業婦女，包括秘書、推銷員、電話接線員，或者教師、教授、圖書管理員、技師等。

第一節　排華移民法案的廢除

在第二次世界大戰期間，中國成為戰時同盟國的主要成員國之一。由於中國人民在抗日戰爭中的浴血奮戰，美國國內的反華情緒逐漸低落，中國與中國人的形象在美國公眾眼中逐漸改善。二戰之後，美國社會持續對中國與美國華人的友好態度。面對美國公眾與各種利益集團的壓力，美國國會終於廢除半個世紀多以來一系列無視華人基本權益與法律保護的排華法案。[1]1943年12月17日，美國國會通

[1] 參見Fred W. Riggs, *Pressures on Congress: A Study of the Repeal of Chinese Exclusion* (New York: King's Crown Press, 1950), pp.43-183.

過一個《關於廢除排華法令、建立配額以及其他目的的法案》（An Act to Repeal the Chinese Exclusion Acts, to Establish Quotas, and for Other Purposes）。該法案廢除了自1882年以來所有排華法令，允許在美國的非美籍華人申請入籍，並給予在中國出生與居住的中國移民75%的移民配額。[2]

雖然排華法令已被廢除，但是由美國政府分配給中國移民的配額每年只有105名。這個數字僅僅占1920年美國華人人口總數的17%。[3]根據美國國家人口統計局的統計數字，在1920年，美國華人人口總數為53891人。[4]然而，除了每年105人的配額之外，非配額性質的中國移民也被允許入境。中國專家學者被視為專門人才而允許入境。因此，二戰以來，更多的中國學者、教師來到美國做研究或教書，達到每年平均137人之多。而二戰之前，每年平均只有10名教師入境。更為重要的是，根據《戰爭新娘法》和《軍人未婚妻法》，中國婦女可以以非配額移民身分入境。1945年12月28日，美國國會通過《戰爭新娘法》。該法令規定允許接納美國軍人的外籍妻子入境，並授予她們申請成為公民的權利，只要其婚姻在《戰爭新娘法》通過前或通過後的30天之內有效。根據美國移民與歸化局的年度報導，在該法被實行的三年內，約有11萬多名戰爭新娘、4000多名兒童被接納入境，其中有6000多名中國婦女作為美國軍人的妻子而得以入境。[5]1946年6月29日，美國國會又通過《軍人未婚妻法》。該法允許美國軍人的外籍妻子入境。從1947年至1949年，有91名中國婦女作為美國軍人的未婚妻被接納入境。因此，在1947年，已有3191名中國移民進入美國，其中多數為非配額性質的移民。[6]

許多中國婦女還援引其他法令進入美國。1948年的《戰時錯置人員法案》和1953年的《難民救援法》便允許數千名中國婦女移民美

---

2 Tung, pp.79-80.
3 同上，第32頁。
4 美國國家人口統計局1920年人口統計。
5 Annual Reports, Immigration and Naturalization Services, 1945-1949.
6 Annual Reports, Immigration and Naturalization Services, 1948.

國。這兩項法令都是針對中國大陸發生的政治變化而制定的。從1947年後期至1948年末期，共產黨領導的中國人民解放軍採取戰略進攻，共產黨控制的解放區不斷擴大。在三大戰役（遼瀋戰役、淮海戰役和平津戰役）之後，共產黨完全控制了長江以北。共產黨在軍事上的節節勝利，迫使許多國民黨要員、大亨將資產與家小遷移海外。美國許多同情或代表國民黨的院外援華集團（China Lobby）便在此時大力遊說國會，要求美國國會通過法令，保護因逃避共產黨而流亡海外的中國人士。在美國院外援華集團的壓力下，美國國會於1948年6月25日通過《戰時錯置人員法案》。根據此法令，因共產黨統治大陸而無法歸國的在美中國公民，可以將其臨時居留的身分轉變為永久居留。該法令於1954年6月30日失效。在該法令實行的有效期內，有3465名「被錯置」的中國留學生、訪問人員、海員以及其他人士援引該法，將其身分轉變為美國永久居民。1953年8月7日，美國國會又通過《難民救援法》。該法給予2000名持有國民黨政府簽發的護照的中國人以美國入境簽證，接收3000名亞洲難民（包括中國人）入境並允許在美的中國臨時居留人士將其身分轉變為永久居民。[7]1959年9月22日，美國國會又通過一項法令，允許等候配額的中國人以非配額移民入境。[8]因此，根據美國商業部的人口統計資料，截至1960年，在美國的華人總數已達到237292人，包括135549名男性，和101743名女性。[9]

在這一時期的中國移民婦女中，許多人以「戰爭新娘」的身分入美。在《戰爭新娘法》於1949年失效之前，這些婦女匆忙地嫁給了美國華裔在役或退伍軍人，飛往美國。譚金美（Rose Hum Lee）的題為《舊金山一屋倫地區的近期中國移民家庭》的論文，概括了這種「戰爭新娘現象」。「在最近多方報導的『快速結婚』的案例中，許多美國華裔軍人飛往中國，選擇新娘。選中之後，立刻結婚。在一個月的休假期滿之前，新郎飛回舊金山機場。他的新娘隨後赴美。因為中國

7 Annual Reports, Immigration and Naturalization Services, 1945-1954.

8 Tung, p.39.

9 U.S. Department of Commerce, *The U.S. Census of Population*, 1960.

新娘的美國入境手續不能立即辦妥，許多人便採取這種辦法。」[10]

20世紀30年代，每年平均只有60名中國婦女進入美國。而僅1948年一年，便有3317名中國婦女移民美國。在從1944至1953年期間進入美國的中國移民中，婦女占百分之82。因此，在美國歷史上華人婦女與華人家庭的數目首次大幅度增加。華人中男女性別比例逐步從1940年的2.9：1，變為1950年的1.8：1，和1960年的1.3：1（**見表4.1**）。

表4.1　1900-1990年美國華人人口與男女性別比例

年	總數	男性	女性	性別比例
1900	89863	85341	4522	18.9:1
1910	71531	66858	4675	14.3:1
1920	61639	53891	7748	7.0:1
1930	74954	59802	15152	3.9:1
1940	77504	57389	20115	2.9:1
1950	117629	77008	40621	1.8:1
1960	237292	135549	101743	1.3:1
1970	431583	226733	204850	1.1:1
1980	806040	407544	398496	1.0:1
1990	1648696	821542	827154	1.0:1

資料來源：美國人口統計數據。

第二節　戰後中國婦女移民的動機與方式

與早期中國移民婦女相比，戰後的中國移民婦女具有許多不同之處。首先，從移民動機來看，大多數早期中國移民婦女是因為中國經濟機會的缺乏而到美國謀生的。而許多戰後中國移民婦女則是由於中國國內政治局勢的變化而奔赴美國的。其次，從移民方式來看，大多數早期中國移民婦女是因家庭原因而移民美國。她們或者是以家庭成

10 Rose Hum Lee, "The Recent Immigrant Chinese Families of the San Francisco-Oakland Area," in *Marriage and Family Living* 18 (1956), pp.14-24. 有關更詳盡的關於戰爭新娘的文學描述，參見Louis Chu's novel *Eat a Bowl of Tea* (Seattle: University of Washington Press, 1979)和根據其小說改編的同名電影。

員的身分（華裔的妻子或女兒）來到美國，或者是被其貧窮父母賣給人口販子，然後被人口販子轉賣到美國作為女奴。與此相反，許多戰後中國移民婦女則是出於個人的意願而移民美國。她們或者來美國接受教育，或者尋求工作機會。第三，從文化背景來看，多數早期中國移民婦女或者是文盲或者僅僅粗通文字，她們之中很少有人接受過正規教育。而許多戰後中國移民婦女則受過較高的教育，在移民之前便已或多或少地接觸過西方文化。第四，從地域方面考察，多數早期中國移民婦女來自廣東省的沿海地區。而戰後中國移民婦女除了廣東沿海以外，許多人生長於中國北方或長江沿岸的大都市。這些差異可以部分地解釋為什麼戰後中國移民婦女在美國享有較多的工作機會，其社會地位也逐步上升。而這兩個時期中國移民婦女在移民動機與移民方式上的差別也影響著她們與美國文化的同化程度。

首先，實現個人理想與個人抱負的意願使得一些中國婦女，特別是女學生與職業婦女，決定離開祖國，赴美國求學。吳健雄教授、D太太和C女士的個人經歷在這些到美國求學、以期實現個人理想的中國女性中頗具代表性。1912年，吳健雄出生於上海附近的一個小鎮——江蘇太倉瀏河。其父吳仲裔為當地文士。在吳健雄出生的第二年，吳仲裔在瀏河開辦了一所學校並自任校長，學校取名「明德」。吳健雄在這所學校學習、成長，深受父親教育思想的影響。從南京國立中央大學物理系畢業後，吳健雄獲取了國民黨政府的獎學金，於1936年赴美，在加利福尼亞州立大學伯克利分校攻讀物理博士，從師於著名諾貝爾獎金獲得者厄尼斯特・勞倫斯（Ernest Lawrence）。[11]

D太太於1919年出生於廣州。她的家境富裕。不幸的是，她五歲喪母，她的父親常年在外，先在江蘇太倉做檢查官，後在廣東龍門縣當法院院長。D太太在祖父母的呵護下長大。她從小活潑好動，尤其喜愛戶外活動。1937年高中畢業後，她考入廣州襄勤大學地理系。此時中日戰爭爆發，襄勤大學遷入廣西，D太太也接受了一年軍事訓練。1941

---

[11] *The New Encyclopedia*, Vol. 12 (Chicago: Encyclopedia Britannica, Inc., 1985), p.776；*The World Journal*. 11 February 1996；口述訪談第40。

年，D太太以優異成績畢業，她的畢業論文也獲得全國大學畢業論文比賽頭等獎。大學畢業後，D太太一直嚮往著到美國讀書，進研究院。然而，連年的戰爭與政治動亂迫使她一再推遲深造計畫。她先是在四川重慶的中央地理研究所做研究員。抗戰勝利後，中央地理研究所遷回南京。D太太決定返回家鄉的母校教書。在襄勤大學地理系教書一年後，D太太於1947年同其姑母，國民黨政府的第一位女將軍，遷往台灣，任教於台灣師範大學地理系。1952年，台灣省政府出資補助在省立學校教書六年以上的教師赴美留學。該補助費每年只有八個名額。D太太通過考試獲得其中之一。因這500美元的補助費僅夠從台灣到美國的船票，D太太又申請美國俄勒岡大學的獎學金，獲得成功。1953年，D太太進入俄勒岡大學地理系攻讀碩士研究生，終於實現多年的宿願。[12]

C女士在1938年出生於香港九龍，但祖籍廣東梅縣，是客家人。她的父母早年留學美國，後來成為中國著名的教育家。她的父親於1932年在美國斯坦福大學（Stanford University）獲得教育學博士，然後回國從事教育工作。她的母親出生於上海，於1930年獲得美國丹尼森大學（Denison University, Ohio）的社會學學士，也返國教書。受父母早年教育經歷的影響，C女士也決定到美國讀書。1955年，她17歲時，C女士來到肯塔基州的貝利學院（Berea College）。她的父親將其有關教育的著述的出版費贈送給她，作為赴美國的路費。她母親在美國讀書時的好友也自願做她的贊助人，為她出資1800美元，作為她大學四年的學費。[13]

其次，中國國內政治局勢的變化是促使許多中國婦女移民美國的又一原因。當美國當局對待中國移民的政策漸趨放鬆時，中國國內的政權轉換迫使前統治階級的成員逃離中國，成為政治難民。1949年，在長達22年的內戰之後，共產黨終於擊敗國民黨，並將國民黨政府逐出中國大陸，宣佈新中國成立。懼於共產黨的統治，許多國民黨政府

---

[12] 口述訪談第8；參見令狐萍論文，Huping Ling, “Sze-Kew Dun, A Chinese American Woman in Kirksville，” *Missouri Historical Review* 19 (October 1996), pp.35-51.

[13] 口述訪談第1。

左：中國留學生在芝加哥國際留學生大廈前，1948年。（令狐萍個人收藏）
右：中國留學生在威斯康星大學麥迪遜分校，1947年。（令狐萍個人收藏）

的高官要員和工業資本家，在新中國建立的前夕，紛紛將其資產轉移到美國，陳元真（Chen Yuan-tsung）的個人經歷頗類似於其自傳體小說《龍村》（*The Dragon's Village*）中的主人公關鈴鈴（Guan Ling-Ling）。陳元真出生於上海一個富有的工業資產階級家庭。1949年初，當中國人民解放軍橫渡長江，進逼淞滬地區時，上海謠言疊起。有人傳言解放軍佔領上海後，將血洗上海。同其他富有的、親國民黨政府的家庭一樣，陳元真的家人立即逃往香港，隨後轉到美國。[14]

另一些中國婦女則在共產黨掌握政權之前由她們的富有的家庭送往美國，作為她們在美國的家產的繼承人。Y女士的經歷便是這方面的例證。Y女士出生於北京的一個富有的家庭。1948年，面臨即將改變的政治局勢，她的父母決定將她送到美國。到美國後Y女士進入美國東海岸一所著名的大學學習中國語言文學。[15]與Y女士相似，W女士也於1948年來到美國以逃避共產黨的統治。W女士出生於中國內地的一個省城——山西太原。她的家是當地望族，又很善於斂財。1948年，當中國人民解放軍逼近太原時，她的父母將其家庭資產迅速轉移到在美國銀行的帳戶，囑託其在美國的親戚管理。隨後，又將W女士和她的兩個哥哥送往美國去繼承家產。W女士和她的哥哥抵達美國後，先後進

14 Chen Yuan-tsung, *The Dragon's Village* (New York: Pantheon Books, 1980), pp.34-36.
15 口述訪談第5。

入美國新英格蘭地區的幾所有名望的大學讀書。她們最後都成為物理學家或化學家。[16]

20世紀40年代後期，當中國大陸的政治局勢即將風雲突變時，一些國民黨政府駐美國的高級官吏與外交官員，看到國民黨大勢已去，決定在其服務期滿後不回中國，而繼續留在美國。[17]美國原駐華大使溫斯頓·洛德（Winston Lord）的夫人、女作家包柏漪（Bette Bao Lord）的父親曾是國民黨政府的官員。他於1946年被派駐紐約。接受任命後，他帶著全家，包括包柏漪，來到紐約。起初，他並未打算留在美國。但是，1949年，中國政局突變，共產黨掌握政權，國民黨被逐出大陸。他決定與全家留在美國。[18]

由上可見，除了移民動機與移民方式的差異外，早期中國移民婦女與戰後中國移民婦女在地理與文化背景上也存在著差別。許多早期中國移民婦女來自廣東的貧窮農村。而戰後的中國移民婦女則大多生長於中國北部、中部與南部大城市的富有家庭。此外，許多早期中國移民婦女為文盲或僅粗通文字，而不少戰後的中國移民婦女已在中國接受高等教育，還在她們移民之前，便已接觸了一定的西方文化。由於她們具有較高的文化水準與職業技能，許多戰後的中國移民婦女因而相比於早期移民婦女有著較多的就業機會。[19]

第三節　新的就業機會

第二次世界大戰不僅為中國移民打開美國國門的一條縫隙，使得較多的中國移民婦女得以進入美國，而且為美國的華人婦女提供了新的就業機會。如同美國其他族裔的婦女，許多美國華人婦女在歷史上首次進入一些私人公司、政府機構做事，或成為自由職業者。這些新

---

[16] 口述訪談第32。

[17] Rose Hum Lee, "The Stranded Chinese in the United States," *Phylon*, XIX, No. 2 (Summer 1958), p.181.

[18] Bette Bao Lord, *Legacies, A Chinese Mosaic* (New York: Alfred A. Knopf, 1990), p.18.

[19] 有關戰後中國移民婦女的著述，參見令狐萍"A History of Chinese Female Students in the United States, 1880s-1990s," *The Journal of American Ethnic History* 16, No.3(Spring 1997), pp.81-109.

的就業機會同時也有助於許多華人婦女突破種族歧視的藩籬，在二戰期間與二戰之後，走出華人社區，進入主流社會，開闢新的職業領域。

一些在美國出生的第二代華裔婦女，在二戰時期大膽突破社會偏見，進入娛樂業工作。「紫禁城」是美國三藩市的一家由中國人開辦的夜總會。這家夜總會在二戰期間吸引了許多有藝術才華的年輕華裔女子來工作。1939年，一位精明有遠見的中國生意人劉英培（Charlie Low），在舊金山市中心聯合廣場旁的沙特街開闢一家中國夜總會，取名「紫禁城夜總會」。「紫禁城夜總會」位置優越，雖不在唐人街，但離華埠只有咫尺之遙，以適應美國人既恐懼唐人街的暴力犯罪活動，又對中國文化著迷的矛盾心態。該夜總會強調演義人員全部為「華裔」。許多日裔與韓裔的演藝人員都被給予中國藝名。在夜總會開業的頭一年，生意不算紅火。但是，自1941年12月7日日本偷襲珍珠港，美國宣佈參加第二次世界大戰後，美國實行戰時總動員，成為民主國家的兵工廠，因而創造大量就業機會，美國人民收入增加。由於戰時美國政府控制生活日用品的消費，美國人民因而將餘錢用來娛樂，各種夜總會、酒吧、餐館如雨後春筍般興起。舊金山是美國西海岸重要軍事基地及港口之一，每天都有大批現役軍人從這裡登艦，駛往歐、亞戰場。在等待上船與回國休假之間，這些軍人都盡情享樂。因此，「紫禁城夜總會」的生意越做越好。每天都有大批的美國人湧往「紫禁城夜總會」，品嚐可口的中國菜肴，觀看東方女郎表演的西方歌舞（Oriental floor-show）。在「紫禁城夜總會」的鼎盛時期，它每天可以接待2200多名顧客。[20]

「紫禁城夜總會」招募的女演藝人員多為在美國出生的、受過大學教育的年輕華裔女孩。二戰時期，大約有100名左右的華裔和其他亞裔女孩在「紫禁城夜總會」工作。這些年輕的女演員遭到來自華人社會的敵視和白人社會的懷疑與批評。她們表演時，衣著單薄，大腿裸露，令保守的華人社會大為「震驚」。認為她們傷風敗俗，丟中國人

[20] Dong, *Forbidden City, U.S.A.*

的臉。她們的父母也極力阻止她們到夜總會表演。與此同時，白人觀眾也懷疑她們的表演才能：「中國女孩能跳舞嗎？」「她們有韻律感嗎？」「她們的大腿美嗎？」[21]一些同時期的觀察家也認為她們的態度不同於標準的西方夜總會女郎：「……夜總會在華人社區還是件新鮮事。這些中國女演員絲毫沒有美國東部大城市夜總會女郎的那種老練與成熟。她們就像一幫大學生，在開心地玩——事實上，她們當中三分之二以上的人畢業於美國西部的大學。」[22]雖然沒有經驗，缺少訓練，但是這些敬業的年輕華裔女演員，刻苦練習，終於贏得了觀眾的欣賞。當時「紫禁城夜總會」主要舞蹈演員之一的多蘿西・蔡（Dorothy Toy）回憶當年的情景，驕傲地說：「我們的表演勝過許多白人舞蹈團體。」

一些美國華裔婦女甚至突破了美國軍事機構的障礙，進入美國軍事界，從事各種工作。自從美國於1941年參加第二次世界大戰後，大約有12000名美籍華人加入美國三軍。其中有許多華裔婦女在美國軍隊中服役，擔任飛行員、教官和護士等職務。雖然沒有統計資料表明在軍中服役的華裔婦女的具體數字，許多個案顯示華裔婦女踴躍服務美國三軍，包括陸軍護士軍團（Army Nurse Corps）、婦女自願緊急服務團（the WAVES, Women Accepted for Volunteer Emergency Service）、婦女海軍軍團（the Women's Corps in the Navy）、婦女陸軍軍團（the WAC, Women's Army Corps）、以及婦女空軍運輸部隊（the WASP, Women Airforce Service Program）等。

華裔婦女海倫・奧葉特（Helen Pon Onyett）是最早加入美國陸軍護士軍團自願服務的華裔婦女之一。參軍之前，海倫已有四年的護理經驗。她感到自己可以在軍隊裡更好地發展。她曾參加過北非戰役，在登陸艇上救護傷員；也曾在美國本土的部隊醫院工作。由於她在美國軍隊35年護理生涯中的出色表現，她被提升為上校，並被授予八種主要軍功獎章。[23]

---

[21] Dong, *Forbidden City, U.S.A*；楊芳芷：《紫禁城夜總會》，《世界週刊》1996年12月8日。
[22] Jim Marshall, "Cathay Hey-Hey", *Colliers* 109 (1942), p.53, as Cited in Riddle, p.178.
[23] Yung, *Chinese Women of America*, p.72.

出生於俄勒岡州波特蘭市（Portland, Oregon）的21歲的華裔女青年李月英（Hazel Y. Lee，被暱稱為「阿英」），是來自中國的移民的女兒。阿英和她的哥哥都對飛行有濃厚的興趣。1932年，在波特蘭華人社區的贊助下，她和哥哥完成了飛行訓練課程。1943年，她加入美國婦女空軍運輸部隊的第一期女飛行員訓練班，以她的歡笑在隊友中聞名。訓練結束後，阿英投入實戰運輸。1941年11月24日，李月英在美國蒙大拿州執行任務時不幸因飛機失事而受重傷，於次日在醫院逝世。[24]

出生於舊金山的朱曼姬（Maggie Gee）是第二個加入美國婦女空軍運輸部隊的華裔婦女。在擁有107名女飛行員的團隊中，她是唯一的華人。曼姬和隊友一道投入同男飛行員一樣緊張嚴格的訓練。曼姬順利完成了集訓，在美國婦女空軍運輸部隊中飛行。戰後，她返回學校讀書，成為一名物理學家。[25]

第二次世界大戰之後，許多美國華裔婦女也進入了勞工隊伍。根據美國人口統計資料，在20世紀40年代，有22.3%的美國華裔婦女走出家門，參加工作。而在同一時期，有39.5%的白人婦女參加工作。華裔婦女參加工作的比例於20世紀50年代增至30.8%，於60年代增至40.2%。然而，白人婦女參加工作的比例在50年代則降為28.1%，在60年代略升為33.6%（**見表4.2**）。較高比例的華裔婦女加入勞工隊伍的原因大致有二。第一，家庭經濟的需要。在許多中國移民家庭中，單靠丈夫的收入不足以養活全家。移民妻子因而也必須從事有固定收入的工作。第二，華裔婦女中有較高比例的人獲得高等教育學位。

24 《民氣日報》1944年11月27日。

25 Judy Yung, *Unbound Feet*, 257; Xiaojian Zhao, *Remaking Chinese America*, 60-65; Scott Wong, *Americans First*, 55-56.

表4.2　1910-1990年美國華裔婦女與美國白人和黑人婦女在勞工隊伍中的比例

年	華裔	黑人	白人
1910	32.5	54.7	40.9
1920	14.1	38.9	37.7
1930	16.0	38.9	39.3
1940	22.3	37.8	39.5
1950	30.8	36.6	28.1
1960	44.2	41.5	33.6
1970	49.5	48.0	42.0
1980	58.3	52.9	49.4
1990	59.2	59.2	56.3

資料來源：1910-1990年美國人口統計資料。

然而，在戰後的年代裡，大多數中國移民婦女的活動天地仍然侷限於華人社區，從事低技術或無技術的體力勞動。其原因主要是由於多數移民婦女不諳英語，又不具備美國勞工市場所需要的最低技術。與此相反，她們受過大學教育的女兒則在白人開辦的公司中，從事秘書性質的工作。然而，根據美國公平僱用委員會（Fair Employment Practices Commission）的一些上訴材料，這些年輕一代的華裔婦女在工作中也發現，大部分白人僱主都持有一種普遍的偏見，認為「東方婦女已經被她們的傳統文化訓練得對她們的丈夫俯首貼耳，這種順從的習慣可以使她們成為優秀的秘書」。[26] 這種偏見的產生部分地是由於傳統式的中國婦女一般尊從「三從四德」的封建道德規範。而第二代華裔婦女所受的中國式家庭教育也或多或少地影響她們在工作場所的行為與表現。一方面，雖然許多在美國出生的第二代華裔婦女得益於這種社會偏見，由於是華裔而被其僱主認為順從聽話而得以受僱於私人公司中作為秘書。另一方面，她們也常常感到這種偏見不斷阻礙她們在工作中被提拔晉升的機會，特別是主管性質的職位，對她們來說是可望而不可及的。

---

[26] Frank Quinn, Fair Employment Practices Commission Hearing Transcript, December 10, 1970, p.38; in Yung, *Chinese Women of America*, p.90.

雖然這種認為華裔婦女只會任勞任怨地埋頭工作，而不具有領導魄力的社會與文化偏見影響了許多華裔婦女的升遷機會，一些華裔婦女仍然努力打破偏見，進入了藝術、科學以及文學等新領域。譚金美是這些優秀華裔婦女中的典範。

譚金美於1904年8月20日出生於蒙大拿州比由特市（Butte, Montana）。她的家族史是美國華人移民成功的典型代表。她的父親譚華龍（Hum Wah Long）於19世紀70年代自廣東來到美國。他最初抵達加利福利亞，在蒙大拿從事諸如如洗衣工、礦工、農場工的體力工作，最終在比由特定居，成為比由特唐人街的一名成功商店店主。作為商人，他能夠返回中國攜帶其新娘林芳（Lin Fong）至美國生活。譚華龍與林芳共生育七個子女，金美排行第二。

譚金美的未來受其母親影響很大。她的母親是文盲，但卻非常有主見，她常向她的孩子們灌輸教育和獨立自主的重要性。金美與其兄妹都成為比由特高中（Butte High School）的優等生，並在各自的職業方面出類拔萃。在譚金美的博士論文中，她經常匿名地提到她的家庭，尤其是將其母親作為成功融入美國的華人典範。1921年高中畢業後，譚金美作為一名秘書在當地一所大學工作，之後她嫁給了賓西法利亞大學（University of Pennsylvania）工程系的中國留學生李科陽（Ku Young Lee）。

譚金美夫婦1931年回到中國，在廣東居住將近十年。然而這段中國的生活經歷卻留下了深深的傷痕。譚金美不能生育，其婆家人常常責怪她無法為這個家庭留一後人，而傳宗接代恰是中國媳婦的主要責任。譚金美後來與其丈夫離婚，並自願從孤兒院收養了一個女兒。在中國時，她在不同的行政崗位工作，包括廣東生絲檢驗局（Guangdong Raw Silk Testing Bureau）、紐約國家城市銀行（National City Bank of New York）、太陽人壽保險公司（Sun Life Assurance Company）、廣東市電話局（Guangdong Municipal Telephone Exchange）等。1937年日本發動全面侵華戰爭時，她曾在廣東紅十字會婦女救亡會（Canton Red Cross Women's War Relief Association）、海外救援單位（Overseas Relief Unit）、廣東難民救助緊急委員會（Guangdong Emergency Committee for the Relief of Refugees）等處工作，還為抗戰做過無線電操作員和翻譯。1939年她與其女兒伊萊恩（Elaine）返回美國。

在中國居住讓譚金美重新評價自己的華人傳統。她能夠選擇自己認為有價值的中國思想，拋棄她認為是負面的東西，比如性別不平等、宗法制社會結構等。在美國和中國的個人經歷，對譚金美的智力思考、學術寫作有著重大影響。

受到母親的鼓勵，她重返大學，靠打零工、講授中國歷史和文化、以及美國華人移民經歷完成了學業。在講授期間，她身著美式服裝，講課結束後她又換回中國傳統服飾，出售中國紀念品。這些活動得來的收入幫助她順利讀完了大學。1942年，她於卡內基理工學院（Carnegie Institute of Technology）獲得學士學位。隨後，她進入芝加哥大學（University of Chicago）攻讀研究生，分別於1943和1947年取得社會學碩士與博士學位。

譚金美的博士論文《華人社區在洛基山地區的成長與衰落》（The Growth and Decline of Chinese Communities in the Rocky Mountain Region）完成於1947年，在論文中她匿名用自己的家庭作為華人移民成功融入美國社會的案例。事實上，她所有引用對象的真實身分都被隱去了。這種研究方法能夠讓她在作品中成為「局外的」旁觀者而非生於斯長於斯的「局內人。」[27]在論文中，譚金美對於為什麼華人無法與美國主流社會同化的問題提出了獨特的見解。她認為，在美國白人社會對華人充滿敵視與仇恨的年代，華人組成自己孤立閉塞的唐人街是可以理解的。但是，當白人社會對華人的敵視態度減退時，故步自封的華人社區則失去其原有的意義。她指出，華埠的僑領們為了私利，竭力使華人社區孤立於美國主流社會。但是，華人社區的普通群眾則受盡這些特殊勢力集團的剝削與壓迫。因此，只有無保留地與主流社會同

[27] 前部分資料包括譚（Lee）(1947);余全毅（Yu）(2001, 125-133); 世界傳記百科全書（*Encyclopedia of World Biography*），s.v."譚金美（Rose Hum Lee），" http://www.encyclopedia.com/doc/1G2-3404707842.html

化，華埠的勞苦大眾才能擺脫華人保守勢力的控制。[28]

與羅伯特・派克（Robert Park）將生活於碰撞與融合的矛盾衝突中的移民比作邊緣人的理論相比，譚金美的論據則為所謂的東方問題提供了更為具體和確定的解決方法——唐人街的消失與完全的種族和文化融合，這些論點都出現在其論文以及其他著述中。對於譚金美來講，「這種完全的過程包括文化和基因的融合，因此沒有不同的人。」[29]隨著美國社會的文化與種族越來越多元化，美國混血人口的快速增長，她的描述看來都成為現實了。

具有諷刺意味的是，儘管她學習的是社會學，並將美國華人社區作為研究對象，譚金美與唐人街大眾，尤其是與女性的聯繫並不總是令人愉快的，而這些不愉快的經歷在她的心理上造成了陰影。例如她的博士論文最後以專著的形式，於1960年在香港由她部分出資出版，書目為《美國華人》（*The Chinese in the United States of America*）。書中再次引用了她本人的例子：

> 為了報復（譚金美）不服從他們的意願，他們到處傳播她在中西部的所謂不檢行為，她在該處就學於一所著名大學。這個城市（指芝加哥——作者注）唐人街的市民都很高興聽到這些小道消息。本地出生的人沒有一個獲得過哲學博士學位，儘管有些人獲得過碩士和醫學學位……當地華人並不認可她的專業素養，反而鄙視該女生的成就。她的個人生活成了誹謗、八卦、嫉妒和陰謀的主題。當她被授予博士學位時，沒有收到任何祝賀。[30]

在私下，譚金美與唐人街的距離和不滿更加明顯。這一點從其1958年寫給自己女兒伊萊恩的信中可以證實：

---

28 Rose Hum Lee, *The Chinese in the United States of America* (Hong Kong: Hong Kong University, 1960).
29 譚金美（1956）。
30 譚金美（1960, 387）。

> 我絕不會忘記唐人街那些女人聽說我獲得博士學位（Ph.D.）時的嘴臉。她們取笑我，露出的是嫉妒和貪婪的面容以及惡意誹謗我的「輕佻生活方式」，而不是對我多年的努力奮鬥和犧牲的稱讚。我也猜想，他們也許很憤懣，因為我從不和她們來往……好吧，我永遠不會和她們來往。[31]

最使譚金美感興趣的工作是研究如何改善種族與人類之間的關係。她擔任過許多致力於改善人類關係的重要社會職務。她曾就任於人類關係芝加哥委員會教育委員會（Education Committee of the Chicago Commission of Human Relations）和基督徒與猶太教徒全國會議（National Conference of Christians and Jews）。1959年，她擔任社會問題研究協會全國秘書處的秘書（National Secretary of the Society for the Study of Social Problems）。1961年，譚金美離開羅斯福大學，長期休假。後轉到美國西部亞利桑那州的鳳凰城學院（Phoenix College in Arizona）任教。她於1964年逝世。

一些優秀的美國華裔婦女甚至進入了美國高科技領域。吳健雄在物理學領域的卓越成就便是這方面的極好例證。吳健雄於1940年在加利福尼亞州立大學伯克利分校取得物理學博士之後，開始在普林斯頓大學任教。當時，吳健雄作為一個年僅27歲的中國女性，教授全部為男性的普林斯頓大學物理系的高才生。1943年，她受聘於哥倫比亞大學，致力於代號為「曼哈頓計畫」（Manhattan Project）的原子彈的研究發展。1957年，吳健雄又受聘於哥倫比亞特區的國家標準局，與其他科學家一道，從事由兩位美國華裔物理學家楊振寧與李政道所提出的關於原子在原子核弱性反應條件下違反宇稱性現象的物理測試。同年，楊振寧與李政道因這項物理發現而獲得諾貝爾物理獎。這項研究不僅使楊振寧與李政道在物理學界取得國際聲望，也使吳健雄聲名遠播，獲得中國居里夫人的美稱。[32]

---

31 譚金美給女兒伊萊恩·李（Elaine Lee）的信，1958年1月8日，援引自余全毅 Henry Yu(2001), 頁133。

32 The New Encyclopedia Britannica, Vol. 12, p.776; *The World Journal*, 11 February 1996; 口述訪談第40。

與大多從事於家庭服務業或秘書性質工作的早期華人婦女相比，戰後華裔婦女則大大拓寬了她們的工作範圍，進入技術工作、商業推銷以及各種專業技術領域。從**表4.3**中，我們可以清楚地看到中國華裔婦女在就業方面的這種變化。

表4.3　1920-1990年美國華裔婦女主要職業分佈（%）

1920		1930	
家庭服務業	39.3	家庭服務業	39.3
製造工業	24.0	製造工業	24.0
商業	16.7	商業	15.3
文秘	7.4	文秘	11.2
其他	14.0	其他	13.0
1940		**1950**	
家庭服務業	29	文秘，商業推銷	39
技工	26	技工	21
文秘，商業推銷	26	家庭服務業	18
專業技術	6	專業技術	11
其他	13	其他	12
1960		**1970**	
文秘，商業推銷	38	文秘，商業推銷	32
技工	21	技工	23
專業技術	17	專業技術	19
家庭服務業	10	家庭服務業	15
其他	14	其他	12
1980		**1990**	
技術、商業推銷	40	技術、商業推銷	33
管理、專業技術	25	管理、專業技術	28
技工、勞工	18	服務業	12
服務業	14	技工、勞工	11
其他	3	其他	16

資料來源：1920-1990年美國人口統計資料。

如上一章所述，許多專業技術婦女最初是以留學生的身分來到美國。在第二次世界大戰期間與第二次世界大戰之後，由於國民黨政府推動海外學術交流的政策，有更多的中國女留學生來到美國。根據美國中國學會（China Institute in America）的普查報告，中國在美留學生的人數從1943年的706增加至1948年的3914名。[33] 由於女留學生人數的增加，留學生中男女性別的比例也由30年代的6：1，增至40年代的3：1和50年代的1.5：1（**見表4.4**）。

表4.4　1900-1953年中國在美大專院校留學生人數

入學年度	所有中國學生*					中國移民不包括留學生**
	男學生人數	與移民人數之比（%）	女學生人數	與移民人數之比（%）	性別不詳	
1900	3	0.24	-	-	0	1247
1901	12	0.49	-	-	2	2458
1902	7	0.42	1	0.06	0	1649
1903	4	0.18	1	0.05	0	2209
1904	18	0.42	2	0.05	1	4309
1905	24	1.10	-	-	1	2166
1906	55	3.56	4	0.26	1	1544
1907	69	7.18	1	0.10	1	961
1908	64	4.58	6	0.43	7	1397
1909	58	2.99	3	0.15	8	1943
1910	90	4.57	6	0.30	11	1968
1911	77	5.27	7	0.48	6	1460
1912	69	3.90	4	0.23	6	1765
1913	109	5.18	14	0.66	15	2105
1914	155	6.20	16	0.63	19	2502
1915	72	6.47	17	0.63	24	2660
1916	143	5.81	19	0.77	19	2460
1917	136	6.08	21	0.93	16	2237
1918	183	10.20	26	1.45	20	1795
1919	219	11.15	20	1.01	22	1964
1920	322	13.82	26	1.12	47	2330
1921	304	7.58	40	1.00	43	4009

[33] China Institute in America, *A Survey of Chinese Students*, p.18. 這裏援引的數字出自美國中國學會的其他統計資料，因而不同於表4.4的資料。這裏較大的數字可能是由於計算過程中的重複。

1922	307	6.97	49	1.11	47	4406
1923	351	7.04	32	0.69	43	4986
1924	322	4.61	32	0.46	29	6992
1925	279	14.40	37	1.91	33	1937
1926	266	15.20	42	2.40	33	1751
1927	233	15.84	50	3.40	19	1471
1928	237	17.95	34	2.35	20	1446
1929						
1930	248	15.61	40	2.51	28	1589
1931	170	14.78	33	2.87	24	1150
1932	121	16.13	22	2.93	15	750
1933	74	50.00	17	11.49	13	148
1934	120	64.17	29	15.50	23	187
1935	147	64.20	35	15.28	30	229
1936	166	60.81	38	13.91	26	273
1937	157	53.58	38	12.97	24	293
1938	157	25.61	64	10.44	14	613
1939	104	16.20	48	7.48	6	642
1940	140	21.77	55	8.55	11	643
1941	138	13.76	64	6.38	18	1003
1942	114	63.69	32	17.88	4	179
1943	158	243.07	50	76.92	10	65
1944	204	408.00	52	104.00	14	50
1945	408	574.64	82	115.49	53	71
1946	422	167.46	164	65.08	62	252
1947	780	24.44	340	10.65	74	3191
1948	846	11.75	320	4.44	108	7203
1949	672	19.68	297	8.70	47	3415
1950	422	32.97	221	17.27	20	1280
1951	318	59.44	205	38.32	22	535
1952	317	120.53	192	73.08	14	263
1953	191	36.17	97	18.37	17	528

* China Institute in America, *A Survey of Chinese Students in American Colleges and Universities in the Past Hundred Years* (New York, 1954), pp.26-27.

** U.S. Bureau of the Census, *Historical Statistics of the United States, Colonial Times to 1970*, Part I (Washington D.C., 1975), p.107.

同早期的中國女留學生一樣，這一時期的多數中國女留學生也學習努力，刻苦勤奮，在校成績優異。筆者的口述訪談資料可以為我們提供一些此時期的女留學生在美國刻苦學習的情況。以D太太為例。D太太於1952年抵達美國，於1953年開始在俄勒岡大學的地理系攻讀碩士學位。她向筆者回憶當年在俄勒岡大學讀書的情景。

> 我在俄勒岡大學的生活很有意思。因為我的獎學金只夠我繳納學費，我必須想其他辦法來支付我的生活費用。我的一個朋友將我介紹給阿爾文·斯托克斯坦德（Alvin C. Stockstad）和格雷斯·斯托克斯坦德（Grace Stockstad）夫婦。這對夫婦在尤金（Eugene, Oregon）開有一家五金電器商店。他們同意提供我的食宿；作為交換，我得每天給他們做飯、清理房間。剛開始我不會做飯，因為我以前在中國從未做過飯。他們就教我如何做飯。他們又問我會不會用吸塵器，我說我在中國從來沒有做過家務。他們又教我如何使用吸塵器，如何清理房間。記得有一次，我在洗碗時摔破了一個杯子，我便告訴他們我會賠他們。誰知斯托克斯坦德太太大笑著說：「如果沒有人打破東西，商店就會關門。」還有一次，我在清理壁爐時，一不小心，壁爐上面的一個飾物掉了下來，打碎了壁爐的玻璃門。我想，這次我可闖禍了。我決定找人修理。斯托克斯坦德夫婦知道後，連忙安慰我：「別著急！我們的房產保險公司會負擔修理費用的。」兩個星期之後，他們找人修好了壁爐門。我很生我自己的氣，也很奇怪他們為什麼還要僱用我。於是，我問他們為什麼要僱用我。他們告訴我：「我們僱用你，是因為你又誠實又討人喜歡。你總是對我們微笑。」這確實是真的。我對待他們像父母一樣尊敬。每當我聽到他們的臥車回來時，我都會跑到門口去迎接他們，幫助他們脫外套、拿帽子，令他們非常高興。他們對我也非常友善，稱我為他們的乾女兒。在我結婚時，他們為我買了婚紗和度蜜月的飛機票。他們的獨子因此

左：中國女留學生和她的美國東道主家庭，俄勒岡，1953 年。（令狐萍個人收藏）
右：中國知識女性及其家庭，密蘇里，1958年。（令狐萍個人收藏）

> 而對我非常嫉妒。我是俄勒岡大學地理系當時唯一的女生，但是我儘量保持各科成績優秀。入學第一年，我的英語不太好，聽課時很吃力。我必須在課前閱讀講義，課後再複習講義。斯托克斯坦德太太又自告奮勇為我修改論文。1954年1月，我在俄勒岡大學的美術館舉辦了一次個人畫展。我自幼學過南宋水墨畫。我的畫吸引了很多當地的觀眾。幾家地方報紙都報導了這次畫展。俄勒岡大學藝術系的教授華萊士・鮑丁格（Wallace Baldinger）專門為我的畫做了評論。[34]

同樣，C女士也感到她在美國的大學與研究院的生活雖然很有挑戰性，但是很值得。「1955年我來到美國讀大學時，只有17歲……在貝利學院（Berea College）的第一年時，我非常害羞，因為我的英語不好，我長得也跟別人不一樣……但是，我和我的室友與同學都相處得很好，因此我並不感到寂寞。我雖然英語不好，但是我的數學和各門理科課程的成績都很好。……我從1955年至1957年在貝利學院讀書。然後轉入芝加哥大學……我的資助人提供我的學費加上我夏天打工掙

[34] 口述訪談第8；參見令狐萍，"Sze-Kew Dun."

的錢，足夠我在芝加哥大學的費用。1960年，我進入芝加哥大學研究生院，並獲得獎學金。我從來沒有感到受歧視。我總是班上唯一的女生。我像被女皇一樣對待。我感到自己很特殊。」[35]

R女士也在50年代來到美國，就學於俄勒岡大學，專攻圖書館學碩士。30多年之後，她仍然清晰地記著當年她為了這個學位所付出的努力。在撰寫畢業論文的那段時間，她常常把自己關在狹小的臥室中，通宵不眠，趴在滿地的書本與稿紙之中，又讀又寫。她沒有時間做飯，只能一邊讀書或寫作，一邊拿一個三明治來充饑。她感到自己當年為了完成學業，真是發瘋一般地工作著。[36]

許多女留學生順利地完成了學業，並受僱於美國學術界或專業技術領域。C女士的個案便很有代表性。1963年，她獲得芝加哥大學化學博士學位。隨後，她先後受僱於伊利諾伊州理工學院（Illinois Institute of Technology, Chicago）、加利福尼亞州立大學戴維斯分校（University of California at Davis）以及阿岡國家實驗室（Argonne National Laboratory, Argonne, IL）作為研究員。1969年，她成為邁阿密大學（Miami University）化學系教授。[37]

第四節　家庭生活

第二次世界大戰之後，美國華人中男女性別比例的明顯變化使得家庭生活對於華人比以往任何時候都更加重要。男女性別漸趨平衡的、以家庭為主的新的華人社會在逐步取代以往的單身漢為主的華人聚居區。

雖然更多的華裔婦女獲得了就業機會，但是，大多數的華人婦女仍然和美國其他族裔的多數婦女一樣，作為家庭主婦而留在家中。作為母親與妻子，她們繼續保持發揚中國的傳統文化。她們認為管理家

---

[35] 口述訪談第1。
[36] 口述訪談第4。
[37] 口述訪談第1。

務、教養子女，比在外工作、擁有經濟獨立性更為重要，也更值得。華人婦女保持中國文化的傳統態度反映在她們對其子女的教養上。

一般來說，華人的子女在學校比其他族裔的孩子更能適應環境。一些對兒童行為的調查研究表明，與其他族裔的兒童相比，華裔兒童在學校一般不傾向於打架鬥毆，也更服從師長的管教。菲力浦・弗農（Philip E. Vernon）在其研究北美亞裔兒童學習能力的著作中指出，華裔兒童在語言測試（Verbal group tests）中的智商是97，略低於白人兒童在該項測試中的平均智商。但是，華裔兒童在算術、歷史、地理和拼寫等非言語以及抽象概念的測試（nonverbal and spatial tests）中的平均智商卻高於白人兒童。[38]

許多中國的俗語經常提醒華人婦女將她們的畢生精力都用在對子女的教養上，並將她們的個人成就和晚年幸福與其子女的學業和事業的成功聯繫起來。諸如「子貴母榮」、「養兒防老」、「望子成龍」等。如果其子女的表現不盡如人意，她們會歸咎於自己未盡責任，教養不當。「子不教，母之過」。這些傳統觀念根深蒂固，不斷鼓勵華人婦女為了子女的前途而自願作出自我犧牲，並以子女的成就來顯示自己養育後代的成功和作為晚年生活的保障。

D太太的個人生活史便是華人婦女這種心態的典型例證。D太太在1952年來到美國，於1953年開始在俄勒岡大學地理系讀碩士。同年，她與她未來的丈夫、華盛頓大學的神經生理學助理研究員敦福堂認識。兩人之間的感情迅速發展。那年年底，敦福堂接受密蘇里州某醫學院的聘用，作為神經生理學副教授。敦福堂隨即向D太太求婚，要求她一同赴任。D太太一時難以在學業與婚姻之間作出選擇。她的家人也反對她放棄學業而結婚。但是，D太太深愛著敦福堂，決定與他結婚，遷往密蘇里。新婚夫婦於1954年來到密蘇里一小城。敦福堂在當地的醫學院教學、作研究，D太太進入當地一所大學，專攻美術，1955年，他們的兒子畏三出生。D太太便停學回家，專心帶養兒子。D太太視兒

[38] Philip E. Vernon, *The Abilities and Achievements of Orientals in North America* (New York: The Academic Press, 1982), p .28.

子的教育為她生活中的頭等大事。許多中國移民婦女都極力要求子女在家說中國話。不同於一般的中國移民婦女，D太太希望她的兒子先學好英語，以便順利融入美國主流社會。為此，D太太專門為她的兒子僱用一名當地白人婦女做保姆，教他英語。為了避免兒子受自己中國口音和不規範語法的影響，D太太有意識地不同兒子講英語。這種嚴格的早期語言訓練，使畏三掌握了良好的英語，為他學業成功奠定了基礎。畏三以全A的成績，作為榮譽學生高中畢業，被康乃爾大學（Cornell University）錄取並被授予大學四年的獎學金，專攻醫學預科。[39]

雖然許多中國移民婦女由於英語聽說能力有限和缺少美國勞工市場所需要的職業技能，而僅能找到一些低技能或無技能的工作，但她們卻希望她們的子女能夠接受較好的教育，以便將來得到較好的工作機會。因而，無論生活再艱苦，她們也不敢忽視對子女的教育。所以，美國華裔青年在學術上的卓越表現，在很大程度上與他們母親（也包括他們的父親）的努力是分不開的。

當許多戰後的華人婦女從對子女的培養教育中得到滿足與安慰時，另一些移民婦女在新的國度中則感到若有所失、無所適從。[40] 這種文化失落現象在與丈夫分居多年的老年移民婦女中較為常見。李崴蘭（Lee Wai Lan）於1946年來到美國與其丈夫相會。在中國抗日戰爭中，她帶著四個孩子，和其他戰爭難民一道，從一個村莊逃到另一個村莊，躲避日本兵的殺戮。在經歷了千難萬險之後，她將她的四個孩子送到在美國俄亥俄州克立夫蘭（Cleveland, Ohio）的丈夫那裡。隨後，她也抵達美國與他們團聚。當她到達丈夫處時，驚異地發現，她的丈夫竟然與一名白人情婦同住，她的孩子們也拒絕承認她為他們的母親。[41]

從美國華人文學作品中，我們也可以讀到同樣的故事。在美國華裔女作家湯婷婷的半自傳體小說《女戰士》中，中國移民婦女月蘭（Moon Orchid）在68歲時來到美國，與分居數載的丈夫相聚。此時，她

[39] 口述訪談第8；參見令狐萍，"Sze-Kew Dun"

[40] 參見Ling-chi Wang, *Chinese Americans: School and Community Problems*(Chicago: Integrated Education Associates, 1972), pp.12-17.

[41] Yung, *Chinese Women of America*, p.81.

的丈夫已成為加利福尼亞州的一名成功的神經外科手術大夫，並娶了一位完全美國化的年輕華裔女子為妻。嚴重的文化失落感與沉重的精神打擊，使月蘭完全崩潰，精神失常，最後死於加州的一所感化院中。[42]

傳統家庭關係的惡化、美國移民生活的壓力以及華人社區的貧窮衰敗，在一定程度上導致了美國華人聚居區華人婦女自殺率的上升。根據美國社會學家斯坦福・萊曼（Stanford Lyman）的調查研究，三藩市華人婦女的自殺案件在50年代占全部自殺案的百分之17.5，該比率在60年代上升到百分之28.3。萊曼的研究指出，多數自殺者為已婚、無職業和較為年老的移民婦女。[43]

與此相反，大多數具有高等教育程度的中國女留學生以及職業婦女則能夠較快地適應移民的新社會。她們之中的一些人還與美國其他族裔的男子結婚，並保持著美滿幸福的婚姻。以R女士為例。R女士在第二次世界大戰後從北京來到美國留學，學習圖書館科學專業。完成學業之後，她受僱於美國西部的一所大學，並與該大學圖書館的一位義大利裔的圖書館員結婚。R女士說，她與丈夫相互尊重各自的文化，互相包容，互相理解，因而能夠維持一個幸福的婚姻，夫妻關係非常和諧。[44] 與R女士的經歷相仿，C女士也在其工作的大學結識了她未來的丈夫，一位歐裔美國化學家。她的家庭生活也十分美滿。C女士在談到她的婚姻時說：「我對我的婚姻生活非常滿意。我們的關係產生得很自然。當你和某個男子長期在一起工作時，你有可能與他產生友誼，進而發展成愛情。我們就是這樣相愛結婚的。我的丈夫很欣賞東方文化。他喜歡許多中國的東西。他的中國歷史與地理知識非常豐富。他使我們的婚姻關係非常平穩和諧。」[45]

當然，異族通婚並不總是等同於少數族裔成員被主流社會所接受，或者代表著該成員社會地位的上升。並不是所有與異族通婚的華人婦女是為了改善其社會經濟地位才與美國白人結婚的。她們中的許

---

[42] Kingston, pp.113-160.
[43] Lyman, p.153.
[44] 口述訪談第4。
[45] 口述訪談第1。

多人並沒有把婚姻看成實惠的商品交換。許多筆者訪談過的華人婦女都擁有與其丈夫同等或略高的學歷、並有滿意的職業。然而，我們也不能否認，與美國社會的多數民族的成員結婚，也在一定程度上反映中國知識女性能夠較為容易地適應新的環境，較為順利地融入美國主流社會。

第五節　社會活動與社區工作

為了緩解移民生活所帶來的壓力與困難，戰後的中國移民婦女發起組織了不同形式的社團聚會與社區服務工作。社團聚會之中的一種是由親近的朋友組成會、社，定期聚會。這種會、社多由家庭經濟條件較好的移民婦女組成。這些婦女多來自於中國的有閒階級，在移民之前，大多享受著比較舒適優越的生活。移民之後，她們原有的生活方式喪失殆盡。她們得為了生存而勞動。她們要自己理家、帶孩子，甚至外出工作。艱苦的現實使她們不免有懷舊與互相幫助的需要。她們因此組成會、社，定期聚會，打麻將、聊天並顯示各自的烹調手藝。許多有閒階級的婦女，在移民之前便組織了這種會、社。移民之後，她們把這種文化形式一同移植到新世界，以緩解移民生活帶給她們的孤獨與寂寞。一些優秀的美國華人文學反映了這種現象。美國華裔女作家譚恩美的小說《喜福會》便是作者根據其家庭經歷，糅合周圍親戚朋友的故事而寫成。因此，極具反映美國華裔生活的現實性。在《喜福會》中，吳素瑗（Suyuan Woo）是來自於上海的一個富有家庭的移民婦女。她和她的三個好友：許安梅（An-mei Hsu）、龔林多（Lindo Jong）和鶯鶯・聖克萊爾（Ying-ying St. Clair）於1949年組成了「舊金山的喜福會」（San Francisco Version of the Joy Luck Club）。她們定期聚會，打麻將，品嚐中國小吃，並且評論各自的孩子。[46]

具有意義的是，這些社交聚會並不僅僅給這些移民婦女提供了一個可以放鬆神經、品嚐中國美食、聊天閒話的機會，而且成為她們的

[46] Amy Tan, *The Joy Luck Club*.

一處文化飛地（cultural enclave）。在那裡，她們可以無拘束地保持她們的中國文化習慣，盡情地回憶舊日在中國的生活，互通情報、交換資訊，並且給予彼此精神安慰與鼓勵。在這些聚會中，她們固執地堅持中國習慣、中國方式。譚恩美在《喜福會》中描述道：「這些中國婦女都穿著高邊硬領的絲綢旗袍，前胸有大幅繡花。」[47]她們輪流在每一個會員的家中聚會。在這些聚會場所，「那些曾經令人垂涎欲滴的中國飯菜的香味，日久天長，在空氣中凝聚成薄薄的一層油膩味。」[48]在吳素瑗去世之後，其他三名婦女決定：與素瑗遺留在中國的一對雙胞胎女兒取得聯繫。隨後，她們又安排素瑗在美國出生的女兒精美到中國與她的兩個從未謀面的姐姐會面。她們終於完成了素瑗未能完成的宿願。[49]

除了移民婦女之間的聚會之外，許多女留學生與職業婦女，特別是那些居於大學城的中國婦女，也積極參加當地中國社區的各種社會活動。T太太的故事具有一定的代表性。T太太於1949年從上海來到美國，在俄勒岡大學攻讀圖書館科學專業。畢業後便定居於尤金（Eugene, Oregon）這個大學城，與其丈夫一道經營中國餐館生意。T太太不光生意做得成功，在當地華人社區也非常活躍。她參加了當地許多社會組織。包括美國大學婦女協會（American Association of University Women）、紅十字會（Red Cross）和人權委員會（Human Rights Commission）等。她還幫助成立了中華會館的尤金分會（Eugene Chinese Benevolent Association）。她從餐館業退休後，便將更多的時間與精力投入社區活動。她經常將從中國大陸來的學生與學者接到家中聚會，幫助他們解決生活中的問題，以便儘快適應新環境。[50]

同T太太一樣，C女士在她所在的邁阿密大學的中國學生社區中也異常活躍。她雖然教學科研工作繁忙，但仍然抽出時間積極參加當地中國學生組織的各種活動。她經常詢問中國學生的近況，不斷給予有

[47] 同上，p.28。
[48] 同上，p.27。
[49] 同上，p.38-41。
[50] 口述訪談第6。

困難的中國學生財政與精神支持。[51] D太太也同樣活躍於她所在的中西部某大學城的華人社區中。自從結婚以來，D太太便與其丈夫定居於這個中西部大學城。該城雖然地理位置偏僻，遠離任何主要華人聚居區，但是當地的中國學生、教授及其家屬也組成了一個華人社會圈，以求互助共勉。D太太在當地以熱心活躍聞名，成為凝聚華人的核心人物。她對筆者談到她的社會生活時說：

> 我喜歡人多熱鬧。我的家裡總是有許多朋友。每逢週末或假日，中國學生和教授們都會來到我家，閱讀中國報紙、聊天、交換新聞、品嚐我做的中國菜。有人開玩笑說，我的家是中國俱樂部。許多學生在畢業很久以後，仍然給我寫信，在我生日時寄來生日禮物。[52]

中國台灣留學生與教師，東北密蘇里大學，1964年。（令狐萍個人收藏）

[51] 口述訪談第1。

[52] 口述訪談第8；參見令狐萍："Sze-Kew Dun."

中國婦女不僅參加當地華人社區的活動，在第二次世界大戰之後，她們中的一些人還成為熱心為公眾服務的社區社會工作者。華裔女社會學家葉月芳（Stacey G.H.Yap）在其考察華裔婦女社區社會工作者的著作中，具體觀察了馬塞諸塞州諾斯韋爾市華埠的一批華裔婦女社區工作者。[53] 葉月芳指出，華裔婦女參加社區工作，並不是近期才有的現象，而是經歷了三個發展時期的一種歷史過程：「第一時期從20世紀40年代開始，華裔婦女開始參加社區工作。第二時期從60年代開始，華裔婦女成為專業的社區社會工作者。第三時期則始自70年代，此時華裔婦女社區社會工作者更趨成熟、活躍。」[54]

根據葉月芳的研究，有四種不同類型的華裔婦女參加了華人社區的社會工作：義務工作者、專業社區社會工作者、受聘於地方政府的官員以及社區社會活動家。每一種社區社會工作者的類型都「反映了她們與社區的關係以及她們在社區工作中所採取的不同工作方式之間的差異」。葉月芳觀察到，義務社區工作者由於其家務負擔，每週僅能抽出兩至五小時參加社區工作。與此相反，專業社區社會工作者是受過專門訓練的職業婦女。她們可以在社區組織中全天工作，因而她們的社會可見度比義務社區工作者大得多，工作效率也更高。她們的主要職責為：計畫年度財政預算、申請政府機構撥款、擬訂籌款募捐計畫以及組織各種社會福利活動。最後，社區社會活動家崛起於60年代後期與70年代初期，經歷了美國民權運動的洗禮與陶冶。她們認為華埠是美國對亞裔社會與政治歧視的產物。她們決心致力於為華埠人民爭取平等權力的運動。[55]

社區社會工作者的一項重要活動是幫助剛抵達美國的新移民。她們中的許多人都將自己家中的衣物送給急需的新移民。她們還提供各種幫助新移民的義務服務。吉恩（Jean）是諾斯韋爾華埠的一名社區社會工作者。她談到她的家庭所做的社區工作：「我們家所從事的社區

[53] 此處，葉月芳用一虛構的地名「諾斯韋爾市」（Northville）來暗指波士頓。

[54] Yap, *Gather Your Strength, Sisters*, p.25.

[55] 同上，pp.45-85。

工作可以上溯到我的母親。我們曾經把家裡的舊衣服送給從中國來的難民。我的母親非常慷慨大方。她經常把她自己做的衣服送給新來的難民……」[56]

社區的服務活動也經常與教會的活動相聯系，社區社會工作者也往往是熱誠的宗教信仰者。米米（Mimi）是諾斯韋爾華埠的一名社區工作者。自從第二次世界大戰以來，她已經做了將近40年的社區服務工作。她回憶道：「我做的大部分社區服務工作是幫助不懂英語的移民做口譯與筆譯，或者幫助沒有文化的移民寫信。我對我的教會活動也很熱心。我感到，我們是被上帝派到這個世界上來完成一種使命的。所以，我必須幫助別人。」[57]

綜上所述，在第二次世界大戰之後，美國社會發生了深刻的變化，這些變化造成了美國華人婦女就業機會的轉變。美國華人中女性人數的增長以及美國勞工市場的擴大使得華人婦女在美國社會的可見度增高。她們的就業範圍不再被僅僅侷限於家庭服務業、或者華埠中的行業，而進一步擴大到文書、秘書業、商品推銷業、熟練技工、行政管理以及專業技術等職業。美國華人婦女就業範圍的擴大與就業能力的提升，有助於改善以往美國社會對華人婦女的刻板或不實的印象。華人婦女在美國歷史上曾經被視為外表奇異的展品、邪惡的妓女以及乖順的女秘書。而她們在戰後的新風貌則有助於60年代華裔美國人作為「模範少數族裔」形象的形成。

戰後大量移民的湧入也使華人社區已有的社會問題更為惡化。為了緩解新移民的困境，一些華人婦女義務組織服務活動。隨後，專業的社區社會工作者也逐步出現。美國華裔婦女的歷史表明，華人社區的社會服務工作對於穩定華人社會起了十分重要的作用。

---

[56] 同上，pp.28-29。
[57] 同上，p.29。

第三部分

當代美國華裔婦女（1965-）

第五章　新的轉折點

多數美國華裔研究學者認為，第二次世界大戰是美國華裔歷史的一個轉折點。美國著名移民歷史學家羅傑・丹尼爾斯（Roger Daniels）在其關於華裔與日裔美國人的專著中指出：「如果第二次世界大戰標誌著亞裔美國歷史上的決定性的轉折點的話，戰後的15年則是亞裔美國人經歷大量有益於他們的深刻變化的時期。」[1] 著名美國華裔史學家陳素真（Sucheng Chan）也在其有關亞裔美國人的著述中提到，第二次世界大戰「對於亞裔移民和他們的子女有著極其深刻的影響」。[2] 其他學者也將戰後美國華裔人口的急劇增長歸因於1965年10月3日美國國會對歧視性的排斥中國移民的配額法的廢除，或者認為《1965年移民法》（1965 Immigration Act）掀起了亞裔移民入美的第二個浪潮。著名華裔歷史學家蔡石山（Henry Shih-shan Tsai）在其《華人美國經歷》一書中，將戰後華人人數迅速增長的原因歸結於配額法（Quota Act, 1924）在1965年的廢除。[3] 著名日裔歷史學家羅納德・塔卡基（Ronald Takaki）也在其關於亞裔美國歷史的著作中指出：「《1965年移民法》掀開了美國亞裔歷史的新的一頁，它帶來了亞裔移民的第二個浪潮。」[4]

然而，很少學者將60年代以來發生於美國華裔中的令人注目的教育、就業、經濟、政治、社會以及心理變化，歸因於美國60年代的因民權運動（Civil Rights Movement）而引起的社會改革運動，以及《1965

[1] Daniels, *Asian America,* p.283.

[2] Chan, *Asian Americans,* p.121.

[3] Tsai, *The Chinese Experience in America,* p.152.

[4] Ronald Takaki, *Strangers from a Different Shore, A History of Asian Americans* (Boston: Little, Brown and Company, 1989), p.420

年移民法》。在本章，筆者將論證，自60年代以來，華裔美國婦女發生了深刻的、體現在教育、就業、經濟、政治、社會以及心理等方面的變化。所有這些變化都直接或間接地與60年代的社會改革運動和1965年美國移民政策的民主化相關聯。同時，筆者也將對自1965年以來的中國移民婦女的移民動機與移民方式，以及她們所處的政治經濟狀況進行考察。

第一節　美國當代華裔婦女在教育與就業上的成就

60年代，在美國民權運動的壓力下，甘迺迪政府（Kennedy Administration），特別是約翰遜政府（Johnson Administration）被迫通過了一系列法令，禁止任何個人或團體在僱傭、教育、政治選舉、醫療輔助以及住房等方面因種族、膚色、宗教、性別以及國籍而對任何人進行歧視。著名的《1964年人權法案》（Civil Rights Act of 1964）宣佈，在任何公共場所實行歧視為非法，並且授予美國司法部在處理教育與選舉方面的案件以更大的權利。人權法案的第七條「關於平等就業機會」，禁止僱有25名以上僱員的公司因種族、宗教、性別或者國籍而對任何人給予歧視。美國史學家認為，《1964年人權法案》是美國民權運動中最重要的成就之一。誠然，如大多數人所承認的那樣，民權運動是以美國黑人為主的民主運動，但是，其他少數族裔、包括華裔，也因此而受益。

因受民權運動影響而發生於亞裔中的變化之一是美國高等院校中的課程改革。自從1965年以來，由於美國政府移民法的改革，大量亞裔與拉丁裔移民湧入美國。人口迅速增加的亞裔社區進而要求美國的高等院校實行課程改革，以反映亞裔社會的新現實，並滿足亞裔居民對高等教育的需求。60年代後期，美國西海岸的許多亞裔社區人士與團體，與高等院校以及研究機構的亞裔學者共同發起了亞裔學運動（Asian American Studies Movement）。1968年，舊金山州立大學（San Francisco State University）首先成立亞裔學中心（Asian Studies

Program）。加利福尼亞州的其他高等院校隨即響應，成立了亞裔學中心或設置了亞裔學的課程。至70年代初，美國各地的許多院校都成立了亞裔學研究中心，或者開設了亞裔學課程。[5] 大多數的亞裔學研究中心或機構的教學與研究宗旨為喚醒亞裔學生的民族意識與自我意識，以及建立與發展對亞裔的學術研究。

到80年代，一個學習與研究亞裔的新高潮席捲了美國東海岸。美國東部許多著名大學正式建立亞裔學教學與研究機構。1987年，衛斯理大學（Wellesley University）、波士頓大學（Boston University）、以及馬薩諸賽州立大學波士頓分校（University of Massachusetts at Boston）都將亞裔學納入它們的課程設置。同年，康乃爾大學（Cornell University）、布朗大學（Brown University）和耶魯大學（Yale University）也發展建立了亞裔學中心或設置了亞裔學課程。[6]1993年，紐約市立大學杭特分校（City University of New York-Hunter College）成立亞裔學中心。1996年，紐約大學（New York University）建立亞太裔美國人研究中心。

亞裔學運動在90年代與2000年代繼續深入發展至美國中西部與南部。美國中西部與南部向以保守著稱。但是，90年代初期，在亞裔學者專家的不懈努力下，美國中西部的一些高等院校也成立了亞裔研究中心，增加了亞裔學的課程。1991年威斯康辛大學麥迪森分校（University of Wisconsin-Madison）成立美國中部地區第一個亞裔研究中心。1992年，筆者在任教的密蘇里杜魯門州立大學（Truman State University）（當時為東北密蘇里州立大學）建立亞裔學研究中心，並開設多門亞裔學課程。1995年，勞優拉大學芝加哥分校

---

[5] Russell Endo and William Wei, "On the Development of Asian American Studies Programs," in *Reflections on Shattered Windows,* ed. Gary Okihiro et al.(Pullman: Washington State University Press, 1988), pp.5-15該論文是討論美國亞裔學在美國西海岸發展演變的首篇文章。Peter Nien-chu Kiang, "The New Wave: Developing Asian American Studies on the East Coast," in *Reflections on Shattered Windows,* pp.43-50. 此文考察美國亞裔學在美國東海岸的演變發展。Don T. Nakanish and Tina Yamano Nishida eds., *The Asian American Educational Experience, A Source Book for Teachers and Students* (New York: Routledge, 1995).該著作收集了多篇討論美國教育中有關亞裔的問題。

[6] Kiang, pp.43-44.

（Loyola University at Chicago）成立亞裔研究項目。1997年，伊利諾大學香檳分校發起成立亞裔研究委員會（University of Illinois at Urbana-Champaign），籌劃該校的亞裔學中心與課程。1999年位於芝加哥的名校西北大學（Northwestern University）也成立亞裔學中心。至90年代末期，亞裔學運動更深入美國南部。1998年，亞利桑那州立大學（Arizona State University）設立亞裔研究中心。2000年，德克薩斯大學奧斯汀分校（University of Texas-Austin）的校當局，在該校學生逾八年的持續要求下，最終同意該校成立亞裔研究中心。2003年，明尼蘇達大學（University of Minnesota）成立亞裔學中心。2007年，伊利諾大學芝加哥分校（University of Illinois-Chicago）建立亞裔研究中心。2008年，印第安那大學布魯明頓分校（Indiana University Bloomington）成立亞裔學中心。至此，亞裔學運動已發展成為全國性的運動。[7]

除亞裔學運動之外，美國華裔自60年代以來的教育成就也十分顯著。《舊金山時報》（*San Francisco Chronicle*）在1983年12月1日登載文章評論說：亞裔美國人如今已「成為這個國家在經濟上最為成功的少數族裔……他們在家庭收入與教育水平上超過了其他任何族裔……亞裔已經成為加利福尼亞州人口增長最快的少數族裔。他們已經開始影響該州的教育制度、經濟發展以及政府組織，而且這種影響是與他們的人數不成比例地在增大。」[8]

華裔美國人的教育成就不僅在加利福尼亞州令人矚目，而且在全國範圍內也十分突出。根據1970年的美國人口統計數據，華裔學生的入學比率高於日裔、菲律賓裔以及美國總人口的同一比率。華裔中18歲至24歲男性與女性的入學率之高，更是令人印象深刻（**見表5.1**）。美國華裔中女大學生的比例自50年代以來也高於美國黑人婦女、白人婦女、以及白人男子中的這一比例（**見表5.2**）。

---

7 令狐萍 Huping Ling, "A Survey of the Asian American Studies in the Midwest and South of the United States,"March 17, 2010, unpublished research paper.

8 *San Francisco Chronicle,* 1 December 1983.

表5.1　1970年美國總人口、日裔、菲律賓裔和華裔的入學率（%）

	7-13歲	14-17歲		18-24歲	
		男	女	男	女
美國總人口	97.3		92.5		32.2
日裔	97.5	96.3	96.2	55.6	48.4
菲律賓裔	96.1	92.9	92.6	27.5	23.2
華裔	96.4	95.3	95.2	70.8	58.2

資料來源：1970年美國人口統計資料。

表5.2　1940-1990年美國華裔女性與其他類型人口具有四年以上高等教育比較統計（%）

	1940	1950	1960	1970	1980	1990
華裔婦女	3.7	7.8	12.5	16.5	25.6	35.0
黑人婦女	1.2	2.2	3.3	4.6	8.3	11.7
白人婦女	4.0	5.3	6.0	8.4	13.3	18.4
白人男子	5.8	7.6	10.3	15.0	21.3	25.0
華裔男子	2.8	8.5	18.2	30.8	43.8	46.7

資料來源：1940-1970年美國人口統計資料。

華裔美國人在教育上的成就在很大程度上導致了他們在經濟上的成功。許多全國性出版物記載了美國華裔大學生的優異學術表現。這些出版物推斷，華裔成年人中的較高的受教育水平，與他們的就業狀況和較高的家庭收入有著直接的關係。1970年，在年齡處於25歲至34歲年齡組的華裔婦女中，有31%的人受僱於專門職業和技術職位。而在1960年，她們之中只有17%的人受僱於這些職位。至1986年，有更多的華裔美國婦女在美國勞工市場中受僱於專門職業（25%）和技術與商品推銷行業（40%）。同年，華裔婦女的年平均收入（$11891），也略高於美國白人婦女的年平均收入（$10512）。[9]

一些爭強好勝並具有才華的華裔婦女也利用自民權運動以來的有利形勢，成為全國性的知名人物。美國電視廣播業著名主播宗毓華

[9] Yung, *Chinese Women of America*, p.106.

（Connie Chung）的成名之路便是很好的例證。1971年，宗毓華被美國主要電視網之一的哥倫比亞電視廣播公司（Columbia Broadcast System）錄用。受僱之後，宗毓華清楚地知道，她的被僱是由於該公司迫於美國聯邦交流與通訊委員會（Federal Communication Committee）的壓力，而不得不僱用少數族裔應徵者的結果。然而，一俟受僱，宗毓華便抓住時機，全力以赴，決心要在美國電視廣播界一展頭角。幸運的是，宗毓華上任不久，水門事件（Watergate Incident）東窗事發。她被公司委派做水門事件的報導。宗毓華很快便在對該事件的追蹤報導中顯露其卓越的才華和執著的敬業精神。宗毓華的出色表現使她很快躋身於美國幾家主要電視網的著名主播之中。[10] 宗毓華的努力與成功為許多希望成名的華裔青年樹立了榜樣，她本人也受到了廣大華裔的仰慕與喜愛。

繼宗毓華之後，一些優秀美國華裔婦女在藝術與體育界也取得了傑出的成就。80年代初期，一位才華橫溢的年輕華裔女藝術家林瓔（Maya Lin），一舉成為全國著名的建築師。1981年，林瓔只有21歲，還在耶魯大學讀本科四年級。她設計的哥倫比亞特區越戰紀念碑（Vietnam Veterans Memorial）藍圖在全美1420件參賽作品中脫穎而出。當紀念碑於1982年完工後，V字形的巨大黑色大理石牆壁上，鐫刻著在越戰中陣亡的美國將士的名單，其震撼力之大難以用語言形容。許多越戰退伍軍人瞻仰紀念碑後，激動得痛哭流涕，感到他們終於擺脫多年的越戰夢魘。但是，也有好事者批評攻擊林瓔和她的作品。他們認為林瓔太年輕，根本不懂得越戰的殘酷性與嚴重性，因而不能準確有效地反映越戰的主題，而她的作品入選是由於她少數族裔的背景。他們譏諷辱罵林瓔設計的越戰紀念碑為「羞恥的黑色裂縫」或「公眾夜壺」。[11]

林瓔在1959年出生於美國俄亥俄州雅典市（Athens, Ohio）的一個知識分子家庭，家學淵源。她的父親林桓於1948年赴美留學，專攻藝術。曾在俄亥俄大學教授陶瓷藝術，並任該校藝術學院院長。林瓔

[10] 《中央日報》1992年4月23日。

[11] 《中央日報》1994年12月9日。

的母親也在俄亥俄大學任教，教授英語與東方文學。林瓔的哥哥受母親影響，成為詩人和大學英語教授，在佛吉尼亞大學教書。林瓔回憶兒時不喜愛玩布娃娃，上高中時不喜歡社交，只愛動手做工藝品。在完成越戰紀念碑的設計之後，林瓔又於1989年在阿拉巴馬州蒙哥馬利（Montgomery, Alabama）設計了民權運動紀念碑（Civil Rights Memorial）。除紀念碑外，林瓔還展示了多方面的藝術才華。她於1993年在紐約曼哈頓設計了一座非洲美術館（Museum For African Art）。自1994年以來，她的藝術興趣轉到住宅設計與雕塑。這一年，她將兩座分別位於馬薩諸賽州威廉姆斯城（Williamstown, Massachusetts）和加利福尼亞州聖塔・莫尼卡（Santa Monica, California）的民宅重新設計。她又為俄亥俄州哥倫布市（Columbus, Ohio）的一座美術館（Wexner Center for the Arts）設計玻璃雕塑。她的旺盛的創造力與對藝術的獨特見解，使她在美國建築界被公認為最優秀的女建築師。[12] 1994年，林瓔被美國《時代》雜誌遴選為50名最有希望的美國領袖之一。[13]

關穎珊（Michelle Kwan）於1994年年僅13歲時，便成為美國女子花樣滑冰名將。那年，她被挑選為美國參加冬季奧運會花樣滑冰代表隊的侯補隊員。在那屆奧運會中，關穎珊雖然沒有機會嶄露頭角，但她在積蓄力量準備日後的機會。關穎珊於1980年出生於加州托倫斯（Torrance, California）的一個中國移民家庭。她的父親關惠棠在8歲那年離開出生地廣東，於1971年移民美國。他白天在太平洋貝爾電話公司做職員，晚上主持他們家庭經營的中餐館「金鶴樓」。關穎珊5歲開始學滑冰。先是去冰場給打曲棍球的哥哥捧場，然後和姐姐一起試著滑冰。跌跌撞撞，漸漸學出了一些花樣。7歲那年，她第一次參加比賽，便得獎回家。在多次贏得少年組的冠軍後，關穎珊於1993年進入了高級組的賽程。1996年1月，她一舉奪得全美花樣滑冰冠軍。1996年，世界花樣滑冰錦標賽（World Figure Skating Championship Contest）在加拿大的愛蒙頓（Edmonton, Canada）舉行。關穎珊被行家看好。3月23

---

12 Charles Gandee, "The Other Side of Maya Lin," *Vogue,* V.185, No. 4(April 1995): pp.346-402.

13 《中央日報》1994年12月9日。

日，關穎珊以全新的成熟的形象出現。她的表演完美無瑕，終於擊敗中國大陸選手、上屆冠軍陳露，成為世界女子花樣滑冰冠軍。[14]1998年2月20日，關穎珊又在日本長野的冬季奧運會中，奪得銀牌。美國華裔為此歡欣鼓舞。[15] 2002年，在世界錦標賽中，關穎珊奪得銀牌。在其運動生涯中，關穎珊五次參賽世界錦標賽，兩次奪得奧運會獎牌。2007年，美國外交部任命關穎珊為美國親善大使，代表美國出訪各國。關穎珊以她甜美的笑容，征服世界。在丹佛大學完成本科學位、塔夫特大學完成外交碩士學位後，關穎珊就職美國外交界。2012年，關穎珊與白宮國家安全顧問克雷・派爾（Clay Pell）完婚。關穎珊現就職於美國外交部教育文化事務局（U.S. State Department's Bureau of Educational and Cultural Affairs）[16]

第二節　參與主流政治

美國華裔婦女不僅在教育和就業等方面取得了成就，而且，自70年代以來，她們更進一步參與主流政治。華裔婦女參政的原因主要可以歸於兩種因素。其一，民權運動與婦女解放運動的錘鍊。在60年代的民權運動與70年代的婦女解放運動中，華裔婦女同其他少數族裔一道，投入了爭取平等權利、改革美國社會的鬥爭。在這些運動中，她們耳聞目睹了社會上的種種不平等現象，決心通過對政治的改革，來改善少數族裔的處境。在民權運動的推動下，美國政府被迫通過了一系列民權法案，給予少數族裔與婦女更多權益。這一切，使她們認識到了參政的重要性。在民權運動與婦女解放運動中，她們經受了鍛鍊，也學到了許多鬥爭的策略。其二，亞裔人口結構的變化。自60年代以來，亞裔人口迅速增長，為華裔婦女參政提供了群眾基礎。在美

---

[14] Jere Longman, "Kwan Is Young, Graceful, and an Alternate for Norway," *New York Times* 25 January 1994; E. M. Swift, "Red Hot," *Sports Illustrated,* V.84 (April 1996), pp.28-30；《世界日報》1996年3月24日。

[15] 《世界日報》1998年2月21日。

[16] "Michelle Wingshan Kwan." 2014. The Biography.com website. Retrieved May 3, 2014, http://www.biography.com/people/michelle-kwan-11919948.

國的選舉政治中，為了爭取選票，政治家不惜作出任何政治許諾。亞裔人口的增加，使美國政治家逐步認識到亞裔在政治選舉中的價值。此外，華裔在教育與就業方面的成就，以及華裔中產階級人數的增加，改善了華裔在美國公眾中的形象。華裔的形象從愚昧無知的「苦力」（Coolies），或者拒絕與美國主流文化同化的「旅居者」（Sojourners），上升為教育程度高、經濟能力強的「模範少數族裔」（Model Minority）。基於上述原因，華裔婦女同華裔男性一道，進入美國主流政治，在地方、州和聯邦各級政府為選民服務。

于江月桂（March Fong Eu）是華裔婦女參政的典範與先驅。她於1956年進入美國政界，在加州教育委員會（California School Board）任職。1974年，她被選舉為加州州務卿（Secretary of State），成為加利福尼亞州政府的第一位華裔女官員。[17]在夏威夷州，吉恩・金（Jean King）於1978年至1982年任夏威夷副州長（Lieutenant Governor），成為華裔婦女中職位最高的州政府官員。[18] 陳李婉若（Lily Lee Chen）是第一位擔任市長的美國華裔婦女。1983年，她被選舉為加州蒙特利公園市（Monterey Park, California）的市長。[19]另一位華裔婦女趙美心（Judy May Chu）也於1990年和1994年被兩次選為蒙特利公園市的市長。

1988年，陳茜文被紐約市第61選區的選民選舉為民主黨代表，為該選區的唯一華裔代表。61選區是紐約市的重要選區之一，包括下曼哈頓（Lower Manhattan），紐約華埠便位於此區。陳茜文畢業於紐約大學。隨後致力於社區工作，成為一名社會活動家。她熱情為紐約華埠的群眾服務，努力為華人爭取各項權益，深受當地華人的愛戴。她開朗外向，與紐約的其他少數族裔也保持緊密的聯繫。陳茜文的這些優點為她成功當選鋪好了道路。[20]

鄭可欣是美國華人協會（Organization of Chinese Americans）舊金山分會的會長。美國華人協會是美國華人的全國性組織，於1973年成

---

17 Yung, *Chinese Women of America,* p.100.

18 Chan, p.173.

19 同上。

20 《華僑日報》1988年9月19日。

立。該會的宗旨包括為華裔爭取平等權力，發揚中華文化，推動華人教育。1990年10月20日，鄭可欣當選為會長，成為該會最年輕的第一位婦女會長。一俟當選，她立即敦促該組織投入美國主流政治，爭取華裔在教育與就業方面的平等權利。[21]

在1990年的政治選舉中，共有22名華裔美國人參加競選，其中有14人當選為各級政府官員。鄧孟石當選為舊金山市的法官。于江月桂第五次連任加州州務卿。劉美蓮（Cheryl A. Lau）當選為內華達州州務卿，成為繼于江月桂之後的第二位華裔女州務卿。[22]劉美蓮是第三代華裔，祖籍廣東中山縣，在夏威夷出生長大。父親是經營海產貿易的小商人，母親是教師。劉美蓮受母親影響，從小就勵志當一名教師。她先在印第安那大學獲取音樂與教育學士學位，後又在美國私立名校史密斯學院（Smith College）得到了音樂與心理學兩學科的碩士學位。她還在俄勒岡大學攻下了音樂博士學位。但她並不感到滿足。於是，又在加州大學舊金山分校獲得法學博士學位。她先在大學教書，後轉入法律界。1981年，她隻身前往內華達州，在州政府所在地卡森市（Carson City）找到一個法律調查員的職位。由於她的出色成績，1987年，劉美蓮被提升為州助理檢察長。1990年，她初入政壇，便順利當選州務卿。在州務卿任內，劉美蓮全力推動並通過了政治改革的法案。她還促使通過了金融公司法案，以保障金融投資者的利益。1994年，劉美蓮決定角逐內華達州州長，成為華裔史上第一位問鼎州長的華裔婦女，也是1994年全美華裔競選人中的最高職位候選人。[23]

華裔婦女不僅在地方與州政府獲得政府職位，而且進入美國聯邦政府。1989年4月19日，趙小蘭（Elaine Chao）被布希政府任命為交通部次長（Assistant Secretary of Transportation）。這項任命使趙小蘭成為美國女性最高政府官員、第一位華裔內閣閣員、美國移民中的最高聯邦政府官員和美國最年輕的一位部長。趙小蘭於1953年出生於台灣，是

---

21 《人民日報》1990年10月26日。

22 《人民日報》1990年11月12日。

23 《世界週刊》1994年6月12日。

家中五個女兒中的長女。8歲時與全家移民美國。其父趙錫成是商學博士，也是虔誠的基督教徒。趙小蘭的父母為了子女，不惜付出任何代價。趙小蘭在哈佛大學獲得商學碩士後，先後在幾家銀行工作。1983年，在一番激烈角逐後，趙小蘭成為白宮學者（White House Scholar）之一，從此開始她的政治生涯。1987年，她被選為美國十大傑出青年之一。[24]自從當選交通次長後，趙小蘭成為華裔有力的政治代言人。例如，她強烈反對近期盛行於政府機構與高等教育制度中的所謂僱用與錄取中的「配額」制度（Quota System）。她指出，這種「配額」制度違反美國憲法的基本原則，只能製造一種虛假的平等現象。有資格、有能力的婦女與少數族裔專門職業者是不需要這種「配額」制度的保護的。[25]

華裔婦女政治家不僅進入美國聯邦政府，而且成為美國駐外使節。1989年9月，張之香（Julia Chang Bloch）被布希政府任命為美國駐尼泊爾大使，成為美國歷史上第一位華裔女大使。張之香出生於中國。她的父親在1949年之前任中國海關的最高官員。1951年，她與全家移民美國。她於1964年在加州大學伯克利分校取得學士學位後，便參加美國和平志願團（Peace Corps），在東南亞地區服務兩年。1967年，她從哈佛大學得到政府與東亞地區學碩士學位。1968年，與房地產律師斯圖爾特·布勞克（Stuart Bloch）結婚。隨後，又參加和平志願團工作兩年。從1981至1988年，她在國際發展局（Agency for International Development）工作，並任該局亞洲與近東部負責人。在她就任於加德滿都之時，適逢尼泊爾內亂。張之香處驚不亂，鎮定地安排在尼泊爾的2000名美國人撤退，並與華盛頓時刻保持聯繫。她的華裔背景與工作能力贏得了尼泊爾王室與造反派雙方的信任。[26]

美國華裔婦女在美國政界的突破性進展最終於2000年代出現。2009年，美國華裔婦女政治家趙美心（Judy May Chu，1953年7月7日

---

[24] 《人民日報》1989年4月22日。

[25] 《世界日報》1990年7月21日。

[26] Jack Anderson, "Her Life is 'A Message'," *Parade Magazine,* 3 February 1993.

一），在多年服務於加州地方政府後，代表民主黨在加利福尼亞州第32選區當選美國國會議員，成為歷史上第一位華裔女性國會議員。

第三節　年輕華裔的行為變化：正確評價中華文化

除了上述變化之外，華裔婦女的家庭生活也有所改變，雖然，自20世紀20年代以來存在於華人家庭中的移民父母與其美國生長的子女間的文化隔膜與代溝仍然存在，但是，華人家庭母女間的親子關係也在逐漸引起社會的關注。華裔電影編導王穎（Wayne Wang）在1985年導演的電影《點心》（*Dim Sum*），就生動形象地描述了華人母女之間的這種相互依存的緊密關係和親情。該影片平鋪直敘，劇情簡單，但片中強烈的現實感使其具有動人的力量。影片中的母親陸太太已經在美國居住45年，但仍然不諳英語。女兒傑洛爾丁（Geraldine）為了照顧母親，在大學畢業參加工作之後仍然一直與母親住在一起，而她的同齡夥伴們都已經結婚，或搬出父母家獨立生活。當傑洛爾丁最後不得不搬出母親家時，她仍然每週去看望母親，幫助母親做各種家務，包括擦洗地板、寫支票等。母親也總要給傑洛爾丁做許多可口的中國飯菜。[27]

此外，自60年代以來，華裔中年輕的一代開始能正確對待中國文化，並試圖努力學習和理解中國文化。年輕華裔對中國文化的這種態度轉變明顯地反映在華裔女作家黃玉雪的兩部自傳體小說中。在其發表於1945年第一部小說《第五個中國女兒》（*Fifth Chinese Daughter*）中，年輕的黃玉雪是個不時向父母權威挑戰的家庭反叛者。她想努力作個好女兒，但卻受不了父母的嚴厲管教。從書中，讀者處處可以看到華人移民父母與美國土生兒女之間的文化隔膜與代溝，感到作者處於兩種文化夾縫中的矛盾與痛苦。然而，在30年的生活體驗之後，黃玉雪重新估價了中國文化，開始體會到中國文化的博大精深和頑強生命力，並且開始感激父母早年堅持給她灌輸中國傳統。她在其第二部

[27] Wayne Wang, *Dim Sum*, 1985.

自傳體小說《我不是陌生人》（*No Chinese Stranger*）中表達了這種感受：「……由於父親當年對我的嚴格管教和傳統教育，當我在1972年訪問中國時，一點也不覺得我是個陌生人。」[28]美國歷史學家羅傑・丹尼爾斯分析評論了黃玉雪以及其他華裔青年對待中國文化的態度轉變。他認為華裔青年對於中國文化的這種新的賞識態度，反映了「華裔對他們在美國社會生活中的位置的不斷增加的安全感而產生的一種變化。這種感覺無疑地被尼克森總統的訪華以及日益增多的中國人在美國社會生活中的成功而強化」。[29]

1980年，一個居住於舊金山的中國女孩給「戴安信箱」（Dear Diane）寫信。「戴安信箱」收集了舊金山地區100多名華裔女青年談論她們的願望、夢想以及生活中遇到的問題的信件，並由舊金山華埠青年中心負責人、心理諮詢顧問黃燕梅（Diane Yen-Mei Wong）女士主筆撰寫對這些信件的答覆。該女青年在信中表達了她學習中文的願望，並且希望其他華裔青年努力保持他們的母語。她寫道：「我的父母在我年幼時強迫我學中文，但我總是反抗。我想，我那時和我所有的朋友一樣，只考慮如何成為100%的美國人。現在，我已經25歲了，我開始認識到當初我應該多聽我媽媽的話。我從未能和我的父母分享我的各種心理感受，或者和我的祖父母談話聊天。現在，我的父母與祖父母一天天見老，我感覺我在失掉許多，我在失掉他們一生中所學到的東西。我已經決定選修中文。在此，我僅僅希望鼓勵其他華裔青年盡力保持他們家庭的語言。不要屈從於那種只希望自己變成100%美國人的壓力。你可以同時成為美國人和講兩種語言的人。」[30]

這種珍視中國文化的社會心理變化主要是被華裔美國青年在高等教育與就業方面的成就所激發。美國華裔青年在學術上的突出表現使得許多教育學家和行為科學家傾向於認為，中國文化中一定有某種因素在激勵華裔青年刻苦學習，以取得優異成績。[31]美國華裔自60年代

---

28 Jade Snow Wong, *No Chinese Stranger* (New York: Harper & Row, 1975), p.xii.

29 Daniels, p.328

30 Diane Yen-Mei Wong, *Dear Diane: Letters from Our Daughters* (U.S. Department of Education), pp.39-41

31 Vernon, pp.248-261; Susana McBee, "Asian-Americans, Are They Making the Grade?" *U.S. News and*

以來的新的、成功的經驗，促使華裔青年以正面的態度來對待他們的文化遺產。

類似的現象，也出現於美國其他族裔的移民中。著名的「漢森理論」（Hansen Thesis）揭示了這種移民的文化心理現象。「漢森理論」由美國移民史學家馬庫斯・漢森（Marcus Lee Hansen）總結而成，它可以由一句話來概括，即「移民的兒子希望忘掉的東西，移民的孫子希望記住」。[32]1937年5月15日，馬庫斯・漢森在一次學術會議上宣讀他的題為《第三代移民的問題》的論文。漢森在其論文中提出，每一代移民——第一代移民、他們的子女以及他們的孫子——都各自面臨著一個特殊的問題。這個問題植根於他們在美國主流社會所處的社會地位及其各種特性。第一代移民所面臨的問題是如何對他們的生活進行最必要的調整，以適應新環境，在經濟上得以生存，在社會文化上可以在這個異國文化中正常運作，在政治上瞭解學習美國的民主制度。第二代移民所面臨的挑戰是如何「同時繼承移民的母國文化和移民所在國的文化」。而第三代移民所面臨的問題是如何適當正確地解釋前兩代的歷史。[33]

第四節　60年代以來新移民的移民動機與移民方式

除了20世紀60年代的社會改革以外，《1965年移民法》及其帶來的華裔新移民浪潮，也導致了60年代以來美國華裔社會的急速轉變。《1965年移民法》的正式名稱為《關於修正1924年移民與國籍法的法案》（An Act to Amend the Immigration and Naturalization Act of 1924）。該法案廢止了1924年移民法中按國籍（national origins）分配簽證的配額制度，並建立了三項新的接納移民的原則，即幫助移民家庭團聚，滿足美國勞工市場對技術移民的需求，以及收容戰爭與政治難民。根據

World Report, 2 April 1984, pp.41-47; Jennie H.Y. Yee, "Parenting Attitudes, Acculturation and Social Competence in the Chinese-America Child" (Ph.D. diss., Boston University, 1983).

32 Marcus Lee Hansen, "The Problem of the Third Generation Immigrant," republication of the 1937 address with introductions by Peter Kivisto and Oscar Handlin (Rock Island: Swenson Swedish Immigration Research Center and the Augustana College Library, 1987), p.15.

33 同上，pp.11-19。

這三項原則，美國每年將簽發17萬份簽證予東半球的移民，12萬份簽證予西半球的移民。東半球每一國家的移民數額每年不得超過2萬人，而從西半球國家來的移民則不受此限制。以國籍為依據的配額制度被廢除，取而代之的是一種新的「優先制度」（Preference System）。該法為從東半球國家來的移民設立七種優先制度，每一種優先制度在移民總數中佔有規定的比例。第一優先，美國公民的21歲以上的未婚子女，占20%。第二優先，美國永久居民的配偶及其未婚子女，占20%。第三優先，具有「特殊才能」的專門職業者、科學家和藝術家，占10%。第四優先，美國公民的21歲以上的已婚子女，占10%。第五優先，美國公民的兄妹，占24%。第六優先，美國勞工市場短缺的勞工，占10%。第七優先，戰爭與政治難民，占6%。[34]但是，第三與第六優先類型的移民必須先獲得美國勞工部簽發的「勞工許可證明」（labor certification）方能入境。勞工許可證明要申明兩點。第一，美國勞工市場在該行業沒有足夠的合格的人選。第二，該移民的入境將不會引起美國勞工市場該行業工資的下降，以造成美國工人工作條件的惡化。

《1965年移民法》的設計者企圖使該法一方面顯得公正並富有人性，另一方面則可利用移民資源服務於美國的國家需要。首先，該法對東半球每一個國家，無論大小，都規定每年2萬人的最高限額。貌似公正，但一個10億人口的大國與一個數萬人口的小國的移民配額卻是同樣的。此外，74%的移民配額，包括20%的第一優先，20%的第二優先，10%的第四優先，和24%的第五優先，都給予希望與親人團聚的移民。美國立法者將如此之高比例的移民配額給予以家庭團聚為目的的移民，是別有一番用心的。在制定該法之時，美國的當權者預計，如果美國主要接納與家人團聚的移民，那麼，絕大部分新移民仍將為歐洲裔。因為當時亞裔在美國總人口中僅占極小的比例，為美國1960年人口總數的0.5%。[35]所以，該法在制定過程中，仍然是以歧視與限制

---

[34] *Statutes at Large,* Washington, D.C.: U.S. Government Publishing Company, 1965, V.79, pp.912-913.

[35] David M. Reimers, *Still the Golden Door: The Third World Comes to America,* New York: Columbia University Press, 1985, pp.75-76.

亞洲移民為出發點。其次，20%的移民配額給予來美國就業的屬於第三與第六優先的移民。這一規定給予美國移民歸化局與美國勞工部權力，仔細篩選，只對於美國有用的人才放行。雖然美國的立法者制定該法的根本目的是維護美國利益，但是，比之於以往那些公開露骨地排斥限制亞洲移民的法令，該法對於亞洲移民仍然具有一定的民主開放性。因此在該法通過之後的年代，美國華裔人口迅速增加。此外，如表4.1所示，美國華人中的男女性別比例，最終趨於平衡。

60年代以來的新移民絕大多數是由於經濟原因而移民美國。在洶湧的移民潮中，自1975年越戰結束以來湧入美國的華裔越南難民和古巴、多明尼加以及其他加勒比海島國的移民，主要是為美國經濟機會所吸引而移民美國的。除了勞工移民，也有大批來自中國大陸、台灣、香港以及東南亞國家的、受過高等教育的經濟寬裕的專門職業移民。這些新移民都得益於《1965年移民法》關於接納美國公民或永久居民親屬、美國勞工市場所需的勞工與受過高等教育的專門人才，以及戰爭與政治難民的規定。

1979年中美關係正常化之後，一些有親戚在美國的中國大陸人也被接納入境。由於這些新移民多為經濟移民，他們赴美是為了改善自己的經濟條件，並立足於美國，為其子女創造一個理想的生活與學習環境。也由於美國的新移民政策鼓勵家庭團聚，允許新移民攜帶其家屬入境，從中國來的新移民因而舉家移民。為了長遠的經濟利益，他們中的許多人不惜放棄在中國的優越的專門技術職業，抱著破釜沉舟的決心，毅然抵美，一切從零開始。C先生與C太太的經歷便頗具代表性。C先生在中國是一名從事地質考察的科學工作者。他於1981年由在美國某大學教書的姐姐幫助，移民來到美國。此時，他已經47歲，人到中年。為了得到較好的就業機會，他決定進入美國中西部某大學地質系攻讀碩士學位。兩年之後，他完成了學業，安排他的妻子與孩子赴美與他團聚。C太太也具有高等教育學位，在中國從事光學技術。來美後，她與丈夫孩子一道，努力適應美國的新環境。她拼命學習英語，又考駕駛執照，最後終於被一家光學儀器公司作為技術員錄用，年薪2.5萬美元。一家人的經濟條件大為改善。[36]

除了經濟與政治原因之外，一些60年代以來的新移民則是希望在學術上進一步深造，實現個人的理想與抱負而來到美國的。從台灣來的學生形成了中國留學生浪潮中的第一波。根據《1965年移民法》，台灣同中國大陸一樣，也佔有2萬人的配額。因而，從台灣來的移民使得中國移民人數成倍增長。自60年代以來，當中國大陸的大專院校因文化大革命而關閉時，台灣卻逐步出現了一股「留學熱」。大多數大專學校的學生似乎都希望能出國留學，特別是對到美國留學的機會，更是孜孜以求。[37]根據台灣「教育部」的統計，從1950至1974年，台灣「教育部」共批准了30765名大專畢業生到美國留學。[38]在此之後，台灣留學生人數迅速增加。從1979至1987年，大約有186,000名台灣留學生到美國繼續深造。[39]

台灣自60年代而興起的留學熱與台灣在二戰之後的經濟起飛不無關係。50年代與60年代，台灣經濟迅速增長。與此同時，台灣的經濟結構與人口結構也在發生變化。台灣社會對台灣經濟中的非農業部分，特別是工廠製造業的需求大量增加。工業的發展又需要大批受過良好教育與專門訓練的人才。此外，台灣的人口結構也開始發生變化。生育率逐漸降低，家庭逐漸變小。同時，台灣家庭收入普遍提高，低生育與高收入引起人們觀念與生活方式的變化。台灣的父母親們對待子女的教育培養問題也有了不同的見解。家庭中子女人數的減少與經濟能力的增強，也使得家長有能力支援子女到美國求學深造。[40]

---

36 口述訪談第1。

37 口述訪談第13。

38 John T. Ma, "Chinese Americans in the Professions," in *The Economic Condition of Chinese Americans,* ed. Yuan-li Wu (Chicago: Pacific/Asian American Mental Health Research Center, 1980), p.67.

39 Jessy Chain Chou, "A Survey of Chinese Students in the United States, 1979-1987" (Ed.D.diss., Columbia University Teachers College, 1989), p.1, 87.

40 Thomas B. Gold, *State and Society in the Taiwan Miracle* (Armonk, New York: M.E. Sharpe, Inc., 1986). 但是，其他學者有著不同見解。他們認為台灣60年代以來的留學熱與該海島政治的不穩定有關聯。可參見Yen-Fen Tseng, "Beyond 'Little Taipei': The Development of Taiwanese Immigrant Business in Los Angeles," *International Migration Review,* Vol.29, No.1 (Spring 95): pp.33-58.

L女士是台灣成功大學1961年的畢業生，獲得英國語言文學學士學位。W女士是中山大學1968年的畢業生，獲得法國文學學士學位。R女士於1967年台灣的一所私立天主教會大學的西語系畢業。S女士於1978年畢業於台灣大學獲得農業經濟學學士學位。她們與許多台灣的留學生一樣，隨著留學潮於60年代與70年代湧入美國，以求深造。[41]她們之中，W女士的經歷最為典型。她在口述訪談中談到當年她如何作出赴美的決定：「我們都是在隨大流……那個時候，大學畢業生到海外留學是件時髦事。所以，每一個大學畢業生，只要有經濟能力，或者能得到美國學校的獎學金，都會去留學的。」[42]

在70年代之後，留學風從台灣捲到了中國大陸。自中華人民共和國成立以來，中國共產黨政府與中國以外的政府一樣主要依賴於外國來培養中國的專門人才。在新中國成立的最初20年，蘇聯是唯一對中國友好的世界大國。因此，中國政府持續地將留學生派往蘇聯學習，直至60年代中蘇關係惡化、最終破裂時，才不再派遣留蘇學生。根據有關統計資料，從1950年至1965年，中國共派遣10600名留學生前往蘇聯與東歐社會主義國家，其中留蘇學生占留學生總數的78%。[43]至此，毛澤東主席堅持自力更生的原則，中國退回閉關自守的舊模式。文化大革命中，勇於破「四舊」的紅衛兵將駐北京的各國使領館也劃入四舊之列，一同砸破，導致各友邦、除阿爾巴尼亞之外，均與中國斷交。因此，文化大革命的十年中，中國的國際文化交流計劃幾近中斷，只有1629名專攻外國語言的學生被派遣國外留學。[44]1972年中美關係正常化之後，中國政府再次認識到國際文化交流的重要性，視與先進工業國家的文化交流為中國獲取世界水平的科學技術的捷徑。1878年，中美正式建交的前一年，中國政府作出與國外建立學術交流計劃的決定。從此，中美學術交流計劃成為聯繫兩國之間關係的一條重要紐帶。

---

41 口述訪談第10、11、12、13、14、15和20。

42 口述訪談第13

43 《世界日報》1998年3月5日。

44 Shiqi Huang, "Contemporary Educational Relations with the Industrial World: A Chinese View," in *China's Education and the Industrial World,* eds. Ruth Hayhoe and Marianne Bastid (Armonk, N.Y.: M. E. Sharpe, 1987), pp.226-227.

左：中國大陸留學生，俄勒岡，1987年。（令狐萍個人收藏）
右：中國留學生的婚禮，新娘為台灣留學生，新郎為大陸留學生，俄勒岡，1987年。（令狐萍個人收藏）

如同20年前發生於台灣的留學熱一樣，在中國大陸，留學海外為中國許多知識分子所嚮往。其中最簡單的原因是，一張美國大學的學位證書可以大大改善他們在中國的生活與工作處境。對於那些中年以上的專家學者來說，在國外進修或研究是他們得到提拔與晉升的重要條件。[45]對於那些年輕的大學畢業生來說，在國外大學，特別是美國大學的研究生學歷基本上可以保障他們在中國有個輝煌前途。[46]

對上述人來說，在美國留學進修不僅有利於他們的學術前途，還可以改善他們的經濟條件。由於中、美兩國之間國民收入與生活水平的極大差異，和美元與人民幣兌換之間的差價（1980年代美元與人民幣的官方兌換率約為1:7），在美國留學進修的大陸知識份子因而生活非常節儉，盡一切可能從他們微薄的獎學金、補助費、以及其他收入中積蓄美金，以便回國時購買電視機、電冰箱、洗衣機、照相機、錄影機、音響設備等電器產品使他們的家庭生活現代化，或將美元存入銀行以備不

[45] 從80年代以來，響應中國政府的開放政策，中國各地的大專院校開始將在國外研究進修作為教授、講師提職加薪的必要條件。筆者在1985年至1987年之間，訪談了27名在美國的中國大陸訪問學者。他們中的大多數表示，他們來美國進修或訪問的主要原因是希望回國後被提升。見口述訪談第75-101。參見令狐萍："A History of Chinese Female Students in the United States, 1880s-1990s."

[46] 在筆者訪談的32名在美國的中國大陸女留學生中，絕大多數表示她們最初是打算完成學位之後回國的，並且認為她們在美國的學歷會有助於她們在中國求職與晉升。口述訪談第2、17-19、22-30、34、59、62-74和102。

時之需。[47]此外，還有許多人以留學生的身分進入美國，但並無讀書或返回中國之打算，只想尋找滯留美國的機會，以圖進一步發展。[48]

出於上述種種動機，自1979年以來，進入美國的中國大陸留學生與學者日益增多。根據中國的官方報導，從1979至1988年，約有36000名中國學生在美學習進修，其中37%為自費（Self-supporting），其餘為公費（Government-Sponsored Students and Scholars）。[49]而根據美國的統計資料，在美的中國留學生人數遠遠超過上述統計。傑西・周（Jesse Chain Chou）的研究顯示同一時期的中國大陸留學生人數為63000。[50]美國移民歸化局則估計，從1979至1989年6月，在美國的中國大陸留學生達73000人。[51]1989年12月2日，美國總統布希在對國會的演說中宣佈「自從中美學術交流開始，已有8萬名中國大陸學生學者在美國從事學習研究」。[52]

不同於持J-1簽證的中國政府選派的公費留學生與訪問學者，持F-1簽證的自費留學生多為由在美國的親友贊助或者獲得美國大學院校的獎學金而得以入境。[53]他們一般計劃先讀研究生，學成之後在美國就業，就業之後向美國移民局申請轉變身分為永久居民（permanent resident）。[54]筆者在對200多名中國大陸留學生所做的抽樣調查中，發現90%的人打算在畢業後在美國工作定居。這個留學、就業、定居的三部曲，從理論上講似乎很簡單。然而，在其實行過程中則充滿了許多難以言喻的曲折與艱辛。雖然自費學生的經濟資助者在法律上有義

47 同上，口述訪談第75-101。

48 口述訪談第58、60和61。

49 《人民日報》1988年2月15日。

50 Chou, "A Survey of Chinese Students in the United States, 1979-1987," p.61.

51 "Chinese Students Win Waiver," *Congressional Quarterly Weekly Report* 47(November 25, 1989): p.3245.

52 "Bush Veto of Chinese Immigration Relief," *Congressional Quarterly Weekly Report* 47(December 2, 1989): p.3331.

53 根據美國移民局的規定，J-1簽證持有者必須在其學業或進修計劃完成之後返回其本國，並且在回國之後兩年內不能以移民身份進入美國。與此相反，F-1簽證持有者則不受此限制。J-1簽證是為防止減少發展中國家人才流失現象（brain drain）而設計，也是中、美學術交流計劃中的一項協議。由中國政府資助的留學生與學者一般持有J-1簽證。因此，美國移民政策的限制與中國政府給予他們的公費補助，在法律上與道義上致使他們中的大多數人在完成學業與進修之後返回中國。

54 美國永久居民又稱「註冊外籍人」（registered alien）。因「外籍註冊卡」（alien registration card）最初為綠色，「綠卡」（green card）一詞由此而來。而現在美國移民局簽發的外籍註冊卡則為粉紅色。

務支付該學生在美第一年的費用，但實際上很少有經濟自助者真正出資贊助留學生。由於移民法要求留學生必須有足夠的資金才能獲得簽證，因此希望到美國留學者，想方設法尋找關係，請求在美國的親戚或朋友提供資助證明。雙方默契資助證明只是一紙文書，為入境而用，以通過移民局的遴選。所以，一經入境，許多自費留學生立即成為「獨立自主、自力更生」、自己負擔自己費用的學生。然而，移民法又規定留學生必須全職讀書，否則將失去其學生身分，被遞解出境。因而，許多自費留學生既要全職讀書，又要打工掙錢養活自己，並交納學費，不勝辛苦。Z女士的個案具有一定的代表性。Z女士於1988年來到美國中西部某大學攻讀教育學碩士學位。赴美前，Z女士在上海的一所大學教授英語，在學術上已頗有建樹。抵美後，作為自費留學生，Z女士必須為自己的生計考慮。她的親戚資助了她一部分學費，該大學也為她免掉另一部分學費。她在學校的餐廳、圖書館打工掙錢，支付生活費用。她每天5點鐘起床讀書，準備當天的功課，然後去上課、打工，忙碌一天。晚上回去支撐著疲乏的身體繼續讀書，寫報告至子夜。她常常自問，為何放棄在中國優越的職位來美國吃苦。由於Z女士聰明刻苦，成績優異，在入學的第二年，學校授予她獎學金，大大緩解了她的經濟窘迫。[55] Z女士屬於自費留學生中的幸運之輩。許多人因打工忙碌勞累，無法保持優良成績。因此取得獎學金無望，必須更努力打工，湊足學費。如此惡性循環，苦不堪言。[56]

中國大陸留學生中男女性別比例也很不平衡。根據美國學者利奧・奧林斯（Leo A. Orleans）的研究，自1979年以來，公費留學生中的女性只有不到20%。而在1983年之前，自費留學生中的女性人數為零（**見表5.3**）。留學生中的這種男女性別比例不平衡現象實質上是當時中國高等院校中性別比例的反映。在中國的大專院校中，女大學生的比例占學生總數的10%到45%不等，依專業而異。一般來說，女大學生在理工科院校中，約占10%；在醫學院校中，約占30%；在綜合大學

[55] 口述訪談第2。

[56] 口述訪談第131。

中，約占40%到45%。[57]但全面來看，在中國高等教育制度中，女性比例大大低於男性。中國高等教育中的男女性別差異是一種複雜的歷史現象。中國的傳統教育歷來提倡「女子無才便是德」。家庭與社會均不鼓勵女子多受教育。自新中國成立以來，共產黨政府大力宣傳男女平等，努力提高婦女的社會與經濟地位。然而，傳統觀念的慣性與制度的不完善仍然阻礙著許多女性在高中畢業後，繼續深造。所以，中國高等院校中女性的不足自然邏輯地導致中國留學生中女性偏低的現象。

除了歷史的原因之外，中國政府的留學生政策也進一步造成了留學生中男女性別的失調。中國政府歷來優先派遣專攻理工科的留學生，認為國家可以直接得益於學習掌握了專門科學技術的人才，因而將有限的資金先用在對專門科技人才的培養上。然而，中國政府實行這種實用主義的留學政策的真正原因，在於其對西方哲學意識的疑懼心理。雖然中國政府真誠希望在中國實現農業、工業、科技與國防的現代化，並且認為引進西方科學技術為實現現代化之必須。但其對於引進的態度則十分類似於清代自強運動領袖張之洞的「中學為體，西學為用」。歡迎西方的科學技術推動中國的經濟發展，但反對西方思想意識「精神污染」中國人民、瓦解中國的社會主義制度。這種留學政策，自然使人文科學的女大學生較少得到出國留學的機會。

表5.3　1979-1985年中國在美留學生、學者中的女性

年代	J-1學者	J-1留學生	F-1留學生
1979	14	13	n.a.
1980	16	18	n.a.
1981	15	18	n.a.
1982	17	18	n.a.
1983	18	17	37
1984	20	19	45
1985	24	20	41

資料來源：Leo A. Orleans, *Chinese Students in America: Politics, Issues, and Numbers,* (Washington, D.C.: National Academy Press, 1988), p.98

[57] 該比例來源於筆者對口述訪談個案與抽樣普查的統計分析。

但是，中國在美留學生中男女性別比例失調的現象從1985年起開始改變。這一年，中國政府重新審查其選派留學生政策，作出部分改動，放寬一些限制，使其較前靈活變通。以此為結果，較多的專攻人文科學的留學生與學者被選派出國，因而增大了在美留學生、學者中女性的比例。至80年代末，中國大陸留學生與學者中的女性人數比例躍升為30%。[58]

中國留學生政策的放寬也導致了中國在美留學生人口結構的另一個變化。從80年代初起，越來越多的留學生或者學者將他（她）們的配偶接來美國團聚。中國官方的留學政策還從未允許過留學生與學者的配偶前往探親、陪讀。為了承認既成事實並管理控制留學生、學者的配偶探親，中國政府再次修改其留學生政策。1986年12月23日，在中共中央國務院轉批國家教育委員會的一份題為《關於出國留學人員工作的若干暫行規定》的文件中，制定有關公派留學生與學者配偶出國探親的條例。該文件的第五條第七款規定：「公派出國研究生在國外時間較長，其在國內的配偶申請自費出國探親，按照《中華人民共和國公民出境入境管理法》的規定辦理。」該文件還規定：「研究生配偶在探親期間，聯繫到國外獎學金、資助金，申請留學的，在探親假期內報經國內工作單位批准，可以按規定辦理有關手續轉為公派或自費留學。」[59]

自從該項政策制定之後，越來越多的留學生的妻子（也包括女留學生的丈夫），來美國探親。根據筆者對200多名中國留學生妻子的抽樣調查，她們之中90%以上的人是1987年之後來到美國的。其中90%以上的人擁有大學學歷。許多人在來美國之前，便計劃先以留學生配偶的身分赴美（因為作為留學生配偶入美的手續比作為留學生要簡單容易得多），到達美國之後，便突擊英語，準備考「託福」，然後申請進入美國大學研究生院。[60]因而，這些留學生妻子實際上成為潛在的留

[58] 此數據出自筆者的抽樣調查。

[59] 見中國國家教育委員會：《關於出國留學人員工作的若干暫行規定》，1986年12月23日，第五條《公派出國留學人員回國休假及其配偶出國探親》，第9頁。

[60] 在筆者對200多名大陸留學生妻子的抽樣調查中，90%以上的人希望在美國攻讀研究生。參

學生，而她們之中的一些人確實轉為研究生。[61]留學生妻子的探親陪讀均衡了大陸留學生中的男女性別比例。在90年代，美國各大學中國留學生男女性別比例上升為4:3。[62]

60年代以來的新移民婦女與早期中國移民婦女相比，有下列差異。首先，移民的來源地不盡相同。早期中國移民婦女大多來自廣東省的台山及其臨近縣，例如新會、開平、恩平、南海、番禺、順德、花縣、東莞、中山、寶安、珠海以及廣州和香港等城市。而60年代以來的新移民多數來自台灣、香港以及中國的其他地區。近年來，在美國各地華埠，可以聽到普通話和各種不同的方言：粵語、閩語、客家話、上海話以及台語等。

其次，就業機會不同。早期中國移民婦女的就業機會一般僅限於低技術或無技術的體力勞動行業。而60年代以來的新移民則就業於各種不同的行業，成為餐館業員工、工廠工人、縫紉女工、食品雜貨店主、公司職員、政府僱員、大學生、藝術家、教師、教授、工程師、醫師以及律師等。

60年代以來的新移民婦女與早期中國移民婦女相比，也有相同之處。無論是早期移民還是60年代以來的新移民，都傾向於在城市和主要華埠定居。在這些地方，即使沒有任何英語能力，她們可以較為容易地找到工作，買到烹煮家鄉菜的食品、作料，和講同樣方言、有著同樣生活習慣的人往來。**表5.4**顯示了80年代華人人數最多的美國的10個州。從表中我們可以看到，加利福尼亞州是新移民最喜愛的一個州，紐約其次。事實上，紐約是非美國出生的華人最偏愛的一個州。在紐約之後，伊利諾伊、德克薩斯、馬薩諸賽和新澤西等州也成為新移民傾向於定居的地點。新移民的定居形式也表明自60年代以來中國移民的新的定居模式。早期中國移民多在加利福尼亞、夏威夷和紐約等州的主要華埠安家，而60年代以來的新移民則選擇任何適合於她們

見口述訪談第18、19、22至29。

61 參見口述訪談第18、19、22、23、26和29。

62 此數據出自筆者的抽樣調查。

發展的地方，不僅包括東海岸與西海岸主要城市的老華埠，也包括美國中西部與南部的美國新興城市（**參見表5.4**）。

表5.4　1980年華人選擇定居的主要州

州名	該州華人人數	占華人總數百分比	非美國出生華人人數	占非美國出生華人總數百分比
1.加州	325882	40.1	174421	39.5
2.紐約	147250	18.1	96135	21.8
3.夏威夷	55916	6.9	10183	2.3
4.伊利諾伊	28847	3.6	16772	3.8
5.德克薩斯	26714	3.3	16486	3.7
6.馬薩諸塞	24882	3.1	14650	3.3
7.新澤西	23432	2.9	13591	3.1
8.華盛頓	17984	2.2	9716	2.2
9.馬里蘭	15037	1.9	8617	1.9
10.賓夕法尼亞	13769	1.7	7939	1.8
總數	679773	83.7	368520	83.4

資料來源：U.S Bureau of the Census, 1980 *Census of the Population, Supplementary Reports* (Washington, D.C.: Government Printing Office, July 1981) and "Foreign-Born Immigrants: Chinese-Tabulations from the 1980 U.S. Census of the Population and Housing," mimeographed report, Washington, D.C., October, 1984.

第五節　60年代以來新移民的社會生活狀況

60年代以來的新移民，依據其不同的教育水平、個人特性與經濟能力，有著不同的經歷。大部分勞動階層的移民婦女生活得並不輕鬆，在為生存而終日勞動。但她們仍然希望生活狀況會逐步改善，她們的後代會有更好的將來。與此同時，女留學生與職業技術婦女雖然在移民之初，也經歷了一番艱苦，但她們在學業完成或環境適應之後，經濟與社會地位逐步提高，開始品嚐成功的喜悅。

勞動階層的移民婦女一般有著較長的工作日。她們勞動所得的報酬比較低，她們的工作條件也比較惡劣，沒有保障。她們常常為生活中的各種問題擔心，心理上沒有安全與穩定感。由於她們的工作收入低且不穩定，許多勞工階層的移民婦女必須同時有幾份不同的工作，才能維持她們家庭的生活。大多數新移民婦女進入縫紉業工作。美國華埠的縫紉業，自60年代以來，基本以僱傭中國移民婦女為主。[63]這些縫紉女工一般文化程度不高，沒有專門技術職能，年齡在25歲與64歲之間。[64]她們每月最多只能掙800美元。與此相比，在中國餐館做工工資要略為高一些。餐館工人每月可以收入1100美元，但每週工作六天，每天要工作12個小時。[65]除了個別的工廠之外，華埠縫紉業的小型工廠或作坊一般沒有工會組織來保障工人的權益。縫紉女工因此飽受業主剝削。每當縫紉業主的衣源減少時，或者沒有及時收到成衣批發商的貨款時，便以降低或拖欠工人薪水來彌補損失。[66]1997年11月，紐約華埠的三家衣廠（MSL Sportswear, Larahand Sarah Sportswear and M.F. Fashion），因成衣批發商沒有及時將貨款交給衣廠老闆，拖欠工人薪金達十數週。工人被迫上街示威。許多女工被欠薪四五千元，生計困難。一位被欠薪5000多元的女工表示，她家中有四個孩子，其中一個為大學生。由於她長期拿不到薪水，家中所有開支全靠在餐館打工的丈夫，難以維持。[67]除了低工資外，許多女工不得不在環境惡劣甚至不安全的條件下工作。衣廠多位於華埠的陳舊建築物中，沒有暖氣、空調、通風、下水、電梯和安全門等設備。[68]

新移民婦女除了工作辛苦外，還要擔心其他問題，諸如托兒、失業等。由於托兒所不足，家庭保姆費用昂貴，許多移民婦女只好自己在家照顧年幼的孩子。李志國是居住於波士頓的一名新移民。由於他找不到一間托兒所，只好讓他的妻子留在家中照看孩子。因為妻子不能工作，全家生活只靠他一個人的收入來維持，經濟非常緊張。[69]另一

[63] Peter Kwong, *The New Chinatown* (New York: Hill and Wang, 1987), p.30
[64] Min Zhou, *Chinatown: The Socioeconomic Potential of an Urban Enclave* (Philadelphia: Temple University Press, 1992), pp.162-165.
[65] Zhou Yun-zhi, "Life for Chinese in New York," in *The World Journal Weekly,* 15 July 1990, p.4.
[66] Kwong, P.31;《世界日報》1997年11月12日。
[67] 《世界日報》1997年11月14日。
[68] Bao, "Holding Up More Than Half the Sky," p.52.
[69] 《世界日報》1990年7月24日。

對居住於波士頓的中國移民夫婦黃先生與黃太太同在一家中餐館工作。因為付不起家庭保姆的費用，他們只好將年幼的孩子留在家中，由年老多病的祖母來照看。他們8歲的女兒放學之後，接替老祖母照看弟弟。[70] 大多數新移民，生活都非常節儉，因為他們不知道哪天會失去工作。住在波士頓的一位移民婦女婁太太經常擔心，如果她的丈夫生病或者失業，他們的四口之家該如何生活。[71]

①：中國老年婦女在舊金山，1970年。（令狐萍個人收藏）
②：唐人街的簡陋居住狀況，芝加哥，2008年。（令狐萍個人收藏）
③：美國唐人街小型中餐館的運營狀況，2008年。（令狐萍個人收藏）
④：中國餐館廚房，密蘇里，1997年。（令狐萍個人收藏）

70 同上。
71 同上。

還有一些移民婦女經常被她們的丈夫咒罵或毆打。許多受害者的丈夫都是受過良好教育的中國專門技術人員。由於工作緊張壓力大，他們變得脾氣暴躁。個人理想與現實之間的差距使他們心情壓抑，他們因此以打罵妻子來發洩對生活的不滿與怒氣。一些主要華埠的社區社會服務組織盡力幫助新移民解決這些問題。紐約的美國華裔婦女協會將她們的工作重心放在解決新移民家庭中婦女被丈夫施與暴力的社會問題上，該協會的辦公室經常收到移民婦女打來的電話，哭訴她們被丈夫毒打。婦女協會主席陳道英說服許多毆打妻子的丈夫去諮詢心理醫生。該協會理解新移民大多有經濟困難，因此組織了一個家庭服務中心，為那些心情苦悶的丈夫提供免費諮詢服務。[72]

中國移民家庭中的暴力問題，與發生於其他亞裔移民婦女中的暴力問題相似。由於多數移民婦女作為其丈夫的家屬來到美國，她們在經濟上與法律身分上不得不依賴於丈夫。這種依賴性使她們對丈夫膽怯懦弱，因而易於成為家庭暴力的受害者。傑奎琳・阿格圖卡（Jacqueline R. Agtuca）的著述記載了多起舊金山菲裔移民家庭中暴力現象的案例。根據她的研究，1990年舊金山被謀殺的婦女中，有66%死於家庭暴力。[73]

雖然生活艱難，許多移民婦女仍然保持著積極健康的人生態度。文女士同她的丈夫和兩個女兒於1988年從香港移民到美國紐約。因為在華埠找不到便宜的住房，文女士和她的一家便在哈雷姆西區（Western Harlem）找到一套月租200美元的兩臥室公寓。她和她的丈夫雙雙工作維持全家的生活。她的丈夫在香港曾經是一家小型鋼鐵廠的經理。移民美國後，他每天為華埠的一家批發公司運送中國餐館訂購的中國食品，每月收入1200美元。文女士只有小學文化程度。她先在一家衣廠做工。在有了一個新生兒之後，她將活計攬到家中。一天幹八小時的活，只能掙到14美元。但是，即使是這種非法的活計，她也並不是能經常找到。雖然她想念在香港的生活，但她並不後悔當初移

---

72 《華僑日報》1998年9月21日。

73 Jacqueline R. Agtuca, A *Community Secret for the Filipina in An Abusive Relationship* (Seattle: Seal Press, 1992), p.22.

民美國的決定。「後悔只會浪費我的時間」，她說，「雖然在這裡生活很艱難，但是我們兩人都有工作。我們有一個和睦的家庭。所以，我們仍然感到幸福」。「我也聽說一些中國人在這裡成功的例子」，她補充道，「但是，我知道大部分人都在掙扎。」[74]

大多數女留學生和專門職業婦女，無論來自哪裡，都有著與勞動婦女不盡相同的經歷。從台灣來的女留學生，多數在經濟上由她們的父母支援，或者靠自己赴美之前工作的積蓄維持生活。與此相反，從中國大陸來的女留學生則多由中國政府的公費資助，或者由美國高等院校、政府機構、慈善團體贊助，也有一些人依靠個人的資金。[75]遠離親人在異國讀書，生活並不輕鬆。由於美國與中國高等教育制度的差異，她們在留學之初常常感到無所適從。美國大學課業繁重，對於英語不是母語的留學生來說，就更是不勝負荷。種種不利因素迫使她們起早貪黑，最大限度地延長學習時間，以求完成功課，並保持優良成績。許多女留學生認為她們生活中最大的壓力來自課業負擔與心理孤獨。[76] K女士於1993年從台灣來美國中西部某大學學習金融貿易。她的父親在台灣擁有一家電腦公司，所以，在經濟上她沒有後顧之憂。但是，她常常為學習中的問題煩惱。她訴說道：「我們希望能有更多的美國朋友，但是他們一般講話很快。如果上課小組討論時，我們和他們分到一個小組，我們很難搞清楚他們在說什麼。這使我感到很難過。如果教授讓分組討論，一些美國學生不想和我們分在一組，因為我們的英語沒有他們的好，或者因為我們不能用英語清楚地表達我們的思想……所以，我們為此感到很沮喪。」[77]

雖然中國女留學生在留學之初也經歷了許多移民所共有的困難，諸如語言困難、孤獨寂寞、心理失落等。但是，她們所經歷的困難與早期中國移民婦女所經歷的困苦相比，有著程度、深度和長度上的區別。早期中國移民婦女，多為文盲，來自中國農村的窮苦家庭。美國

[74] Zhou Yun-zhi，同前。
[75] Orleans, p.91
[76] 口述訪談第2、3、11-15、17、34、51、60、64。
[77] 口述訪談第51。

公眾視她們為出賣肉體的妓女，美國政府對她們在法律上排斥。她們不僅為美國公眾所歧視、冷落，被孤立於美國主流社會之外，也被排斥於中國移民的男性社會之外，被禁錮於家庭的狹小天地之中。這種孤立狀況與她們長期相伴。[78] 當居住在洛杉磯的中國移民婦女葉太太（Mrs. Yip）於1925年被訪談時，她氣憤地談到華人在這裡被公開歧視的現象。「如果你是中國人，有的戲院會拒絕賣票給你……現在大部分戲院會賣票給中國人，但是他們會把最壞的位子給你，除非你堅持要好的位子。在公共電車上，有的乘客會向你走來，上下打量你，然後走開，他們是不會坐在你旁邊的。」[79]

雖然女留學生也體驗了孤立無助的與被歧視的感覺，但是，當她們來到美國時，美國社會與19世紀末20世紀初時大不相同。經歷了第二次世界大戰、60年代的民權運動、70年代的婦女解放運動等一系列重大事件，目睹美國華人中產階級近期的教育與就業成就，美國公眾逐步改變了對華裔的看法。此外，尼克森總統1972年對中國的訪問減少了美國公眾對華人的偏見與歧視，在美國公眾中重新燃起了對中國以及中國人的好奇與興趣。同時，具有較高教育程度的中國女留學生在留學之前，便已接觸西方文化，學習英語，具有良好的專業訓練。因此，她們的學術表現一般優於美國普通大學生或研究生。她們似乎前程光明遠大。在經歷一段艱苦的奮鬥之後，她們可能有機會融入美國中產階級社會。她們所體驗的文化孤立現象似乎是暫時的。

如果女留學生體驗了由環境生疏、語言困難所引起的與美國社會隔膜的心理狀態，許多中國留學生的妻子則更深切地感受到那種在異鄉的孤立無助、錯位失落。許多留學生的妻子在出國之前已接受大學教育，並擁有優越的工作職位。以探親陪讀的身分到美國與丈夫相聚，意味著她們將放棄自己在中國的職業，並有可能進而失去自我。事實上，在中國留學生社區中，人們常以「某太太」來稱呼某留學生

[78] 參見第一章所討論的個案。

[79] Mr. and Mrs. William S. Yip, Los Angeles, California, interviewed by Catharine Holt, January 13, 1925, William Carlson Smith Documents, #315.

的妻子，而不以她個人的名字稱呼。因此，留學生妻子的身分是與其丈夫緊緊相連的。這種自我身分的消失很有可能在一部分留學生妻子中引起心理的錯位與失落。此外，作為留學生的配偶，她們的入境簽證限制她們在大學校園以外接受工作，因而阻礙了她們與美國外部世界的接觸。她們語言能力的不足也妨礙她們與外界交流，被侷限在狹小的學生公寓中，許多留學生妻子以整理房間、烹調、閱讀中文書報與其他留學生妻子電話聊天，或者照看孩子，來渡過忙碌但漫長的一天。

對於那些有孩子的留學生妻子，她們不僅體驗與外界隔膜的孤獨，而且要擔心家裡的經濟來源。丁文瑤（Wendy Wen-yawn Ding Yen）的自傳式散文《漫漫長路有時盡》真實生動、細膩深刻地敘述留學生與其家屬在留學過程中所體驗的酸甜苦辣和心路歷程。1958年，丁文瑤出生於台灣，是家中六兄妹中最年幼的一個。她在大學時學習旅遊觀光專業，畢業後在台灣一家國際飯店做行政管理工作，待遇優厚，工作輕鬆。1981年夏天，她的留學生未婚夫從美國返回台灣與她結婚。隨後，她到美國與新婚的丈夫團聚。一經抵美，她開始體驗留學生活的艱苦。她在其散文中寫道：

> 1981年12月20日，千里迢迢，經過20多小時的飛行，終於抵達俄克拉荷馬州的艾德蒙小城（Edmond, Oklahoma）。迎接我的不是別的，是那漫天遍地伸手不見五指的大風雪和那三個傻裡呱唧的書呆子，及一部pinto小車，不用說，其中一個就是我那分別四個月的先生，另兩位同學便是抓來做提行李及開車的幫手。那時候先生正同時修企管碩士及電腦學士的學位，而我們也只不過新婚五月餘，尚在蜜月期間，而孩子卻是在努力避孕中，仍是不請自來了，一時令我慌了手腳……那時候先生尚有一學期才能拿到學位，自己尚且是伸手牌大將軍，而我有孕在身，根本談不上如何打工幫忙賺錢……記得那年聖誕一過，學校才開學，先生便勇於面對現實，一口氣接下了每晨6點到10點，清潔圖書館的工作，其餘時間修滿了十六個學分的課，又

在附近的中餐館，接下了週末收碗盤的工作……兩份工，加上全職修課，我幾乎沒有跟他碰面的機會。臘月隆冬的天氣，清晨，天尚昏暗未明，我只能飲泣於窗簾後，望著他一腳高一腳低的身影，漸行漸遠……先生是陝西人，道道地地的北方胃，不愛食米飯、海鮮，愛吃包子、饅頭、刀削麵，大塊燉肉，而我這個甚少下廚的南方小姐，硬是得挽起袖子來學和麵、揉麵。一學期下來，倒也能做出些像樣的東西來，既然在生財、課業上都幫不上忙，那麼唯一能做的，就是給他足夠的本錢——「好的身體」去衝刺。那時候最開心的事，莫過於每月領取餐館的工資及學校的支票，面臨龐大的醫藥費，我們必須錙銖必較，以求收支平衡……就這樣，他忙他的打工及課業，我忙著適應新環境，一下子便開春了，而孩子也在五月蒲公英的怒放中出生了，是個失望中來的女兒……當時的經濟情況不允許我們在醫院久留，住了一夜便帶著新生兒返家……更可憐的是返家第二天，便發起高燒來了，自己都被燒得昏昏沉沉，還得強支著照顧哭啼不休的小嬰兒……趁著先生上工前的三四個小時空檔，讓他接手看管孩子，自己照著老祖母土法煉鋼的方法，喝下了一大碗熱薑湯，沖了個大大的熱水浴，蓋了兩床厚厚的大被，硬是把自己壓出了一身大汗，如此在經過一陣冷，一陣熱，冷熱交攻下，慢慢地退燒了……學校放假了，先生也以幾乎全A的成績，順利地拿到了兩個學位，並同時申請到了在內布拉斯加大學繼續攻讀資訊管理博士學位。當時由於申請的晚了些，有限的獎學金名額已經分配完畢了，我們也來不及分到，我們又再一次面臨經濟上的問題……所以暑假期間先生幾乎不分晝夜，除了睡覺，就是打工賺錢，當然也顧不到我們母女了……到林肯的第二個月，我們意外的得到了個好消息，因為有位申請到獎學金的學生未能到校上課，先生便順利地替代了那份獎學金，除了免除學雜費外，每星期替教授做12小時的事，領取430元一月的生活補助費，雖然錢不多，但心安不少。

先生在經過一年的努力中，更踏穩了原本搖晃的腳步，同時我們幾經商量，決定開源以平衡無法再補貼的存款……我立刻找到了一份端盤子工來打……每天打完了早工，下午兩點匆忙接回了女兒，七手八腳忙出了一老一小的晚餐，自己草草填了點東西，只待先生回來一交班，又急駛回餐館趕打晚工。每逢週末，總也得弄到十一、二點方能收工……終於1985年的夏天，在全家殷殷期盼中，先生捧著一個博士、一個碩士學位，昂首闊步地踏出了校門，並以相當出色的成績，找到了他的第一份工作，舉家浩浩蕩蕩地遷往俄亥俄州，定居於牛津小城……[80]

中國留學生社區內外的一些社會組織付出了很大努力，來緩解中國留學生及其配偶的困境。「中國學生學者聯誼會」（Chinese Student and Scholar Friendship Association）和「中國同學會」（Chinese Student Association），分別代表中國大陸留學生與台灣留學生，在全美大專院校中設有分會，幫助中國同學排難解憂，活躍課餘生活，並組織學生社區外的各種社會活動。這兩個學生組織，為留學生適應環境，順利完成學業所必不可少，功不可沒。

在一些學生社區中，留學生妻子也組成了她們自己的組織。凱斯西部保留大學（Case Western Reserve University）的台灣留學生妻子，於1989年9月1日成立了克利夫蘭中國婦女協會（Cleveland Chinese Women's Association）。該協會旨在幫助留學生妻子適應新環境，交換家政與娛樂方面的心得，提供申請學校與育兒保健知識。會員每兩星期集會一次，舉辦包括家庭經濟、節制生育、化妝技巧、美國節慶以及西方習俗等各種講座。[81]

美國教育機構與美國社區居民組織提供的各種社會服務活動，也幫助中國留學生妻子緩解留學生活的壓力。「東道主家庭計劃」（Host Family Programs）活躍於全美各地大學城中。該計劃由各大學國

---

80 丁文瑤：《漫漫長路有時盡》，載《世界日報》1990年5月8-10日；口述訪談第39。

81 《世界日報》1990年4月12日。

際學生辦公室以及社區團體與熱心人士組成，以幫助外國留學生適應美國大學的教學環境和美國的社會生活。該計劃為每一位外國留學生分配一個當地的美國家庭作為東道主家庭，在學習與生活等各方面為留學生提供幫助。例如，到機場迎接新到的留學生，邀請留學生參加其家庭或社區的各種聚會等。俄亥俄牛津市（Oxford, Ohio）的「社區服務計劃」（Community Service Program, COSEP）便是這方面的一個典型範例。「社區服務計劃」由喜愛異國文化、對國際留學生有興趣的牛津當地居民組成。該計劃旨在盡東道主之誼，為國際留學生提供各種支援，幫助他們順利渡過從母國文化到美國文化的轉變期，使他們成為東道主家庭或當地社區的一部分，也使他們的留學生活更為充實愉快。「社區服務計劃」不僅為國際留學生提供東道主家庭，而且組織「留學生配偶活動」（World Wives Program），邀請外國留學生的妻子參加免費英語補習班和每週一次或每月一次的聚會。留學生妻子在這些課程或聚會中，不僅能夠增進英語水平，而且可以結交朋友，交換資訊，增加對美國文化的瞭解。這些社區友好活動極大地幫助了外國留學生，特別是中國留學生的妻子，因此深受留學生的歡迎。

與前輩留學生一樣，當代中國留學生雖然身處異鄉，仍然憂國憂民，關注中國的前途。他們敦促中國政府繼續經濟改革，並且開明政治，實行政治改革。1989年11月30日，美國總統布希簽署《關於中華人民共和國公民的管理條例》（Administrative Measures for PRC Nationals）。該文件免除1989年12月1日之前居留美國的中國公民，在完成在美國的學業或培訓後必須返回其母國、並在那裡居住兩年的規定，並允許在1989年6月5日以前便已居留美國的中國公民在美國接受僱用。[82] 根據這一法令，中國留學生在完成學業之後可以接受僱用，並進而長期居留美國，成為美國公民。

抓住這一有利時機，許多中國留學生決定在畢業之後留在美國，尋找工作機會。一些人甚至在畢業之前便已開始尋求就業機會。根

[82] 參見美國國會發往美國各地移民與歸化局辦公室的電報：1989年12月4日。

據台灣行政院大陸委員會的統計資料，從1978至1995年，中國大陸共派遣25萬名留學生到美國，其中，國家派遣4萬多人，單位派遣8萬多人，自費留學生12萬人，在25萬名留學生中，學成後返回大陸服務者僅8萬人，約占總數的1/3。到美國留學後回大陸服務者所占比例最低，約為15.4%。[83] 筆者的口述訪談資料也顯示，相當一部分的中國女留學生已成為大學教授、律師、研究員、圖書館員等類型的專門職業人員，並且在各自的行業工作出色、頗有建樹。[84]如同她們的前輩留學生，從中國大陸來的女留學生在逐步融入美國中產階級社會。她們將逐步顯示在美國社會經濟方面的重要性。

如同第二次世界大戰，美國民權運動與60年代移民政策的改革成為美國華裔歷史的又一個重要轉折點。自此，更為深刻的教育、就業、經濟、政治、社會與心理變化產生於美國華人社會。

美國華裔人口自1965年以來的迅速增加是美國移民政策民主化的直接結果。美國移民政策的改革還間接地導致了美國華裔社會中的其他許多變化。新移民中較高比例的留學生與專門職業者改變了中國移民的外觀，中國移民不再以愚昧無知的「苦力」形象出現，而代之以有資金、有頭腦、雄心勃勃的新移民。新移民中的留學生與專門職業者也增加了美國華人社會中中產階級的力量並增進其正面形象。留學生移民的教育與職業背景將使他們成為華人社會中不可低估的一股政治力量。大量新移民的湧入也擴大與加強了美國華人社會活動家與政治家的社會與經濟基礎，並迫使美國政治家不得不傾聽他們的呼聲，有限度地改善他們的社會經濟狀況。

[83] 《世界日報》1998年3月15日。
[84] 口述訪談第17-19、22和30。

第六章　與美國華裔婦女有關的諸問題

受益於美國的民權運動與《1965年移民法》，美國華裔婦女在教育、就業、家庭、社會等方面的地位顯著提高。然而，她們的社會與經濟成就，仍然不能使她們免於以新形式出現的種族與文化偏見帶來的歧視。60年代以來，她們成為美國國內一系列爭議性問題的焦點。諸如關於亞裔作為「模範少數族裔」的不同爭議，亞裔是否從「平等權益措施」（affirmative action）中受益，以及亞裔婦女是否以異族通婚（interracial marriage）作為她們提高自身社會經濟地位的工具。同時，華裔婦女也面臨諸如種族歧視、性歧視（sexism）、文化認同（ethnic identity）等其他問題。此外，華僑華人研究中其他爭論性的問題，諸如華人社會中的「上城」與「下城」的階級對立問題，華人參政的問題，我們也在本章一同論述。

第一節　模範少數族裔：神話與現實

自從60年代以來，美國華人經歷了文化、政治與心理的深刻變化，取得了教育、就業、參政方面的顯著成就。因此，華裔作為「模範少數族裔」的媒體形象開始流行於美國社會。[1]

1966年1月，威廉·彼得森（William Petersen）在紐約《時代》

[1] 有關模範少數族裔的學術討論，參見 Bob H. Suzuki, "Educational and the Socialization of Asian Americans: A Revisionist Analysis of the 'Model Minority' Thesis," *Amerisia Journal* 4(1997): pp.23-51. 這是一篇對模範少數族裔理論進行批評的主要學術論文。 Keith Osajima, "Asian Americans as the Model Minority: An Analysis of the Popular Press Image in the 1960s and 1980s," in *Reflections on Shattered Windows,* pp.165-174. 該文是對於模範少數族裔問題的近期討論文章中的一篇。Ronald Takaki, *Strangers From a Different Shore*, pp.474-484. Sucheng Chan, *Asian Americans,* pp.167-170. 上述兩部著作都綜述關於模範少數族裔問題討論的要點。

（*New York Times Magazine*）雜誌發表一篇文章褒揚日裔美國人，認為日裔已成功地融入美國主流社會。該文歷數日裔美國人在美國歷史上、特別是第二次世界大戰期間，所受到的不公平待遇。並指出對教育的重視是日裔在美國成功的關鍵。[2]同年12月，美國《美國新聞與世界報導》（*U.S. News and World Report*）雜誌也載文推崇華裔美國人在社會經濟方面的成就。[3]在新聞媒體的宣傳推動下，模範少數族裔成為亞裔在美國公眾眼中的刻板形象，被用來描述亞裔美國人通過刻苦勤奮、尊重傳統觀念、謙和禮讓而取得的社會經濟成功。

20多年之後，模範少數族裔理論（model minority thesis）又被新聞媒體重新炒作，引起美國公眾對華裔的再度注意。80年代，美國主要電視傳播網路與流行雜誌爭相報導亞裔美國人的成就。[4]美國政治家也及時呼應媒體，白宮對亞裔美國人大加表彰。1984年，美國總統雷根在白宮接見一批亞裔人士，對他們發表講話，表揚亞裔人的成就，並指明其重要性。雷根在講話中說，美國是一個移民國家，每一個美國人都是來美國實現「美國夢」的移民的後代。他表彰亞裔人保持這這個夢想，實行著「人類的神聖價值、宗教的信仰、團體精神和家長與學校有著為教育下一代而努力工作、忍耐、合作的職責」這些重要原則。因此，「亞裔家庭的平均收入大大高於美國一般家庭的收入是毫不奇怪的」。雷根表揚亞裔為所有美國人樹立了榜樣，並對此表示感激。他說：我們需要「你們的價值觀念，你們的勤奮刻苦」，這些特質與美國的政治制度絕對相容。[5]

---

2 William Petersen, "Success Story, Japanese-American Style," *New York Times Magazine,* 9 January 1966, pp.20-43.

3 "Success Story of One Minority in the U.S.," *U.S. News and World Report,* December 26, 1996, pp.73-78.

4 CBS, *60 Minutes,* "The Model Minority," February 1, 1987; "Asian-Americans: Are They Making the Grade?" *U.S News & World Report,* April 2, 1984, pp.41-47; "The Changing Face of America," Special Immigrants Issue, *Time,* July 8, 1985, pp.24-101; "Asian Americans: The Drive to Excel," *Newsweek on Campus,* April 1984, pp.4-15; "Asian Americans: A 'Model Minority,' " *Newsweek,* December 6, 1982, pp.40-51; " America's Super Minority," *Fortune,* November 26, 1986; David A. Bell, "The Triumph of Asian-Americans: America's Greatest Success Story," *New Republic,* July 15 and 22, 1985, pp.24-31. As cited in Takaki, ibid., p.552, note 3. Also see Osajima, p.173, note 9.

5 President Ronald Reagan, Speech to a Group of Asian and Pacific in the White House, February 23, 1984, Reprinted in *Asian Week,* 2 March 1984.

模範少數族裔理論不是來源於真空，而是基於許多統計數據。各種統計資料都證明亞裔美國人取得了顯著的社會經濟成就。根據1970年的人口統計資料，華裔與日裔美國人的家庭平均收入超過美國白人的家庭平均收入。日裔美國人的家庭平均收入與美國白人的家庭平均收入相比，高出3000美元。華裔美國人的家庭平均收入也較美國白人的家庭平均收入高2000美元。[6]1980年的人口統計資料也顯示，亞裔美國人完成大學四年高等教育的百分比高於美國黑人、美國拉丁裔人口與美國白人。具體百分比如下：菲律賓裔（21.7）、韓裔（21.2）、華裔（15.8）、日裔（15.6）、亞洲印度裔（14.1）、白人（9.4）、黑人（4.9）和拉丁裔（3.5）。[7] 2010年的美國人口普查資料，顯示美國亞裔人口已超過1千7百30萬，其中1千4百70萬人為純亞裔（Single-Race Asian），2百60萬人為亞裔與其他族裔混血（Asian in combination with one or more additional races）。純亞裔家庭的年平均收入為67,022美元，為全美各族裔之首。[8]同期，有50%的年齡超過25歲的純亞裔擁有大學以上的學歷，而年齡超過25歲的全美一般人口僅有28%擁有大學以上的學歷。[9]

雖然模範少數族裔理論承認亞裔美國人自第二次世界大戰以來的社會經濟成就，但是，該理論在60年代的出現則有其特殊政治背景，服務於某些人的政治目的。亞裔美國人通過艱苦奮鬥，保持傳統價值觀念而取得成功的故事，被用來批評那些倡導以激烈的抗議活動來改善其社會狀況的美國黑人與拉丁裔民權運動活動家。此外，模範少數族裔理論進一步強調美國是一個充滿機會的國家，美國的民主制度仍然在繼續鼓勵並保障個人成功的普遍觀念。

---

6 U.S. Department of Health, Education, and Welfare, *A study of Selected Socio-Economic Characteristics of Ethnic Minorities Based on the 1970 Census, Vol. II : Asian Americans* (Washington, D.C.: Department of Health, Education, and Welfare, 1974), pp.108, 112.

7 Herbert R. Barringer et al., "Education, Occupational Prestige, and Income of Asian Americans," in *The Asian American Educational Experience,* ed. Don T. Nakanishi and Tina Yamano Nishida (New York: Routledge, 1995), p.150.

8 U.S. Census Bureau, 2010 American Community Survey, Table B19013D, retrieved May 6, 2014 http://factfinder2.census.gov/bkmk/table/1.0/en/ACS/10_1YR/B19013D.

9 U.S. Census Bureau, 2010 American Community Survey, Tables B15002D and S1501, http://factfinder2.census.gov/bkmk/table/1.0/en/ACS/10_1YR/B15002D and http://factfinder2.census.gov/bkmk/table/1.0/en/ACS/10_1YR/S1501.

模範少數族裔理論只突出描繪了亞裔美國人成功的玫瑰色圖畫，而對存在於亞裔人中的一些與模範少數族裔成功經驗相矛盾的事實視而不見。

事實之一，雖然人數不斷增加的華裔與其他亞裔進入美國中產階級的社會階層，定居於以中產階級白人為主的美國大城市的郊區，享受著主流社會的生活方式，大多數華人、尤其是那些新移民，仍然被侷限於美國大城市內的華人社區。美國華人社區中一般存在就業機會有限，工作環境危險、不健康，居住條件擁擠不堪、低於法定標準，以及精神壓抑等問題。有關專家學者已在其著作中，詳盡記錄了這些社會問題，但是，這些問題仍然為主流社會所忽視。[10]

事實之二，雖然與美國黑人，拉丁裔以及白人相比，有更高比例的華裔與其他亞裔美國人取得高等教育學位，但是，與具有同等教育程度的上述族裔相比，他們卻得到較低的收入。根據1990年人口統計資料，除日裔美國人外，所有具有大學學歷的亞裔美國人的年平均收入低於具有同等學歷的美國黑人、拉丁裔美國人和美國白人。[11]

事實之三，典型的「模範」華裔和亞裔美國人一般為受過良好教育的專門職業者，包括教授、教師、醫生、護士、技師和圖書館員等。然而，極少數的亞裔美國人能夠升上管理或領導性的職位，由於所謂「玻璃天花板」（glass ceiling）的限制，即一種認為亞裔美國人普遍「沉默寡言」（quiet）、「不會抱怨」（uncomplaining），因而不適合作為領導人。根據美國《財富》（Fortune）雜誌的統計，名列於該雜誌的1000家屬於製造業的公司和500家屬於服務業公司的男性資深經理中，只有3%為亞裔美國人。[12]

事實之四，與其他族裔相比，有更多的華裔和其他亞裔美國婦女全職工作以增加家庭收入。根據1970年的人口統計，約有60%的華裔與

---

[10] Kwong, pp.62-65; Nee, *Longtime Californ'*, pp.278-319; Bernard Wong, "The Chinese: New Immigrants in New York's Chinatown," in *New Immigrants in New York,* ed. Nancy Foner (New York: Columbia University Press, 1987), pp.243-271; and Zhou, pp.159-182.

[11] Barringer, p.152.

[12] Korn/Ferry International, U.S. Glass Ceiling Commission, reprinted in Leadership Education For Asian Pacifics, Inc., *Newsletter* (October 1996): p.5.

日裔美國家庭夫妻同時工作。與此相比，只有51%的一般美國家庭夫妻雙雙工作。[13]根據1990年的人口統計資料，在1989年，56%的在美國出生的華裔家庭和50%的非美國出生的華裔家庭中，有兩人參加工作。而同期只有41.7%的一般美國家庭有兩人工作。[14]

模範少數族裔理論不僅不能正確反映亞裔美國人的現實，而且阻礙他們的社會經濟發展。例如，1990年代在舊金山的符合政府救濟的窮人中，約有1/3是亞裔人口。然而，舊金山市的政府社會福利計畫基金（social welfare program funds）中，只有6%被分配於亞裔。[15]與此相類似，在2008至2012年之間，居住於紐約皇后區的亞裔（半數的紐約亞裔居於該地區）中，收入低於貧困線的從22%增加至29%。但是，該地區的政府福利服務機構卻難以為亞裔貧困居民撥款救貧，因為亞裔美國人在一般公眾眼中被視為經濟成功的典範。[16]亞裔的有限的參政程度自然與這種對政府公共補助基金的不公平分配有關。毫無疑問，模範少數族裔理論影響了許多政府決策者。他們認為，既然亞裔已經取得了顯著的社會經濟成就，政府沒有必要將有限的公共補助資金分配給他們。因而，模範少數族裔理論在現實中成為對華裔及其他亞裔美國人的一種變相的種族與文化歧視。

第二節　關於平等權益措施的爭論

平等權益措施政策的建立可以追溯到美國總統甘迺迪於1961年3月簽署的《第10925號總統行政命令》（Executive Order 10925）。該行政命令的簽署導致了平等僱傭機會總統委員會（President's Committee on

---

[13] U.S. Department of Health, Education, and Welfare, *A study of Selected Socio-Economic Characteristics of Ethnic Minorities Based on the 1970 Census, Vol. II : Asian Americans*.p.108, 112.

[14] "Labor Force Characteristics of Selected Asian and Pacific Islander Groups by Nativity, Citizenship, and Year," 1990 *Census of Population: Asians and Pacific Islanders in the United States* (U.S. Department of Commerce, 1993) pp.111-112; Missouri State Census Data Center, "Basic Demographic Trend Report: United States".

[15] "All Things Considered Weekend Edition," National Public Radio, Saturday, 8 March 1997.

[16] Rachel L. Swarns, "Prosperity Eludes Some Asian Families in Queens," *New York Times*, May 5, 2014.

Equal Employment Opportunity）的產生。該行政命令旨在廢除政府部門以及與政府簽署合同的資方在僱傭過程中對任何人實行歧視。它要求每一家與政府簽訂合同的資方保證，「不因種族、宗教、膚色或者國籍而歧視任何僱員或者職位申請人。資方必須實行平等權益措施，保證其僱員的僱用以及在職期間的待遇不受其種族、宗教、膚色或者國籍的影響。」[17]

《1964年平權法案》（Civil Rights Act of 1964）使平等權益措施成為對所有聯邦政府撥款贊助的公司、學校、機構的法律要求。該法案的第六條宣佈，「在美國境內的任何人，不得因其種族、膚色、與國籍，而被排除和否定其權益，或者在任何接受聯邦政府財政資助的計畫與活動中被歧視」。[18]

1965年，美國總統詹森簽署《第11246號總統行政命令》（Executive Order 11246）。該行政命令宣佈：「美國政府的政策規定，廢止在僱用中因種族、宗教、膚色、或者國籍而歧視任何人，並在政府各部門與機構以一項正面的、持續的計畫推動平等僱傭機會的全部實現」[19]詹森總統又進一步推動國會制定平等權益措施的具體規定與制度。1971年12月，美國勞工部簽發《第四號修改令》（Revised Order No.4）。該法令要求所有接受政府財政援助的僱用單位，制定「一項適當的平等權益措施計畫」以招聘更多的婦女與少數族裔，包括「黑人，美國印第安人，東方人以及西班牙姓氏的美國人（Negroes, American Indians, Orientals, and Spanish Surnamed Americans）」。[20]

亞裔美國人社區對平等權益措施持有截然不同的兩種看法。一些人熱烈支持平等權益措施。同時，另一些人堅決反對平等權益措施，並對平等權益措施是否在亞裔美國人的教育與就業方面有積極作用發出疑問。亞裔美國人中的平等權益措施倡導者列舉美國歷史上亞裔在

17 Steven M Cahn, ed., The *Affirmative Action Debate* (New York: Routledge, 1995), p.xi.

18 Civil Rights Act of 1964, Sec.601, United States, *United States Statute at Large,* vol. 78 (Washington, D.C.: United States Government Publishing Office, 1964), P.252.

19 Executive Order 11246: Equal Employment Opportunity, Federal Register Excerpt, September 28, 1965, pp.87-95.

20 Cahn, p.xii.

教育、就業與晉升中所受到的一系列排斥、歧視現象，論證平等權益措施對於亞裔美國人的必要性。[21]

許多亞裔美國人強烈反對平等權益措施。根據1993年加利福尼亞政策講座（California Policy Seminar）發起的一項民意調查，絕大多數加州的非洲裔美國人支持在高等教育入學制度和僱傭中實行平等權益措施。而同一民意調查顯示，約有三分之二的亞裔美國人反對平等權益措施的實施。[22]亞裔美國人反對平等權益措施主要基於下列原因：

第一，他們相信平等權益措施對於亞裔美國人在高等學校的入學、被資方的僱傭以及在工作中的晉升等方面傷害大於保護。例如，1995年5月19日，一批數據資料分析家，向加州大學校董會（Board of Regents）提呈他們對加州大學伯克利（Berkeley）、聖塔克魯斯（Santa Cruz）和聖地亞哥（San Diego）等分校所做的電腦模擬統計（computer simulation）。在該項模擬統計中，他們在大學新生錄取中以家庭收入水準代替以種族為基準的平等權益措施。其結果顯示，大約50%的非洲裔和5%-15%的墨西哥裔加州大學學生將不會被加州大學體系接受入學。而亞裔學生的入學率將上升到15%-25%。[23]

第二，許多亞裔美國人痛恨平等權益措施以及配額制度，認為它們代表美國主流社會對待少數族裔的一種優越的、家長式的、居高臨下的態度。因為平等權益措施和配額制度在暗示，沒有平等權益措施，少數族裔就不可能被高等院校錄取，被僱主僱用，或者被提升。例如，亞裔美國人提倡優點協會（Asian Americans For Merit）的行政主任馬修・田（Matthew Tsien）宣稱：既然亞裔美國人在美國所有少數族裔中擁有最高收入和最高考分，「我們反對平等權益措施，因為我們不需要這一類政策」。[24]

第三，許多亞裔美國人認為，雖然平等權益措施是為廢止種族

[21] Karen K. Narasaki, "Discrimination and the Need for Affirmative Action Legislation," *Common Ground, Perspectives on Affirmative Action,* pp.5-8.

[22] Daniel Choi, "False Front," *A Magazine* (October/November 1995): p.86.

[23] *San Francisco Examiner,* 20 May 1995, A4.

[24] Nina Chen, "Asian Pacific Americans Speak Out Against Affirmative Action," *Asian Week,* 21 April 1995.

歧視現象而設立的，但是，在其實行過程中，平等權益措施政策引起了一些歧視亞裔美國人的現象。在此方面的最好例證是華裔美國人民主俱樂部與加利福尼亞州教育局、舊金山統一學區之間就舊金山洛厄爾高中（Lowell High School）實行配額制度而引起的法律糾紛。洛厄爾高中是舊金山有名的公立高中之一。1983年，全國有色人種協進會（National Association for Advancement of Colored People, NAACP）與舊金山統一學區（San Francisco Unified School District）的非洲裔學生家長起訴舊金山地區與加州教育官員，要求他們實行在「布朗訴教育局案」（*Brown V. Board of Education*）之後美國最高法院命令美國所有學校取消種族隔離的規定。[25]其後，舊金山統一學區、全國有色人種協進會以及加州教育局（California Board of Education）之間達成了一項協議。這項協議要求舊金山統一學區的每一個學校必須招收羅列的九個少數族裔中的四個族裔，任何一個族裔的學生人數不得超過該校學生總數的40%-50%。[26]為了保持學生人數中的種族限額，洛厄爾高中因此為不同的種族設立了不同的錄取分數線標準：華裔為62分（原為66分），白人為59分，其他亞裔為58分，拉丁裔與非洲裔為56分。[27]為了進入洛厄爾高中，華裔美國學生必須比白人與其他少數族裔的表現更為優異。因此，這種配額制度成為對華裔美國人的種族歧視。

第四，一些亞裔美國人認為，平等權益措施的本來目的已經被曲解濫用。自從平等權益措施實行以來，一些少數族裔美國人恐嚇其上

---

[25] 「布朗訴教育局案」是發生於美國現代史上的重要事件，它標誌著美國民權運動的開始。美國內戰之後，雖然黑人奴隸獲得了人身自由，但在經濟、政治與社會生活等方面，他們仍然被排除在白人世界之外。美國南部各州實行種族隔離政策，黑人不能與白人使用共同的公共設施，包括學校、醫院、飯店、電影院、圖書館、公共交通等。1951年，居住於堪薩斯州托皮卡市（Topeka, Kansas）的黑人奧利弗·布朗（Oliver Brown）向地方法院起訴，要求允許他的8歲的女兒進入附近的一所白人學校而不必乘公共汽車到很遠的黑人學校上學。布朗在地方法院敗訴，但他不服，繼續上訴聯邦最高法院（Supreme Court）。美國聯邦政府對此案非常重視，因為美國當時有21個州以及哥倫比亞特區都實行種族隔離。因此，該案的判決影響深遠。1954年5月17日，美國最高法院對布朗與教育局案進行了裁決，宣佈在教育設施中實行種族隔離為非法，並命令各地教育局取消種族隔離。

[26] 該協議列舉的9個少數族裔為：拉丁姓氏者、其他白人、黑人、華裔、日裔、韓裔、菲裔、美國印第安人和其他非白人。參見Selena Dong, " 'Too Many Asians': The Challenge of Fighting Discrimination Against Asian-Americans and Preserving Affirmative Action," *Stanford Law Review*, Vol.47(May 1995): pp.1027-1057. 該文是討論此案件的著述中最佳者。

[27] Richard Low, "Quota or No Quota," *Asian Week*, 20 January 1995.

司：如果不提升少數族裔僱員，將被控告實行種族歧視。[28]

亞裔美國人在平等權益措施上的態度分歧，實際上顯示了他們的困境：既要維持少數族裔的彩虹聯盟（rainbow coalition），又要保護亞裔美國人的利益；既要維護平等權益措施，又要反對在平等權益措施實施過程中對亞裔的變相歧視。要完成這雙重使命，對亞裔美國人來說，是一項艱巨的任務。由於對平等權益措施的爭議，在1996年的政治選舉中，加州選民將投票決定是否在加州廢除平等權益措施。因而，在大選前夕，爭論雙方緊鑼密鼓，力爭選民。以宣導加強亞裔美國人政治力量為宗旨的亞太美國人領導能力教育公司（Leadership Education for Asian Pacifics, Inc., LEAP），敦促亞裔美國人投票反對「加州民權議案」（California Civil Rights Initiative），又稱「第209號議案」（Proposition 209）。該組織警告選民，如果該議案被通過，加州將廢除所有平等權益措施政策。[29]

1996年11月5日，是美國大選日，第209號議案以54%的選票對46%的選票被選民通過。然而，大多數亞裔選民（參加投票的61%的選民）投票反對第209議案，忠實地與其他少數族裔一道維護平等權益措施。74%的參加投票的非洲裔選民和76%的拉丁裔選民投票反對209號議案。

雖然第209號議案在大選中通過，圍繞第209號議案的法律鬥爭在選舉結束後立即展開。選舉結束的第二天，以美國民權自由協會（American Civil Liberties Union, ACLU）為首的一批社會政治組織向舊金山地區聯邦法院（Federal District Court in San Francisco）起訴，反對第209號議案，認為該議案違背美國憲法。1996年12月23日，以同情支持平等權益措施著名的聯邦法官塞爾頓・亨德森（Thelton Henderson）簽署一項指令（injunction），禁止加州在該案被判決之前，實行第209號議案。[30]美國民權自由協會贏得了法律戰役中的第一仗。然而，第209號議案的支持者對亨德森法官的指令上訴至聯邦上訴法庭（Court

[28] Chen, "Asian Pacific Americans Speak Out Against Affirmative Action".

[29] LEAP *Newsletter,* October 1996.

[30] G. Pascal Zachary, "Judge's Block on California Prop.209 Marks First of Prolonged Legal Battles," *The Wall Street Journal,* 29 November 1996.

of Appeals）。上訴法庭由三名保守的共和黨法官組成：奧斯坎雷（O'Scannlain）、利夫（Leavy）和克萊菲斯（Kleinfels）。上訴法庭在1997年2月10日受理此案，並加快了對該案的處理速度。1997年4月8日，上訴法院判決第209號議案不違背美國憲法，因而解除亨德森法官的指令。如果被確認，該判決將使第209號議案在21天內生效。美國民權自由協會不失時機，於1997年4月22日提呈一項動議，要求上訴法庭舉行聽證會，重新考慮其4月8日的判決。對上訴法庭4月8日的判決深感失望，亞裔美國社會活動家們決心戰鬥到底。[31]

有關第209號議案對加州州立大學各族裔新生錄取的影響的追蹤研究顯示，自該法案在加州實行以來，非洲裔學生的新生錄取率從1995年的4.3降為1998年的2.9，但自2007年以來回升至3.6。西裔學生的新生錄取率從1995年的15.1，降至1998年的11.3，但從2002年起開始回升至13.4，到2010年更躍升為20.7。與非裔和西裔的變化趨勢相反，白人學生的新生錄取率在1997年升至40.2，其後則逐年降落至2010年的26.8。只有亞裔學生的新生錄取率保持穩定上升，從1995年的35.2，至2010年的39.8[32] 以上數據表明，加州公立大學在新生錄取中取消實行平權法案，從長遠看，對西裔、尤其是亞裔有利，而對非裔不利。白人學生的新生錄取率的大幅度降落，則出乎意料。但是，這些數據清楚地說明，平權法案的實施對亞裔的傷害多於保護。

2006年11月，密西根州也通過與加州第209號議案類似的法案，「密西根民權議案」（Michigan Civil Rights Initiative）。該法案被反對派上訴至最高聯邦法院，2014年4月22日，最高法院以6比2的投票判決該法案具有憲法效力。該案件顯示，平等權益措施如今在美國已經失勢。

---

31 Peter Schmidt, "A Federal Appeals Court Upholds California Measure Barring Racial Preferences," *The Chronicle of Higher Education*, 18 April 1997; Student Against Discrimination and Preferences at UCSD, "proposition 209 in Federal Court," 1997.

32 "University of California Applicants, Admits and New Enrollees by Campus, Race/Ethnicity", prepared by Institutional Research, the University of California Office of the President, August 11, 2011。

第三節　異族通婚

在華裔美國人的社會經濟狀況自60年代以來不斷改善的同時，華裔美國人中與異族通婚的現象也日益普遍。亞裔美國人中的異族通婚現象有如下特點。第一，居住於美國西海岸的亞裔異族通婚比例高於東海岸亞裔。在紐約市，根據華裔美國社會學家李瑞芳（Betty Lee Sung）的統計，華裔美國人中異族通婚在70年代與80年代均占27%。[33] 在加利福尼亞州，華裔美國人中異族通婚的比例較紐約更高。1980年，35.6%在加州的華裔美國人與異族通婚。[34] 第二，在美國出生的亞裔與異族通婚的比例高於非美國出生的亞裔。在舊金山灣區，美國土生亞裔更傾向於與亞裔之外的其他族裔通婚。在部分亞裔人口中，與異族通婚的比例高達80%。[35] 第三，亞裔美國人中女性與異族通婚的比例高於男性。而且，亞裔女性中的異族通婚者多與美國白人結婚。一項1990年代對舊金山縣婚姻記錄的抽樣調查顯示，四倍於亞裔男性的亞裔女性與美國白人結婚。[36]此外，一些知名度較高的華裔女性與美國白人的婚姻也使這種現象更為引人注目。例如，華裔美國女政治家趙小蘭，華裔女外教家張之香，華裔女作家包柏漪、黃婷婷、譚恩美以及華裔電視女主播宗毓華等。亞裔女性與異族男性戀愛的現象在美國西海岸的大學校園中也隨處可見，以至於「亞裔綜合症」（Asian-American syndrome）、「亞裔女性狂熱症」（Asian-women-aholics）等說法普遍流行。[37]

亞裔異族通婚的比例在21世紀更是直線上升。根據皮尤研究中心（Pew Research Center）2012年關於美國異族通婚的研究報告，美國2010年人口普查統計了2010年美國所有的新婚夫婦，其中有9%的白人、17%的黑人、26%的西裔、和28%的亞裔與異族通婚；而各族裔最愛選擇的

[33] Sung, *Chinese American Intermarriage*, pp.10-11.
[34] Larry Hajime Shinagawa and Gin Yong Pang, "Intraethnic, Interethnic and Interracial Marriages among Asian Americans in California, 1980," *Berkeley Journal of Sociology* 33(1988): pp.95-114.
[35] Joan Walsh, "Asian Women, Caucasion Men," Image, 2 December 1990: pp.11-16.
[36] 同上，第12頁。
[37] 同上，第11頁。

婚姻伴侶依次為白人（81%）、亞裔（75%）、西裔（73%）、和非裔（66%）。[38]

自第二次世界大戰以來，許多專家學者已經對亞裔中的異族通婚現象做出分析。米爾頓・戈頓（Milton Gordon）的經典性著作《美國社會生活中的同化現象》（*Assimilation in American Life*）首先提出了「同化理論」（assimilation theory）。該理論讚揚異族通婚，認為異族通婚是美國少數族裔被主流社會接受的標誌。[39]多數關於同化理論的著述建議，異族通婚成為亞裔美國人融入主流社會的象徵。

與此同時，「高攀式婚姻理論」（hypergamy theory）也在第二次世界大戰後出現。[40]「高攀式婚姻」的概念最初出現於研究印度婚姻模式的著述中。美國人類學者金斯利・戴衛斯（Kingsley Davis）考察印度高等種性男子與低等種性女子之間的婚姻形式，稱之為「高攀式婚姻」。[41]不同於同化理論，高攀式婚姻理論認為，不同種族或社會階層成員之間的婚姻，反映了階級分立社會與種族分立社會中的不平等現象。在印度，通過高攀式婚姻，高種性男子可以將他的社會地位與低種性女子的青春、美貌、聰慧、才華以及財富相交換。婚姻的雙方都各自受益。同樣，在美國，不同種族成員之間的婚姻也使婚姻雙方改善了各自的狀況；具有較高社會經濟地位，但是較低種族地位的少數族裔的男子可以通過和具有較高種族地位但較低社會經濟地位的多數族裔女子的婚姻來提高其種族地位。[42]高攀式婚姻理論此後被學術界冷落多時，直至80年代後期，一些學者對高攀式婚姻理論重新論證，該

---

[38] Wendy Wang, "The Rise of Intermarriage: Rates, Characteristics Vary by Race and Gender," Feb. 16, 2012. http://www.pewsocialtrends.org/2012/02/16/the-rise-of-intermarriage/?src=prc-headline Retrieved July 21, 2012.

[39] Milton Gordon, *Assimilation in American Life* (New York: Oxford University Press, 1964), p.80; 其他類似觀點的著作有：John N. Tinker, "Intermarriage and Assimilation in a Plural Society: Japanese Americans in the U.S.," in *Intermarriage in the United States,* eds. Gary A. Crester and Joseph J. Leon(New York: Hayworth Press,1982), pp.61-74; Harry Kitano et al., "Asian American Interracial Marriage," *Journal of Marriage and the Family* 46, No.1(February 1984): pp.179-190; and Sung, *Chinese American Intermarriage.*

[40] 此處，由於 hypergamy 是有關學者自造的辭彙，筆者暫且將 hypergamy theory 意譯為「高攀式婚姻」。

[41] Kingsley Davis, "Intermarriage in Caste Societies," *American Anthropologist* 43, No.3 (July-September 1941): pp.376-395.

[42] 同上書，第386-390頁。

理論再度向同化理論挑戰。基於高攀式婚姻理論，兩位亞裔美國學者Larry Hajime Shinagawa 和 Gin Yong Pang 認為異族通婚在很大程度上由婚姻雙方的國籍、性別、年齡、教育程度和社會經濟狀況來決定。[43]

類似於高攀式婚姻理論，保羅・斯皮卡德（Paul R. Spickard）在其著作《混血》中從社會結構、人口分佈、階級狀況、異族通婚中的婚姻表現形式等多層次分析異族通婚。他提出，婚姻雙方所處的社會階層、屬於第幾代移民及其居住地區少數族裔人口與其他類型人口相比的密集程度等因素都影響異族通婚的婚姻模式。他進一步指出，異族通婚中雙方對婚姻伴侶的選擇明確地顯示有等級觀念的因素在內。[44]

上述兩種理論都為我們理解異族通婚提供了有益的幫助。然而，每一種理論都不能獨自全面地解釋異族通婚。同化理論讚揚異族通婚作為少數族裔被多數族裔接受的社會標誌，並強調感情與雙方對對方的吸引力是婚姻的主要動機。但是，該理論難以回答為什麼具有較高社會經濟地位的少數族裔成員（不論男女）或者土生的少數族裔成員更傾向於與異族通婚。同樣，高攀式婚姻理論視異族通婚純粹為婚姻雙方的一種交易；婚姻中白人一方將其較高的種族地位與少數族裔一方的較高的社會經濟地位，或者俊美的外表、青春、才華等條件交換。該理論完全忽視了異族婚姻中的感情以及相互間的吸引力等因素。

因此，結合兩種結論，吸取雙方的合理成分，才能較為全面客觀地理解異族通婚。在現實中，大多數異族通婚的當事者（「照片新娘」例外），都宣稱她們之所以與她們的配偶結婚主要是因為愛情以及相互的吸引力，而不是為了提高或改善自己的社會、階級或經濟地位。顯然，感情與相互之間的吸引力在異族婚姻中是起一定作用的，因而不應當被忽視。然而，現實生活中真正一見鍾情的例子並不是很多；感情通常在雙方的相互接觸中逐漸發展。而這種接觸發展通常發生於具有相同教育、職業或社會經濟背景的個人中。因此，對異族通

---

43 Shinagawa and Pang, p.98

44 Paul R. Spickard, *Mixed Blood:* Intermarriage and Ethnic Identity in Twentieth-Century America (Madison: The University of Wisconsin Press, 1989), pp.6-9.

婚的瞭解與分析，不能也不應該脫離婚姻雙方所具有的教育、職業以及社會經濟狀況。當一名少數族裔的成員進入某種社會經濟環境中時（通常為高等教育機構或某種專門職業），在那裡她或他有機會與多數族裔成員頻繁接觸。此時，該少數族裔成員的社會經濟地位，無論她或他是否將與多數族裔的成員結婚，已經得到提高。因為每一社會的多數族裔或居於主導地位的社會階層都享有較為優越的社會經濟條件。因而，少數族裔成員與主流社會的同化程度更多地取決於教育、職業以及階級背景，而不是異族通婚。

筆者的口述訪談個案支持以上分析。如前面章節已討論過的C女士的婚姻，和其他一些個案中的與異族通婚的女性的婚姻，都形象地體現了上述分析。C女士於1938年出生於香港九龍的一個知識份子家庭。1955年，當她17歲時來到美國留學。她分別於1959年、1960年和1963年從芝加哥大學取得學士、碩士與博士學位。從1963年到1969年，她先後被幾家著名的大學或研究機構，作為研究員或講師聘用。1969年，

異族通婚的家庭，密蘇里州哥倫比亞市，1992年。（令狐萍個人收藏）

她被美國中西部的一所大學招聘為化學系助教。在那裡，她與其未來的丈夫，同系的一名歐裔美國教授相遇。他們於1971年結婚。C女士回憶說，即使在他們相識的初期，「她不感到自己有任何困難適應一個美國白人」，因為她早已「完全美國化」。[45]

R女士於1958年出生於北京的一個社會地位優越的家庭。R女士的父親是經歷過長征的共產黨老幹部，具有將軍軍銜。她的母親是醫生。她和她的兄弟姐妹們都在專為高級幹部子女設立的「十一學校」上學。1982年大學畢業後，她被分配到北京工業大學當助教。1985年，她由中國政府公費選派出國，在俄亥俄州立大學攻讀電機專業的碩士學位。兩年之後，她在一家唯一神教派的教堂（Unitarian Church）與中西部某大學的一名德語教授相識。兩人有許多共同興趣。她喜歡沉思打坐，他對道家學說頗有心得。她喜歡讀俄國小說，唱俄國名曲，因為在她成長的童年與青少年時期，蘇聯是中國的主要友邦，蘇聯文化在50與60年代對中國文化影響極大。而他精通多種歐洲語言，也愛哼唱俄國民歌。雙方的感情急速發展，兩人很快結婚。婚後，R女士繼續學業，先完成電機碩士學位，然後又攻讀圖書館科學的碩士學位。1995年，她被某大學聘用為電腦諮詢人員。[46]

B女士於1960年出生於南京。她的父母均為醫生。她在大學攻讀英語專業，畢業後在中國某大學教授三年英語。1985年，她來到美國，進入華盛頓大學英語系碩士班學習英國文學。期間，她作為研究生助教與一名哲學教授合教一門關於中國文化與哲學的課程。她教授該課程的中國文學與文化部分，他教授哲學部分。該課結束之後，他們又經常在一起打網球，隨即形影不離。他們於1988年結婚。當B女士獲得碩士學位之後，她並不滿足。她於是申請羅得格斯大學的博士班，被接收並被授予獎學金做研究生助教。1994年，她完成了博士論文答辯。同年，她被中西部某大學錄用為英美文學助教。[47]

---

[45] 口述訪談第1。

[46] 口述訪談第17。

[47] 口述訪談第34。

H女士於1976年出生在陝西省西安市。她的父親在退休之前在一家國營旅遊公司任經理。她的母親為家庭主婦。1994年，她高中畢業，進入西安飯店的手工藝品部當售貨員。在飯店的迪斯可酒吧，她遇到了陶德（Todd），一名在西安大學學習中文與中國政治的美國大學生。H女士活潑外向，對不同國家的語言文化都很有興趣，也願意和外國人交朋友，認為陶德是個很有趣的人。他們先是作為朋友。H女士教陶德中文，陶德教她英文。隨即，陶德提出與H女士談戀愛。H女士拒絕了，因為她不想被認為是為了出國而嫁給外國人。她也瞭解一些在中國的外國人，利用某些中國女孩以嫁外國人為出國途徑的心理，玩弄女性。數月之後，陶德學習結束返回美國。當陶德離去之後，H女士不斷思考他們兩人之間的關係，發現自己非常想念陶德。出乎她的意料，陶德第二年又返回中國，來到西安，只希望與H女士見面。H女士此時意識到陶德對她確實有真情。他們開始戀愛並祕密結婚。一個晚上，H女士告訴父母她已與一個外國人結婚。她的父母很不以為然，但又無可奈何。婚後，陶德常常來到H女士的父母家，終於贏得了他們的信任與喜愛。隨後，兩人雙雙抵達美國，舉行正式婚禮。婚後，他們同時在美國中部某大學讀書。[48]

在上述個案中，除H女士之外，這些中國女性在與美國白人男性結婚之前都已具有高等學歷，並已成為專門職業者。以她們自身的教育程度與工作能力，即使沒有異族婚姻，她們也可以完全融入主流社會；她們與美國多數族裔成員的婚姻，只是加快了她們與主流社會同化的速度，並且使這種同化較為順利、完全。

第四節　種族歧視、性別歧視和文化認同

除上述問題之外，美國華裔婦女也為其他問題所困擾。1980年代與90年代，美國華裔婦女在學校、工作場所繼續受到種族歧視與性別

[48] 口述訪談第124。

歧視。針對美國西海岸大學中一些白人教授與華裔女學生談戀愛的現象，某些華裔社會活動家指出，這種現象實質上反映了大學校園裡種族主義的崛起。由於戀愛雙方地位的不同，權利分配的不平均，因而這種戀愛關係體現了一方對另一方的壓迫，是多數族裔對少數族裔的種族壓迫。[49]許多亞裔美國女青年也表示厭惡一些白人男性只因為她們是東方人，而不是因為她們的個人素質，而追求她們。[50]

美國社會對少數族裔婦女的社會文化偏見也影響了一些華裔婦女晉升的機會。吉恩・周（Jean Jew）的例子具體體現了這個問題。吉恩・周是衣阿華大學醫學院（University of Iowa Medical School）的教授。多年來，她一直忍受著在工作中受到的種族歧視與性污蔑。同系的一位男教授不斷散佈謠言，污蔑她為了得到提升，不惜以性關係作為交換。其他一些人則經常以她的中國背景來開玩笑。當系裡在討論她的晉升時，有人在該系男廁所的牆壁上塗寫關於她的性下流話。1979年，同系一位教授酒醉後在走廊裡大罵她「母狗」、「蕩婦」、「妓女」等。吉恩・周不斷向學校當局反映她所受到的騷擾，但一直被校當局漠視。1985年，她被迫求助於法律，僱用律師起訴該校。經過長達五年的法律糾紛，衣阿華大學校方終於在1990年11月同意賠償吉恩・周17.6萬美元的精神損失，89.5萬美元的律師費用，並向她公開道歉。衣阿華大學校長亨特・羅林斯（Hunter Rawlings）表示：「周博士值得我們向她道歉，也值得我們尊重她的立場。」[51]

如何保持她們的文化與民族特性，同時又能夠與主流社會融合，始終是美國華裔婦女需要解決的問題。許多華裔婦女因而在文化上處於邊緣地帶，感覺她們難以歸屬於中國與美國兩種文化中的任何一種。T女士在1987年表達了這種文化邊緣感覺（cultural marginal feeling）。T女士生長於一個中國移民家庭。她的父母都受過良好的教

---

[49] Speech of Mari Matsuda, "The Resurgence of Racism on Campus," at the Eighth National Conference of the Association for Asian American Studies, Honolulu, Hawaii, 1991, pp.29-31.

[50] Deng, *Slaying the Dragon.*

[51] Barbara Kantrowitz and Heather Woodin, "Diagnosis: Harassment, A Medical-School Professor Overcomes Sexual Slurs," *Newsweek,* 26 November 1990, p.62.

育。T女士秉承了許多中國人的傳統文化道德。80年代，從美國西海岸某大學畢業後，她前往中國學習中國傳統舞蹈。她發現，無論是在中國還是在美國，她都不能完全融入大流。她失望地說：「沒有人喜歡我們。美國人因為我們有中國血統而不喜歡我們。中國人認為我們是外國人而不喜歡我們。」年過三十，她仍然是孑然一身。[52] T女士的個人困境反映了許多美國華裔婦女的普遍煩惱：作為美國華裔意味著她們既不同於美國人也不同於中國人。

第五節　雙城記：「上城」與「下城」

雖然華人的媒體形象在近數十年來有所提升，但是，並不是所有的華人都成為職業工作者，都進入美國中產階級。美國華人社會中仍存在著嚴重的階級劃分。二戰之後，當受過高等教育的第二代華裔與新移民中的職業工作者逐步遷出華人聚居的傳統的「下城」（Downtown）唐人街，定居於以白人居民為主的大城市郊區或衛星城，形成新的中產階級華人商業區與住宅區——「上城」（Uptown）。與此同時，無技術的新移民仍源源不斷進入「下城」唐人街，注其以新的活力。美國華人社會中「上城」與「下城」的區別，不僅反映華人中的階級對立現象，[53] 也展現了移民在與定居國文化同化中的一些規律。

「下城」唐人街一般位於美國大城市的市中心地帶。在美國歷史發展中，城市化的過程始於18世紀末，19世紀初。其時，城市中富有的家庭均居於市中心地帶。十九世紀末期，美國開始大規模的工業化與城市化。與此相適應，大批移民湧入城市，造成城市住宅、衛生條件的惡化。中產階級遂逃離市區，移入城郊。新移民則取代中產階級

52　口述訪談第6。

53　美國華裔教授與社會活動家鄺治中是首位提出有關唐人街「上城」與「下城」的理論的學者，他強調華人社區中存在著嚴重的階級對立。參見鄺治中（Peter Kwong），*Chinatown, New York: Labor and Politics, 1930-1950* (New York: Monthly Review Press, 1979)。參見下一章筆者對研究美國唐人街著述的詳細分析探討。

佔據市區中心。華人多為白手起家，因此需選擇地價低的地區從商或居住。下城不受美國中產階級青睞，地價低廉，自然成為華人商業區與聚居地。

在「下城」唐人街中，華人餐館、雜貨店林立。餐館商店的招牌，中英文並用。在「下城」唐人街中倘徉，會不時聽到國語、粵語、閩語。唐人街的華人文化，與美國主流文化大為迥異，因此招徠大批的旅遊者，到此獵奇，品嚐中餐的三珍八味，欣賞唐貨店的珍玩。從此意義上講，「下城」唐人街為美國的多元文化做出了貢獻，使這個移民國家更加絢麗多彩。

同時，下城唐人街為華人在美國生存的不可或缺。大多數的無技術中國移民，都受僱於唐人街的中餐館、東方雜貨店、或車衣廠。初入異國，言語不通、不諳美國文化、不掌握美國勞工市場所需的技術，新移民的就業選擇只能侷限於華人社區。華人社區的便宜住宅也為新移民上下班提供了便利。此外，唐人街的中餐、中國雜貨、以及中國文化氛圍也使新移民感到安全、受到安慰，得以在異國土地生存下來。

在唐人街就業的華人勞苦大眾，構成了華人社會中的勞工階級。他們不僅受華人業主的剝削，也與就業、居住於「上城」的中產階級華人對立。在華人餐館、雜貨店、車衣場就業的勞工，工資均低於美國聯邦政府規定的最低限度工資。比如一個中餐館的全日工，一週工作七天，每天工作十至十二小時，月工資僅一千元左右。一個全職的車衣女工，每月僅得報酬五、六百元。下城唐人街居民的普遍希望是辛勤工作，多多攢錢，爭取有朝一日搬出唐人街，擁有自己在郊區的住房。許多幸運的新移民，實現了他們的夢想，遷出下城區，移居上城。但更多的華人勞工，終生在唐人街辛勞，只能希望他們的子女兒孫好好讀書，成為職業工作者。

既然大多數華人居民都不希望居住下城，是否下城唐人街會逐步消亡，成為歷史陳跡？事實上，只要美國勞工市場有對廉價勞工的需求，新移民便會不斷湧入。只要有新移民，便會有唐人街。同時，唐

①：舊金山唐人街，2014年。（令狐萍個人收藏）
②：紐約法拉盛區的多語招牌反映該區的多族裔聚居背景，2012年。（令狐萍個人收藏）
③：芝加哥南華埠，2012年。（令狐萍個人收藏）
④：聖路易的唐人街，2014年。（令狐萍個人收藏）
⑤：加拿大多倫多唐人街的繁忙熱鬧，2014年。（令狐萍個人收藏）
⑥：加拿大多倫多唐人街的牌樓，2014年。（令狐萍個人收藏）
⑦：加拿大溫哥華唐人街的牌樓，2013年。（令狐萍個人收藏）

人街的經濟與文化，不光為新移民所必需，也為「上城」中產階級華人滿足文化與精神需要不可或缺。居住「上城」的富裕或中產階級華人，常常在週末返回下城唐人街購物，就餐，享受中國文化。

受過高等教育的第二代、第三代華裔與擁有資產與技術的新移民不再屈居狹小的唐人街住宅，而選擇大城市郊區或衛星城中產階級住宅區定居。在那裡，美麗的草坪、花園環繞他們寬敞的住宅。住宅內家具新潮，窗明几淨，室內裝潢中西並蓄，體現了主人與美國社會經濟文化同化的成功。

居住「上城」的華人，多為受過高等教育的醫生、律師、教授、工程師、房地產與保險經紀人與其他職業工作者。他們多數為自1960年代末以來來自台灣、香港、中國大陸的移民。在豐衣足食之後，他們要求參與美國政治，為華人爭得發言權。一九七三年，以職業工作者為主的美國華人組成美華協會（Organization of Chinese Americans），其宗旨為維護華人民主權益，發揚中華文化，推動華文教育。但是，華人在美國政壇，起步艱難，歷受挫折。

第六節　華人參政難

得益於美國1960年代的民權運動，美國華人自二十世紀六十年代以來也入主美國政壇，許多優秀的華人，在美國聯邦、州、地方政府任職，增加了華人的政治能見度。

華人參政的原因主要可歸因於兩種因素。第一，民權運動的錘鍊。在六十年代的民權運動中，華裔政治家、社會活動家同其他少數族裔一道，投入了爭取平等權益、改革美國社會的鬥爭。在這些運動中，他們耳聞目睹了社會上的種種不平等現象，決心通過對政治的改革，來改善少數族裔的處境。在民權運動的推動下，美國政府被迫通過了一系列民權法案，給予少數族裔更多權益。這一切使他們認識到了參政的重要性。在民權運動中，他們經受了錘鍊，也學到了許多鬥爭的策略。

第二，亞裔人口結構的變化。自1960年代以來，亞裔人口迅速增長，為華裔參政提供了群眾基礎。在美國的政治選舉中，為了爭取選票，政治家不惜作出任何政治許諾。亞裔人口的增加，使美國政治家逐步認識到亞裔在政治選舉中的價值。此外，華裔在教育與就業方面的成就，以及華裔中產階級人數的增加，改善了華裔在美國公眾中的形象。華裔的形象從愚昧無知的「苦力」（Coolies），或者拒絕與美國主流文化同化的「旅居者」（Sojourners），上升為教育程度高、經濟能力強的「模範少數族裔」（Model Minority）。基於上述原因，華人進入美國主流政治，在地方、州和聯邦各級政府為選民服務。

1984年，華裔物理學家吳仙標（S.B. Woo）榮任德拉華州副州長。但是，吳仙標在1988年競選國會議員時失敗。1996年，第三代華裔駱家輝（Gary Locke），以極大優勢擊敗對手，當選華盛頓州長，成為美國歷史上第一位華裔州長。1998年，華裔吳振偉（David Wu）當選為俄勒岡州的美國國會議員，成為美國歷史上第一位華裔國會議員。2009年一月，駱家輝被奧巴馬（Barack Obama）政府任命為美國商務部長，成為美國歷史上第一位華裔商務部長。同時，華裔物理學家、諾貝爾獎獲得者朱棣文，也被奧巴馬政府任命為美國能源部長，成為美國歷史上第一位華裔能源部長。2011年，駱家輝又被奧巴馬政府任命為美國駐中國大使，成為美國歷史上首位華裔大使。

余江月桂（March Fong Eu）是華裔婦女參政的典範與先驅。她於1956年進入美國政界，在加州教育委員會（California School Board）任職。1974年，她被選舉為加州州務卿（Secretary of State），成為加利福尼亞州政府的第一位華裔女官員。在夏威夷州，吉恩・金（Jean King）於1978年至1982年任夏威夷副州長（Lieutenant Governor），成為華裔婦女中職位最高的州政府官員。陳李琬若（Lily Lee Chen）是第一位擔任市長的美國華裔婦女。1983年，她被選舉為加州蒙特利公園市（Monterey Park, California）的市長。另一位華裔婦女趙美心（Judy May Chu）也於1990年和1994年被兩次選為蒙特利公園市的市長。2009年趙美心被選為國會眾議院議員，成為首位華裔女性國會眾議院議員。此外，1988年，陳茜文被紐約市第六十一選區的選民選舉為民主黨代表，為該選區的唯一華裔代表。六十一選區是紐約市的重要選區之一，包括下曼哈頓（Lower Manhattan），紐約華埠便位於此區。鄭可欣是美華協會（Organization of Chinese Americans）舊金山分會的會長。1990年10月20日，鄭可欣當選為會長，成為該會最年輕的、第一位婦女會長。

在1990年的政治選舉中，共有二十二名華裔美國人參加競選，其中有十四人當選為各級政府官員。鄧孟石當選為舊金山市的法官。余江月桂第五次連選連任加州州務卿。劉美蓮（Cheryl A. Lau）當選為內華達州州務卿，成為繼於江月桂之後的第二位華裔女州務卿。1994年，劉美蓮決定角逐內華達州州長，成為華裔史上第一位問鼎州長的華裔婦女，也是1994年全美華裔競選人中的最高職位候選人。

華裔婦女不僅在地方與州政府獲得政府職位，而且進入美國聯邦政府。1989年4月19日，趙小蘭（Elaine Chao）被布希政府任命為交通部次長（Assistant Secretary of Transportation）。這項任命使趙小蘭成為美國女性最高政府官員、第一位華裔內閣閣員、美國移民中的最高聯邦政府官員、和美國最年輕的一位部長。華裔女政治家不僅進入美國聯邦政府，而且成為美國駐外使節。1989年9月，張之香（Julia Chang Bloch）被布希政府任命為美國駐尼泊爾大使，成為美國歷史上第一位華裔女大使。

雖然華人參與主流政治的努力可圈可點，但是美國社會根深蒂固的白人種族至上的保守觀念與反華傾向一再阻撓華人參政。近年來，幾件有關華人的著名案件更使華人的形象蒙塵，使華人參政舉步為艱。

第一件為1996年美國大選中的「政治獻金案」。其中心人物為華裔黃建南。黃建南為原美國商業部官員，前民主黨全國委員會募款人。自1996年底以來，美國多篇報刊文章指控黃建南在美國民主黨籌款活動中接受非法捐款，企圖「以金錢收買影響和權力。」另一位前民主黨委員會募款人鐘育瀚也被指控從一名中國高級軍事情報官員處獲取三十萬美元，用以幫助克林頓總統再度當選。政治獻金案使亞裔形象大受損害。原加州大學伯克利分校校長田長霖，曾被提名為內閣能源部長。由於政治獻金案，克林頓任命拉丁裔候選人為能源部長，田長霖與克林頓內閣因而失之交臂。

亞裔政治活動家與學者對此紛紛演講討論，認為政治獻金案暴露了美國政治捐款制度的弊端，而亞裔則被做為替罪羊而大加撻伐。亞裔也應從此案件中吸取教訓，不以金錢影響政治，應從草根做起。

無獨有偶，政治獻金案的風波還未平息，李文和間諜案又使亞裔再度捲入政治鬥爭焦點。1999年3月8日，在新墨西哥州洛薩拉摩斯國家實驗室（Los Alamos National Lab）從事研究工作的華裔科學家李文和，突然被美國能源部解職。

李文和被解職的原因，表面上是說他違反了保密規定，例如當他從中國大陸訪問歸來，沒有據實報告他和中方人員的談話內容。但是真正的原因，則指控他涉及與北京有關的兩宗洩密案件：一件是竊取美國的W-88型核子彈頭設計資料，一件是竊取美國的中子彈頭機密。

由於此案，數以千百計的在美參與國防科技與商業機密的華裔科學家與專家，惶惶不可終日，擔心他們在美國的個人事業及金錢地位前途。1999年8月，李文和打破四個多月的沉默，在美國哥倫比亞廣播公司的電視節目《六十分鐘》（*60 Minutes*）裡，表示自己從未向中國大陸移交美國的任何核武器機密，認為無法理解為何突然被指控為間諜，「最可能的解釋是，他們認為我是東方人，我在台灣出生，我想這是一部分原因。第二個原因是，他們需要找一個替罪羊，認為我是最理想的人選。」李文和是洛薩拉摩斯國家實驗室核武器研究機密部門中的唯一亞裔，也是這部門的重要人物，瞭解美國所有核武器尖端技術。

亞裔政論家與學者認為李文和案是保守的共和黨玩弄的又一政治陰謀，共和黨企圖以中國問題為該黨在來年的政治競選中重新集結政治力量。美國保守人士歷來仇視共產黨，哀歎美國在1949年「失去了中國」。李文和案使美國政黨右派人士再度質疑美國的對華政策，迫使美國政府對中國大陸在政治經濟文化諸方面實行強硬政策。近年來，歐巴馬政府對內組織精英內閣，延攬兩位華裔閣員駱家輝與朱棣文；對外實行務實外交，促進改善與中國的關係，並任命第三代華裔駱家輝為美國駐華大使。但是，2012年的總統選舉，與美國緩慢的經濟復甦，使反華的右翼保守勢力再度抬頭。華裔入主政壇，仍然步履蹣跚。

綜上所述，半個世紀以來，華裔美國婦女與其他亞裔美國人在社會和經濟地位上取得了極大的成就。然而，與此同時，她們繼續面臨不同形式的種族歧視與文化偏見。模範少數族裔的刻板形象不僅片面反映華裔美國人的社會現實，而且阻礙他們進一步發展。平等權益措施雖為保護少數族裔而設，但在其實行過程中滋生出許多新的對亞裔美國人的歧視與限制。雖然異族通婚在一定程度上反映亞裔婦女的社會與經濟成就，她們仍然在教育、戀愛、工作等方面受到種族歧視與性別歧視。華人社會中的階級對立問題，說明華人社會並不特殊例外，同樣受階級社會中階級分化、社會等級分化的影響。華人參政的道路雖然坎坷崎嶇，但是華人欲在美國社會受到公正對待，必須積極踴躍參政，以維護華人的政治經濟利益與其他各項權益。

第七章　全球化與美國華裔社會

自1990年代以來，全球化運動滲入世界各國的政治、經濟、文化，美國華裔社會亦不可避免地受全球化的影響，更加複雜多元化。本章從幾個方面，觀察分析全球化對美國華裔社會的影響，以及美國華裔在新形勢下所面臨的新挑戰。首先，台灣的經濟起飛與全球化的滲入造成台灣留美運動的衰落，從而導致美國華裔社會政治的重新分化組合。其次，一種新的社區形態——文化社區——在美國各地出現，與傳統的唐人街交相輝映。最後，全球化下中國的崛起與美國的相對衰落，給美國華裔帶來了新的機遇與挑戰。

第一節　從台灣社會的發展看台灣留美運動的興衰

1949年，國民黨政府遷台。戰後的台灣，經濟凋蔽，百廢待興。台灣國民黨當局為了發展工廠製造業，亟需工業技術專門人才，因此積極贊助有志青年留學，是為台灣留學運動的第一波。1970年代以來，國際局勢的發展使台灣當局在外交上屢受挫折。1971年，台灣當局被迫退出聯合國，中華人民共和國取而代之。1972年，美國與台灣當局斷交，與中華人民共和國建立外交關係。許多盟邦也相繼一一與台灣斷交，台灣在國際政治中日益孤立。面臨此政治局勢，台灣民眾人心惶惶，紛紛選擇出台避難一途。同時，台灣此時期經歷經濟起飛。經濟的富裕致使更多人有能力到海外留學。台灣政府也逐步放寬留學政策。因此，留學美國成為各種出台途徑中最容易可行之道，台灣再次掀起留學美國的浪潮。1990年代以來，台灣政局相對穩定，台灣經濟持續發展，人民收入穩步提高。與此相適應，留學美國浪潮開始衰退，不僅留美學人返台率增加，許多台灣青年不再青睞留學，只有興趣於在海外的短期旅遊觀光、或暑期國外的語言學校。

戰後台灣政治經濟形勢的變化與發展，以及與此相適應的台灣民眾的心理變化，影響台灣留美運動的興衰。本節將分別討論台灣留美學生運動的三個階段，即興起階段（1950-1960年代），高潮階段（1970-1990年代），和衰落階段（1990年代後期至今）。

第一階段：興起階段（1950-1960年代）

這一階段台灣的經濟篳路藍縷，百廢待興。台灣當局亟需專門技術人才推動台灣的經濟建設。台灣留美學生多經自費留學、政府選派等管道出台。在留學期間，台灣留學生多勤工儉學。而留美學人在完成學業後多滯美不歸。

1、留學背景與動機

1945年，第二次世界大戰結束。日本投降，台灣被歸還中國，結束五十年的日據時代（1895-1945）。國民黨政府作為當時中國唯一的合法政府，接收台灣。戰後的台灣，政局不穩，經濟凋蔽，其中土地集中問題，尤為突出。大部分土地集中於極少數地主之手，多數農民無地可耕。為了穩定政局，發展經濟，台灣國民黨政府實行了三階段化的土地改革運動。第一階段，從1949年開始，實行三七・五減租，以抑制大地主對佃農的剝削。第二階段，從1951年起，政府將戰後沒收的日本僑民及日本殖民政府的土地低價出售給無地農民。第三階段，從1953年開始，為土地改革的「耕者有其田」階段。當局動員土地擁有者將土地出售，其地價的70%為穀物，30%為政府四大企業的股份。土地改革運動的成功不僅使「耕者有其田」（65%的農民擁有其耕種的田地），更使土地擁有者將其在地產的投資轉移到工業建設。這一轉變對於台灣經濟發展有著深遠的意義。

與此同時，美國開始對台灣提供軍事與經濟援助。1951年，美國在台灣成立軍事援助顧問小組。1954年12月，台灣與美國簽定軍事互防條約。從1951年至1964年，美國對台一共提供15億美元的非軍事性援助，平均每年1億美元。

土地改革的成功與美國的經濟與軍事援助，使台灣政府得以集中精力發展經濟。1953年與1957年，台灣政府分別開始其第一與第二個四年經濟發展計劃。第一次四年經濟發展計劃重點發展電力、化肥與紡織。第二個四年經濟發展計劃旨在發展重工業、國防工業、高級科技，並重視就業與人民收入的平均等問題。工業的發展，需要大批受過良好教育與專門訓練的人才。政府開始大量僱用受過海外教育的年輕科技人才。

此外，台灣的人口結構也開始發生變化。生育率逐漸降低，家庭逐漸變小。同時，台灣家庭收入普遍提高。低生育與高收入引起人們觀念與生活方式的變化。台灣的父母親們對待子女的培養問題也有了不同的見解。家庭中子女人數的減少與經濟能力的增強，也使得家長有能力支援子女到美國求學深造。

這種種社會經濟現象造成了台灣自五十年代末以來的一股「留學熱」。大多數大專院校的學生似乎都希望能出台留學，特別是對到美國留學的機會，更是孜孜以求。當時台灣社會流行的順口溜「來來來，來台大；去去去，去美國。」「來來來，來東海；去去去，去美國。」便形象表達了這種社會心態。台大是台灣最優秀的公立大學，而東海大學是台灣私立大學中的翹楚，這兩所大學因而最受台灣青年青睞。而去海外留學，尤其是赴美留學，則成為台灣大學畢業生的首選。

與一些台灣留美學人的口述訪談，更具體說明了「留學熱」在台灣青年中的影響力。D女士於1919年出生於廣州市，其父是地方法官。在抗日戰爭期間，她於廣東襄勤大學讀完了地質學學士學位。1947年，她遷居台灣，在台灣師範大學教書。1952年，台灣省政府撥款選拔公費留美學生，規定凡在省立大學教書五年以上的，通過考試，則可獲取公費五百美元的補助金，到美國留學。D女士立即報名，通過了考試，獲取全省八個補助金名額之一。同時，她又申請了俄勒岡大學地質系的獎學金，遂啟程赴美[1]。

L女士於1938年出生於上海。其父為國民黨政府郵政系統的高級官員，全家於1949年隨國民黨政府遷往台灣。1961年，L女士於台灣成功大學的英國語言文學系畢業。在此之前，她的哥哥已獲取夏威夷大學的甘迺迪獎學金。在哥哥的幫助下，L女士來到美國某大學學習圖書館學。在談到台灣當時的「留學熱」時，L女士說：「當時的潮流是，凡是大學畢業生，都要到美國的研究院學習。因為美國的大學接受較多的外國學生，也給予較多的獎學金。雖然也有一些大學畢業生到英國、德國與其他地方，但是美國的大學給予你的選擇性更多。美國的教育制度也與台灣類似。」[2]

R女士於1945年出生於四川重慶。其父為國民黨軍將領，全家於1949年隨國民黨政府遷台。R女士於1967年於台灣的一所私立天主教會大學的西語系畢業。R女士選擇西語系的原因是因為外國語言當時是熱門學科。她專攻英國語言文學。R女士回憶說：「我記得剛進入大學後，我回到家告訴父母：大學畢業以後，我要到美國讀研究生。從此，我一心一意向這個方向努力。在我離台赴美之前，我母親說：沒有人真的想讓你離開家，你現在改變主意也不遲。我說：我已經努力許多年了，如果不去美國，我將來會後悔的。」[3]

W女士是中山大學1968年的畢業生，獲取法國文學學士學位，不久即來美國留學。她在口述訪談中談到當年她如何作出赴美的決定：「我們都是在隨大流……那個時候，大學畢業生到海外留學是件時髦事。所以，每一個大學畢業生，只要有經濟能力，或者能得到美國學校的獎學金，都會去留學的。」[4]

---

1 口述訪談第八。參見令狐萍 (Huping Ling), "Sze-kew Dun", *Missouri Historical Review*, Vol. XCI, No. 1(October 1996): 35-51；參見令狐萍 (Huping Ling) "A History of Chinese Female Students in the United States, 1880s-1990s." *The Journal of American Ethnic History* 16, no. 3 (Spring 1997): 81-109；參見令狐萍《金山謠——美國華裔婦女史》，中國社會科學出版社，1999 年，第160-165頁，第208-214頁；參見令狐萍 (Huping Ling) *Surviving on the Gold Mountain: A History of Chinese American Women and Their Lives* (Albany: The State University of New York Press, 1998), 125-128, 161-166.

2 口述訪談第十二。

3 口述訪談第十四。

4 口述訪談第十。

根據吳瑞北與張進福的研究，這一時期台灣留學生出台主要通過如下三個管道。第一，自費留學。台灣國民黨當局於1950年規定，凡高中畢業，獲得海外大學四年全額獎學金，並經留學考試及格者，可以出台留學。由於流弊甚多，此一規定於1955年被廢除。從1953年至1975年，政府規定留學以研究生為限，自費留學生必須經過政府考試，方可出台。此一階段，通過自費生留考的學生共2萬5千餘人。第二，公費留考。為了適應現代化的需要，培養建設人才，國民黨政府於1955年舉行公費留考。1960年再度實行公費考試制度。多年來，有2千多人通過此管道出台。第三，出台進修。台灣國家科學委員會於1961年開始制定出台進修的具體規定，「每年由各公私立大學及研究機構，就具體工作需要詳擬研究進修計劃，推薦適當人選，由國科會斟酌實際情形審查遴定人員出國研究或攻讀學位。」自1961年度開始至1995年度止，有5千人次通過遴選，出台進修。[5]

洶湧的留學潮，將大批台灣青年推往太平洋彼岸。根據台灣教育部的統計，從1950年至1974年，台灣教育部共批准了30765名大專畢業生到美國留學。[6]

2、留學生活狀況

從上述口述訪談的案例與資料數據，可以歸納出第一階段台灣留美學人的如下特點。

第一，許多留學生來自台灣社會中與國民黨政府有聯繫的家庭。雖然在遷台後，他們的家庭失去了往日的財富與權勢，但其家庭均可維持溫飽，其家庭政治經濟背景有助於他們進入台灣的高等院校，並在畢業後選擇赴美深造。例如R女士的個案。R女士的父親是國民黨軍隊的高級將領，她的全家過著優越的生活。1949年，她的父母必須拋棄所有家產，倉皇逃離大陸，隨同國民黨政府來到台灣。雖然她是家

[5] 吳瑞北、張進福，《留美學人與台灣的學術發展》，收錄於李又寧主編《華族留美史：150年的學習與成就——國際學術研討會文集》，紐約天外出版社，1999年。

[6] John T Ma, "Chinese American in the Professions", *in the Economic Condition of Chinese Americans,* ed. Yuanli Wu (Chicago: Pacific/Asian American mental Health Research Center,1980), P67。

中的次女，她的父母期望她能夠進入大學學習。[7]

第二，絕大部分留學生（80%以上）屬自費留學生。他們必須依賴美國大學發放的獎學金，或者利用暑期或課餘打工繳納學費。

那些沒有獎學金的學生，生活異常艱苦。既然以學生的身分赴美。他們必須在每學期選擇足夠的學分上課，以達到美國移民局對全職留學生的學分要求（每學期至少十二個學分）。不選夠學分，則會失去學生身分，被遞解出境。要讀書，便要交學費。學費便成為自費留學生的最大開銷。為了籌足學費，許多自費留學生在暑期奔赴華人聚居地的中餐館，苦幹一暑期，可以湊足下一年的學費。而生活費用還得靠每日課餘在當地的中餐館或校園打工掙出。許多中餐館因而自詡其為「留學生的搖籃」，培養出了一代又一代的碩士、博士生。而中餐館也得以運用這源源不斷的廉價勞動力，生意興隆，成為美國華人經濟中的一大支柱。

這一時期台灣留美學人的艱辛生活，被生動地反映在「留學文學」中。這些留學文學作家本人，多為留美學人，親身經歷或耳聞目睹了留學生的艱辛生活。他們豐富的個人經歷使他們得以淋漓盡致地再現第一階段台灣留學生的生活狀況。於犁華的《又見棕櫚，又見棕櫚》與《傅家的兒女們》及彭歌的《在水一方》均為台灣留美學人生活的真實寫照。白先勇的短篇小說集《紐約客》中的一篇小說，敘說某台灣留學生，為了謀生，每天夜晚開著貨櫃車送貨。在沿著西海岸的州際公路上，他絕望地開著車。路的一邊是沉睡的城市，另一邊是呼嘯的大海。這種文學形象生動地表現出台灣留美學生的孤獨寂寞與只能前進不能後退的背水而戰的境況。

擁有獎學金的學生，固然比較幸運，不必為籌措學費而發愁。但是他們同樣經歷了兩種不同文化衝突而引起的「文化震動」，與語言障礙而帶來的學業困難。D女士的個案可以充分說明第一階段台灣留美學人的生活狀況。D女士於1953年來到俄勒岡大學地質系讀碩士研究

[7] 口述訪談第十四。

生。她回憶說：「我在俄勒岡大學的生活很有意思。因為我的獎學金只夠我繳納學費，我必須想其他辦法來支付我的生活費用。我的一個朋友將我介紹給斯托克斯坦德（Alvin C. Stockstad）夫婦。這對夫婦在尤金（Eugene, Oregon）開有一家五金電器商店。他們同意提供我的食宿；作為交換，我得每天給他們做飯、清理房間。」[8]

3、留學生去留

這一時期由於台灣與美國經濟懸殊，故而多數留學生滯留不歸。根據蔣家興的研究，台灣當局教育部早在1950年已頒定「教育部輔導國外留學生回國服務辦法」。行政院又於1955年設立「行政院輔導留學生回國服務委員會」，專司聯繫海外留學人士及輔導其返台服務業務。該會在成立十六年之後，於1971年由行政院青年輔導委員會（簡稱青輔會）接辦其業務而結束。[9]

根據青年輔導委員會的統計，從1950年至1971年，留學生（其中90%為留美學人）接受輔導回台就業的有2341名，僅占同期出台留學人數的7.7%。[10]

第二階段　高潮階段（1970-1990年代）

這一階段為台灣留美學生運動的高潮階段。此時期台灣在外交上經歷多重打擊，在國際上日益孤立，導致民眾紛紛出台。與此同時，台灣經歷經濟起飛，人民收入普遍提高。許多留學生在留學期間的經濟來源為個人積蓄或家長資助。較多的留學生在畢業後返台服務。

1、留學原因

此一階段推動台灣學生留美的原因與前一階段不盡相同。可以分為下列幾種。

8　口述訪談第八。

9　蔣家興，《台灣的留學教育與國家發展》，收錄於李又寧主編《華族留美史》。

10　李保瑞，《加強延攬海外學人回國服務之研究》，行政院青年輔導委員會，頁3。

（1）台灣在外交上的困境

1970年代以來，國際政治局勢發生巨大變化，使台灣政府的外交頻頻受挫。在美國，公眾的情緒開始發生變化。親國民黨的政客、議員、外交家在逐步老去，而新一代的選民對蔣介石與國民黨政府毫無印象。新上台的總統理查·尼克森及時理解並掌握公眾情緒，開始在外交上與北京接觸。

與此同時，美國的外交理論也開始傾向於注重「新的權力平衡」（New Power Balance）。新的權力平衡理論認為，新近崛起的中國的軍事力量與日本的經濟力量，使得這兩個亞洲國家在對於美國前途的重要性上，與歐洲處於同等地位，僅次於蘇聯。中國、日本、蘇聯與美國這四個國家均在亞洲相遇，而這四國中只有中國被孤立於國際團體之外。因此，有必要將中國納入國際大家庭。尼克森與其國務卿基辛格更認為國際力量的「多極化」有利於美國，有利於世界局勢的穩定。

在中國，與蘇聯的政治軍事衝突，也使得主張接近美國的務實派力量抬頭。1970年10月1日中華人民共和國國慶，美國著名新聞記者愛德格·斯諾受邀參加國慶盛典。其間毛澤東主席請斯諾轉告尼克森總統可以私人或總統身分訪華。中國隨即又展開「乒乓外交」。1971年4月，美國乒乓球代表團訪華，受到中國外交部長周恩來的熱情接待。第二年4月，中國乒乓球代表隊訪美。

對此，美國積極回應。先解除對中國的貿易禁運，又迫使台灣政府退出聯合國，再派高級特使赴華安排接洽尼克森訪華的具體細節。1972年2月，尼克森出訪中國，與中國政府簽定《上海公報》（*Shanghai Communique*）。美國政府承認一個中國，與中華人民共和國建立外交關係，與台灣國民黨政府斷交。在美國之後，許多盟邦也逐一與台灣斷交，與中華人民共和國建立邦交關係。

面對此種外交局勢，許多台灣民眾不僅對「反攻大陸」完全失去信心，更開始擔憂自己的前途，認為在台灣局勢不保的形勢下的最好出路是出台避難。

（2）台灣政府留學政策的放寬

從1970年代開始，台灣政府放寬留學政策，使留學手續更加簡單易行。1976年，國民黨政府修訂留學規定，留學僅分公費與自費。對於自費留學生，政府不再設定年限，並且取消留學考試。自費留學生僅需提供「出國留學研習證明書」及「留學國語文能力合格證明書」，即可被教育部批准出台。1979年，台灣政府再次簡化留學政策，規定自費留學生可以免繳推薦信。1989年，政府留學政策更加寬鬆，規定自費留學生不經教育部核准即可出台。

留學政策的簡化與寬鬆，極大地鼓勵台灣青年留學美國。從1950年至1989年，經教育部核准的出台留學人員達116065人。自1989年下半年開放自費出台留學，留學生人數驟增。從1991年起，每年約有兩萬人出台留學。[11]

（3）台灣經濟起飛致使更多人有能力到國外留學

在1953年土地改革成功後，台灣政府開始利用農業發展的成果，扶植工業發展。從1952年至1970年，台灣的經濟成長率平均為9.21%，農業成長率為4.24%，工業成長率為12.39%，服務業成長率為9.08%。顯而易見，工業有後來居上的形式。[12]

從1962年起，工業產值開始大於農業產值，台灣進入「以工業為主的時代」。至1986年，台灣工業產值所占比例達到47.1%。同時政府積極拓展對外貿易，設立加工出口區及工業區，以吸引因從農業為主轉變為工業為主而產生的大量農村剩餘勞動力。

1970年代，台灣經濟發展的重心轉移到重工業及基礎建設。1973年，台灣政府開始十項建設，其中有七項與基礎建設相關，包括：（1）橫貫南北的中山高速公路，（2）桃園中正國際機場，（3）西海岸鐵路幹線電氣化，（4）北部沿海鐵路，（5）台中港，（6）蘇澳港擴建，（7）核能發電廠，（8）中國鋼鐵公司，（9）中國輪船建設公司，（10）石化中心。十項建設在1979年完成，耗資70億美元。台灣

[11] 蔣家興，《台灣的留學教育與國家發展》，第173頁。
[12] 台灣行政院主計處，《中華民國國民所得》。

開始展現出富裕發達地區的外觀。政府乘勝開始推行十二項建設，重點發展技術與資本密集型的工業，包括發展鋼鐵工業，增建核能發電廠，修建橫貫海島公路，完成台中港以及環島鐵路設施，增修高速公路，改善地區性灌溉與疏導系統，建設海堤，增加農業機械化程度，建設新型城市、文化中心、以及住宅等。十二項建設耗資57.5億美元。1985年，政府又推行十四項建設，重點發展基礎建設，改善現有基礎結構，包括中國鋼鐵公司的第三階段擴建，增修鐵路，修建台北捷運地下鐵路，電訊通訊設施的現代化，發展四大國家公園，利用石油水利資源，以及保護自然生態平衡等。十四項建設耗資200億美元，在1990年代初完成。

以此為結果，台灣在1970年代的經濟成長率達到10%，居世界第二，僅次於新加坡。1980年代，台灣人民生產總值達400億美元，人民人均產值達兩千美元，外匯儲備達70億美元。到1990年代初，台民人均產值近一萬美元。

台灣經濟起飛的重要成果之一是「均富」的實現。社會財富不是集中在少數豪富手中，而是由大多數人民享受。在1952年，20%的最高收入者與20%的最低收入者的年收入之比為15：1；1964年為5.33：1；到1987年為4.69：1，此一貧富差距低於美國。台灣現今自有住宅率已達到85%。家庭電視機與電話的擁有率為百分之百。

台灣人民收入的增加，使得更多的大學畢業生，甚至高中生有能力到海外求學。在自費留學生中，許多人在大學畢業後即參加工作，一邊工作，一邊準備托福考試，申請美國的研究生院。幾年努力之後，被美國大學的研究院接收，工作所得的積蓄也足夠在美國的留學費用。許多台灣的父母，也有能力為子女提供留學費用。所以台灣國民經濟能力的增強成為此一階段留學生人數驟增的又一原因。

（4）美國研究院教育的先進吸引台灣青年留美

美國大學的研究生院，多師資力量雄厚，課程設置靈活多樣，成為吸引台灣大學畢業生留美的原因之一。許多台灣留美學生表示，他們到美國留學的原因之一是嚮往美國的研究生教育，認為其比之台灣有過之而無不及。[13]台灣的許多重點大學，包括台大，研究生院仍師資力量不足，課程設置選擇有限。

2、留學生活狀況

這一階段的台灣學生，經濟狀況比前一階段明顯改善。根據筆者的一項調查，在1980年代與1990年代的台灣留美學生中，有70%來自台灣的業主與職業者家庭，其父母擁有服裝加工業、電腦產品企業，或者就職於銀行或廣告公司。[14]大部分台灣留學生在留學期間的費用由父母支付或來自於個人在台灣工作的積蓄。[15]

因此，此一階段的台灣留學生與前一階段的台灣留學生相比，有著不同的留學經歷。一些人認為在美國留學新奇有刺激，而另一些人則認為留學經歷苦樂參半。但是，無論他們的個人經歷如何迥異，大部分台灣留學生，學習刻苦，成績優異，出色地完成在美國的求學經歷。

在求學的最初階段，語言障礙與文化差異似乎構成許多台灣留學生的主要困難。K小姐是台灣某電腦生產企業主的女兒，於1993年自費赴美國留學，專攻金融專業。她訴說了她在美國的主要苦惱。「我們很想結識更多的美國同學。但是他們一般講話很快。如果我們在同一個學習小組，我們常常聽不懂他們發言的大意。我為此感到非常苦惱。如果教授將學生分組討論，一些美國學生不想和我們分在一組，因為我們的英語不如他們的好，因為我們不能像他們一樣隨意地表達自己的思想。我們對這一點感到非常生氣。」[16]

R女士在七十年代於美國留學，深切感受中美文化差異帶來的「文化震動」。她說：「當我初來美國時，生活真是艱苦。我深深感受文化震動。我不認識任何人，我驚駭、恐慌，並且非常想家。在美國的

---

13 口述訪談第十五。

14 作者對一百多名台灣留學生所做的調查；口述訪談第四十二、四十三、四十四、四十五、四十六、四十八、五十一、五十二、五十三和五十五；參見令狐萍 "A History of Chinese Female Students in the United States, 1880s-1990s." *The Journal of American Ethnic History* 16, no. 3 (Spring 1997): 81-109.

15 同上。

16 口述訪談第五十一。

第一年，除非別人和我說話，我不會主動和任何人講話。在飢餓時我不知道如何燒飯。我從我的美國房東太太那裡學會了燒飯。我不習慣於諸如生菜等美國食物。我不知道如何處理沙拉油。現在我意識到，你至少在美國生活五年才會感覺習慣，至少在美國生活十五年才會感覺像在家裡一樣。」[17]

除了語言障礙與文化差異，對於許多沒有獎學金又個人資金不足的台灣留學生，財政困難是最大的困擾。丁文瑤（Wendy Wen-yawn Ding Yen）的自傳式散文《漫漫長路有時盡》真實生動、細膩深刻地敘述留學生與其家屬在留學過程中所體驗的酸甜苦辣和心路歷程。一九五八年，丁文瑤出生於台灣，是家中六兄妹中最年幼的一個。她在大學時學習旅遊觀光專業，畢業後在台灣一家國際飯店做行政管理工作，待遇優厚，工作輕鬆。一九八一年夏天，她的留學生未婚夫從美國返回台灣與她結婚。隨後，她到美國與新婚的丈夫團聚。一俟抵美，她開始體驗留學生活的艱苦（參見第五章）。[18]

中國留學生社區內外的一些社會組織付出了很大努力，來緩解中國留學生及其配偶的困境。「中國學生學者聯誼會」（Chinese Student and Scholar Friendship Association）和「中國同學會」（Chinese Student Association），分別代表中國大陸留學生與台灣留學生，在全美大專院校中設有分會，幫助中國同學排難解憂，活躍課餘生活，並組織學生社區外的各種社會活動。這兩個學生組織，為留學生適應環境、順利完成學業所必不可少，功不可沒。

3、留學生去留

儘管留學生活中有諸多困難，大部分台灣留學生順利完成學業，在美國定居。許多人受僱於美國高等教育與研究機構，另一些人則進入商界，或成為個人企業主或白領職業工作者。

---

17 口述訪談第十四。

18 丁文瑤：《漫漫長路有時盡》，載《世界日報》1990年5月8-10日；口述訪談第三十九。

雖然多數台灣留學生仍選擇在美國就業定居，但是這一階段有更多的台灣留學生回台服務。從1971年至1991年，有24,981人返台，占留美學人總數的20.3%。[19]從1992年起，台灣留美學生台人數急劇增加。1992年，有5,157人歸台，1993年為6,172人，1994年為6,150人，1995年為6,272人，呈逐年增長的趨勢。[20]

台灣留美學人的回流趨勢有內因與外因，以及經濟、政治、文化諸方面的多種因素。外因包括美國自八十年代以來勞工市場不景氣，對職業工作者職位的競爭加劇，導致台灣留學生在完成學業後歸台服務（因為此因素不是文本討論的主題，故不在此詳加論證）。而內因則包括台灣經濟快速成長導致人均國民收入的提高，台灣人才市場供需的不平衡，台灣政治更加開放自由，回台人員教學、研究、工作環境的改善等。

台灣在1971年時，平均人民所得為410美元，至1997年，已提高到11,950美元。在台北等大城市，人均所得近2萬美元，與美國人均所得極為接近（根據1990年美國人口統計，美國的人均收入為2.4萬美元）。加之台灣的生活費用便宜，除「住」以外，「衣」、「食」、「行」的費用均低於美國。

此外，台灣人才市場供需不平衡，求大於供。以1996年為例，行政院青輔會徵集的就業機會為10,165個，而該會受理的就業高級人才登記只有5,535人，其中留學歸台者2,760名，台灣本土培養的高級人才2,775人。平均每名被登記者有1.83個工作機會。[21]

在政治上，自1986年以來，台灣開放黨禁，反對黨民主進步黨於1986年9月28日正式在圓山飯店宣佈成立。台灣民主開始成長，兩黨競爭態勢初具。同時國民黨於1986年解除實行三十八年的戒嚴令，台灣的民主政治開始起飛，使台灣社會逐步充滿了生力與活力，日趨自由、開放和多元，從「部分民主」進入「完全民主」。國民黨政府又

[19] 蔣家興，《台灣的留學教育與國家發展》，第175頁。
[20] 同上。
[21] 同上。

推動一連串的政治改革，包括解除報禁，通過「集會遊行法」，開放大陸探親，國會全面改選，終止動員戡亂時期以及修訂通過總統、副總統、台灣省長及台北高雄市長直接民選等。

對於回台人員教學、研究、工作環境的改善，台灣政府也花費了很大力氣。1980年，國科會主管的新竹科學工業園區正式成立。新竹距台北45英里，距中正國際機場也不過34英里。清華大學、交通大學、工業技術研究所和其他教學或科學研究機構都位於新竹附近。從1980年至1996年，政府共投入5億美元於新竹園區。有利的地理條件與政府的各項優惠政策，使新竹園區在十幾年內吸引了一大批台灣留美學人回台工作。從1980年至1990年，從美國回新竹去工作的科技人才達5百人，其中大部分人是在1988至1990之間返回，多為原在美國加州工作的高級科技或管理人員。[22]根據統計，到園區工作的海外學人，從1981年的27人增至1995年的1,750位，而其中海外學人回台創業已達89家，占園區廠商數的40%。[23]

上述經濟、政治、文化等方面的原因，成為吸引台灣留美學人回台工作的有利因素。

第三階段：衰落階段（1990年代後期至今）

從1990年代後期起，台灣青年不再青睞在國外長期學習，而只有興趣於短期的海外觀光或海外暑期語言學校。此一現象反映了台灣的研究生教育水準與研究水準的提高。本土培養的研究生的實力與返台的留美學人已不分伯仲，返台服務的留美學人與本土培養的研究生相比，在人才市場與就職、提升等方面不一定具有太大優勢。因此，留學海外自然失去往日的吸引力。台灣研究生教育的發展與國際化，在一定程度上反映台灣經濟的飛躍發展與國際化。同時，台灣社會生活的富裕化與國際化使得留學發達國家不再成為經濟發展的必需。

---

22 《世界日報》1990年1月3日。

23 許炳炎等，《留美學人與台灣科技的發展》，收錄於李又寧主編《華族留美史》，第145頁。

1、留學運動衰落的原因

（1）台灣研究生教育的發展

台灣留美學生運動的衰落的主要原因在於台灣研究生教育的發展，吳瑞北與張進福的論文《留美學人與台灣的學術發展》，分析概括了台灣學術發展的四個時期，對本文的論述，頗有啟發意義。第一時期為制度肇建期。從1949年國民黨政府遷台至1967年國科會的成立為止。此一時期，主要為台灣學術研究與發展策略方針的設計與制定。第二時期為學術引進期，從1967年至1980年。這一時期的發展重點是在各個學術領域引進研究的觀念。第三時期為本土萌芽期，從1980年代初至1980年代末。這一時期重在發展本土學術的國際水準化。第四時期為融合發展期，從1980年代末期至1990年代後期。這一時期政府在教育上的投資急劇增加，台灣的研究環境有長足的進步。[24]

台灣學術研究的發展從一個側面反映台灣研究生教育的發展。從1949年至1967年，台灣的大學教師以自大陸隨國民黨來台者與留日者為主，並以本科教育為主，研究生教育幾乎等於零。從1967年至1980年，本土研究生教育開始發展，返台留美學人與客座教授指導碩博士研究生學習國際性研究方法。1980年代，台灣研究生教育開始向國際水準化努力。例如，台大電機系在1980年首先實行博士論文發表制度。該系要求博士班學生必須要有國際一流水準期刊發表的論文才可畢業。[25]1990年代，本土培養的研究生人數急劇增加，研究水準國際化。例如，1971年台灣本土培養的碩士、博士畢業生人數為847人和23人，而1995年則據增為12,649人和1,053人，超過了每年留學生回台的人數。[26]本土培養的研究生，積極參與國際會議發表論文，大量投稿國際期刊，與同領域的外國同事進行學術合作。台灣的研究生教育已達到國際化，在國際學術領域中，扮演著「既競爭又合作的角色」。[27]台灣

[24] 吳瑞北、張進福《留美學人與台灣科技的發展》，第157-165頁。
[25] 同上，第161-162頁。
[26] 蔣家興，第175頁。
[27] 吳瑞北、張進福，第166頁。

研究生教育的國際化，使得在海外深造，不再是提升研究能力、加強人才市場競爭力的唯一途徑。

台灣研究生教育的國際化，反映了台灣經濟的快速成長與國際化。台灣經濟已不再仰賴外力而生存發展，而逐漸在國際競爭中扮演平等的角色。

（2）台灣社會經濟的國際化、資訊化

台灣高度發達的電腦資訊業與國際網路的普及，使得遠渡重洋，取經鍍金不再成為必需。在電腦與國際網路時代，「秀才不出門，便知天下聞。」一台與國際網路相通的電腦，便可將各領域的研究現狀與成果，快速有效地展現。電腦的普及使用率在台灣已達到相當高的程度。政府大力撥款規劃建立學校電腦化教室、網路教學等，極力普及全國資訊應用能力。台灣青年，多數對於電腦資訊與網路情報的使用得心應手，在國際網路中如魚得水。國際網路的普及，加快了國際研究成果的流通與運用，學子因而不必負籍海外，便可掌握最新知識。

（3）台灣社會的富裕、繁榮

自1980年代，台灣完全脫離貧窮狀態，進入富裕之境。在八十年代後出生的青年，因而難以想像並理解上兩代人篳路藍縷、含辛茹苦的奮鬥精神。雖然當代台灣青年中不乏生氣勃勃、積極進取的有為之士，但也有不少青年人，為物質的豐裕淹沒，貪圖享受，不再情願去「受洋罪」，在美國留學已失去了往日的吸引力。相反，台灣青年現在更有興趣於在海外短期觀光旅遊或註冊於海外的暑期語言學校。許多台灣青年，在大學畢業後拼命工作，積蓄資金，是為了到世界各地名勝古蹟遊覽。在每年夏季的國際旅遊旺季中，世界各旅遊勝地遊客中的亞洲人，多為台灣與日本人。

更多的台灣青年，為了增強自身的競爭力，也迫於台灣社會經濟國際化的壓力，紛紛參加海外暑期語言學校。一些調查報告揭示，每年大約有8千台灣青年男女，奔赴海外暑期語言學校，進修深造，創造6千5百萬美元的消費市場。以此為結果，許多專為暑期海外語言班註冊、住宿及旅行的諮詢中心應運而生。根據一項市場調查，在海外暑期語言班的全部費用，包括學費、食宿費、交通費、以及文化活動的費用，約2千5百美元至5千美元不等。[28]

2、留學運動衰落可能引起的後果

台灣留學生運動的衰落從正面反映台灣社會經濟的高速發展與國際化。台灣已進入世界發達國家與地區的行列，因此沒有太大必要向外發展。與此同時，台灣留學運動的衰落也在學術界人士中引起擔憂。許多研究院校的領導人與專家，擔心留學生運動的衰落將會影響台灣學術研究的進一步發展，長期的近親結婚會造成劣生的現象，因此呼籲當局各主管部門，制定相應的政策，撥款贊助留學。

此外，台灣留學生運動的衰落也對美國華裔社會的組織結構造成影響。1980年代與1990年代，美國華人社會的領導力量多來自於美國的新生代華人與台灣留美的專業人士。1990年代以後，台灣留學生逐步減少、而中國大陸留學生大幅增加使美國華人社會中精英階層的構成成份發生變化，來自中國大陸的精英人士逐漸在華人社會中發揮更大作用。

結語

戰後台灣經濟從滿目瘡痍、百廢待興、貧窮落後到富裕繁榮的巨大變化，以及台灣現代化的萌芽、發展與成熟與台灣留學生運動的興起、發展、與衰落息息相關。

從1950年代至1960年代，台灣經濟篳路藍縷，到先進國家留學，因而成為一代青年的最高願望。來自經濟貧困的台灣的留學生，必須含辛茹苦，克服經濟與文化的雙重困難，方能功成名就。而留美學生的去留，代表世界勞工移民的去向，反映世界各國經濟發展的水準。留學運動從實質上講是世界勞工流動的一部分，世界經濟發展與勞流動的規律證明，勞工的流向總是由發展中國家到發達國家，從世界經

[28] Joyce Lin, "Summer a Language Opportunity." *Taipei Journal*, Vol, XVII, No.26, 7 July 2000, P.4。令狐萍：《從臺灣留美學生模式的變化看臺灣社會的現代化》，盧漢超主編，《臺灣的現代化和文化認同》，New Jersey：八方文化企業公司，2001年；令狐萍：《從臺灣社會的發展看臺灣留美運動的興衰》，《華僑華人歷史研究》，2003年第4期，頁21-28.

濟的邊緣國家或地區到中心國家和地區。因此，1950年代與60年代台灣經濟與美國的巨大懸殊使留美學生很容易地做出滯留不歸的抉擇。

從1970年代台灣開始經濟起飛，到1980年代台灣完全脫貧致富，台灣留學生經濟狀況改善，多數留學生不必打工，依靠個人積蓄和家長資助即可完成留美學業。從1980年代起，美國勞工市場的不景氣與台灣社會經濟的發展吸引一部分留美學生返台工作。到1990年代，留美學生的返台率進一步提高，反映台灣經濟進入國際中心，勞工人才開始流向台灣。

1990年代後期，留學美國運動開始衰落，許多台灣青年不再視出台留學為「正途」，而僅有志於短期海外觀光或暑期海外語言學校。這一現象不僅體現台灣學術研究水準的提高、本土培養的研究人員已具有國際競爭力，也反映台灣經濟國際化，資訊化的開始。

本節只是從一個方面來考察台灣的留學生運動。不可否認台灣留學生運動的興起、發展、與衰落同時也受所在國的移民政策與就業形式所影響。但此因素不在本節討論範圍之內，在此說明。

第二節　美國華人社會的新形態——文化社區

本節深入分析探討北美華人社區的成因與演變，以及北美華人社區研究理論的歷史與現狀。通過追述聖路易的華人社區的發展與演變，筆者詳盡闡述「文化社區理論」，包括文化社區理論的定義、意義、後顧與前瞻，以及影響。不同於傳統的唐人街，聖路易華人的文化社區沒有明確的地理界限，沒有華人商業與住宅合一的專門地理區域，而是以中文學校、華語教會以及華人社區組織為核心的一種特殊的社區；聖路易的華人多數就業於主流社會的公司、機關與學校，定居於白人為主的郊區中產階級住宅區，而在業餘時間、週末或文化活動中，聚集形成華人的文化社區。同時，不同於當代美國東西海岸許多地區以商業利益而形成的新型郊區唐人街，聖路易華人的文化社區是由於中華文化凝聚力而產生的社區；華人聚集一堂，不是為了（或者不僅是為了）經商貿易，而是（或者更多是）為了弘揚中華文化。文化社區現象標誌著少數族裔在美國社會的政治與經濟地位的上升。只要美國是個多元與多種族社會，就會有文化社區。

一、北美華人社區的成因與演變

華人旅美的經歷基本是一種城市現象。自20世紀以來，根據美國人口統計局的數字，華人定居城市的比例逐漸上升。在1930年代，64%的華人居於城市。1940年代，該百分比上升至71%。至1950年代，有90%的華人居於城市。這種趨勢在近年有增無減。因而，在美華研究中，城市研究必然成為學術界各學科的研究熱點。

北美華人城市社區的形成原因，可分為外部的推力（push）與內部的拉力（pull）兩種。外部的推力，主要包括美國政府一系列的反華排華政策及其實施，和美國社會的排華情緒與種族歧視現象。內部的拉力則包括華人的文化與經濟情結。

從1848年黃金在加利福尼亞被發現起，赴美華工多成為美國西海岸與山區的金礦礦工。待黃金礦層大部被掏盡後，大批華工（10萬之多）集中於美國橫貫大陸鐵路（Transcontinental Railroad）的修建。1869年橫貫大陸鐵路修築完畢，導致築路華工失業。除其中的一部分成為加州白人農場主的傭工之外，大部疏散至美國中部、東部與南部。許多華人更進入工業城市。在城市，由於缺少技能，不諳英語，華人被拒於大工業的勞工市場之外，只能找尋白人勞工不屑的低技能服務業謀生。洗衣業、雜貨業、餐館業與車衣業等服務行業因而成為早期華人社區的主要謀生行業。

華工不僅被限制入美（例如1882年的排華法限制華工入美10年，並被一延再延至1943年該法案的廢除），已赴美的華工亦有可能遭受白人暴徒的襲擊與凌辱。在此種反華排華的不良外部氣候下，華人只有聚地自保，從而形成所謂的「唐人街」。這就是唐人街形成的外因。

內部的拉力則包括華人的文化與經濟情結，主要分為語言情結、鄉土情結、心理情結和經濟情結。在華人聚居的唐人街，華人可以用鄉音交流，在同鄉或同宗經營的店業做工。在異地的鄉音與華人的面孔會使他們感到親切安慰。更重要的是，唐人街的華人經濟從內部吸收了華工的勞動力，使他們在這不受歡迎的土地上得以生存，緩慢尋求美國夢。

唐人街形成的外因與內因一直存在，直至1943年排華法被廢除。第二次世界大戰期間，中國人民在二戰中的巨大貢獻使美國公眾逐漸對華人產生好感。許多土生華人與戰後赴美的知識移民得以進入主流社會就職。而1965年的新移民法取消以往的配額制度，建立了移民赴美的三大原則——戰爭難民、家庭團聚與技術勞工，使美國移民政策更為民主與開放。唐人街形成的外因因而在逐步消解。

與此同時，美國60年代的民權運動（Civil Rights Movement）也使美國社會對少數族裔更加包容開放。所謂的平權措施（Affirmative Action）也在此時形成。平權措施要求所有接受政府資金的僱主必須僱用少數族裔人士，少數族裔接受教育與僱用的機會在法律上與白人平等。

如上的社會政治經濟變化導致形成唐人街的外因最終瓦解。許多唐人街的居民，遷出唐人街，移居白人聚居的郊區。進而導致內城唐人街的衰敗與郊區唐人街的興起。而在郊區或新型的唐人街，華人不再僅是來自廣東的貧苦移民，不再從事於往日的洗衣業與雜貨業，而許多來自台灣、香港、東南亞以及1990年代之後來自於大陸的新移民受過良好的高等教育，擁有工商管理經驗，攜帶資產，投資於金融業與房地產開發業，購置豪宅（如在加拿大溫哥華的香港移民多購置巨宅，引起白人鄰里嫉妒仇視，其巨宅被稱為Monster House），往返於美台港陸之間，其經濟活動不僅限於一國，而滲透多國，被稱為跨國經濟（Transnational Economy）。如此的新型華人社區多見於大的口岸城市，如洛杉磯、紐約、溫哥華等。

在新型華人社區蓬勃興起的同時，新湧入的勞工移民（包括非法移民）也使許多大型口岸城市原有的內城唐人街重獲新生與發展。旅遊業的發展，也造成美國社會對大型口岸城市中唐人街的需求。因此，唐人街仍然是、特別是大型口岸城市中的主要華人社區模式之一。

二、北美華人社區研究理論的歷史與現狀

美國著名史學家瑪麗·柯立芝（Mary Coolidge）恐怕是最早為唐人街定義的學者。她在其著作《中國移民》（*Chinese Immigration*, 1909）一書中將唐人街定義為由中國人建立的「為保障自身安全並感覺賓至如歸的」市區中的某一「地段」（quarter）。[29]其後，華裔社會學家譚金美（Rose Hum Lee）亦為唐人街提出類似的定義：唐人街是中國「僑民建立的互助自保，傳承文化」的地區。[30]華裔人類學家王保華（Bernard P. Wong）從種族關係的角度觀察唐人街，視其為種族封閉的社區。[31]加拿大地理學家卡·安德森（Kay Anderson）則認為唐人街只是「白人創造」的觀念。[32]迄今為止，最全面地為唐人街定義的學者要為加拿大華裔地理學家黎全恩（David Lai），「北美唐人街是城市結構中的重要組成部分，它具有華人人口與華人經濟活動集中於一個或多個街區的特點。它基本上是位處西方城市環境之中的東方人社區。」[33]

美國華裔社區的研究以地理區域分類，一般集中於對舊金山、紐約和洛杉磯等大的華裔集中地的研究。

華人社區的研究始於對舊金山唐人街的研究。倪偉德（Victor G.）和Betty de Bery Nee的研究基於口述訪談案例，闡述舊金山唐人街的種族和諧與華人的堅韌努力。[34]倪偉德的著述首創口述訪談性研究的先驅，但理論貢獻稍顯不足。華裔學者陳參盛（Thomas W. Chinn）的著述進一步考察舊金山唐人街的社會結構與人文環境。[35] 華裔學者盧秋蟬

29 Mary Coolidge, *Chinese Immigration* (New York: Henry Holt, 1909), 402.

30 Rose Hum Lee, *The Growth and Decline of Chinese Communities in the Rocky Mountain Region* (New York: Arno Press, 1978), 147.

31 Bernard P. Wong, *A Chinese American Community: Ethnicity and Survival Strategies* (Singapore: Chopmen Enterprises, 1979), 18.

32 Kay J. Anderson, *Vancouver's Chinatown: Racial Discourse in Canada, 1875-1980* (Montreal & Kingston: McGill-Queen's University Press, 1991), 9.

33 David Lai, "Socio-economic Structures and the Viability of Chinatown." In *Residential and Neighborhood Studies in Victoria*, ed. C. Forward. Victoria: University of Victoria, Western Geographical Series, no. 5 (1973): 101-129.

34 Victor G. and Brett de Bary Nee, *Longtime Californ': A Documentary Study of an American Chinatown* (New York: Pantheon Books, 1972).

35 Thomas W. Chinn, *Bridging the Pacific: San Francisco Chinatown and Its People* (San Francisco: Chinese

（Chalsa M. Loo）的專著則側重於研究與舊金山唐人街居民有關的社會問題。[36] 華裔歷史學家陳勇的史著考察一世紀以來舊金山華人在社會文化諸方面的深刻變化。[37]印裔歷史學家Nayan Shah的研究則將舊金山唐人街置於該市的公眾衛生問題的背景之下。[38] 如上著述從不同側面推動了對舊金山唐人街的深入研究。

自1980年代以來，美國華人社區經歷了深刻的變化，舊的唐人街或消亡或更新。面對華人社區的發展，學者們進一步闡述唐人街的結構與性質。華裔學者鄺治中（Peter Kwong）將紐約的唐人街分為「上城」（Uptown）與「下城」（Downtown）。他認為紐約的唐人街貌似種族和諧，但實質上存在階級分化。上城的職業工作者與商界領袖投資於房地產開發業，與居於下城的勞工階層嚴重對立。[39] 華裔社會學家周敏（Min Zhou）分析研究紐約唐人街，則認為唐人街的移民族裔社區具有強大的社會經濟潛力，可以幫助移民後代融入主流社會。[40] 與此同時，華裔學者陳祥水（Hsiang-shui Chen）具體研究1965年以來紐約皇后區法拉盛（Flushing）的台灣移民社區，對華人社區得出新的結論，認為這些社區「唐人街不再」（Chinatown No More），而是多族裔混雜的社區。[41]華裔學者林建（Jan Lin）進一步認為紐約的唐人街是「全球城」（Global Town）。[42]如上著述顯示學術界對紐約的唐人街結構與性質的各樹一幟的多樣化詮釋。

美華研究的學者也對1960年代之後的加州洛杉磯唐人街重新定

Historical Society of America, 1989)

36 Chalsa M. Loo, *Chinatown: Most Time, Hard* Time (New York: Praeger, 1991), 3。

37 Yong Chen, *Chinese San Francisco, 1850-1943: A Trans-Pacific Community* (Stanford: Stanford University Press, 2000).

38 Nayan Shah, *Contagious Divides: Epidemics and Race in San Francisco's Chinatown*. (Berkeley: University of California Press, 2001).

39 Peter Kwong, *Chinatown, New York: Labor and Politics, 1930-1950* (New York: Monthly Review Press, 1979) 5, 175。

40 Min Zhou, *Chinatown: The Socioeconomic Potential of an Urban Enclave* (Philadelphia: Temple University Press, 1992), xvii.

41 Hsiang-Shui Chen, *Chinatown No More: Taiwan Immigrants in Contemporary New York* (Ithaca: Cornell University Press, 1992), ix.

42 Jan Lin, *Reconstructing Chinatown Ethnic Enclave, Global Change* (Minneapolis, MI: University of Minnesota Press, 1998), xi.

義。華裔社會學家逖姆・馮（Timothy P. Fong）多方研究論證洛杉磯地區蒙特利公園市（Monterey Park City）的華人社區，將其定義為「郊區唐人街」。[43]美國學者約翰・霍吞（John Horton）的研究指出族裔多元化是理解蒙特利公園市的中產階級社區在經濟全球化飛速發展局勢中的關鍵。[44]日拉丁裔學者李藍德・齋藤（Leland T. Saito）的研究將蒙特利公園市的亞美參政作為中心。[45] 台灣學者曾嬿紛（Yen-Fen Tseng）認為洛杉磯地區的華人族裔經濟已在聖蓋博谷（San Gabriel Valley）地區的郊區地帶形成多核心的集中。新移民資產與企業家的湧入將該地的華裔經濟與亞太圈經濟融為一體。[46]華裔地理學家李唯（Wei Li）更提出洛杉磯地區多族裔定居為「族裔郊區」的新模式。[47]如上著述近一步顯示學術界對新型華人社區研究的努力與貢獻。

三、聖路易的華人社區是如何的社區？

我們知道，任何人類社區都可以分解為地理空間與社會空間。地理空間包括某社區的地理區域，而社會空間則包括某社區的社團活動、文化慶祝活動，社區成員的文化需求、情感需求以及心理需求等因素。

上述理論模式均著重於對華人社區地理空間的考察與分析。20世紀60年代以前的華人社區可以用唐人街的模式來解釋分析，但自從1965年美國《移民法》之後，新移民在紐約皇后區的法拉盛（Flushing），在加州的里奇蒙德（Richmond）和舊金山的日落區（Sunset District），和洛杉磯的蒙特利公園市（Monterey Park City）等地建立了新型的華人社區之後，傳統的唐人街模式便不再適用於對這些新型華人社區的理解與詮釋。而在聖路易等地，新興的華人社區沒

---

43 Timothy P. Fong, *The First Suburban Chinatown: The Remaking of Monterey Park, California* (Philadelphia: Temple University Press, 1994).

44 John Horton, *The Politics of Diversity: Immigration, Resistance, and Change in Monterey Park, California* (Philadelphia: Temple University Press, 1995), 8.

45 Leland T. Saito, *Race and Politics: Asian Americans, Latinos, and Whites in a Los Angeles Suburb* (Urbana: University of Illinois, 1998).

46 Yen-Fen Tseng, "Chinese Ethnic Economy: San Gabriel Valley, Los Angeles County." *Journal of Urban Affairs*. Vol. 16, no. 2 (1994): 169-189.

47 Wei Li, *Ethnoburb: the New Ethnic Community in Urban America* (Honolulu: University of Hawaii Press, 2009.)

有一定的地理界線，因此「郊區唐人街」、「全球城」、「族裔郊區」等注重地理空間的模式都無力解釋聖路易的華人社區，學術界亟待新的理論構架對新華人社區定位與解讀。

聖路易為美國名城，是19世紀初美國西進運動的出發點。著名的劉易斯－克拉克探險（Lewis and Clark Expedition）即以聖路易為起點，沿密西西比河西進，直至西海岸。該探險使得美國成為橫跨美洲大陸的泱泱大國。美國內戰結束後，美國城市化與工業化急速發展，吸引世界各地的勞工來美國尋夢。19世紀70年代的聖路易是美國第四大城，居於紐約、費城、布魯克林之後。當時，這個沿密西西比河岸而建的城市已經非常種族多元化與國際化。沿河的街道有小販叫賣各國風味的小吃。該市的居民中有35%在國外出生，其中多數為德國與愛爾蘭移民。華人也在此時來到聖路易，形成一定規模的唐人街。

1857年，寧波籍華人阿拉李（Alla Lee）定居聖路易，成為史載的聖路易第一華人。阿拉李在愛爾蘭移民居住區經營小本茶葉、咖啡生意，並與愛爾蘭青年女子薩拉・格蘭姆相愛結婚。12年後，數批華人相繼從三藩市與紐約輾轉至聖路易。至19世紀末，約300多華人聚居聖路易市區南面的哈普巷（Hop Alley）一帶的寄宿房，形成俗稱「哈普巷」的聖路易唐人街。此時的哈普巷，是華人商業活動與居住地合一的典型的唐人街。唐人街生意百行，但最主要的行業則為洗衣業、雜貨業、與餐館業。華人行業不僅為排斥於主流社會勞工市場之外的華人提供就業機會，更為美國內戰後聖路易城市經濟的發展助一臂之力。根據筆者的研究，僅占聖路易人口千分之一的華人，竟滿足該市60%的漿洗需求。[48]

20世紀60年代，聖路易市政府推行「市區重建運動」，改造市中心的衰敗區。唐人街故而塵飛灰滅，安良堂總部被迫搬遷，聖路易唐人街從此消失。此後，聖路易華人多次企圖再建唐人街，並先後在

[48] 參見令狐萍Huping Ling, *Chinese St. Louis: From Enclave to Cultural Community* (Philadelphia: Temple University Press, 2004), 1。令狐萍（Huping Ling）, "Reconceptualizing Chinese American Community in St. Louis: From Chinatown to Cultural Community." *Journal of American Ethnic History* Vol. 24, No. 2 (Winter 2005): 65-101. Winner of the Best Article Award, 48th Annual Missouri Conference on History 2006；令狐萍：《美國華人研究的新視角》，《華僑華人歷史研究》，2007年第1期，頁25-31.

Delmar街與Olive大道形成一定規模的華人商業中心。但是，聖路易再未出現大規模的集中的華人商業中心與華人聚居地合一的唐人街。因此，竟然許多聖路易的當地人都以為該市沒有華人社區。

但是，細心的觀察者會發現聖路易近半數的建築物的內部取暖照明設備是由一家華人電機工程公司設計的。聖路易有兩家華人報紙為社區提供傳播媒介服務，有3家中文學校為上千名華人子弟教授中文、弘揚中華文化，有40多家教會社團等服務於社區，有500多家中餐館為喜愛華夏食品的聖路易人提供餐飲服務。據各種人口統計資料，聖路易現有兩萬多來自於大陸、台灣、香港、東南亞各國的華人以及美國土生華人。[49]

從就業情況分析，他們多數為教授、醫生、工程師、科研人員、電腦程式設計師和管理人員，就業於美國主流社會的大公司；或者為餐館、雜貨、加工業、保險業與其他服務行業的業主。從居住狀況來講，他們不再居住於內城，而是散居於郊區擁有優良學區的地區，與美國其他族裔居民（多為白人）混合為一體。從文化活動上看，每逢週末與傳統節假日，中國人則聚集於中文學校、華人教會和華人社團組織的文化慶祝活動中。

如何定位解讀這種流動的，時聚時分的華人社區？側重於地理空間的傳統理論構架無法解釋這種社區，因為它沒有明顯的地理區域被定位為唐人街或其他形態的華人社區。只有著重於對文化空間的分析，才有可能為它定位。

經過多年的對聖路易華人社區的考察（筆者曾訪談過近百名聖路易華人社區各界人士，訪問華人餐館、雜貨店、保險業、律師事務所、診所，甚至研究了華人公墓，遍閱聖路易所有公立與私立檔案館、資料館與圖書館），和對所有華人社區理論構架的分析解讀，筆者逐步形成了「文化社區」（Cultural Community）的理論構思。該理論已發表於多家美國重要學術刊物。[50]筆者的專著《聖路易的華人——

---

49 Ling, *Chinese St. Louis: From Enclave to Cultural Community*.

50 參見令狐萍Huping Ling, "Reconceptualizing Chinese American Community in St. Louis: From Chinatown to Cultural Community." *Journal of American Ethnic History* Vol. 24, No. 2 (Winter 2005): 65-101.

從唐人街到文化社區》亦由美國天普大學出版社（Temple University Press）於2004年出版。[51]

四、文化社區理論的定義、意義、後顧、前瞻以及影響

1、文化社區的定義（結構與特徵）

不同於以往的唐人街，聖路易的華人社區沒有華人商業與住宅合一的專門地理區域，而是以中文學校、華語教會以及華人社區組織為核心的一種特殊的社區。不同於當代美國東西海岸許多地區以商業利益而形成的新型郊區唐人街，聖路易華人的文化社區是由於中華文化凝聚力而產生的社區；華人聚集一堂，不是為了（或者不僅是為了）經商貿易，而是（或者更多是）為了弘揚中華文化。同時，不同於傳統的唐人街或新型的郊區唐人街，聖路易華人的文化社區沒有明確的地理界限；聖路易的華人多數就業於主流社會的公司、機關與學校，定居於白人為主的郊區中產階級住宅區，而在業餘時間、週末或文化活動中，聚集形成華人的文化社區。

2、文化社區的意義

首先，文化社區理論提供了詮釋華裔美國人社區的新視角。多數新型的華裔社區中的華裔美國人，在職業與經濟上已融入主流社會，而在文化上仍依戀於中華文化，因此，文化社區的理論適用於對這類社區的解讀。

其次，文化社區的模式有助於我們理解文化認同（cultural identity）的問題。文化社區的形成不再是為了互助自保的經濟需要，而是為了文化與種族認同的需求。當華美人士散居於中產階級與高中產階級的住宅區，發現形成華人的地理集中區域既困難又不實際。但是，他們仍然有與同胞交流，保持與維護中華文化的渴求。這種渴求可以通過

[51] Ling, *Chinese St. Louis: From Enclave to Cultural Community.*

中文學校、華語教會、華人社團組織、長期或臨時性的各種政治委員會以及文化慶祝活動來宣洩、滿足。在這些場所與活動中，大規模的華人人口的聚集與出現，有助於他們找到自己的文化與種族的認同感。這種文化與種族認同為他們帶來心理的滿足與安慰，而這種滿足與安慰在他們日常的生活環境中是難以得到的。

第三，文化社區的模式展示美國歷史中移民同化過程中的一個階段。歷史已向我們揭示出美國社會中移民或少數族裔在政治與經濟發展過程中一般經過三個階段。[52]第一階段，為了經濟生存的需要而形成地理區域集中人口聚居的種族區域。第二階段，為了種族認同的需要而形成文化聚集現象。第三階段，為了民主與正義而參與政治或與其他族裔結盟。

移民或少數族裔在美國社會首先需要生存。當美國社會對他們不友善甚至懷有敵意時，這種外部環境不可避免地導致移民或少數族裔採取互助自保的策略，形成移民或少數族裔社區。這種社區在美國歷史上被統稱為「貧民窟」（ghetto）或「族裔聚居地」（enclave），更具體化為「德國城」（German Town）、「猶太城」（Jewish Town）、「唐人街」（China Town）、「小東京」（Little Tokyo）、「小西貢」（Little Saigon）、「小馬尼拉」（Little Manila）、「小台北」（Little Taipei）等。在此階段，這種地理區域與人口集中適應於移民與少數族裔的生存需求。

當移民或少數族裔在職業上與經濟上同化於主流社會時，他們的主要關注點便不再是互助自保以達到經濟生存的目的。這種心理變化導致移民或少數族裔聚居地的瓦解與消失。這些經濟上被同化的居住分散的少數族裔，現在主要關心的是如何在沒有少數族裔聚居地的情況下保持光大本族裔的傳統文化。時至20世紀60年代，歐裔移民均被同化於美國的白人文化。但是，這些經濟上被同化的歐裔少數族裔，例如猶太人，仍然需要尋找與保持自己的種族與宗教認同。這種需求產生了各種展現猶太人文化的猶太教會、希伯來文學校、文化團體與

[52] Ling, *Chinese St. Louis: From Enclave to Cultural Community*, 14.

文化聚會。亞裔移民也展現了類似的保持文化認同的模式。例如在紐約的韓裔移民在基督教會與社區組織中找到了穩定社區的因素。20世紀60年代之後的聖路易華人形成了文化社區。在此階段，文化與社會空間，而不是地理空間，形成了少數族裔社區。

當少數族裔在經濟上具有安全感之後，他們會主動參與主流政治，通過選舉或與其他族裔結盟的方式，以維護民主與社會正義，同時也保護自己的利益。比如1973年成立的美華協會（Organization of Chinese Americans or OCA）與1989年成立的由百名華美各界名流組成的「百人團」（Committee of 100），就是華人參政的極好範例。

3、文化社區理論的後顧與前瞻

（1）文化社區理論的後顧

讀者可能會提出疑問，文化社區是否僅在聖路易一地存在？

回顧歷史，類似的移民社區曾出現於波士頓的移民中。如著名美國移民史學家奧斯卡・韓德林（Oscar Hadlin）在其《波士頓移民》一書中，提到波士頓的各族裔移民組織了不同的文化社團，以尋求自己的種族認同。[53]

在聖路易的歷史上，早期的德裔移民在19世紀末20世紀初，沒有集中的聚居地，而是形成了以各種社團為中心的「同樂社區」（筆者譯，gemuthlich community）。[54] gemuthlichkeit是個難以直譯的德語名詞，包括同胞情、酷愛文化慶祝、玩紙牌、分享德國文化、狂飲德式啤酒等多種含義。所以「同樂社區」實際上是一種文化社區。根據筆者的研究，在堪薩斯城，也可以發現一個類似於聖路易文化社區的華人社區。[55] 無獨有偶，美國中部重鎮芝加哥，自1980年代以來，也形成了南華埠、北華埠、和郊區文化社區三足鼎立的華人社區。[56]

---

[53] Oscar Handlin, *Boston's Immigrants, 1790-1865* (Cambridge: Harvard University Press, 1941), 160.

[54] Audrey L. Olson, St. Louis Germans, 1850-1920: The Nature of an Immigrant Community and Its Relation to the Assimilation Process (New York: Arno Press, 1980), 281.

[55] Ling, *Chinese St. Louis: From Enclave to Cultural Community*, 233.

[56] 參見令狐萍，Huping Ling, *Chinese Chicago: Race, Transnaitonal Migration, and Community since 1870* (Stanford: Stanford University Press, 2012).

左：聖路易華人文化社區慶祝中華文化的模擬婚禮，1999年。（令狐萍個人收藏）
右：芝加哥南華埠新建的唐人街廣場的商業盛況，2012年。（令狐萍個人收藏）

以上範例說明，在美國歷史上，無論是在口岸城市還是在內陸地區，無論是在大都市還是在偏遠城市，少數族裔無論大小，均渴求種族凝聚而形成或組織各種形式的社團與文化聚會。當少數族裔的地理區域存在時，這種文化社團與聚會便成為少數族裔聚居區的有機組成部分。當少數族裔的地理區域不存在時，這些社區文化組織便轉而成為社區結構的主要構架，從而形成文化社區或者文化社區的地方性變異形態。

（2）文化社區理論的前瞻

讀者可能還會提出疑問，文化社區是否只是存在於某些地區？

筆者認為，文化社區不僅只是存在於聖路易華人社區的一種文化現象。文化社區理論適用於任何沒有地理聚集地的少數族裔社區。它也適用於少數族裔在經濟與就業方面已同化於主流社會，但在文化上仍保持其種族特性的社區。它特別適用於少數族裔多為職業工作者的社區。

文化社區現象標誌著少數族裔在美國社會的政治與經濟地位的上升。只要美國是個多元與多種族社會，就會有文化社區。

4、文化社區理論的影響

文化社區的理論構架成為全面確切解釋新型華裔社區與其他少數族裔社區的新理論，在美國種族研究學術界引起極大反響。美國權威種族研究學術雜誌《美國種族歷史研究》主編倫納德・貝爾（Ronald H. Bayor）博士讚揚道，「令狐萍教授的文化社區模式不僅助益於我們理解其他華人社區，也有助於我們理解非亞裔社區。」美國亞裔研究的創始人與權威羅傑・丹尼爾斯（Roger Daniels）博士稱《聖路易的華人——從唐人街到文化社區》為「一部突破性的學術專著，是第一部全面記述美國中西部城市少數族裔的史著。」美國亞裔研究學會主席吳兆麟（Franklin Ng）博士評論道，「《聖路易的華人》的文化社區模式是對學術研究的重要貢獻，它將幫助我們思考理解華人社區並不侷限於傳統的唐人街理念。作者技巧地將聖路易華人社區置於美國城市歷史與華裔史學史的宏觀背景中，使該書富有見解，老練深奧。」[57]

第三節　從美國華人形象的演變看中國的崛起

自從1820年美國移民局記載第一批抵美的華人，至今，在近二百年的美國移民史中，美國華人人口已增長至402萬5000人，占亞裔人口的24%，為亞裔美國人中最大的族裔（根據2010年的人口普查，美國亞裔人口逾1700萬，占美國總人口的5%。），位居美國各族裔群體中第五名，排名白人、非裔、墨西哥裔、波多黎各裔之後。[58] 美國華人的形象也從「東方尤物」、「苦力」、「罷工運動的破壞者」、「賭徒」、「鴉片煙鬼」、「娼妓」而演變為「模範少數族裔」、「數理化天才」、「IT神人」等。

華人形象的演變不僅反映華裔在美國政治、經濟、文化地位的提升，更反映其母國——中國近現代史中的榮辱興衰與當今中國的崛起。本節將闡述分析華人在美國公眾形象的歷史演變，及其所反映折射的近現代中國的歷史巨變與近數十年來中國的崛起。我將美國對華人的公眾形象的演變分為如下幾個時期。一，1760年代－1860年代：美國公眾對中國與華人的興趣集中在對「東方財富」與「東方神話」

[57] Ling, *Chinese St. Louis: From Enclave to Cultural Community*, back cover.

[58] 美國人口統計數字，2010年。

的迷戀。二，1860年代－1940年代：美國公眾對華人的偏見表現為將華人視為「苦力」、「罷工運動的破壞者」、「妓女」、「賭徒」和「鴉片煙鬼」。三，1940年代－1990年代：華人的形象在美國公眾中逐步提升，華人成為「二戰盟友」、「模範少數族裔」。四，1990年代至今：「跨國人」、「空中飛人」等術語與「華語熱」現象出現。

一、1760年代－1860年代：「東方財富」（Oriental Wealth）與「東方神話」（Oriental Exoticism）

早期美國對中國的印象反映了中國明清經濟的發展以及早期殖民者的貪掠本性。東亞諸國，主要是中國，被西方人統稱為「東方」（Orient）。遙遠的東方，遍地財富，是歐洲殖民者夢寐以求的地方。正是對東方財富的嚮往促成了哥倫布發現美洲新大陸，也成為其後美國西進運動的主要推動力之一。

在美國立國的頭百年中，美國人對中國的印象基本是正面的。他們對東方充滿了好奇，他們熱衷於購買收藏中國瓷器、中國書畫、與中國地毯。當時以經營東方貿易著稱的馬薩諸塞州巨賈皮鮑迪（George Peabody, 1795-1869），家財萬貫。其他富有的早期美國殖民家族也以擁有中國瓷器、中國地毯、和中國器物為其財富的標誌。

對東方財富的貪戀也使早期美國人對中國人的服飾及風俗文化感到新奇。對東方文化的好奇導致了美國對中國文化的一些引進。這些引進表現在美國一些娛樂團體，主要是馬戲團，對中國人的招聘。在這些馬戲團的表演中，中國演藝人員身著滿清服飾，男藝員展示其長辮，女藝員顯示其裹足。例如《紐約快報》（*New York Express*）1850年4月22日版報導，在一個稱作「中國博物館」（Chinese Museum）的巡迴演出團體的表演中，「中國美人潘葉可（Pwan-Yekoo）女士以她獨特的中國服飾吸引了所有百老匯的觀眾。她迷人、狡黠、活潑和雅致。她的一雙小腳更是絕妙！」[59]

---

[59] *New York Express*, April 22, 1850.

從上述例證看，此一時期美國公眾對中國的印象雖不乏誇張與偏頗之見，但基本是正面的，可以被概括為「東方財富」、「東方神話」，或「東方新奇」。

二、1860年代－1940年代：「苦力」、「罷工運動的破壞者」、「妓女」、「賭徒」和「鴉片煙鬼」

美國的西進運動（1840-1880年）亟需廉價勞動力。1848年，因加利福尼亞州的金礦被發現而引發的黃金潮（Gold Rush），與美國橫貫大陸的鐵路（Transcontinental Railroad）的修建（1861-1869）均吸引了大批勞工。這些勞工不僅來自美國東岸，更來自全球各地，是近代首次全球化的勞工移民運動。從1850到1930年代，共有全球性的勞工移民3500萬人抵美，其中有近100萬人來自亞洲，而大部亞洲勞工為華工。從1849到1882，有370,000華工抵美；從1885到1907，有400,000日本勞工入境；從1902到1905，有7000韓國勞工赴美；從1907到1917，有7000印度移民入美，形成一波又一波的亞洲勞工移民。這些移民胼手抵足，為美國的西進運動與工業化和城市化作出了巨大的貢獻。

早期中國移民多來自廣東的貧困鄉村，多以合同勞工（Contract Laborer）的方式抵達美國。這些華工多為失業的貧苦農民，無力以現金支付從廣州至舊金山的旅費（一般為50美元）。負責招聘華工的中國經紀人便擬定合同為其墊付旅費，而華工則同意抵達美國後，在一定期限內，無償地為美國僱主工作，直至還清僱主支付給招工的經紀人的船票、旅費、以及利息等款項。這種先賒付船票抵美，然後以在美勞動所得償還欠款的方式，我稱作「賒票制」（Credit Ticket System）。[60] 因此，華工一般在合同期內（三至五年）的工資在克扣欠款之後，所餘無幾。

許多美國種族主義者便據這些苛刻條款而稱中國勞工的移民方式為「苦力貿易」（Coolie Trade），華工則被稱為「苦力」（Coolie）或

[60] 令狐萍著，《金山謠——美國華裔婦女史》(北京，中國社會和學出版社，1999年)，頁15-16。

「豬仔」（因他們乘坐的下等船艙空氣污濁，擁擠不堪，勞工被如同豬仔般填入）。這種「奴隸貿易」也被白人種族主義者用來作為歧視與排斥華工的藉口。

由於中國勞工價格低廉，在白人勞工舉行罷工運動時，他們往往被白人資本家僱傭，用以挫敗白人勞工的罷工運動。由此，華工被白人勞工冠以「罷工運動敗壞者」（Strike Breakers）的稱號，白人工會也進而成為迫使美國國會於1882年通過《排華法》（Chinese Exclusion Law）的主要壓力之一。

這近40萬的華工，多在夏威夷的甘蔗種植園、美國西海岸的金礦、以及美國橫貫大陸鐵路的西段做苦工。此外，少數華人在西海岸的華盛頓州、俄勒岡州、以及加利福尼亞州的白人農場做佃農。華工整日胼手抵足，日出而做，日入而息，筋骨酸痛，身心疲憊，唯一的放鬆消遣是打牌與抽煙。因而被美國公眾盲目地視為「賭徒」與「煙鬼」。勞工中確實不乏個別賭徒。例如美國媒體記載有這樣的故事。《嘉莉妹妹》（*Sister Carrie*, 1900）的作者，著名作家西奧多・德來賽（Theodore Dreiser）在1894年寫過一篇轟動性的報導，記敘聖路易的華人社區。他的故事中提到，每到星期天，聖路易的城中心華人聚居地便有許多人賭博。常常有某洗衣店在賭局中被幾易其手。[61] 此種媒體渲染自然造成了華人作為「賭徒」的不良形象。

早期美國華人的另一個負面形象是「煙鬼」。大多數赴美的華工，或者在金礦淘金，或者鋪築太平洋鐵路，或者在加州的河谷地帶耕作，或者在洗衣坊洗衣，均終日辛勞。但是，華人都一律被醜化為「鴉片煙鬼」。吸食鴉片，並不是中國人的發明首創。鴉片最初由阿拉伯人傳入中國，用來診治頭痛，鬆弛神經。十六、十七世紀時，台灣土著將鴉片與煙草混合，發明了鴉片吸食，隨後傳入福建沿海地域。十八世紀末、十九世紀初，為了扭轉大英帝國對華貿易的負差，負責英華貿易的英國東印度公司遂在印度種植加工鴉片，隨後大量非

[61] Huping Ling, *Chinese St. Louis: From Enclave to Cultural Community* (Philadelphia: Temple University Press, 2004), 33.

法販運至中國，造成鴉片在中國的廣泛流傳。鴉片戰爭後，鴉片的輸入愈加暢通無阻，使中國人民大受其害。吞食鴉片煙不光是豪門子弟的嗜好，也成為鄉裡不良分子的惡習。因此西方報章中經由傳教士、外交官報導的華人形象常常為躺在煙床上，貪婪地吸食鴉片的癮君子。在美國的華工，自然難以擺脫這種負面形象。此外，沒有家室妻小的華工，在週末假日唯一的消遣便是吸食鴉片或賭博。鴉片常常能為他們暫時消除辛苦勞作後的筋骨疼痛，忘卻飄洋過海、離鄉背井的苦境。已有學者撰文探討鴉片對勞工的鎮痛安撫作用。[62] 此外，中國南方人抽水煙的習俗也常常被外國人誤以為吸食鴉片。

在華工形象被負面定義為「賭徒」與「煙鬼」的同時，華裔婦女也被美國公眾誤認為「妓女」。由於中國傳統社會對婦女的政治倫理道德（如三從四德）、經濟（女子的勞動所得在家庭經濟中屬於從屬地位）、與生理（如纏足）方面的約束，也由於美國的排華政策與美國國內歧視華人的社會條件，僅有極少數中國女子與其父兄一道飄洋過海。至1860年代，僅有1784名中國婦女居於美國，因此華人男女性別比例為20：1，在一些偏遠礦區，華人男女性別比例甚至達到100：1。[63] 以至於有華人婦女是「一百個男人的妻子」的說法。在1860至1880年代，美國人口統計官員曾簡單籠統地將60%至80%的西海岸華人婦女歸結為娼妓。許多學者已對此統計數字提出質疑與挑戰。[64] 華人社會中這種男女比例的極端不平衡，造成了華工的一系列社會問題，美國種族主義者則借機誇大發揮，使得華人在美國社會的公眾形象長期被醜化、處於負面。

除了鴉片煙館，妓院成為單身男性華工消遣取樂的另一場所。沒有妻子陪伴在側，一些華工只好到妓院解決生理需求。美國華人社會的娼寮妓院因此應運而生，娼妓業成為華人黑社會的主要收入來源

[62] See Elizabeth Sinn, "Preparing Opium for America: Hong Kong and Cultural Consumption in the Chinese Diaspora," *Journal of Chinese Overseas*, Vol. 1, No. 1 (May 2005): 16-42.

[63] The United States Census, 1860.

[64] Lucie Cheng Hirata, "Free, Indentured, Enslaved: Chinese Prostitutes in 19th Century America." *Sign*, 5 (1979): 3-29.

之一。以加州為例。加州的華人娼寮妓院多由華人聚居區的傳統幫派或同鄉會控制，娼妓來源一般為廣東農村。華人中的痞子、流氓充任人口販子或經紀人，開赴中國農村，或伺機綁架良家女子，或謊稱招工，誘騙貧困潦倒的父母將女兒賣掉。這些年輕的中國婦女然後被海運至美國。在抵達舊金山之後，她們被送到唐人街，被稱為「奴隸集中地」（barracoon）的臨時住所。在那裡，她們被強迫脫掉衣服，被進行公開拍賣。一些稍有姿色的「幸運的」女孩會被富裕的華商選中為妾。因為許多華商認為有經驗的妓女迷人、世故，長於交際應酬，善於款待賓客，故而為理想的妻妾。少數俊俏的女孩則被招募到一些上等妓院。她們多數被安置在唐人街的樓上公寓，穿戴華麗，接待那些有錢的、固定的中國嫖客。雖然她們所受的待遇很好，但仍然隨時有被妓院主轉賣的可能。

除了上述這些「幸運者」之外，大多數女奴都被根據個人姿色，賣至不同檔次的妓院。一入妓院，她們都被迫與妓院主簽訂契約。契約期一般為四年，在此期間，立約人必須無償為妓院主工作，以還清欠款。此外，契約還規定，四年之內，立約人只能有一個月的病假日（指月經），若懷孕則必須延長契約一年。根據成露茜（Lucie Cheng Hirata）的調查，許多下等娼妓，每接一名客人，只能掙得25至50美分。[65]她們的嫖客一般為窮苦勞工，包括中國人與美國白人。這些妓女的居住狀況非常悲慘。「她們一般住在與街道齊平的地下室，住室狹窄，陳列簡單：一席床鋪，一兩張竹椅，一個洗臉盆。陋室一般無窗，只有門子上方有一鐵欄小窗。」妓院主一日提供兩餐或三餐。晚餐一般量大，包括大米，以及摻有雞蛋，豬肝，豬腎的燉肉。這些妓女們經常被她們的主人和客人虐待。一些妓女偶爾被她們的主人毆打至死，一些顧客甚至強迫她們進行變態的性行為。[66]

華人社會中的娼妓業不僅被用來歪曲華人的形象，更在19世紀

[65] Lucie Cheng Hirata, "Chinese Immigrant Women in Nineteenth-Century California," in *Asian and Pacific American Experience*, 38-55.

[66] Victor G. and Brett de Bary Nee, *Longtime Californ': A Documentary Study of and American* Chinatown (New York: Pantheon Books, 1973), 85.

80年代被用來作為全面排斥華工的藉口。同時，西海岸新教會的中產階級婦女，也組織各種救援活動，幫助被奴役的中國女子跳出苦海。因此，美國西海岸華人婦女中的娼妓比例急速下降。根據成露茜的研究，1860年在舊金山的中國婦女中有85%的人為娼妓，到1870年降至71%，1880年更降至21%。[67]

上述「苦力」、「罷工運動的破壞者」、「賭徒」、「鴉片煙鬼」和「妓女」的華人負面形象反映了鴉片戰爭後中國作為半封建、半殖民地國家的積貧積弱。外國列強武裝侵略與經濟入侵對中國國民經濟所造成的破壞，迫使破產農民或挺而走險、起義暴動，或破釜沉舟沉舟、飄洋過海尋求生路。同時，沒有強大的母國作為後盾，飄零海外的中國移民只能任人歧視侮辱。

三、1940年代－1990年代：「二戰盟友」、「模範少數族裔」和「IT神人」

第二次世界大戰是美國華人歷史的一個重要轉捩點。中國作為二戰中反法西斯同盟國的「四強之一」躋身世界舞台。中國軍民在抗日戰爭中的浴血奮戰極大地提升了美國華人的公眾形象。華人一躍成為「二戰盟友」、「抗日英雄」。美國媒體也爭相比較中國人與日本人的優劣：中國人「誠實」、「苦幹」，而日本人「狡詐」、「陰險」。[68] 華人公眾形象的提升導致美國國會於1943年廢除所有排華移民法案，更多的中國移民得以入境。

美國華人公眾形象的大幅度提升始發於20世紀60年代。自六十年代以來，美國華人經歷了文化、政治、與心理的深刻變化，取得了教育、就業、參政方面的顯著成就。以此為結果，華裔作為「模範少數族裔」（Model Minority）的媒體形象開始流行於美國社會。筆者認為，下列因素促成華人形象的上升。

---

67 Hirata, "Free, Indentured, Enslaved," 23-24.

68 "Gallup Polls: Images of the Chinese and Japanese", from Harold R. Isaacs, *Images of Asia: American Views of China and India* (New York: Harper and Row, 1972), xviii-xix.

第一，1960年代的民權運動迫使美國政府通過一系列法令，禁止任何個人或團體在僱傭、教育、政治選舉、醫療輔助、以及住房等方面因種族、膚色、宗教、性別、以及國籍而對任何人進行歧視。雖然民權運動是以美國黑人為主體的民主運動，但是其他少數族裔包括亞裔美國人，也大大改善提高其經濟與社會地位。華裔美國人在教育上的成就在很大程度上導致了他們在經濟上的成功。華裔與日裔的教育與就業成就被媒體多方報導，他們一躍而成為「模範少數族裔」。在新聞媒體的宣傳推動下，模範少數族裔成為亞裔在美國公眾眼中的刻板形象，被用來描述亞裔美國人通過刻苦勤奮、尊重傳統觀念、謙和禮讓而取得的社會經濟成功。

第二，美國1965年的《移民法》掀開了美國亞裔歷史新的一頁，帶來了亞裔移民的第二個浪潮。該法案廢止了1924年移民法中按國籍（National Origins）分配簽證的配額制度（Quota System），並建立了三項新的接納移民的法則，即幫助移民家庭團聚，滿足美國勞工市場對技術移民的需求，以及收容戰爭和政治難民。根據這三項原則，美國每年將簽發17萬份簽證予東半球的移民，12萬份簽證予西半球的移民。東半球每一國家的移民數額每年不得超過2萬人，而從西半球國家來的移民則不受此限制。雖然美國的立法者制定該法的根本目的是維護美國的利益。但是，比之於以往那些公開露骨地排斥限制亞洲移民的法令，該法令對於亞洲移民仍然具有一定的民主開放性。因此在該法通過之後的年代，美國華裔人口迅速增加，美國華人中的男女性別比例最終趨於平衡。[69]

由於1965年的《移民法》實行「優先制度」，其中第三優先（針對具有「特殊」才能的專門職業者、科學家和藝術家），與第六優先（針對美國勞工市場短缺的勞工）使得新移民中受過專業技能訓練的新移民，不同於以往的老移民，多進入美國教育、科技界，更加強了華裔作為「模範少數族裔」的陣容。

---

[69] 令狐萍著，《金山謠——美國華裔婦女史》，頁191-193。

第三，中國在1971年進入聯合國，1972年與美國恢復外交關係，標誌中國已成為政治大國。中國在國際政治舞台力量的加強，造成水漲船高的局面，使美國公眾開始正視中國，重新燃起對中國文化的興趣與對美國華裔的尊重。

在亞裔美國人的社會經濟狀況不斷改善的同時，亞裔美國人中與異族通婚的現象也日益普遍。亞裔美國人中的異族通婚現象有如下特點。第一，居於美國西海岸的亞裔的異族通婚比例高於東海岸的亞裔。第二，在美國出生的亞裔與異族通婚的比例高於非美國出生的亞裔。第三，亞裔美國人中女性與異族通婚的比例高於男性。

但是，最新的研究表明，亞裔美國人男性與異族通婚低比例的現象在改變。近年來，亞裔美國男子與異族女子通婚的比例在逐步增加。人口學家Larry Hajime Shinagawa 在其著作《亞裔美國人：異族通婚與戀愛的社會結構》中，考察了加利福尼亞的結婚證頒發統計資料，得出了如下結論：出生於美國的亞裔美國男性比亞裔新移民中的男性更有可能與美國白人婦女（18.9%）、其他亞裔美國婦女（22.7%），或者其他美國少數族裔婦女（6%）結婚。Shinagawa估計這種趨勢會持續發展，許多其他學者也在期待著新的人口統計將會顯示亞裔美國男性與異族通婚的比例以更高的速度增加。[70]

產生這種現象的原因與美國媒體近年來提升傳聞與媒體中亞裔美國男子形象的努力有關。亞裔美國男子過去在媒體中被刻板化為孱弱、無性感的男人，無法為配偶提供社會地位與安全感。而今，一批當紅亞裔男明星與武打演員——例如周潤發、成龍等——在影壇顯示，亞裔男子不僅性感而且會成為理想丈夫。服裝設計師與宣傳廣告商也隨波逐流，熱衷捧抬具有陽剛氣的亞裔男子模特兒。

亞裔美國男子在銀幕、廣告板上陽剛性感形象的出現與亞裔美國人日益上升的社會經濟地位有關。根據最新統計，亞裔美國人中大學畢業生比例為全美各族裔中最高（50%），亞裔美國人家庭平均收入也

[70] 同上，頁257。

為全美最高（$67,022）。[71] 亞裔美國男子的形象從「勞工、洗衣店主的兒子」上升為「國際網路的百萬富翁」。「雅虎」（Yahoo）創始人楊致遠（Jerry Yang）的成功使一向受美國人嘲笑的刻苦用功的亞裔學生成為典範。[72] 亞裔美國男子成為世紀之交的英雄，他們在美國婚姻市場的價碼自然迅速提升，美國女性以有亞裔男朋友為時髦。較新並具代表性的例子是2007年7月14日，洛杉磯加大醫學院麻醉科華裔主任李清木和太太簡文禧的長子李君偉（Bill Lee）迎娶美國前副總統戈爾夫婦小千金莎拉（Sarah Gore）。婚禮在洛杉磯舉行。婚禮上350名嘉賓中包括除雙方家人之外，還有許多美國政壇名人。戈爾夫婦雙雙起舞為女兒女婿祝福，李清木夫婦也舉杯祝賀兒子媳婦白頭偕老。戈爾在當天婚禮上還開玩笑地說，「女兒現在是了全世界都知道的Sarah Lee了！」（Sarah Lee為美國著名的糕餅品牌之一）。[73]

美國前副總統戈爾夫婦與小千金莎拉（Sarah）及其夫婿李君偉（Bill Lee）在婚禮上，2007年7月14日，洛杉磯。

[71] Asian/Pacific American Heritage Month: May 2012。http://www.census.gov/newsroom/releases/archives/facts_for_features_special_editions/cb12-ff09.html Retrieved November 16, 2012.Reeves

[72] 令狐萍著，《萍飄美國——新移民實錄》，頁257。

[73] http://newspic.cn.yahoo.com/news/article/index.html?type=gallery_show&p=43967&page=1, retrieved August 6, 2007. 莎拉（Sarah）與李君偉於2013年分手。2014年4月22日，莎拉在加州聖塔芭芭拉與當地房地產商Patrick Maiani結婚。婚禮在一棵千年古松（Wardholme Torrey Pine）下舉行，只有十多人出席，包括她的於2010年離異的父母，和她的二姐克里斯汀（Kristin，她於2009 年與結婚四年的丈夫離婚）。這次婚禮相比於她2007年在比福利山的豪華婚禮，非常低調。參見Meghan Keneally,"Al Gore's youngest daughter Sarah, 35, gets remarried under an old pine tree in casual outdoor service in California," http://www.dailymail.co.uk/news/article-2610576/Al-Gores-youngest-daughter-Sarah-35-gets-remarried-old-pine-tree-casual-outdoor-service-California.html, retrieved May 25, 2014.

四、1990年代至今：「跨國人」、「空中飛人」的出現與「華語熱」現象

1990年代初，一些美國學者提出「跨國主義」（Transnationalism）的理論，用以解釋美國移民跨越國界的經濟文化活動。[74] 在西方研究跨國移民學者的推動下，研究海外華人的學者提出跨國華人的概念，借用「跨國性」（Transnalionalism）理論來解釋海外華人穿梭兩岸四地的經濟文化生活。他們認為，跨國華人指的是那些在跨國活動的進程中，將其移居地同（自己的或父輩的）出生地聯繫起來，並維繫起多重關係的移民群體。他們的社會環境跨越地理、文化和政治的界線。作為跨國移民，他們講兩種或更多的語言，在兩個或更多的國家擁有直系親屬、社會網路和事業，持續的與經常性的跨界交往成為他們謀生的重要手段。[75] 在1990年代，許多中國移民與華裔，往返於大西洋兩岸，開公司，辦工廠，搞開發，做生意，成為「跨國人」或「空中飛人」。他們中的許多人擁有美國國籍，並且由於子女教育或其他個人因素，將妻小留在美國，作為「內在美」（妻子在美國），或「海鷗」隻身來往大洋兩岸；或攜家帶小，返國定居，成為「海歸」（「海龜」的諧音，指歸國的美籍華人或海外學人）、「海待」（「海帶」的諧音，指回國後等待就業的美籍華人或海外學人）與「海根」（指紮根中國的美籍華人或海外學人）。

中國經濟的迅猛發展，使中國再次成為國際投資者與跨國公司的新寵、冒險家的樂園。他們競相來華開公司、辦企業。中國的經濟

[74] Ling, *Chinese St. Louis,* 5-6.

[75] Gregor Benton, “Chinese Transnationalism in Britain: A Longer History, in *Identities: Global Studies in Culture and Power,*10,2003; Young Chen, *Chinese San Francisco 1850-1943: A Trans-Pacific Community* (Stanford: Stanford University Press, 2000); Leo Douw, Cen Huang and Michael R. Godley, eds., *Qiaoxiang Ties: Interdisciplinary approaches to “cultural capitalism” in South China* (London: Kegan Paul International, 1999)；劉宏著，《戰後新加坡華人社會的嬗變：本土情懷·區域網路·全球視野》（廈門大學出版社，2003年09月第1版）；Aihwa Ong and Donald M. Nonini, *Ungrounded Empires: The Cultural Politics of Modern Chinese Transnationalism* (New York:Routledge, 1996); Aihwa Ong, *Flexible Citizenship: The Cultural Logics of Transnationality* (Durham & London: Duke University Press, 1999); Frank N. Pieke, et al.*Transnational Chinese: Fujianese Migrants in Europe* (Stanford, Calif.:Stanford University Press, 2004)。

前景在美國引起了蓬勃發展的「華語熱」。在美國各大學，華語成為德、法、西等語種之外的最熱門外語。許多大學、機構紛紛組團訪華。美國經濟管理學院的學生在1990年代曾經風行赴日考察，學習日本的經濟管理方法；而今，他們捨東瀛而選中國，來華訪問考查。當筆者於2007年暑期帶領一班美國大學生遊覽華夏古蹟，訪古都，遊長江，沿途遇到不少美國商學院的學生，可說是美國「華語熱」、「中國熱」現象的較好例證。

這種現象反映中國的經濟發展已在迅速趕超美國，亞太經濟圈的向心力在將美國華人吸往東方。中國的崛起，已在逐步改變中國作為單一的移民輸出國的現實，中國也在逐步成為移民接收國。

綜上所述，美國華人公眾形象的歷史演變折射反映了近現代中國的歷史巨變與今日中國的崛起。今日的中國，不再是往日積貧積弱的「支那」，而是挑戰美國的第二世界經濟強國。今日中國所呈現出的勃勃生氣與巨大商機，不但使海外華人揚眉吐氣、心嚮往之，而且吸引各國財團與個人到華投資謀生。

第四節　中國「崛起」與美國「衰落」及其對美國華裔的影響

在最近二、三十年，資訊技術的飛速發展與日益普遍的全球化將世界引導入一個新時代。在此新時期，中國與美國這兩個大國，一個在「崛起」，一個在「衰落」。專家學者紛紛著書立說，研究中國的經濟起飛。如何看待中國的「崛起」，如何理解美國的「衰落」？402萬美國華裔又將何去何從？本節將探討這些問題。

一、中國「崛起」與美國「衰落」

歷史是現實的反照。我們將從歷史的一些現象來分析中國「崛起」與美國「衰落」，希望從中找出一些規律。

雖然中國在最近三十多年來取得了「經濟奇蹟」，中國「崛起」

的現象近年來在西方國家、特別是美國、常常被用來作為恐嚇術。新聞媒體、政客、說客與極端份子聯手鼓惑，煽動廣大民眾對外來因素的懷疑與敵視，從而轉移國內民眾對經濟衰落、政府預算赤字、對外貿易赤字、失業、以及健康保險等內部問題的視線。

透過歷史，我們可以看到這種對於中國「崛起」恐懼的類似現象。例如在13世紀時，蒙古帝國橫掃亞洲與歐洲，在歐洲人的記憶中留下了恐怖的陰影。又例如第二次世界大戰之後，共產主義運動在亞洲與歐洲的發展，使美國為首的資本主義陣營大為恐惑，發起冷戰時期的「抵制」（containment）共產主義發展的外交政策。這種「抵制」政策成為孕育美國麥卡錫主義（McCarthyism）的溫床，也成為美國捲入韓戰與越戰的主要原因。與此同時，中國「崛起」也成為中國的熱門話題。由學術界領先（例如北京大學），發起「大國崛起」的講座，研究歷史上的工業與軍事強國，例如英國、德國、美國、日本、現在中國。[76]然後中國政府的宣傳機器也運用中國「崛起」來激發民眾的愛國主義精神。於是乎，太平洋兩岸的政府都在利用中國「崛起」的現象來服務於維護國內的穩定。

1、中國「崛起」

中國「崛起」的速度有多快，美國「衰落」的程度有多深，現在成為美國民眾日益關心的問題。因此有必要探索中國「崛起」與美國「衰落」的二重性。首先，中國的「崛起」是確切與高速的，但是並沒有達到媒體、政客、極端份子宣揚的對別國形成威脅的程度。自1980年代以來，中國的年產量增長率持續維持在10%左右。自2008年世界經濟衰退以來，美國、歐洲、日本均復甦緩慢。根據世界銀行在2012發佈的一份468頁的檔案，經濟學家預計在2030年，中國將超過美國，成為世界第一經濟強國。世界銀行的檔案預計中國的經濟發展在未來的數年將每年增長8%，在未來20年將每年增長6%。這種增長速度

[76] 例如，北京大學在2000年代舉辦「大國崛起」的論壇。

足以超過年增長率只有2%或3%的美國。[77]

其他跡象也標誌中國經濟的快速增長。中國現在擁有世界最長的高速鐵路與最快的動車，截止2011年6月，中國的高速鐵路為9,676公里。[78]例如2011年6月通車的著名的京滬高鐵客運，全程車速每小時300公里，僅用5小時，便跨越兩地之間1,318公里的距離，開通於2004年的連接上海浦東國際機場與上海市區的磁浮鐵路，最高速度每小時431公里，平均車速每小時240公里，從上海浦東國際機場到上海市區，僅用7分鐘時間。有關專家預計，至2015年，中國的高速鐵路將達到11,000公里。[79]

其他奇蹟包括快速組裝建築。這種建築是由2009年在湖南長沙的Broad Sustainable Building Company（BSB）組裝的。在2010年上海的世界博覽會，該公司僅用兩大的時間組裝一座十五層樓賓館。2012年1月，該公司在湖南長沙用十五天時間組裝一座三十層樓五星級賓館。賓館擁有游泳池、直升飛機停機場，具有防震、環保的功用。百分之九十的建築部件在工廠預裝，可以縮短三分之一到一半的工期，節省20%到30%的建築費用，其效率震撼世界建築界。[80]

在教育方面，中國學生在世界標準考試中也名列前矛。2010年12月7日，總部在巴黎的世界經濟合作發展組織（Organization for Economic Cooperation & Development, OECD）公佈了其34個成員國在2009年的國際學生測試（Program for International Student Assessment），簡稱「披薩」（PISA）。「披薩」每三年舉行一次，測試成員國中的15歲學生的數學、科學、閱讀三方面的基礎。測試結果表明中國上海地區的學生名列所有學科的第一，新加坡學生名列第二，香港學生名列第三。而美國學生在數學測試中名列25，在科學、閱讀方面名列17。[81]

---

77 The World Bank, Development Research Center of the State Council, the People's Republic of China, *China 2030: Building a Modern, Harmonious, and Creative High-Income Society* (The World Bank, 2012).

78 High-speed rail refers to any commercial train service in China with an average speed of 200 kilometers per hour (124 miles per hour) or higher.

79 "High-speed Rail in China," http://en.wikipedia.org/wiki/High-speed_rail_in_China Retrieved May 30, 2014.

80 Jonathan Kaiman, "Chinese Company Builds 30-story Building in 15 days," March 7, 2012, *Los Angeles Times*.

81 OECD 2010, *PISA 2009 Results: Executive Summary*.

「披薩」測試結果震驚美國政界與教育界。美國教育部長爾尼・鄧肯（Arne Duncan）驚呼這是「驚醒信號！」呼籲美國學生必須努力學習，以加強在全球經濟中的競爭力。奧巴馬政府也發誓要提高全國教育水準，根據表現來增加教師工資[82]。

中國近年來主辦大型國際比賽或展覽的成功更令人矚目，近一步表明中國不可否認的經濟實力。2008年中國在北京主辦世界奧運會，奧運會主體建築鳥巢耗資4百萬美元，中國運動員獲金牌總數第一，獲獎牌總數第二。大增國民的自豪感。[83]

同樣，上海舉辦的2010年世界博覽會擁有最多的參加國。在世界博覽會歷史上費用最高，占地面積最大。250多個國家與國際組織參加了博覽會。會址在浦江兩岸，占地五千多平方米。共有7千3百萬人參觀了博覽會。博覽會介紹了中國與世界其他國家的都市生活的最佳理念與實踐，旨在最有效多樣地利用生態環境。[84]

同年11月12至27日，亞運會在廣州舉行。來自45個國家的9,704名運動員參加了42項比賽。中國運動員獲得199面金牌，名列第一。南韓第二，日本第三。亞運會耗費17億美元。奧運會亞委會主席盛讚這是最成功的一次亞運會。[85]

儘管中國成功舉辦了這種種盛會，經濟學家仍然尖銳地指出，中國的經濟既複雜，又前所未見。中國經濟具有如下的雙重性。第一，雖然90%的中國經濟已納入市場經濟，應該被稱為「資本主義」，但是關鍵性部門與基礎設施仍然由政府或國有大型公司掌控。中國政府認為中國的經濟「是具有中國特色的社會主義」，而外國觀察家稱之為「官僚資本主義」。無論如何定義，中國政府成功保護中國經濟避免了1997年的亞洲金融海嘯、與始於2008年的世界經濟危機。為此，外國觀察家稱中國的經濟「不受地心吸引力控制」，「中國模式」是介

[82] John Hechinger, "U.S. Teens Lag as China Soars on International Test," December 7, 2010, http://www.bloomberg.com/news/2010-12-07/teens-in-u-s-rank-25th-on-math-test-trail-in-science-reading.html Retrieve March 3, 2012.

[83] http://en.wikipedia.org/wiki/2008_Summer_Olympics.

[84] http://en.wikipedia.org/wiki/Expo_2010

[85] http://en.wikipedia.org/wiki/2010_Asian_Games

於社會主義與資本主義之間的「第三種道路」，值得仿效。[86]

第二，雖然中國的經濟總產值在2011年為7.3 trillion美元（美國為15 trillion美元），位居第二。但是中國的人均收入為5,184美元，位於第九十名，中國仍屬於中等收入的國家。

此外，國家壟斷會帶來種種弊病，包括政府各機構的腐化受賄現象，裙帶關係等等。城鄉之間，沿海與內地之間的差別，與嚴重的貧富不均等等。

2、美國「衰落」

與此同時，美國的「衰落」也是千真萬確，但是並不象新聞媒體、政客、說客與極端份子鼓惑的那樣可怕。美國「衰落」的跡象顯而易見。根據美國商務部經濟分析局的統計，2002至2007年間，美國的年生產總值僅增加2.7%，2008年為2.2%，2009年為1.1%，2010年為1.2%。[87] 截止於2012年3月，美國的國債為15 trillion美元，年預算赤字為1.3 trillion美元，或占8.7%的國家總預算。[88] 失業率在2010年為9.6%，為二戰以來最高，在2012年經濟緩慢復甦後，仍保持8.2%。[89] 失業率在2013年為7.9%。在教育方面，如前面討論的「披薩」（PISA）國際標準考試所示，美國學生在數學測試中名列25，在科學、閱讀方面名列17。這些數據迫使奧巴馬總統呼籲美國要強化世界水準的教育，以加強美國學生在全球化經濟中的競爭力。

在國際事務中，美國的影響也在逐漸式微。最為顯著的是美國

86 D. Michael Lampton, *Three Faces of Chinese Power: Might, Money and Mind* (Berkeley: University of California Press, 2009); Andrew Leonard, "No Consensus on the Beijing Consensus, Neoliberalism with Chinese characteristics? Or the Long-lost Third Way?" *Salon*, September 15, 2006; James Mann, "A Shinning Model of Wealth Without Liberty," *Washington Post*, May 20, 2007; Susan Shirk, *China: Fragile Superpower: How China's Internal Politics Could Derail Its Peaceful Rise* (New York: Oxford University Press, 2008).

87 Bureau of Economic Analysis of U.S. Department of Commerce, "U.S. Economy at a Glance: Perspective from the BEA Accounts", http://www.bea.gov/newsreleases/glance.htm Retrieved March 4, 3012.

88 http://www.treasurydirect.gov/NP/BPDLogin?application=np Retrieved March 5, 2012; http://www.whitehouse.gov/sites/default/files/omb/budget/fy2013/assets/tables.pdf Retrieved March 5, 2012.

89 Bureau of Labor Service, Current Population Survey, "Household Annual Average Data, 1. Employment status of the civilian noninstitutional population, 1940 to date", http://www.bls.gov/cps/cpsaat1.pdf Retrieved March 10, 2012.

在2011年2月的利比亞革命時的反應。當反對派要求獨裁者卡扎非（Muammar Gaddafi）下台時，卡扎非的保安部隊向手無寸鐵的民眾開火，因而導致利比亞內戰。一反美國作為世界領袖的傳統，奧巴馬政府決定，不向卡扎非政府施加壓力，而是呼籲世界的主要國家承擔「共同責任」。這一舉措招致共和黨的嚴厲批評，並稱其為「奧巴馬主義」，以此作為奧巴馬政府外交政策軟弱的例證。事實上，面臨美國政府的巨大赤字，以及美國人民對世界軍事參與的疲憊，奧巴馬政府只有在世界事務中選擇多邊合作。

美國影響的式微在美國處理兩個有關中國公民在美國使領館尋求庇護的事件中，更為明顯。第一個是王力軍事件。2012年2月6日，前重慶市警察局長王力軍突然潛入美國成都領事館，聲稱其獲有涉及重慶高級政府領導腐化的證據，尋求美國政府的政治庇護。在中國中央政府的壓力下，美國領事館在第二天交出王力軍，聲言王不是人權衛士，故而不受美國政府保護。

兩個月之後，2012年4月28日，盲人人權律師陳光誠，奇蹟般地逃離他在山東的村莊。陳因為多次向國際媒體曝光中國的強制墮胎與結紮政策，被地方政府的60名便衣員警晝夜監視。陳在營救人員的協助下，祕密潛入美國在北京的大使館。時值中美兩國在5月3日和4日即將舉行的高邊會談的前兩、三天，陳光誠事件突然引發中美外交危機，並吸引媒體全部關注。為了確保高邊會談預期的成功，奧巴馬政府派遣亞太事務助理國務卿科特・坎伯（Kurt Campbell）在4月28日飛抵北京，與中方交涉，處理危機。在中國政府保證為陳及其家人提供安全後，5月2日，美國外交人員護送陳光誠到醫院接受治療（因陳在逃離過程中腳部受傷）。美國政府再次向中國的壓力屈服。對此，美國人權活動家極為失望，他們的批評亦引發共和黨對奧巴馬政府的激烈抨擊。[90]

---

[90] 有關王力軍事件，參見 Mark Hosenball, “Analysis: Did U.S. Fumble Chance to Peer inside China's Secretive Leadership?” *Reuters*, April 21, 2012. 有關陳光誠事件，參見Bradley Klapper and Matthew Lee, “Blind Lawyer's Escape to Overshadow US-China Talks,” *Associated Press*, April 28, 2012; Andrew Quinn and Ben Blanchard, “China Dissident ‘to Stay in China’, Says US,” *Reuters*, May 2, 2012; 和 Jane

雖然美國有種種衰落的跡象，評論家們仍然認為，任何超級大國的衰落都屬於政治、歷史、生物、與自然的循環現象。縱觀歷史，美國「衰落」的說法早已有之，也總是被政客與媒體在真實的、或想像的國際競爭中作為恐嚇術。在1917年蘇俄布希維克革命之後，共產主義在美國被視為具有傳染力的潛在危險，與西方國家崇尚的個人自由與民主的觀念相詩。這種威脅在美國導致反對共產主義影響的運動。在此「紅色恐懼」意識的指導下，共產黨與左翼運動被打擊，工會運動受挫，許多個人，特別是來自東歐與南歐的移民，被懷疑為共產黨人或共產黨同情者而被拘捕、被審判、被拒絕公平的司法制度（例如義大利移民薩克與范澤地案件Sacco and Vanzetti）。

自二戰結束美國成為自由世界的領導與超極大國以來，它從未放鬆對蘇聯領導的共產主義陣營的警惕。在冷戰時期，共產主義的潛在威脅一直是美國「衰落」說法的動機。媒體不時報導蘇聯在教育、文化、體育、與科學方面的發展，政治與學術討論充斥美國「衰落」的跡象。

美國「衰落」不僅是針對蘇聯，也針對日本。1989年蘇聯解體後，對美國的威脅大大縮小。1980年代，日本成為美國潛在的敵人與貿易對手。美國在1980、1990年代大力研究日本經濟管理的「祕密」。大批的經濟管理學的學者與學生訪問日本，尋找日本經濟成功的原因，然後著書立說：如何與日本競爭。[91] 不幸的是，「日出之國」在1990年代的泡沫經濟破裂後成為「日落之國」，至今還沒有從中復甦。2011年3月11日，東日本大震災引發的日本福島第一原子力發電所事故，在日本再次引起經濟危機。

與此同時，中國經歷了持續三十多年的經濟發展，年經濟增長率為10%。這種前所未見的經濟起飛不僅使億萬中國人民擺脫貧困，更在2009年超過日本，中國正式成為世界第二經濟大國。如前所述，根據

Perlez and Sharon Lafraniere, "Chinese Dissident Is Released From Embassy, Causing Turmoil for U.S.," *New York Times,* May 2, 2012.

[91] Chalmers Johnson, "Japan in Search of a 'Normal' Role," *Daedalus,* Vol. 121, No. 4 (Fall, 1992): 1-33.

西方觀察家的預報，即使僅有5%的年經濟成長率，中國也將在2030年超過美國。看來美國是真的衰落了。

對於美國的衰落，學者認為是正常現象。哈佛歷史學家尼優・福格森（Niall Ferguson）認為，所有大國，無論多麼強大富有，都有衰落的趨勢。美國不是例外。任何世界文明，都像季節的循環，結束在寒冷的冬季。福格森認為「新循環理論」學派發現有幾種先決條件導致大國的衰亡。第一，當大國的領導人不回應挑戰時，大國將趨於虛弱。第二，當大國的權力擴張過分時，大國衰亡。福格森認為美國的「自我組織的複雜制度」（self-organizing complexity）是美國衰亡的主要原因。美國龐大的財政赤字，並不是由於美國的國際軍事行動，而是由於美國沉重的國內負擔：對窮人的醫療救濟，對老人的醫療保健，與社會安全保險。[92] 在美國每年的聯邦預算中的每一美元，其中有59美分是用於上述的開支：失業救濟16美分，醫療救濟8美分，醫療保健16美分，社會安全保險19美分。然後，軍事開支18美分。僅剩23美分用於其他所有開支。[93]

實際上，中國的「崛起」與美國的「衰落」是全球化運動的結果。諸多學者討論了世界經濟全球化的正面與負面作用。從正面來看，世界經濟的全球化縮短了國家之間的距離，減小了各國人民之間的經濟與文化差距（雖然我們應該看到全球化更有利於發達國家），增加了各國的經濟活動，更有效地利用資源與技術。同時，全球化也造成了許多負面結果，例如全球性的經濟危機。全球化在美國造成工作機會外流，公司裁員縮減，工廠倒閉。同時，由於腐敗，民主政治的缺失，法律制度的不健全，全球化在發展中國家造成了嚴重的貧富兩極分化。[94]

---

[92] Australia Broadcasting Corporation, "Niall Ferguson: Empire on the Edge of Chaos," http://fora.tv/2010/07/28/Niall_Ferguson_Empires_on_the_Edge_of_Chaos#chapter_02 Retrieved February12, 2011; Niall Ferguson, *Colossus: The Rise and Fall of the American Empire* (New York: Penguin, 2005), 28.

[93] http://wiki.answers.com/Q/What_percentage_of_the_U.S._federal_budget_is_spent_on_entitlements

[94] For the positive impact of globalization, see for example Thomas L. Friedman, *The Lexus and the Olive*

二、全球合作的重要性與各種處方

全球化使國家之間相互依賴，大國之間更需要相互合作。普林斯頓大學政治學教授艾容・佛賴德勃格（Aaron L. Friedberg）指出，「如果大平洋兩岸的這兩個大國關係惡化，整個歐亞大陸東部將分裂成新的冷戰局面，中美對抗與衝突的可能性會上升。相反，美中關係的加強將會保持世界經濟持續增長，和平解決地區性的衝突，成功管理全球性的迫切問題，例如反恐與重大毀滅性武器的滲透。未來二、三十年間最重要的雙邊國際關係將是中美關係。」他也警告人們這兩個大國之間的關係將繼續維持「有節制的競爭」。[95]

一個更為著名的處方是由哈佛歷史教授尼優・福格森（Niall Ferguson）提出的「中美一體論」（"Chinmerica"）。「中美一體論」認為全球化使各國經濟互聯、互動，強調中美兩個經濟大國合作的重要性。中國與美國是我們理解世界經濟的最重要因素，中國與美國應被視為一個經濟體——Chinmerica。Chinmerica囊括四分之一的世界人口，三分之一的國民總產值，和二分之一的2003至2009年全球經濟增長。[96] 因此互利與互惠的原則將決定這兩個大國之間的關係。

耶魯資深研究員沃勒斯坦（Immanuel Wallerstein）也有類似的觀察。他認為，地緣政治勢力平衡的需要，將使這兩個大國都小心地維持一個正常的關係。他在2012年1月15日的一個評論中概擴了中美關係。「中國和美國是競爭對手嗎？到一定的程度，是。它們是敵人嗎？不是。它們是合作者嗎？是。雖然它們不願承認，它們早已是合作者，在未來的數十年內，它們將更是如此。」[97]

Tree: Understanding Globalization (New York: Anchor Books, 2000), and *The World Is Flat: A Brief History of the Twenty-first Century* (New York: Farrar, Straus and Giroux, 2005). For the negative impact of globalization, see Amy Chua, *World on Fire: How Exporting Free Market Democracy Breeds Ethnic Hatred and Global Instability* (New York: Anchor Books, 2004).

95 Aaron L. Friedberg, "The Future of U. S.-China Relations: Is Conflict Inevitable?" *International Security*, Vol. 30, No, 2 (Autumn, 2005): 7-45.

96 Niall Ferguson, "What 'Chimerica' Hath Wrought," *American Interest Online*, January<->February 2009, http://www.the-american-interest.com/article.cfm?piece=533.

97 Immanuel Wallerstein, "China and the United States: Rivals, Enemies, Collaborators?" http://www.

此外，世界和平的需要也使多邊合作關係更為重要。多邊合作關係取代了以往兩極化的對抗的兩大國際聯盟、或兩個超級大國間的地緣政治對抗。例如二次世界大戰時期的同盟國與軸心國的對抗，冷戰時期資本主義陣營與社會主義陣營的對抗。亞洲的崛起與美國的衰落也將使勢力平衡更依賴於亞洲的大國——中國、日本和印度，歐洲的大國——俄國與歐盟，和北美——美國與加拿大之間的合作。歐洲與北美的大國將形成「大西方」（"Greater West"）。「大西方」應該與亞洲，特別是中國，有正常的關係。[98] 評論家們認為美國的領導地位只有在與其他國家的合作中才能成功。[99] 因此，多邊主義，相比於美國一貫實行的雙邊主義，成為在處理國際衝突中的更可取的選擇。

三、全球化之下移民與同化的新趨勢

在全球化之下，移民與同化也出現了一系列的新趨勢。第一，關於移民的目的地，美國仍為主要的接收國，但是面對其他發達國家的競爭。第二，中國、印度、巴基斯坦、菲律賓、越南持續保持為主要移民輸出國。第三，發達國家對於高技能的移民的競爭加強。第四，新的居民與公民模式出現，與美國文化定位的重要性減弱。第五，全球化為華裔美國人提供新的機會與挑戰。

1、關於移民的目的地，美國仍為主要的接收國

全球化與目前國際上地域、經濟、政治條件，如以往一樣，將決定全球人口流動的方向。美國仍將是新移民的首選，但是面臨來自加拿大、澳大利亞、新西蘭（又譯紐西蘭）和一系列歐洲國家的競爭。

移民作為一種人類活動，一般來說是一種專門而有計畫的行動，是針對派出國的逐步惡化的社會經濟條件，與接收國較好的條件與移民法的狀況而採取的行動。美國當前仍然擁有世界最強大的經濟與軍

iwallerstein.com/commentaries/ Retrieved April 30, 2012.

98 Fareed Zakria GPS, "A GPS Tour of the World's Hotspots," Feb. 26, 2012.

99 Amy Chua, *Day of Empire: How Hyperpowers Rise to Global Dominance—and Why They Fall* (New York: Anchor Books, 2007), 341.

事力量，擁有廣大的疆域，豐富的自然資源，較高的生活水準，清潔的環境，高質量的教育，先進的交通系統，與穩定的民主政治制度，所以仍然是新移民最期望的目的地。但是，其他發達國家，例如加拿大、澳大利亞和新西蘭在如上方面與美國類似，在最近的一、二十年來與美國競爭，也成為移民渴望的目的地。根據中國政府的統計數字，2008年，有190萬中國移民進入美國，150萬進入歐洲國家，85萬進入加拿大，60萬進入澳大利亞和新西蘭。[100] 2012年4月20日，蓋洛普宣佈其對世界潛在移民的調查。調查顯示13%的世界人口打算移民。他們之中的23%（或1億5千萬人），希望移民美國。這些希望移民美國的人大多來自人口眾多的國家，例如中國（2千2百萬），尼日利亞（1千5百萬），印度（1千萬），孟加拉（8百萬），和巴西（7百萬）。蓋洛普潛在移民基數（Gallup's Potential Net Migration Index（PNMI））顯示新加坡、新西蘭、加拿大、澳大利亞與美國名列移民最期望的目的地前幾名。自從2007年蓋洛普開始測試潛在移民的趨勢以來，美國持續名列移民最期望的目的地首位，但是其排名逐步降落新加坡、加拿大和其他幾個發達國家之後。[101] 這些國家的相比美國比較寬鬆的移民與歸化政策，使它們對移民更具有吸引力。這些國家都有不受移民配額限制的移民入境的分數制度或工作簽證。

同時，全球化也拓寬了對移民目的地的選擇。我們可以在世界的每一個角落發現中國移民社區。2008年，大約有1千萬中國人簽移出境。其中25%，或250萬人移民距離最近的東南亞國家。美國（190萬），加拿大（85萬），日本（75萬），澳大利亞和新西蘭（60萬）是學生與專業人士，和無技術勞工的首選目的地。歐洲國家主要吸引業主與無技術勞工（150萬）。同時，拉丁美洲國家（75萬）與俄國（20萬）也吸引相當數量的小業主。非洲國家吸引50萬中國小業主、技師與無技術勞工。[102]

---

100 王望波、莊國土編著，《2008年海外華僑華人概述》，（北京：世界知識出版社，2010），頁12。

101 http://www.gallup.com/poll/153992/150-Million-Adults-Worldwide-Migrate.aspx Retrieved April 23, 2012.

102 王望波、莊國土，頁12。

2、移民來源國主要為中國、印度、巴基斯坦、菲律賓與越南

在未來二、三十年，亞洲將持續為美國移民的主要發送地。自1965年以來，日益增多的亞洲移民進入美國，其人數僅次於來自拉美的移民。亞洲移民人數穩步增加，1960年代為20萬，1970年代為130為，1980年代為240萬，1990年代為260萬，2010年代為310萬。[103] 下列因素顯示這一趨勢將會繼續下去。第一，亞洲國家與美國之間的經濟差距將繼續成為推動亞洲移民出境的動力。第二，亞洲國家沒有太多的出境限制。第三，美國將保持對技術勞工、尤其是經過特殊訓練的專業人才，與對海外資金的需求。這種需求將吸引許多亞洲國家過剩的專業人才。第四，亞洲國家與美國之間持續的軍事、外交、商業與文化交流幫助亞洲移民赴美。因此，來自中國、印度、巴基斯坦、菲律賓與越南的新移民，包括勞工移民、學生、專業人士，以及攜帶資金的「投資移民」將持續為移民的主體。

3、對高技能移民的競爭加強

美國與加拿大之間在近二十年來對高技術移民的競爭強化。自1965年以來美國的移民政策主要基於家庭團聚的原則，每年百分之74%的移民配額與家庭團聚有關。相比之下，加拿大的移民接收政策基於四項原則——人口、經濟、社會、人道主義——來接收三種移民：經濟移民、家庭團聚移民和難民。1967年制定的分數制度（points system）在接收移民時注重個人的年齡、教育程度、資歷、英語的流利程度、在加拿大的工作經歷、以及人際關係。這些政策更偏重技術移民，而不是家庭移民。

此外，為了改變在加拿大技術移民經濟表現下降的趨勢，加拿大政府在2002年通過「移民與難民保護法」（Immigration and Refugee Protection Act），調整了對技術移民的選擇規定。這項新法律主要有

[103] Philip Q. Yang, *Asian Immigration to the United States* (Cambridge: Polity Press, 2011), 231.

兩點變化，第一，將移民的接收分數從70提高到75（總分為100）；第二，強調語言能力，正規教育，和工作經歷。這些新標準增加了來自印度的技術移民，使印度在2008年至2010年之間成為對加拿大移民的第一輸出國，2010年之後菲律賓取代印度成為第一輸出國。[104]

呼應全球對人才的競爭，美國在1990年移民法中將工作移民的年度配額增加三倍到14萬人。該法還創立了H-1B簽證，作為授予具有大學或研究生學歷的技術移民的三年的臨時工作簽證，H-1B簽證持有者也有權申請永久居民身分。這項法律很快被中國與印度移民應用。美國持續不斷的移民改革討論也在考慮重新制定移民接納手續，打算嘗試加拿大、澳大利亞、新西蘭的分數制度，以便更有效地滿足美國對高技術移民的需求。[105]

一項更新的發展近一步揭示對經過高訓練的專業人才競爭的迫切性。2012年11月30日，美國國會眾議院以245票對139票的絕對多數通過了2012年STEM工作法案（STEM Jobs Act of 2012，STEM代表科學，技術，工程和數學）的議案。該議案建議每年為在美國大學取得科學、技術、工程和數學研究生學位的外國學生保留5萬5千個永久居民簽證。但是，該議案遭到民主黨眾議員的反對。他們認為該議案將取代1990年的多元移民簽證計畫（Diversity Immigrant Visa Program），此計畫允許接納來自非洲與其他國家的低技能移民。因此，該議案不可能通過民主黨控制的上議院。[106] 無論如何，該議案表明，在競爭日益激烈的世界形勢下，對高技術移民競爭的加劇。

在太平洋的彼岸，中國政府也在對人才的競爭中加快步伐。長江

---

[104] Wei Li and Lucia Lo, "New Geographies of Migration? A Canada-U.S. Comparison of Highly Skilled Chinese and Indian Migration," *the Journal of Asian American Studies*, Vol. 15, No. 1 (February 2012): 1-34.

[105] H. J. Holzer, *Immigration Policies and Less-Skilled Workers in the United States* (Washington, D.C.: Migration Policy Institute, 2011), http://www.migrationpolicy.org/pubs/Holzer-January2011.pdf; MPI, *Side-by-Side Comparison of 2006 and 2007 Senate Legislation and 2009 CIR ASAP Bill*, 2009, http://www.migrationpolicy.org/pubs/CIRASAPsidebyside.pdf; D. M. West, *Creating a "Brain Gain" for U.S. Employers: The Role of Immigration* (Washington, D.C.: Brookings Institution, 2011), http://www.brookings.edu/~/media/Files/rc/papers/2011/01_immigration_west/01_immigration_west.pdf.

[106] "House Gives Go-ahead on Green Card Plan," *Associated Press*, November 30, 2012. http://www.ksby.com/news/house-gives-go-ahead-on-green-card-plan/ Retrieved December 2, 2012.

學者獎勵計畫是中國教育部與香港李嘉誠基金會在1998年聯合創立的吸引優秀海外中國學者的舉措。通過選拔的長江學者任期三年，被提供較為優越的獎金與研究啟動資金，在中國的高校進行科研與教學。從創立到2008年，已有1,308名主要來自美國、加拿大、澳大利亞和英國的主要在科學、技術、工程和數學等領域的海外中國學者受聘於中國的115所大學。[107]

自1990年代以來，隨著中國顯著的經濟成功與在國際政治舞台地位的穩步上升，日益增多的海外中國學生學者專業人才返回中國，成為「海歸」（海龜）。1990年，1,593名在國外獲得學位的中國學生歸國。1995年，此一人數上升為5,750；2000年為9,121；2005年為34,897；2009年為108,300；2010年更增至632,000。[108] 此外，還有大量海歸人士回國服務，但沒有定居，而是頻繁往返於中國與他們的移居國，被稱為「空中飛人」。一項2008年的問卷調查，揭示其中34%的人擁有美國永久居民或公民身分。這一現象表明移民與同化的意義在改變。[109]

4、居住與公民身分的新模式：對美國定位與同化的重要性降低

如前一部分所討論的，對於這些世界公民，與美國文化同化可能變得不太具有吸引力。雙重公民身分的法律與實施將賦予這些新移民在多國居住，工作，參加選舉。學者們已經多次提出「靈活公民身分」（“flexible citizenship”），或者「選擇公民身分」（“selective citizenship”）的概念來詮釋這種現象。[110]

事實上，與居住國文化同化的吸引力在少數族裔與多元文化定位日益被公眾接受的1970年代就已受到衝擊。例如，在東南亞，自二次世界大戰以來，許多華人為自己定位為當地華裔，並已與當地社會同

---

107 http://www.changjiang.edu.cn/news/10/10-20090715-247.htm Retrieved April 20, 2012.

108 *People's Daily Online*, “Chinese Students Studying Abroad Exceed 1.39 Million,” March 26, 2009, http://english.people.com.cn/90001/90776/90882/6622888.html; Zhongguo tongjiju, *Zhongguo tongji nianjian* (Beijing: Zhongguo tongji chubanshe, 2010), 757.

109 Lisong Liu, “Return Migration and Selective Citizenship,” *the Journal of Asian American Studies*, Vol.15, No.1 (February, 2012): 35-68.

110 Aihwa Ong, *Flexible Citizenship: The Cultural Logics of Transnationality* (Durham: Duke University Press, 1999), 2; Lisong Liu, 55-56.

化。然而，自1970年代以來，許多曾經在語言文化上為自己定位為泰國人，菲律賓人，或其他東南亞國家國民的華人，開始越來越多地強調他們的華人定位，參加華人文化協會，教授子女華文。[111] 許多有關北美、新西蘭、歐洲、非洲華人的研究印證了類似的現象。[112]

此外，許多個人作為遊客進入美國，但是逾期不歸，成為無證照移民。2000年，有7億遊客進入美國，而1990年只有4億8千萬，1980年為3千萬。[113] 旅遊與移民之間的界限已經模糊。還有更多移民同時持有祖籍國與移民國的國籍，同時在美國，祖籍國，甚至第三國擁有住宅。最新的移民人口趨勢也顯示許多華裔退休人士，選擇在台灣或大陸退休，以享受當地較為廉價的醫療保健，住房，以及家政服務。[114]

5、華裔美國人面臨的新機會與挑戰

全球化與資訊技術產業（IT）的飛速發展為亞裔美國人提供了新的社會經濟機會。在當前所謂的「知識經濟」（"knowledge economy"）中，亞裔美國人在發現更多的就業機會。由於他們中更多的人擁有在科學、技術、工程與數學等學科的學歷，亞裔美國人在近年來在資訊技術產業找到更多的就業機會。[115] 亞裔美國人在資訊技術產業的就業

---

[111] Jose C. Moya and Adam McKeown, "World Migration in the Long Twentieth Century," in *Essays on Global and Comparative History,* a series edited by Michael Adas (Washington, DC: American Historical Association, 2011), 39.

[112] Huping Ling, *Chinese Chicago: Race, Transnational Migration, and Community Since 1870* (Stanford: Stanford University Press, 2012); Peter Li, *Destination Canada: Immigration Debates and Issues* (Toronto: Oxford University Press, 2003); and Manying Ip ed. *Transmigration and the new Chinese: Theories and practices from the New Zealand experience* (Hong Kong: Hong Kong Institute for Humanities and Social Sciences, University of Hong Kong, 2011); Li Anshan 李安山 *Feizhou huaqiao huarenshi* 非洲華僑華人史[A History of Chinese Overseas in Africa] Beijing: Zhingguo huaqiao chubanshe 中國華僑出版社[Chinese Overseas Publishing Company], 2000); Li Minghuan 李明歡 *Dangdai haiwai huaren shetuan yanjiu* 當代海外華人社團研究[Contemporary Overseas Chinese Community Organizations] (Xiamen, China: Xiamen daxue chubanshe 廈門大學出版社 [Xiamen University Press], 1995).

[113] Moya and McKeown.

[114] Yinglin Chen and Rong Li, "Chinese Immigrants Make Waves for Returning to Taiwan," *World Journal,* July 5, 2011.

[115] R. A. Chiang, "Chinese American Undergraduates' Choice of College Major: A Social-Structural Analysis Using Blau's Occupational Choice Model" (Ph.D. diss., New York University, 1994); S. E. Park and A. A. Harrison, "Career Related Interests and Values, Perceived Control and Acculturation of Asian American and Caucasian College Students," *Journal of Applied Social Psychology* 25 (1995): 1184-1203.

人數由2000年的170,771增加到2010年的171,150，而同期一般美國人口在資訊技術產業就業的人數由3,996,564減少到3,015,521。[116] 亞裔美國人作為教育與就業成功典範的大眾形象被近一步強化。

在文化方面，孔子學院在美國與加拿大的迅速發展顯示當地人民對中國文化日益增加的興趣，以及對華裔美國人的更為友好的社會經濟氛圍。2004年11月21日，第一座孔子學院在韓國首爾成立。同年，美國的馬里蘭州立大學也創立了孔子學院。在孔子學院發展的初期階段，孔子學院一般設立在美國的州立大學與區域性大學。2007年10月，胡耀邦主席在17屆黨代會發表講話，提出要加強中國文化作為中國「軟實力的一部分」。此後，孔子學院迅猛發展。在中國教育部的領導下，漢語辦公室，簡稱「漢辦」，成立，專門管理孔子學院的建立與發展。漢辦保證每年為每所孔子學院提供10萬美元，以及教學材料，旨在推動中文教育與文化交流。漢辦擬定在2020年建成1000所孔子學院的目標。

自2008年的經濟蕭條以來，中國政府提供的與孔子學院有關的資金設備變得更具有吸引力，美國許多私立院校也加入公立院校的行列，批准設立孔子學院。賓夕法尼亞大學曾經是孔子學院的嚴厲批評者，在2012年通過開設孔子學院的決定。同年，斯坦福大學，哥倫比亞大學，與倫敦經濟學院也通過開設孔子學院。截止2012年初，全球共有96個國家與地區設有孔子學院。但是，孔子學院大多設在北美與歐洲。美國有70多個孔子學院。據估計，全球大約有3千萬非華人在學習漢語。但是，批評家仍對孔子學院持懷疑態度，並擔心孔子學院在大學校園的影響。[117] 美國私立名校芝加哥大學在2010年成立孔子學院，但不斷遭到部分教授的抵制。2014年5月，該校的108名教授聯名

[116] http://factfinder2.census.gov/faces/tableservices/jsf/pages/productview.xhtml?pid=DEC_00_SF4_QTP29&prodType=table, http://factfinder2.census.gov/faces/tableservices/jsf/pages/productview.xhtml?src=bkmk, and http://factfinder2.census.gov/faces/tableservices/jsf/pages/productview.xhtml?pid=ACS_10_1YR_S2405&prodType=table

[117] D.D. Guttenplan, "Critics Worry about Influence of Chinese Institutes on U.S. Campuses," March 4, 2012, *New York Times*; Confucius Institute http://baike.baidu.com/view/44373.htm Retrieved April 25, 2012.

簽署請願書，要求學校教授議會取消芝加哥大學的孔子學院。[118]

亞洲迅速的經濟發展也為亞裔美國人提高了政治呼聲。近一、二十年來亞裔美國人進入各級政府與立法機構。第一屆奧巴馬政府在2009年任命兩個高層次華裔政府官員，朱棣文作為能源部長，駱家輝為商業部長。駱家輝在2011年又被任命為駐華大使。這些僅僅是典型代表。下表顯示2011年至2012年亞裔美國人在州政府與地方政府的參政情況。

表7.1　2012年亞裔美國人參政情況（總數）

聯邦參議員	3
聯邦衆議員	10
州參議員	52
州衆議員	77
州被選官員	5
州長	4
副州長	2
市長	44
市議員	173
法官	243
學區與高教局官員	275

資料來源：Don T. Nakanishi and James S. Lao eds., *2011-2012 National Asian Pacific American Political Almanac* (Los Angeles: UCLA Asian American Studies Center, 2011), 58.

同時，全球化也造成對亞裔美國人的挑戰。為了在日益全球化的社會經濟環境中與亞洲經濟上升的條件下佔領有利陣地，亞裔美國人已經意識到理解亞洲文化與使用母語能力的重要性，尤其是中文，因為中文已成為亞洲的「官方語言」。但是，眾所周知，在非中文的環境下學習中文，對華裔父母與子女都是個艱鉅的任務。許多華裔青年，幼時在週末的中文學校學習中文多年，仍不能流利掌握中文，進

[118] Harini Jaganathan and Alice Xiao,"Confucius Institute protested by faculty,"*The Chicago Maroon*, May 2, 2014. Retrieved May 30, 2014. http://chicagomaroon.com/2014/05/02/confucius-insitute-protested-by-faculty/

入大學時還需要選學中文。[119]

日益增加的在亞洲工作的機會或者經常往返於美國或其他亞洲國家，造成許多跨國移民或者所謂的「空中飛人」。這些人士經常往返飛行於他們妻小居住的美國和他們工作的中國。這種跨國分離的家庭生活在最近一、二十年對一般來說婚姻較為穩定的華裔家庭造成威脅。雖然還沒有具體的統計資料，但是已有證據表明在跨國分離家庭中上升的離婚率與增多的婚外情。華語媒體、跨國移民的社會圈、以及他們的互聯網社區《華夏文摘》與《海歸網》經常流傳真實或者虛構的婚姻破裂的故事。[120]

此外，跨國的生活方式也引發一系列的其他問題，包括跨國移民子女的教育問題、兩地或多地居住問題、雙重國籍問題、以及對祖籍國與入籍國的分裂的忠誠問題。許多歸國人員為缺乏適合他們的子女入學的學校而困擾。他們也面臨政府管理機構的限制。沒有當地的身分證，他們的生活受到各種限制，包括住房、子女入學、以及有限的研究設施與科研啟動經費。為了對付這些問題，許多歸國人員繼續持有並延續他們的中國身分證，同時持有美國護照或綠卡（永久居留卡）。他們在實質上已經擁有「雙重國籍」。同時，許多擁有合法雙重國籍的跨國亞裔美國人參加美國與祖籍國的選舉，實踐「靈活公民」（flexible citizen），對美國與祖籍國同時效忠。[121]

自2008年以來日益增加的工作輸出（out-sourcing）與經濟衰退也招致一些美國國民對亞裔美國人的不滿與怨恨，並進一步引發針對亞裔的暴力與仇視犯罪，甚至有可能出現類似陳果仁案件的仇視犯罪案（1982年6月，華裔陳果仁在底特律被兩名失業的歐裔美國人誤認為日本人而毆打致死）。華裔軍人陳宇暉（Pvt. Danny Chen）在阿富汗疑遭虐致死案件證明亞裔美國人的擔心是有必要的。2011年10月3日，19歲

---

[119] Huping Ling, *Voices of the Heart: Asian American Women on Immigration, Work, and Family* (Kirksville, MO: Truman State University Press, 2007)；令狐萍在1992與2014年期間對美國亞裔學生的口述訪談。

[120] Yinglin Chen and Qing Yang, "Transmigrant Families Pay High Prices for the Life Style," *World Journal*, August 22, 2011; *China News Digest*, http://www.cnd.org/my/modules/wfsection/article.php%3Farticleid=32202.

[121] *World Journal*, August 12, 2010; July 4, 2011; July 05, 2011; November 6, 2011; Lcosguy, posting to Haiguinet, February 20, 2009, http://www.haiguinet.com/forum/viewtopic.php?p=1470671.

的紐約華裔軍人陳宇暉在美國駐阿富汗的兵營的崗樓被發現死亡。美國官方揭示他的上司使用明顯種族侮辱性詞語謾罵陳宇暉，當陳宇暉淋浴後沒有關閉熱水暖氣時，他的上司用手腕將陳從床上拖行到帳篷外面佈滿礫石的地面。[122]

2012年6月23日，陳果仁被謀殺三十周年紀念日，美國三十多個城市的亞裔美國社區組織巨型「谷歌集會」（"Google Hangout"），紀念陳果仁事件，並號召亞裔美國人高度警惕在全球化之下針對他們的仇視犯罪與歧視行為。包括國會亞太裔小組主席趙美心眾議員在內的許多亞裔美國知名政治家與社會活動家都到會演說。該集會討論仇恨犯罪與凌辱現象。針對最近的華裔軍人陳宇暉被凌辱致死的悲劇，以及9・11事件的持續後果，集會討論亞裔美國人應該如何應對種族歧視。

中國的崛起與美國的衰落都是全球化運動的必然結果。全球化有助於均衡世界財富的分配。全球化在逐步排除自然與人為的、形成發達國家與發展中國家的差別的障礙、以及1%的富人與99%的窮人之間的差別的障礙。中國的崛起與美國的衰落都會逐步緩慢，直至達到它們各自在世界均勢中的適當地位。雖然前景仍然模糊不清，但是，在未來的二、三十年內將會逐步清晰。與此同時，政府與個人都應該重新審視自己的位置，從而最有效地適應新的世界制度。

結語

全球化運動對美國華人社會的影響巨大。全球化使得台灣留美學人減少，推動大陸精英階層在華人政治中的崛起。華僑華人中產階級與美國社會的同化，造成文化社區的出現，全球化下華人社會的社區形態比以往更為複雜多元。中國的崛起，一方面使華人歡欣鼓舞、為祖籍國感到驕傲自豪，另一方面使華人對美國的「忠誠性」受到主流社會的質疑、容易成為美國反華排華運動的攻擊對象或「替罪羊」。這些問題，成為新世紀時期美國華僑華人面臨的新挑戰。

[122] Kirk Semple, "Soldier's Death Raises Suspicions in Chinatown," *New York Times*, October 31, 2011.

第八章　結論

對美國華裔婦女一個半世紀以來歷史的觀察與分析，揭示出美國華裔婦女與其他族裔婦女之間的異同。與其他族裔的移民相似，中國婦女的移民動機與她們在中國的社會、經濟、文化條件息息相關。中國社會對婦女的思想意識、社會經濟和身體的種種約束，使漂洋過海的移民活動，對她們來說，幾乎難以想像。然而，發生於19世紀中國頻繁的天災人禍、內憂外患，將她們推上移民的不歸路。同時，擺脫貧窮、尋求機會的人類本能，也使她們被萬里之外的黃金潮所吸引，歷盡艱險，移民美國。雖然移民動機依不同個人、不同群體而異，但是，經濟動機在所有移民動機中，對任何移民個人或群體，都占主導地位。與其他族裔的移民相似，中國婦女移民也遵循連鎖移民的方式，由家人或親友資助，並定居於華人聚居區——唐人街。也同其他族裔的移民相似，中國移民婦女經歷了家庭生活與家庭內部結構的變化。許多婦女成為她們移民家庭中的唯一女性家長，並同丈夫一道，增加家庭收入，決定家中事務。

然而，中國移民婦女與其他族裔婦女的移民經歷，還存在著極大的差異。中國移民婦女在體力、膚色、服飾、語言、文化與習慣上與以歐裔移民為主的美國人的明顯區別，使她們的移民經歷更為艱辛。首先，中國移民婦女與美國主流社會的同化過程不同於歐裔移民婦女。一般來說，歐裔的移民群體，在一代或兩代人之後，便逐漸同化於盎格魯一撒克遜文化為主的美國主流社會。而許多中國移民婦女，至今仍然被排除於主流社會之外，集中在美國各地的華人社區中。華埠的居民，既包括唐人街的老居民，也包括登岸不久的新移民，不諳英語，沒有特殊技藝，也懼於美國社會的種族偏見，因而自我封閉，聚居於擁擠嘈雜的各地華埠中。她們的工作時間長，收入低，居住條件差，還要擔心失業、生病、托兒等問題。她們與美國社會同化的過程，與歐裔移民婦女相比，更為緩慢、痛苦，也更不完全。

其次，不同於歐裔移民婦女，華裔移民婦女以及其他亞裔移民婦女，發現她們的就業機會非常有限。她們通常只能在華埠的洗衣店、餐館、雜貨店和衣廠做工。至今，多數中國移民婦女的就業機會仍然侷限於這些行業中。雖然具有高等教育水準與技能的華裔專門職業婦女不必從社會的底層逐步往上爬，並且已在美國主流社會的勞工市場就業，她們所收到的報酬仍低於具有同等教育程度的白人婦女。這一事實已引起許多華裔美國歷史學者的注意。[1]

第三，不同於其他族裔婦女，特別是歐裔移民婦女，早期中國移民婦女極少與異族通婚。其主要原因在於早期中國移民中男女性別比例極度失調，華裔婦女因而在華人內部便有足夠的選擇餘地。此外，美國主流社會的種族文化歧視以及華人社會的文化偏見也極大阻礙華人婦女與異族結婚。第二次世界大戰期間與戰後一段時間，中國與中國人的形象在美國公眾中逐步改善，具有反華排華歧視性質的移民法被一一廢除。以此為結果，華裔與其他族裔的異族婚姻也逐步為一些歐裔美國人所接受。特別是1960年代以來，華裔美國人在教育與就業方面的成就更為引人注目，因此，華裔中與異族通婚的比例逐步升高。雖然華裔婦女作為具有異國情調、聽話順從的妻子的刻板形象仍然影響一些美國人對華裔婦女的看法，但許多歐裔白人男子選擇與華裔婦女戀愛或結婚，在很大程度上是由於華裔婦女的教育與就業成就。因而，「亞裔婦女—歐裔男子」的現象（“Asian-women-Caucasian-men” phenomenon），也可能部分地解釋華裔婦女在半個世紀以來所取得的社會經濟成就。

最後，不同於其他族裔婦女，華人婦女在美國主流政治中的可見度很低。然而，早在20世紀20年代，她們已投入華人社區內的社會與

---

[1] Sucheng Chan, *Asian Americans*, p.169; Tsai, *The Chinese Experience in America*, p.160; and Yung, *Chinese Women of America*, p.106.

政治活動。她們組織各種形式的社會與政治團體，參加華人社區的各種社會與政治活動。抗日戰爭爆發後，她們積極組織參加各種抗戰救援活動。自1960年代以來，美國華裔婦女逐步進入主流政治，服務於地方、州以及聯邦政府的各級機構、部門。然而，值得注意的是，雖然美國華裔婦女政治家已成為社區領袖、市長、州務卿、內閣成員，但是，直至2009年才有華裔婦女趙美心（Judy May Chu，1953年7月7日－），代表民主黨在加利福尼亞州第32選區當選，成為歷史上第一位華裔女性國會議員。趙美心當選後成為美國國會聯邦眾議院教育與勞工委員會（House Committee on Education and Labor）的成員。至今，還未有任何華裔婦女被選為國會參議員，以便更有效地代表華人社區的呼聲、保護華人的利益。因此，美國華裔政治活動家們迫切地感到華裔美國人強化自己政治力量的必要性與緊迫性。

一個半世紀多的美國華裔婦女歷史證明，華裔婦女不僅能夠以她們自己的才能與智慧、堅忍與毅力在新的國度生存，並且能夠取得顯著成就，成功地為所在國做出貢獻。

附錄一　主要中英文文獻參考書目

雖然收錄在此的一些書目未能在本書正文中引用，但它們對於美國華裔婦女的研究都具有重要貢獻，並被作者在寫作過程中參考。

原始資料

檔案文件

Center For Immigration Studies. Washington D.C. Five areas of concern include immigration's efforts on national social, economic, demographic, and environmental interests.

Chinese American Cultural Association Library. Chesterland, Ohio. Collection includes Chinese American heritage and history.

Chinese Culture Foundation. San Francisco Library. Collection contains Chinese American history and culture.

Chinese Institute in America Library. New York City. Collection on Chinese immigration, heritage and contribution to America.

Civil Rights Issues of Asian and Pacific Americans: Myths and Realities: May 8-9, 1979, Washington, D.C., a consultation. Sponsored by the United States Commission on Civil Rights. Washington, D.C., the Commission 1980.

Immigration and Naturalization Service Records. 1787-1954. 959 cu. ft. and 11,476 microfilm reels. National Archives and Records Service, Washington D.C., contains records of general immigration, Chinese immigration, passenger arrival, Americanization, naturalization, field offices, and alien internment camps.

National Archives-Pacific Sierra Region, San Bruno, California, holds unique records. Among the subjects covered are Chinese exclusion and immigration, the development of Pearl Harbor and mainland coastal fortifications, gold mining, migrant labor camps, and tribal land claims.

National Archives-Central Plain Region, Kansas City, Missouri. Two records are related to Chinese: Chinese Exclusion Cases Habeas Corpus Petitions: 1857-1965 and Crimina Records, 1871-1918, U.S. District Court for Eastern District of Missouri. The former involves Chinese in Iowa, Kansas, Minnesota, Missouri, Nebraska, North Dakota, and South Dakota. The latter contains cases related to Chinese in Missouri involved in manufacturing, selling, and smoking of opium.

Kubli General Store, Jacksonville, Oregon, Account Books, 1858-1886. 6 Volumes. Special Collections, Main Library, University of Oregon, Eugene. Many of the store's patrons were Chinese miners.

Smith, William Carlson Documents, 1912-1961. Special Collections, Main Library, University of Oregon, Eugene. The documents consist of interviews with and autobiographies of Japanese, Chinese, Mexican and other immigrants and first-generation Americans. Most of the autobiographies were written by school children in California and Hawaii. There are also copies of official letters and published items concerning race relations.

United States District Court: Northern District of California Records. 1851-1951. 4500 cu. ft. and 4 microfilm reels. Federal Archives and Records Center, San Francisco Archives Branch. Contains documents relating to individual cases brought before the Court. Case files on Chinese immigrants, who frequently appeared before the Court on a writ of habeas corpus, include passports with photos, statement of wealth or occupation, and occasionally testimony about previous residency in the U.S. Cases pertaining to Chinese women who were accused of being involved in prostitution may include photos, statement about the personal history and character of the defendant, Court testimony, and other legal papers.

Women's Occidental Board of Foreign Missions of the Presbyterian Church, San Francisco. Records. 1873-1920. 4 vols. The Board promoted mission work in California and aboard from 1873 until 1920. A nearly complete set of annual reports contains handwritten corrections and additions, bylaws, correspondence, notes, history, extracts from missionaries' journals, statistical reports, pamphlets, and other records in various areas, including the Occidental Mission School and Home in San Francisco, which was superintended by [Miss] Donaldina M. Cameron. Cameron oversaw the rescue of young Chinese women who were thought to be held captive in Chinatown. Collection also contains a report of the house to house visitation committee, which was intended to help overcome the seclusion at home of women in Chinatown.

中文與英文報紙

《中西日報》*Chung Sai Yat Po* [The Chinese Daily]. San Francisco, CA. Chinese language newspaper. Established by Presbyterian minister Ng Poon Chew in 1900, CSYP was heavily influenced by American republicanism, Christianity, and Western middle-class ideology. Available on microfilm at the Asian American Studies Library and East Asiatic Library, University of California, Berkeley.

《金山時報》*Jin Shan Shyr Pao* [Chinese Times]. San Francisco, CA. Established in 1924. Ethnic newspapers printed in Chinese. Contents include news on domestic, foreign, and Chinese group affairs and events.

《美洲日報》*Mei Jo Jih Pao* [The Chinese Journal]. New York, NY. Established in 1926. Daily newspaper printed in Chinese. Includes world and national news, and news from the Chinese ethnic communities in the United States. Available on microfilm at the New York Public Library.

《民氣日報》*Min Ch'i Jih Pao* [The Chinese Nationalist Daily]. New York, NY. Established in 1928? Daily newspaper printed in Chinese. Available on microfilm at the New York Public Library.

《紐約新報》*Niu-Yuen Hsin Pao* [The China Tribune]. New York, NY. Established in 1943? Daily newspaper printed in Chinese. Available on microfilm at the New York Public Library.

《世界公民報》*Pacific Citizen*. Los Angeles, CA. Established in 1929. Japanese American and Asian/Pacific American newspaper.

《人民日報》*People's Daily*. San Francisco, CA. Current Chinese newspaper.

《舊金山時報》*San Francisco Chronicle*. San Francisco, CA. Established in 1865. A general newspaper.

《少年中國晨報》*Shao Nien Chung Kuo Ch'en Pao* [The Young China Daily]. San Francisco, CA. Established in 1910. Ethnic newspaper printed in Chinese. Covers national, international, and group news.

《太平洋週報》*Tai Ping Young Jow Bao* [Chinese Pacific Weekly]. San Francisco, CA. Established in 1946. Ethnic newspaper in Chinese. This newspaper is "devoted to the improvement and progress of the Chinese community" (editor's statement). It contains commentaries and special news as well as feature articles dealing with the ethnic situation, events in China, and national and local affairs.

《中國世界》*The Chinese World*. San Francisco, CA. Established in 1891. Contains news on Chinese communities in the United States.

《世界日報》*The World Journal*. New York. Current Chinese newspaper.

影片

《美洲的先輩們》*Ancestors in the Americas,* pt. 1 and pt. 2. Documentary (60 mins each). Produced by Loni Ding. Pt. 1 tells the story of how Asians--Filipino, Chinese, Asian Indian--first arrived in the Americas. Pt. 2 relates the history of Chinese immigrants in California. Center for Educational Telecommunications, c1997-c1998.

《天使島：中國移民的故事》Angel Island: Story of Chinese Immigration. 12-min documentary of history Angel Island immigration station where Asian (mainly Chinese) immigrants were detained from 1910 until 1943. MacNeil/Lehrer Productions. New York, N.Y.: Films Media Group, 2000.

《黃柳霜自述》*Anna May Wong: In Her Own Words,* directed by Yunah Hong. 2011, 56 minutes, Color, DVD. Anna May Wong knew she wanted to be a movie star from the time she was a young girl—and by 17 she became one. A third generation Chinese-American, she went on to make dozens of films in Hollywood and Europe.

《沉默的牆頭詩：排華法時期的中國移民》*Carved in Silence: Chinese Immigration during Exclusion*. Felicia Lowe (producer/director). Documentary with dramatic recreations (45 mins). 1988. This is the dramatic story of Angel Island, the "Ellis Island of the West." After the Chinese Exclusion Act (1882), potential immigrants suffered detainment and vigorous interrogation for up to two years on this small island within sight of San Francisco. Features scenes recreated in the actual barracks and interviews with former detainees.

《點心》*Dim Sum,* produced and directed by Wayne Wang, 100 min., color video, 1985. Portrait of mother-daughter relationship in a Chinese American family.

《點心外賣》*Dim Sum Take-Out,* produced and directed by Wayne Wang, 12 min., color video, 1990. Five Chinese American women explore issues of ethnicity, independence, and sexuality. National Asian American Telecommunications Association (NAATA), 346 Ninth Street, Second Floor, San Francisco, CA 94103.

《吃一碗茶》*Eat A Bowl of Tea.* Produed by Lindsay Law and John K. Chan. Adopted from Luis Chu's novel. 102-min drama. In New York's Chinatown of the late 1940's, young Ben Loy, fresh out of the service, has his whole life spread out before him - including a job, an apartment and a marriage arranged by his father. Culver City, Calif.:

Columbia Tristar Home Entertainment, c2003. Videodisc release of the 1989 motion picture.

《一切都會好的》*Everything Will Be*. Directed by Julia Kwan, 2014. Documentary on Chinatown in Vancouver through interviews. The viewer receives a sense of Chinatown's original sensibilities, the feeling of old Chinatown that is now being lost. http://nextprojection.com/2014/05/09/hot-docs-everything-will-review

《美國紫禁城》*Forbidden City, U.S.A.*, produced and directed by Arthur Dong, 56 min., color/black and white video, 1989. Story of a Chinese nightclub of San Francisco in the 1930s and 1940s. Deep Focus Productions 22D Hollywood Ave., Ho-Ho-Kus, New Jersey 07423.

《金色冒險號》*Golden Venture*. Peter Cohn (writer/producer/director). Documentary. Hillcrest Film LLC., 2006. It chronicles the ongoing struggles of passengers who were aboard the Golden Venture, an immigrant smuggling ship that ran aground near New York City in 1993. Passengers had paid at least $30,000 to be brought to the U.S. from China's Fujian Province, expecting to arrive indebted but unnoticed. But a seemingly golden opportunity quickly evolved into a hellish descent through the cruel whims of U.S. immigration policy.

《喜福會》*Joy Luck Club*. Wayne Wang and Amy Tan (producer/director). Based on the novel by Amy Tan. 139-min drama on the story of four lifelong friends, whose lives are filled with joy and heartbreak, and shows how their experiences have affected the hopes and dreams they hold for each of their children. Burbank, Calif.: Distributed by Buena Vista Home Video, 1994.

《李茹》*Liru*, produced and directed by Henry Chow, 25 min., color video, 1991. Drama about a Chinese American woman's search for ethnic and personal identity. NAATA.

《我的美國》*My America, or, Honk if you love Buddha*. Tajima-Peña, Renee (producer/writer/director). 87- min documentary. A humorous and good source for introduction to Asian American studies. National Asian American Telecomunications Association and Independent Television Service, 1996.

《縫紉女工》*Sewing Woman*, produced and directed by Arthur Dong, 14 min., black and white video, 1982. A Chinese immigrant woman's story from war-torn China to America. NAATA.

《斬龍》*Slaying the Dragon*, produced and directed by Deborah Gee, 60 min., color video, 1990. Images of Asian American women in the media. NAATA.

《分開的香蕉》*Split Banana*. Kip Fulbeck (producer/director). 37 mins documentary on identity and biracial (Chinese/European) ethnicity, 1990. Kip Fulbeck explores identity and biracial ethnicity issues, focusing on his parents' relationship with each other and their respective acclimations and rejections of each other's cultures. Through interwoven narratives and media clips, this video also addresses ethnic dating patterns and stereotypes of Asian American men.

《千金》*Thousand Pieces of Gold*. Nancy Kelly and Kenji Yamamoto (directors). 105-min fact based drama on a Chinese woman in an Idaho gold-mining town fighting against racism and sexism.1991. http://www.imdb.com/title/tt0100774/

《誰是陳果仁？》*Vincent Who*? Directed by Tony Lam, it is the award-winning documentary about the legacy of the Vincent Chin case and the Asian American civil rights movement it ignited. 40 min., 2009.

《銀色翅膀：亞裔婦女在工作中》*With Silk Wings: Asian American Women at Work*, a series of four films: *Four Women*, *On New Ground*, and *Frankly Speaking* produced and directed by Loni Ding, and *Talking History* produced and directed by Spencer Nakasako, 30 min. each, color video, 1990. NAATA.

《媽媽，我愛你》*Wo Ai Ni Mommy: I Love You Mommy*. 2010. Produced by Stephanie Wang-Breal. Distributed by Community Media Production Group. www.woainimommy.com An 8-year-old Chinese girl is adopted by a Jewish family on Long Island during the family's first year and a half together with all its adjustments and attachments.

文章、著述、博士與碩士論文

亞洲人與亞裔美國人

Asian Women United of California, eds. *Making Waves: An Anthology of Writings by and about Asian American Women*. Boston: Beacon Press, 1989.

Chan, Sucheng. *Asian Americans: An Interpretive History*. Boston: Twayne Publishers, 1991.

Cheng, Lucie and Edna Bonacich, eds. *Labor Immigration Under Capitalism: Asian Workers in the United States Before World War II*. Berkeley: University of California Press, 1984.

Chow, Esther Ngan-ling. "The Influence of Sex-Role Identity and Occupational Attainment on the Psychological Well-being of Asian American-Women." *Psychology of Women Quarterly* 11 no.1 (1987): 69-81.

Costello, Julia G., et al. *Rice Bowls in the Delta: Artifacts Recovered from the 1915 Asian Community of Walnut Grove, California*. Los Angeles: University of California, Los Angeles, Institute of Archaeology, 1988.

Daniels, Roger. *Asian America: Chinese & Japanese in the United States Since 1850*. Seattle, WA.: University of Washington Press, 1988.

Dong, Selena. "'Too Many Asians': The Challenge of Fighting Discrimination Against Asian-Americans and Preserving Affirmative Action." *Stanford Law Review* 47 (May 1995): 1027-1057.

Endo, Russell, et al., ed. *Asian-Americans: Social & Psychological Perspectives*. Ben Lomond, Calif.: Science & Behavior Books, Inc., 1980.

Eng, David and Alice Hom, eds. *Q & A: Queer in Asian America. Philadelphia: Temple University Press, 1998.*

Espiritu, Yen Le. *Asian American Panethnicity: Bridging Institutions and Identities*. Philadelphia: Temple University Press, 1992.

-------. *Asian American Women and Men: Labor, Laws, and Love*. Lanham, Md.: Rowman and Littlefield, 2nd edition, 2007.

Fairbank, John King. *East Asian, Tradition and Transformation*. Boston: Houghton Mifflin Company, 1973.

Fawcett, James T. and Benjamin Carino. *Pacific Bridges: The New Immigration From Asian and the Pacific Islands*. Staten Island, N.Y.: Center for Migration Studies, 1987.

Fong, Eva Chow. "Barriers to Educational Leadership Aspirations as Perceived by California Asian Women Administrators." Ph.D. diss., University of the Pacific, 1984.

Fugita, Stephen. *Asian Americans and Their Communities of Cleveland*. Cleveland: Cleveland State University, 1977.

Fukida, Kikimo Ann. "Chinese American and Japanese Women in California Public School Administration." Ph.D. diss., University of Southern California, 1984.

Gardner, Robert W. *Asian Americans: Growth, Change and Diversity*. Washington, D.C.: Population Reference Bureau, Inc., 1985.

Glenn, Evelyn Nakano. "Racial Ethnic Women's Labor: The Intersection of Race, Gender and Class Oppression." *Review of Radical Political Economics* 17, no.3 (1985): 86-108.

Hsia, Jayjia. *Asian Americans in Higher Education and at Work*. Hillsdale, N.J.: Lawrence Eribaum Associates, 1987.

Hundley, Norris, ed. *The Asian American: The Historical Experience*. Santa Barbara, Calif.: American Bibliographical Center-Clio Press, 1976.

Hune, Shirley. *Pacific Migration to the United States Microform: Trends and Themes in Historical and Sociological Literature*. Washington, D.C.: Research Institute on Immigration and Ethnic Studies, Smithsonian Institution, 1977.

Jameson, E. "Toward A Multicultural History of Women in the Western United-States." *Signs* 13 no.4 (1988): 761-91.

Kim, Bok-Lim C. *The Asian Americans, Changing Patterns, Changing Needs*. Montclair, N.J.: Association of Korean Christian Scholars in North America, 1978.

Kim, Hyung-Chan, ed. *Dictionary of Asian American History*. New York: Greenwood Press, 1986.

------, ed. *Asian American Studies: An Annotated Bibliography & Research Guide*. New York: Greenwood Press, 1989.

Kim, Richard, et al. "A Preliminary Investigation: Asian Immigrant Women Garment Workers in Los Angeles." *Amerasia Journal* 18: 1 (1992): 69-82.

Kitano, Harry H. L. & Roger Daniels. *Asian Americans: Emerging Minorities*. Englewood Cliffs, N.J.: Prentice Hall, 1995.

Knoll, Tricia. *Becoming Americans: Asian Sojourners, Immigrants & Refugees in the Western United States*. Portland, Oregon: Coast to Coast Books, 1982.

Kumagai, Gloria L. "The Asian Women in America." *Explorations in Ethnic Studies* 1 no.2 (1978): 27-39.

Lim, Geok-lin & Amy Ling, eds. *Reading the Literatures of Asian America*. Philadelphia: Temple University Press, 1992.

Lim, Shirley. *The Forbidden Stitch: An Asian-American Women's Anthology*. Corvallis, Oregon: Calyx Books, 1988.

Louie, Miriam Ching. "Immigrant Asian Women in Bay Area Garment Sweatshops: After Sewing, Laundry, Cleaning and Cooking, I Have No Breath Left to Sing." *Amerasia Journal* 18: 1 (1992): 1-26.

Lowe, Lisa. "Heterogeneity, Hybridity, Multiplicity: Marking Asian American Differences." *Diaspora* 1, no.1 (1991): 24–44.

------. *Immigrant Acts: on Asian American Cultural Politics*. Durham: Duke University Press, 1996.

Lyman, Stanford M. *The Asian in North America*. Santa Barbara, Calif.: ABC-Clio Books, 1977.

------. *Chinatown and Little Tokyo: Power, Conflict, and Community Among Chinese and Japanese Immigrants to America*. Millwood, New York: Associated Faculty Press, 1986.

Mangiafico, Luciano. *Contemporary American Immigrants: Patterns of Filipino, Korean, and Chinese Settlement in the United States*. New York: Praeger, 1988.

Melendy, H. Brett. *Chinese and Japanese Americans*. New York: Hippocrene Books, 1984.

Nakanish, Don T. & Tina Yamano Nishida, eds. *The Asian American Educational Experience: A Source Book for Teachers and Students*. New York: Routledge, 1995.

Nandi, Proshanta K. *The Quality of Life of Asian Americans: An Exploratory Study in a Middle-Size Community*. Chicago: Pacific/Asian American Mental Health Research Center, 1980.

Nelson, Douglas W. "The Alien Land Law Movement of the Late Nineteenth Century." *Journal of The West* 9 (1970): 46-59.

Nomura, Gail M., et al., eds. *Frontiers of Asian American Studies: Writing, Research, & Criticism*. Pullman, Washington: Washington State University Press, 1989.

Okihiro, Gary Y. *Common Ground: Reimagining American History*. Princeton: Princeton University Press, 2001.

Ong, Aihwa. *Flexible Citizenship: the Cultural Logics of Transnationality*. Durham: Duke University Press, 1999.

------. *Buddha is Hiding: Refugees, Citizenship, the New America*. Berkeley: University of California Press, 2003.

Osajima, Keith. "Asian Americans as the Model Minority: An Analysis of the Popular Press Image in the 1960s and 1980s." *Reflections on Shattered Windows: Promises & Prospects for Asian American Studies*. Pullman, Washington: Washington State University Press, 1988, 165-174.

Osumi, Megumi Dick. "Asians and California's Anti-Miscegenation Laws," *Asian and Pacific American Experiences: Women's Perspectives* by Nobuya Tsuchida. Minneaplis: Asian/Pacific American Learning Resource Center and General College, University of Minnesota, 1982, 1-37.

Suzuki, Bob H. "Educational and the Socialization of Asian Americans: A Revisionist Analysis of the `Model Minority' Thesis." *Amerisia Journal* 4 (1977): 23-51.

Takaki, Ronald. *Strangers from A Different Shore: A History of Asian Americans*. Boston: Little, Brown & Company, 1989.

Tsuchida, Nobuya, et al., ed. *Asian and Pacific American Experience: Women's Perspectives*. Minneapolis: Asian/Pacific American Learning Resource Center and General College, University of Minnesota, 1982.

Vernon, Philip E. *The Abilities and Achievements of Orientals in North America*. New York: The Academic Press, 1982.

Watanabe, Sylvia & Carol Bruchac, ed. *Home to Stay, Asian American Women's Fiction*. Greenfield Center, N.Y.: The Greenfield Review Press, 1990.

Wei, William. *The Asian American Movement*. Philadelphia: Temple University Press, 1993.

Wong, Morrison G. "Labor Force Participation and Socioeconomic Attainment of Asian-American Women." *Sociological Perspectives* 26 no.4 (1983): 423-446.

Wong, Sau-Ling C., "Denationalization Reconsidered: Asian American Cultural Criticism at a Theoretical Crossroads," *Amerasia Journal* 21 (1995): 1-27.

Woo, Deborah. "The Socioeconomic Status of Asian American Women in the Labor Force: An Alternative View." *Sociological Perspectives* 28 no.3 (1985): 307-338.

Wunsch, Marie Ho. "Walls of Jade: Images of Men, Women and Family in Second Generation Asian-American Fiction and Autobiography." Ph.D. diss., University of Hawaii, 1977.

Yamanaka, Keiko. "Labor Force Participation of Asian-American Women: Ethnicity, Work, and the Family." Ph.D. diss., Cornell University, 1987.

Yang, Philip Q. *Asian Immigration to the United States.* Cambridge, UK: Polity, 2011.

Yun, Grace, ed. *A Look Beyond the Model Minority Image: Critical Issues in Asian America.* New York: Minority Rights Group, 1989.

中國人與華裔美國人

Aiken, Rebecca B. *Montreal Chinese Property Ownership and Occupational Change, 1881-1981.* New York: AMS, 1988.

Anderson, Kay J. *Vancouver's Chinatown: Racial Discourse in Canada, 1875-1980.* Montreal & Kingston: McGill-Queen's University Press, 1991.

Anderson, Mary Raleigh. *A Cycle in the Celestial Kingdom.* Mobile, Alabama: Heiter-Starke Printing Co., 1943.

Armentrout Ma, Eve. *Revolutionists, Monarchists and Chinatowns: Chinese Politics in the Americas and the 1911 Revolution.* Hawaii: 1990.

Aubitz, Shawn. *Chinese Immigration to Philadelphia.* Philadelphia, Penn.: National Archives, Philadelphia Branch, 1988.

Ayscough, Florence. *Chinese Women, Yesterday and Today.* Boston: Honghton Miffin Co., 1937.

Ba Jin, *Family.* Garden City, N.Y.: Doubleday & Company, Inc., 1972.

Baldwin, S. L. *Must the Chinese Go? An Examination of the Chinese Question.* New York: The Press of H. E. Elking, 1890; reprint, San Francisco, Calif.: R and E Research Associates, Publishers and Distributors of Ethnic Studies, 1970.

Bao, Xiaolan. *Holding Up More Than Half the Sky: Chinese Women Garment Workers in New York City, 1948-1992.* Ph.D. Urbana: University of Illinois Press, 2006.

Barlow, Jeffrey G. *China Doctor of John Day* Portland, OR: Binford & Mort, 1979.

Barth, Gunther. *Bitter Strength: A History of the Chinese in the United States, 1850-1870*. Cambridge, Mass.: Harvard University Press, 1964.

Basch, Linda G. *The Spirit of Nairobi and the U.N. Decade for Women*. Staten Island, N.Y.: Center for Migration Studies of New York, 1986.

Bee, Fred A. *The Other Side of the Chinese Question*. San Francisco: R & E Research Associates, 1971.

Beesley, David. "From Chinese to Chinese American: Chinese Women & Families in A Sierra Nevada Town." *California History* 67 (September 1988): 168-79.

Book, Susan W. *The Chinese in Butte County, California, 1860-1920*. San Francisco: R & E Research Associates, 1976.

Braun, Jean S. "Attitude Toward Women--Comparison of Asian-Born Chinese and American Caucasians." *Psychology of Women Quarterly* 2 no.3 (1978): 195-201.

Brownstone, David M. *The Chinese-American Heritage*. New York: Facts on File, 1988.

Buck, Pearl S. *Of Men and Women*. New York: John Day Co., 1941.

Buck, Ray. *Tiffany Chin: A Dream on Ice*. Chicago: Children's Press, 1986.

Cather, Helen Virginia. *The History of San Francisco's Chinatown*. San Francisco: R & E Research Associates, 1974.

Chan, Sucheng. *This Bitter-Sweet Soil: the Chinese in California Agriculture, 1860-1910*. Berkeley: University of California, 1986.

------, ed. *Entry Denied: Exclusion and the Chinese in America, 1882-1943*. Philadelphia: Temple University Press, 1991.

Chan, Won-loy. *Burma: the Untold Story*. Novato, CA: Presidio, 1986.

Chang, Iris. *The Chinese in America: A Narrative history*. New York: Viking, 2003.

Chang, Jung. *Mme Sun Yat-Sen*. New York: Viking Penguin Inc., 1986.

Chang, Lydia Liang-Hwa. "Acculturation and Emotional Adjustment of Chinese Women Immigrants." Thesis, Columbia University, 1980.

Chang, Pao-min. *Continuity and Change: A Profile of Chinese Americans*. New York: Vantage Press, 1983.

Chao, Hao-sheng. 趙浩生：《中國學人在美國》，台北：傳記文學出版社，1969年。*Chung-kuo Hsueh Jen Tsai Mei-kuo* [Chinese Intellectuals in America] Taipei: Biographical Literature Publishing Co., 1969.

Chen, Jack. *The Chinese of America*. San Francisco: Harper and Row, 1982.

Chen, Hsiang-Shui. *Chinatown No More: Taiwan Immigrants in Contemporary New York*. Ithaca: Cornell University Press, 1992.

Chen, Jerome. *China and the West: Society and Culture, 1815-1937*. Bloomington: Indiana University Press, 1979.

Chen, Jui-Ho. "Clothing Attitudes of Chinese and American College Women." Ph.D. diss., The Pennsylvania State University, 1970.

Chen, Julia I. Hsuan. *The Chinese Community in New York*. San Francisco: R & E Research Associates, 1974.

Chen, Kuo-lin. 陳國林 *Hua Ren Bang Pai* 華人幫派 [The Chinatown Gangs]. Taipei: Juliu Publishing House, 1995.

------. *Smuggled Chinese: Clandestine Immigration to the United States*. Philadelphia: Temple University Press, 1999.

Chen, Pen-ch'ang. 陳本昌：《美國華僑餐館工業》，台北：台灣遠東書局，1971 年。*Mei-kuo Hua Ch'iao Ts'an Kuan Kung Yeh* [Chinese American Restaurants]. Taipei: Taiwan Far East Books Co., 1971.

Chen Yiping. 陳奕平*Renkou bianqian yu dangdai meiguo shehui* 人口變遷與當代美國社會[The Demographic Changes and Contemporary American Society]. Beijing: Shijie zhishi chubanshe. 世界知識出版社 [World Knowledge Publisher], 2006.

Chen, Yong. *Chinese San Francisco, 1850-1943: A Trans-Pacific Community*. Stanford: Stanford University Press, 2000.

Chen, Yuan-tsung. *The Dragon's Village*. New York: Pantheon Books, 1980.

Cheng, Lucie, and et al. *Linking Our Lives: Chinese American Women of Los Angeles*. San Francisco: Chinese Historical Society of America, 1984.

Cheng, Nien. *Life and Death in Shanghai*. New York: Penguin Books, 1988.

Chin, Art. *Golden Tassels*. Seattle: Chin, 1977.

Chin, Frank. *The Chickencoop Chinaman and the Year of the Dragon*. Seattle: University of Washington Press, 1981.

------. *The Chinaman Pacific & Frisco R. R. Co.: Short Stories*. Minneapolis: Coffee House Press, 1988.

Chin, Ginger. *The History of Chinese Immigrant Women, 1850-1940*. North Bergen, N.J.: by the author, 1977.

China Institute in America. *A Survey of Chinese Students in American Colleges and Universities in the Past Hundred Years*. New York, 1954.

Chinese American Restaurant Association of Greater New York, ed. *Chinese American Restaurant Association of Greater New York, Inc*. New York: The Association, 1959.

Chinese Historical Society of America, ed. *Chinese America: History and Perspectives, 1990*. San Francisco: Chinese Historical Society of America, 1990.

Chinn, Thomas W. *Bridging the Pacific: San Francisco Chinatown and Its People*. San Francisco: 1989.

Chiu, Ping. *Chinese Labor in California: An Economic Study*. Madison: University of Wisconsin, 1967.

Chong, Denise. *The Concubine's Children: The Story of A Chinese Family Living on Two Sides of the Globe*. Penguin Books, 1994.

Chong, Key Ray. *Americans and Chinese Reform and Revolution, 1898-1922*. Lanham, MD: University Press of America, 1984.

Chou, Jesse Chain. "A Survey of Chinese Students in the United States, 1979-1987." Ph.D. diss., Columbia, 1989.

Chu, Daniel. *Passage to the Golden Gate*. Garden City, N.Y.: Doubleday, 1967.

Chu, Louis. *Eat A Bowl of Tea*. Seattle: University of Washington Press, 1979.

Chu, Yung-Deh Richard. "Chinese Secret Societies in America: A Historical Survey." *Asian Profile*, Vol. 1, no. 1 (1973): 21-38.

Chua, Cheng Lok. "Golden Mountain: Chinese Versions of the American Dream in Lin Yutang, Louis Chu, and Maxine Hong Kingston." *Ethnic Groups* 4, no.1-2 (1982): 33-59.

Chuan, Sau-Wah Wong. "Perceived Usefulness of Higher Education-Major Choices and Life Goal Values Among Chinese-American Students (Asian, Women, Sex-Roles)." Ph.D. diss., California School of Professional Psychology, 1985.

Chun, James H. *The Early Chinese in Punaluu* Punaluu, Honolulu, Hawaii: Yin Sit Sha, 1983.

Chung, Sue Fawn. "Gue Gim Wah: Pioneering Chinese American Women of Nevada." *History and Humanities*, ed. Francis X. Hartigan. Reno: University of Nevada Press, 1989, 45-79.

------. *In Pursuit of Gold: Chinese American Miners and Merchants in the American West*. Urbana, IL: University of Illinois Press, 2011.

Coe, Andrew. *Chop Suey: A Cultural History of Chinese Food in the United States*. New York: Oxford University Press, 2009.

Cohen, Lucy M. *Chinese in the Post-Civil War South: A People Without A History*. Baton Rouge: Louisiana State University Press, 1984.

Colman, Elizabeth. *Chinatown U.S.A.* New York: The John Day Co., 1946.

Coolidge, Mary R. *Chinese Immigration*. New York: Henry Holt & Co., 1909; reprint, New York: Arno Press, 1969.

Christy, Lai-Chu-Tsui. "Culture and Control Orientation: A Study of Internal-external Locus-of-control in Chinese and American Chinese Women." Ph.D. diss., University of California, Berkeley, 1977.

Daley, William. *The Chinese Americans*. New York: Chelsea House, 1987.

Dicker, Laverne Mau. *The Chinese in San Francisco: A Political History*. New York: Dover Publications, 1979.

Dillon, Richard H. *Images of Chinatown*. San Francisco: Book Club of California, 1976.

Edson, Christopher Howard. *The Chinese in Eastern Oregon, 1860-1890*. San Francisco: R and E Research Associates, 1974.

Ellenwood, James Lee. *One Generation After Another*. New York: Charles Scribner & Sons, 1953.

Elsensohn, M. Alfred. *Idaho Chinese Lore*. Cottonwood, Idaho Corp. of Benediction Sisters, 1970.

Fessler, Loren W., ed. *Chinese in America, Stereotyped Past, Changing Present*. New York: Vantage Press, 1983.

Fong, Timothy P. *The First Suburban Chinatown: The Remaking of Monterey Park, California*. Philadelphia: Temple University Press, 1994.

Gao Weinong, et al. 高偉濃等著 *Guiji yimin huanjing xia de zhongguo xinyimin*國際移民環境下的中國新移民 [The Chinese New Immigrants under the Envirorment of International Migration]. Beijing: Zhingguo huaqiao chubanshe 中國華僑出版社 [Chinese Overseas Publishing Company], 2003.

Gao Weinong, et al. 高偉濃等著*Yueji huaqiao huaren yu yuedi duiwai guanxishi* 粵籍華僑華人與粵地對外關係史[A History of the Relationship between the Overseas Chinese from Guangdong and Foreign Countries]. 中國華僑出版社[Chinese Overseas Publishing Company], 2005.

Gentry, Curt. *Madames of San Francisco: An Irreverent History of the City by the Golden Gate*. New York: Doubleday, 1964.

Gibson, O(tis). *The Chinese in America*. New York: Arno Press, A New York Times Co., 1978.

Gillenkirk, Jeff. *Bitter Melon*. Seattle: University of Washington Press, 1987.

Glenn, Evelyn Nakano. "Split Household, Small Producer and Dual Wage Earner--An Analysis of Chinese-American Family Strategies." *Journal of Marriage and the Family* 45 no.1 (1983): 35-46.

Glick, Clarence Elmer. *Sojourners and Settlers: Chinese Migrants in Hawaii*. Honolulu: University Press of Hawaii, 1980.

Godley, Michael R. "The Sojourners: Returned Overseas Chinese in the PRC." *Pacific Affairs* no. 62 (Fall 1989): 330-352.

Gong, Eng Ying and Bruce Grant. *Tong War*. New York: Nicholas L. Brown, 1930.

Guthrie, Grace Pung. *A School Divided: An Ethnography of Bilingual Education in a Chinese Community*. Hillsdale, NJ: Erlbaum, 1985.

Hao Shiyuan ed. 郝時遠主編*Haiwai huaren yanjiu lunji* 海外華人研究論集[Selected Papers on Overseas Chinese]. Beijing: Zhongguo shehui kexue chubanshe 中國社會科學出版社[Chinese Social Science Academy Publishing Company], 2002.

Harper, Fowler. V. and Jerome. H. Skolnick. *Problems of the Family*. New York: Bobbs-Merrill, 1962.

Hayhoe, Ruth and Marianne Bastid, eds. *China's Education and the Industrialized World: Studies in Cultural Transfer*. Armonk, N.Y.: M. E. Sharpe, 1987.

He Fengjiao ed. 何鳳嬌編*Dongnanya huaqiao ziliao huibian*.東南亞華僑資料匯編[A Collection of Sources on Southeast Asian Overseas Chinese]. Taipei, Taiwan: Academia Historica, 1997.

Heyer, Virginia. "Patterns of Social Organization in New York City's Chinatown." Ph.D. diss, Columbia University, 1953.

Höllmann, Thomas O. *The Land of the Five Flavors: A Cultural History of Chinese Cuisine*, New York: Columbia University Press, 2013.

Hirata, Lucie Cheng. "Free, Indentured, Enslaved: Chinese Prostitutes in 19th Century America." *Signs* 5 (1979): 3-29.

Ho, Chi-Kwan. "Gender Role Perception: A Study of Two Generations of Chinese American Women." Ph.D. diss., University of Maryland, 1993.

Ho, Samuel P.S. *Economic Development of Taiwan, 1860-1970*. New Haven: Yale University Press,1978.

Hsu, Francis L. K. *The Challenge of the American Dream: The Chinese in the United States*. Belmont, Calif.: Wadsworth Publishing Co., Inc., 1971.

Hsu, Madeline Y. *Dreaming of Gold, Dreaming of Home: Transnationalism and Migration Between the United States and South China, 1882-1943*. Stanford: Stanford University Press, 2000.

Huang Jing. 黃靜 Chaoshan yu zhongguo chuantong qiaoxiang: yige guanyu yimin jingyan de leixingxue fenxi潮汕與中國傳統僑鄉：一個關於移民經驗的類型學分析[Chaoshan Region and Other Traditional Qiaoxiang in China: A Typology Analysis of Migration Experience]. *Huanqiao huaren lishi yanjiu* 華僑華人歷史研究 [Overseas Chinese History Studies], No. 1 (March 2003): 24-36.

Huang, Philip C. C. *The Peasant Economy and Social Change in North China*. Stanford: Stanford University Press, 1985.

------. *The Peasant Family and Rural Development in the Yangzi Delta, 1350-1988*. Stanford: Stanford University Press, 1990.

Huang, Shaoxiang黃紹湘：《美國通史簡編》，北京：人民出版社，1979年。

Huang, Tsen-ming. *The Legal Status of Chinese Abroad*. Taipei: China Central Service, 1954.

Hune, Shirley. "Politics of Chinese Exclusion: Legislative Executive Conflict, 1876-1882." *American Journal* 9 (1982): 5-27.

Ip, Manying. *Aliens at My Table: Asians as New Zealanders See Them*. Auckland: Penguin Books, 2005.

Iu, Carol Rita. "Ethnic and Economic correlates of Marital Satisfaction and attitude Towards Divorce of Chinese American Women." Ph.D. diss., University of California, Los Angeles, 1982.

Jue, Jenniffer J. "Chinese American Women's Development of Voice and Cultural Identity: A Participatory Research Study Via feminist Oral History." Ed.D. diss., University of San Francisco, 1993.

Keefe, Patrick Radden. *The Snakehead: An Epic Tale of the Chinatown Underworld and the American Dream*. New York: Doubleday, 2009.

Kingston, Maxine Hong. *The Woman Warrior, Memoirs of A Girlhood Among Ghosts*. New York: Alfred A. Knopf, 1977.

------. *China Men*. New York: Alfred A. Knopf, 1980.

Kuhn, Philip. *Chinese Among Others: Emigration in Modern Times*. Lanham, MD: Rowman & Littlefield Publishers, Inc., 2009.

Kung, S. W. *Chinese in American Life: Some Aspects of Their History, Status, Problems, and Contributions*. Seattle: University of Washington Press, 1962.

Kuo, Chia-ling. *Social and Political Change in New York's Chinatown: the Role of Voluntary Associations*. New York: Praeger, 1977.

Kuo, W. H. and Nan Lin. "Assimilation of Chinese American in Washington, D.C." *Sociological Quarterly* 18 (1977): 340-52.

Kwong, Peter. *Chinatown, New York: Labor and Politics, 1930-1950*. New York: Monthly Review Press, 1981.

------. *The New Chinatown*. New York: Hill and Wang, 1987.

------. *Forbidden Workers: Illegal Chinese Immigrants and American Labor*. New York: The New Press, 1997.

Lai, H. Mark and Philip P. Choy. *Outlines History of the Chinese in America*. San Francisco, Calif.: By the authors,1971.

Lai, H. Mark, Genny Lim, and Judy Yung. *Island, Poetry and History of Chinese Immigrants on Angel Island*. San Francisco: Hoc Doi: distributed by San Francisco Study Center, 1980.

------. "Historical Development of the Chinese Consolidated Benevolent Association/Huiguan System." *Chinese America: History & Perspectives, 1987,* by Chinese Historical Society of America. San Francisco: Chinese Historical society of America, 1987, 13-51.

------. "Transmitting the Chinese Heritage: Chinese Schools in the United States Mainland and Hawaii." In *Intercultural Relations, Cultural Transformation, and Identity—The Ethnic Chinese—Selected Papers Presented at the 1998 ISSCO Conference,* ed. Teresita Ang See, 124-158. Manila: Kaisa Para Sa Kaunlaran, Inc., 2000.

Lan, Dean. *Prestige with Limitations: Realities of the Chinese-American Elite.* San Francisco: R & E Research Associates, 1976.

Lang, Olga. *Chinese Family and Society.* New Haven: Yale University Press, 1946.

Lee, Christina Chau-Ping. "Acculturation and Value Change: Chinese Immigrant Women." Ph.D. diss., University of British Columbia, 1984.

Lee, Erika. *At America's Gate: Chinese Immigration during the Exclusion Era, 1882-1943.* Chapel Hill: University of North Carolina Press, 2002.

Lee, Erika and Judy Yung. *Angel Island: Immigrant Gateway to America.* New York: Oxford University Press, 2010.

Lee, Rose Hum. "The Recent Immigrant Chinese Families of the San Francisco-Oakland Area." *Marriage and Family Living* 18, no. 1 (1956): 14-24.

------. "The Stranded Chinese in the United States." *Phylon* 19, no. 2 (Summer 1958): 180-194.

------. *The Chinese in the United States of America.* Hong Kong: Hong Kong University, 1960.

------. *The Growth and Decline of Chinese Communities in the Rocky Mountain Region.* New York: Arno Press, 1978.

------. "The Decline of Chinatowns in the United States." *American Journal of Sociology* 54 (March 1949): 422-432.

Lee Ying-hui. 李盈慧*Huaqiao zhengce yu haiwai minzu zhuyi (1912-1949)* 華僑政策與海外民族主義 [The Origin of Overseas Chinese Nationalsim, 1912-1949]. Taipei, Taiwan: Academia Historica, 1997.

Leung, Edwin P. "The First Chinese College Graduate in America: Yung Wing." *Asian Profile* 16 no. 5 (1988): 453-458.

Liang Yinming, Liang Zhiming, Zhou Nanjing, Zhao Jing. 梁英明、梁志明、周南京、趙敬 *Jin xiandai dongnan ya (1511-1992).* 近現代東南亞(1511-1992) [Modern and Contemporary Southeast Asia]. Beijing: Beijing daxue chubanshe 北京大學出版社 [Beijing University Press], 1994.

Liestman, Daniel. "The Chinese in the Black Hills, 1876-1932." *Journal of the West* 27 no.1 (1988): 74-83.

Li Anshan. 李安山*Feizhou huaqiao huarenshi* 非洲華僑華人史[A History of Chinese Overseas in Africa]. Beijing: Zhingguo huaqiao chubanshe 中國華僑出版社[Chinese Overseas Publishing Company], 2000.

Li Minghuan. 李明歡*Dangdai haiwai huaren shetuan yanjiu* 當代海外華人社團研究 [Contemporary Overseas Chinese Community Organizations]. Xiamen, China: Xiamen daxue chubanshe 廈門大學出版社 [Xiamen University Press], 1995.

Li, Wei. *Ethnoburb: the New Ethnic Community in Urban America.* Honolulu: University of Hawaii Press, 2009.

Lien, Pei-te. *The Making of Asian America through Political Participation*. Philadelphia: Temple University Press, 2001.

Lim, Genny, ed. *The Chinese American Experiences: Paper from the Second National Conference on Chinese American Studies* (1980). San Francisco, Calif.: The Chinese Historical Society of America and the Chinese Culture Foundation of San Francisco, 1980.

Lin, Alice P. *Grandmother Had No Name.* San Francisco: China Books, 1988.

Lin, Jan. *Reconstructing Chinatown: Ethnic Enclave, Global Change.* Minneapolis: University of Minnesota Press, 1998.

------. "Los Angeles Chinatown: Tourism, Gentrification, and the Rise of an Ethnic Growth Machine." *Amerasia Journal*, 34:3 (2008): 110-126.

Lin, Mao-Chu. "Identity and Chinese-American Experience: A Study of Chinatown American Literature Since World War II." Ph.D. diss., University of Minnesota, 1987.

Lin, Yutang. *Chinatown Family*. New York: John Day, 1948.

Ling, Amy. *Between Worlds: Women Writers of Chinese Ancestry*. New York: Pergammon, 1990.

------. *Immigrating America: Stories from the Promised Land*. New York: Persea Press, 1991.

令狐萍英文專著

Ling, Huping. *Surviving on the Gold Mountain: A History of Chinese American Women and Their Lives*. Albany: State University of New York Press, 1998.

------. *Chinese St. Louis: From Enclave to Cultural Community*. Philadelphia: Temple University Press, 2004. *A Chapter derived from the book became Winner of the Best Article Award, 48th Annual Missouri Conference on History 2006.

------. *Chinese in St. Louis: 1857-2007*. Arcadia Publishing, 2007.

------. *Voices of the Heart: Asian American Women on Immigration, Work, and Family*. Truman State University Press, 2007.

------. *Emerging Voices: the Experiences of the Underrepresented Asian Americans*. Rutgers University Press, 2008.

------. *Asian America: Forming New Communities, Expanding Boundaries*. Rutgers University Press, 2009.

------. *Asian American History and Culture: An Encyclopedia*. Two volumes (with Allan W. Austin) M. E. Sharpe, 2010. Winner of *Booklist/Reference Books Bulletin* Editors' Choice 2010 Award.

------. *Chinese Chicago: Race, Transnational Migration, and Community Since 1870*. Stanford University Press, 2012. Nominated as the Best Book by the Association for Asian American Studies, Immigration and Ethnic History Society, Association of Chinese Professors in Social Sciences, the Chinese Historians in the United States, and Missouri Conference on History.

令狐萍英文專論

Ling, Huping. "Surviving on the Gold Mountain: A Review of Sources about Chinese American Women." *The History Teacher* 26, no. 4 (August 1993): 459-470.

------. "Chinese Merchant Wives in the United States, 1840-1945." *Origins and Destinations: 41 Essays on Chinese America*. ed. Chinese Historical Society of Southern California and UCLA Asian American Studies Center, 1994.

------. "Mme. Chiang Kai-shek." In Franklin Ng, ed. *The Asian American Encyclopedia*. New York: Marshell Cavendish Corp., 1995.

------. "Sze-Kew Dun, A Chinese American Woman's Experience in Kirksville, Missouri." *Missouri Historical Review* XCI, no. 1 (October 1996): 35-51.

------. "A History of Chinese Female Students in the United States, 1880s-1990s." *The Journal of American Ethnic History* 16, no. 3 (Spring 1997): 81-109.

------. "Chinese American Professional and Business Women." *History and Prospective: Ethnic Chinese at Turn of Century*. ed. Guotu Zhuang. Fujian: Fujian People's Publishing House, 1998, 398-421.

------. "Chinese Female Students and the Sino-US Relations." In *New Studies on Chinese Overseas and China*, Leiden, Holland: International Institute for Asian Studies, 2000, 103-137.

------. "Family and Marriage of Late-Nineteenth and Early-Twentieth Century Chinese Immigrant Women." *Journal of American Ethnic History* Vol. 19, No. 2 (Winter 2000): 43-63.

------. "Historiography and Research Methodologies of Chinese American Women." *Research on Women in Modern Chinese History* No. 9 (August 2001): 235-253.

------. "The Changing Patterns of Taiwanese Students in America and the Modernization in Taiwan." In *Modernity and Cultural Identity in Taiwan*. Edited by Hanchao Lu. River Edge, NJ: Global Publishing Co. Inc., 2001, 179-207.

------. "The Rise and Fall of the Study in America Movement in Taiwan." *Overseas Chinese History Studies* No. 4 (2003): 21-28.

------. "Growing up in 'Hop Alley:' The Chinese American Youth in St. Louis during the Early-Twentieth Century." In *Asian American Children*, ed. Benson Tong, 65-81. Westport, CT: Greenwood Press, 2004.

------. "Governing 'Hop Alley:' On Leong Chinese Merchants and Laborers Association, 1906-1966." *Journal of American Ethnic History* Vol. 23, No. 2 (Winter 2004): 50-84.

------. "Reconceptualizing Chinese American Community in St. Louis: From Chinatown to Cultural Community." *Journal of American Ethnic History* Vol. 24, No. 2 (Winter 2005): 65-101. Winner of the Best Article Award, 48th Annual Missouri Conference on History 2006.

------. "The Changing Public Image of Chinese Americans and the "Rise of China." *Urban China* No. 23 (2007).

------. "New Perspectives on Chinese American Studies—Cultural Community Theory." *Overseas Chinese History Studies* No.1 (2007): 25-31.

------. "The Changing Public Image of Chinese Americans and the Rise of China." *Journal of Ethnic Studies* (June 2008): 20-26 (reprint).

------. "Introduction: Emerging Voices of Underrepresented Asian Americans." In *Emerging Voices: Experiences of Underrepresented Asian Americans*. Edited by Huping Ling. Rutgers University Press, 2008. Pages 1-14.

------. "Introduction: Reconceptualizing Asian American Communities." In *Asian America: Forming New Communities, Expanding Boundaries*. Edited by Huping Ling. Rutgers University Press, 2009. Pages 1-21.

------. "Cultural Community: A New Model for Asian American Community." In *Asian America: Forming New Communities, Expanding Boundaries*. Edited by Huping Ling. Rutgers University Press, 2009. Pages 129-153.

------. "Chinese Chicago: Transnational Migration and Businesses, 1890s-1930s." *Journal of Chinese Overseas* Vol. 6 (2010): 250-285.

------. "The Transnational World of Chinese Entrepreneurs in Chicago, 1870s to 1940s: New Sources and Perspectives on Southern Chinese Emigration." *Frontier History in China,* Vol. 6, No. 3 (2011): 370-406.

------. "The Changing Public Image of Chinese Americans and the Rise of China." *21st Century International Review* (21世紀國際評論), (March 2011): 10-15.

------. "Negotiating Transnational Migration: Marriage and Changing Gender Roles among the Chinese Diaspora." In *Routledge Handbook of the Chinese Diaspora,* edited by Chee-Beng Tan, London and New York: Routledge, 2013. Pages 227-246.

------. "The New Trends in American Chinatowns: The Case of Chinese in Chicago." In *Chinatown around the World: Gilded Ghettos, Ethnopolis, and Cultural Diaspora,* edited by Bernard Wong and Chee-Beng Tan. Leiden: Brill, 2013. Pages 55-94.

------. "Chinese Chicago: Transnational Migration and Entrepreneurship, 1870s-1930s." *Overseas Chinese History Studies* No. 3 (2013): 1-18.

------. "Rise of China and Its Meaning to Asian Americans." *American Review of China Studies* Vol. 14, No. 1 (Spring, 2013): 1-23.

令狐萍中文專著與專論

令狐萍：《金山謠：美國華裔婦女史》，北京：中國社會科學出版社，1999年。獲美國福特基金出版獎。

令狐萍：《萍飄美國：新移民實錄》，山西：北嶽文藝出版社，2003年。

令狐萍：《金山謠：美國華裔婦女簡史及主要有關史料述評》，中國社會科學院美國史研究所：《美國研究》，1997年第1期，頁127-146。

令狐萍：《十九世紀中國婦女移民美國動機初探》，中國社會科學院美國史研究所：《美國研究》，1999年第1期，頁95-121。

令狐萍：《美國華裔婦女的研究及其方法論》，台北：中央研究院，《近代中國婦女史研究》，2001年第9期，頁235-253。

令狐萍：《從台灣留美學生模式的變化看台灣社會的現代化》，盧漢超主編，《台灣的現代化和文化認同》，New Jersey：八方文化企業公司，2001年。

令狐萍：《從台灣社會的發展看台灣留美運動的興衰》，《華僑華人歷史研究》，2003年第4期，頁21-28。

令狐萍：《美國華人研究的新視角》，《華僑華人歷史研究》，2007年第1期，頁25-31。

令狐萍：《從美國華人形象的演變看中國的崛起》，《城市中國》2007年第23期，頁75-79。

令狐萍：《從美國華人形象的演變看中國的崛起》，《21世紀國際評論》，2011年第1期，頁10-15。

令狐萍：《美國華人參政難》，《瞭望中國》，2012年第91期，頁68-73。

令狐萍：《芝加哥華人的跨國移民與商業活動》，《華僑華人歷史研究》，2013年第3 期，頁1-18。

Liu, Bo-ji. 劉伯驥：《美國華僑史》，台北：黎明書局，1981 年。*Meiguo Huaqiao Shi*, [History of the Overseas Chinese in the United States]. Taipei: Li Ming Publishing Co., 1981.

Liu, Haidong. "Lives of Chinese Students' Wives in An American University Setting." Ph.D. diss., Pennsylvania State University, 1992.

Liu, Haiming. *Transnational History of a Chinese Family: Immigrant Letters, Family Business, and Reverse Migration*. New Brunswick, NJ: Rutgers University Press, 2005.

Liu, Quan. 劉權*Guangdong huaqiao huarenshi* 廣東華僑華人史[A History of Overseas Chinese from Guangdong]. Guangdong: Guangdong renmin chubanshe 廣東人民出版社[Guangdong People's Publisher], 2002.

Liu, Xuy. 劉緒貽，楊生茂主編：《佛蘭克林 D. 羅斯福時代》，北京：人民出版社，1994 年。

Loewen, James W. *The Mississippi Chinese: Between Black and White*. Cambridge, Mass.: Harvard University Press, 1971.

Loo, Chalsa M., ed. *Chinatown: Most Time, Hard Time*. New York: Praeger, 1992.

Long Denggao. 龍登高*Kuayu shichang de zhangai: haiwai huashang zai guojia zhidu yu wenhua zhijian* 跨越市場的障礙：海外華商在國家，制度，與文化之間 [Beyond Market Obstacles: Overseas Chinese Merchants among Nation-states, Systems, and Cultures]. Beijing: Kexue chubanshe 科學出版社[Science Publishing Company], 2007.

Lord, Bette. *Legacies: A Chinese Mosaic*. New York: Alfred A. Knopf, 1990.

Lou, Raymond. "The Chinese American Community of Los Angeles, 1870-1900: A Case of Resistance, Organization, and Participation." Ph.D. diss., University of California, 1982.

Louie, Andrea. *Chineseness Across Borders: Renegotiating Identities in China and the United States*. Durham, North Carolina: Duke University Press, 2004.

Louie, Constance. "Breaking Down the Walls of Jade: A Study of Acculturation and Second-Generation Chinese-American Women." Ph.D. diss., California School of Professional Psychology, 1994.

Louie, Vivian S. *Compelled to Excel: Immigration, Education, and Opportunity among Chinese Americans*. Stanford: Stanford University Press, 2004.

Low, Victor. *The Impressible Race: A Century of Educational Struggle by the Chinese in San Francisco*. San Francisco: East/West Publishing Co., 1982.

Ludwig, Edward W. and Jack Loo. *Gumshan: The Chinese American Saga*. Los Gatos, Calif.: Polaris Press, 1982.

Lui, Mary Ting Yi. *The Chinatown Trunk Mystery: Murder, Miscengenation, and Other Dangerous Encounters in Turn-of-the-Century New York City*. Princeton: Princeton University Press, 2007.

Lum, Arlene, ed. *Sailing for the Sun: The Chinese in Hawaii, 1789-1989*. Honolulu, Hawaii: Three Heroes, 1988.

Lydon, Sandy. *Chinese Gold: The Chinese in the Monterey Bay Region*. Capitola, Calif.: Capitola Book Co., 1985.

Lyman, Stanford M. *Chinese Americans*. New York: Random House, Inc., 1974.

------. "Marriage and the Family Among Chinese Immigrants to America, 1850-1960." *Phylon* 24 (1968): 321-330, and *Chinese Americans* (New York: Random House, 1974), 86-105.

McClellan, Robert. *The Heathen Chinee, A Study of American Attitudes Toward China, 1890-1905*. Columbus: Ohio State University Press, 1971.

McCunn, Ruthanne Lum. *Thousand Pieces of Gold: A Biographical Novel*. San Francisco: Design Enterprises of San Francisco, 1981.

------. *Chinese American Portraits: Personal Histories 1828-1988*. San Francisco: Chronicle Books, 1988.

Martin, Mildred Crowl. *Chinatown's Angry Angel: The Story of Donaldina Cameron*. Palo Alto, Calif.: Pacific Books, 1977.

Mason, Sarah R. "Family Structure and Acculturation in the Chinese Community in Minnesota." *Asian and Pacific American Experiences: Women's Perspectives* ed. Nobuya Tsuchida. Minneaplis: Asian/Pacific American Learning Resource Center nd General College, University of Minnesota, 1982, 160-171.

------. "Liang May Seen and the early Chinese Community in Minneapolis." *Minnesota History* (Spring 1995): 223-233.

McKeown, Adam. *Chinese Migrant Networks and Cultural Change, Peru, Chicago, Hawaii, 1900-1936*. Chicago: The University of Chicago Press, 2001.

Meng, Chih. *Chinese American Understanding, A Sixty-Year Search*. New York: China Institute in America, 1981.

Miller, Stuart Creighton. *The Unwelcome Immigrant: The American Image of Chinese, 1785-1882*. Berkeley, Calif.: University of California Press, 1979.

Minnick, Sylvia Sun. *Samfow = Chin-shan San-pu: The San Joaquin Chinese Legacy*. Fresno, Calif.: Panorama West Pub., 1988.

Nee, Victor G. & Brett de Bary Nee. *Longtime Californ': A Documentary Study of An American Chinatown*. New York: Pantheon Books, 1973.

Ng, Franklin. *The Taiwanese Americans*. Westport, CT: Greenwood Press, 1992.

Ngai, Mae M. *Impossible Subjects: Illegal Aliens and the Making of Modern America*. Princeton: Princeton University Press, 2004.

Nordyke, Eleanor and Richard K.C. Lee. "The Chinese in Hawaii. . ." *Hawaiian Journal of History* 23 (1989): 196-216.

Orleans, Leo A. *Chinese Students in America: Policies, Issues, and Numbers*. Washington, D.C.: National Academy Press, 1988.

Pan, Lynn. *Sons of the Yellow Emperor: A History of the Chinese Diaspora*. Boston: 1990.

Peffer, George Anthony. *If They Don't Bring Their Women Here: Chinese Female Immigration before Exclusion*. Urbana: University of Illinois Press, 1999.

Perrin, Linda. *Coming to America: Immigrants from the Far East*. New York: Delacorte Press, 1980.

Pozzetta, George E. "The Chinese Encounter with Florida, 1865-1920." *Chinese America: History & Perspectives, 1989*, by Chinese Historical Society of America. San Francisco: Chinese Historical Society of America, 1989, 43-57.

Riddle, Ronald. *Flying Dragons, Flying Streams: Music in the Life of San Francisco's Chinese*. Westport, Conn.: Greenwood Press, 1983.

Riggs, Fred Warren. *Pressures on Congress: A Study of the Repeal of Chinese Exclusion*. New York: King's Crown Press, 1950.

Salyer, Lucy E. *Laws Harsh as Tigers: Chinese Immigrants and the Shaping of Modern Immigration Law*. Chapel Hill: University of North Carolina Press, 1995.

Sandmeyer, Elmer C. *The Anti-Chinese Movement*. Urbana: University of Illinois Press, 1973.

Saxton, Alexander. *The Indispensable Enemy: Labor and the Anti-Chinese Movement in California*. Berkeley: University of California Press, 1971.

Schiller, Nina Glick, Linda Basch, and Cristina Blanc-Szanton, eds. *Towards a Transnational Perspective on Migration: Race, Ethnicity, and Nationalism Reconsidered.* New York: The New York Academy of Science, 1992.

Schwendinger, Robert J. *Ocean of Bitter Dreams: Maritime Relations Between China and the United States, 1850-1915*. Tucson, Ariz.: Westernlore Press, 1988.

Seward, George F. *Chinese Immigration: Its Social and Economical Aspects*. New York: C. Scribner's Sons, 1881; reprint, New York: Arno Press, 1970.

Shah, Nayan. *Contagious Divides: Epidemics and Race in San Francisco's Chinatown*. Berkeley: University of California Press, 2001.

Shen, Huifen. *China's Left-Behind Wives: Families of Migrants from Fujian to Southeast Asia, 1930s-1950s*. Honolulu: University of Hawaii Press, 2012.

Sinn, Elizabeth. *Pacific Crossing: California Gold, Chinese Migration, and the Making of Hong Kong*. Hong Kong: Hong Kong University Press, 2013.

Siu, Paul C. P. *The Chinese Laundryman: A Study of Social Isolation*. New York: New York University Press, 1987.

Steiner, Stan. *Fusang, The Chinese Who Built America*. New York: Harper & Row, Publishers, 1979.

Stockard, Janice. *Daughters of the Canton Delta: Marriage Patterns and Economic Strategies in South China, 1860-1930*. Stanford, Calif.: Stanford University Press, 1989.

Siu, Lok. *Memories of a Future Home: Diasporic Citizenship of Chinese in Panama*. Stanford: Stanford University Press, 2005.

Sui, Sin Far. "The Chinese Women in America." *Land of Sunshine* 6 (January 1897): 62.

Sung, Betty Lee. *Mountain of Gold: The Story of the Chinese in America*. New York: The Macmillan Co., 1967.

------. *The Chinese in America*. New York: The Macmillan Co., 1972.

------. *A Survey of Chinese-American Manpower and Employment*. New York: Praeger, 1976.

------. *Gangs in New York's Chinatown*. New York: Office of Child Development, Dept. of Health, Education and Welfare, 1977.

------. *Statistical Profile of the Chinese in the United States 1970 Census*. New York: A New York Times Co., 1978.

------. *The Adjustment Experience of Chinese Immigrant Children in New York City*. New York: Center for Migration Studies, 1987.

Takaki, Ronald. "They Also Came: The Migration of Chinese and Japanese Women to Hawaii and the Continental United States." *Chinese America: History and Perspectives*

1990, by Chinese Historical Society of America. San Francisco: Chinese Historical society of America, 1990, 3-19.

Tan, Amy. *The Joy Luck Club*. New York: G. P. Putnam's Sons, 1989.

Tan, Chee-Beng, ed. *Transnational Chinese Networks*. London: Routledge, 2007.

------ ed. *Routledge Handbook of the Chinese Diaspora*. London and New York: Routledge, 2013.

Tan, Mely G. *The Chinese In the United States: Social Mobility and Assimilation*. Taipei: Orient Cultural Service, 1971.

Tan, Thomas Tsu-wee. *Your Chinese Roots: the Overseas Chinese Story*. Singapore: Times Books International, 1986.

Tang, Vincent. "Chinese Women Immigrants and the Two-Edged Sword of Habeas Corpus." *The Chinese American Experiences: Paper from the Second National Conference on Chinese American Studies*, ed. Genny Lim. San Francisco: The Chinese Historical Society of America and the Chinese Culture Foundation of San Francisco, 1980, 48-56.

Tchen, John Kuo Wei. *Genthe's Photographs of San Francisco's Old Chinatown*. New York: Dover Publications, 1984.

------. *New York before Chinatown: Orientalism and the Shaping of American Culture, 1776-1882*. Baltimore: The Johns Hopkins University Press, 1999.

Thompson, Richard H. *Toronto's Chinatown: The Changing Social Organization of an Ethnic Community*. New York: AMS, 1987.

Tseng, Yen-Fen. "Suburban Ethnic Economy: Chinese Business Communities in Los Angeles." Ph.D. diss., University of California, Los Angeles, 1994.

------. "Beyond 'Little Taipei': The Development of Taiwanese Immigrant Business in Los Angeles." *International Migration Review* 29, no. 1 (Spring 1995): 33-58.

Tong, Benson. *Unsubmissive Women: Chinese Prostitutes in Nineteenth-Century San Francisco*. Norman: University of Oklahoma Press, 1994.

Townsend, L. T. *The Chinese Problem*. Boston: Lee and Shepard, Publishers,1876; reprint, San francisco, Calif.: R and E Research Associates,1970.

Trull, Fern Coble. "The History of Chinese in Idaho from 1864 to 1910." M.A. Thesis, The University of Oregon, 1946.

Tsai, Shih-shan Henry. *China and the Overseas Chinese in the United States, 1868-1911*. Fayetteville: University of Arkansas Press, 1983.

------. *The Chinese Experience in America*. Bloomington: Indiana University Press, 1986.

Tu, Wei-ming, *The Living Tree: The Changing Meaning of Being Chinese Today*. Stanford: Stanford University Press, 1994.

Tung, William L. *The Chinese in America 1820-1973, A Chronology & Fact Book*. Dobbs Ferry, N.Y.: Oceana Publications Inc., 1974.

Wallace, Ian. *Chin Chiang and the Dragon's Dance*. New York: Atheneum, 1984.

Wang, Gungwu. *The Chinese Overseas: From Earthbound China to the Quest for Autonomy*. Harvard University Press, 2000.

Wang, Ling-Chi, et al. *Chinese Americans: School and Community Problems*. Chicago: Integrated Education Associates, 1972.

Wang, Quihui. "The Role of Attitudes in Social Change: A Comparative Study of Mobilization Versus Administrative and legal Reforms and Implications for the Status of Women in the People's Republic of China and the United States." Ph.D. diss., Boston University, 1985.

Wang, Xinyang. *Surviving the City: The Chinese Immigrant Experience in New York City, 1890-1970*. Lanham, Maryland: Rowman & Littlefield Publishers, 2001.

Wang Xiuhui. 王秀惠*Zhongzu qishi yu xingbie: erzhan qian meiguo dalu nanxing uaren zhi jingli* 種族歧視與性別：二戰前美國大陸男性華人之經歷 [Racial Discrimination and Gender: The Experiences of Chinese Males in American Mainland Prior to World War II]. Taibei: Yunchen wenhua shiye gufen youxian gongsi 允晨文化實業股份有限公司[Yunchen Culture Ltd.], 2006.

Wang, Y. C. *Chinese Intellectuals and the West, 1872-1949*. Chapel Hill: University of North Carolina Press, 1966.

Wei, Katherine. *Second Daughter: Growing Up in China, 1930-1949*. Boston: Little Brown, 1984.

Williams, Stephen. *The Chinese in the California Mines, 1848-1860.*. San Francisco: R & E Research Associates, 1971.

Wilson, Carol Green. *Chinatown Quest: One Hundred Years of Donaldina Cameron House 1874-1974*. San Francisco: California Historical Society, 1974.

Wong, Bernard P. *A Chinese American Community: Ethnicity and Survival Strategies*. Singapore: Chopmen Enterprise, 1979.

------. *Chinatown, Economic Adaptation and Ethnic Identity of the Chinese*. New York: Holt, Rienhart and Winston, 1982.

------. *Patronage, Brokerage, Entrepreneurship and the Chinese Community of New York*. New York: AMS Press, 1988.

Wong, Bernard and Chee-Beng Tan ed. *Chinatown around the World, Gilded Ghettos, Ethnopolis, and Cultural Diaspora*. Leiden: Brill, 2013.

Wong, Diane Yen-Mei. *Dear Diane: Questions & Answers for Asian American Women.* San Francisco: San Francisco Study Center, 1983.

------. *Dear Diane: Letters from Our Daughters.* San Francisco: San Francisco Study Center, 1983.

Wong, Jade Snow. *Fifth Chinese Daughter*. New York: Harper & Row, 1950.

------. *No Chinese Stranger*. New York: Harper & Row, 1975.

Wong, James I. *Aspirations and Frustrations of the Chinese Youth in the San Francisco Bay Area: Aspersions upon the Societal Scheme.* San Francisco: R & E Research Associates, 1977.

Wong, James I. *A Selected Bibliography on the Asians in America.* Palo Alto, Calif.: R & E Research Association, 1981.

------. *Selected Topics in Chinese-American History*. Stockton, Calif.: Koinonia Productions, 1984.

Wong, J. Y. "Three Visionaries in Exile: Yung Wing. . ." *Journal of Asian Studies* 20 (1986): 1-32.

Wong, Kay-Sun. "Chinese-American Women: A Phenomenological Study of Self-Concept." Ph.D. diss., The Wright Institute, 1983.

Wong, Sandra M. J. "For the Sake of Kinship: The Overseas Chinese Family." Ph.D. diss, Stanford University, 1987.

Wong, K. Scott. *Americans First: Chinese Americans and the Second World War.* Cambridge, Mass.: Harvard University Press, 2005.

Wong, K. Scott and Sucheng Chan eds. *Claiming America: Constructing Chinese American Identities during the Exclusion Era*. Philadelphia: Temple University Press, 1998.

Wu, Cheng-Tsu, ed. "*Chink!*" *A Documentary History of Anti-Chinese Prejudice in America.* New York: World Pub., 1972.

Wu, William F. *The Yellow Peril: Chinese Americans in American Fiction.* Hamden, Conn.: Archon Books, 1982.

Wu, Yuan-li, ed. *The Economic Condition of Chinese Americans.* Chicago: Pacific/Asian American Mental Health Research Center, 1980.

------. "The Economic Progress of Chinese-Americans Since World War II." *Sino-American Relations* 8-9 (Summer 1982): 45-60.

Xia, Chenghua夏誠華主編 *Xinshiji yimin de bianqian* 新世紀移民的變遷 [The Changing Chinese Immigrants in the New Century]. Xinzhu, Taiwan台灣 新竹市：Xuanzang daxue haiwai huaren yanjiu zhongxin玄奘大學海外華人研究中心 [Overseas Chinese Studies Center, Xuanzang University], 2006.

Yang, Fenggang. *Chinese Christians in America: Conversion, Assimilation, and Adhesive Identities.* University Park, PA.: The Pennsylvania State University Press, 1999.

Yap, Stacey G. H. *Gather Your Strength, Sisters: The Emerging Role of Chinese Women Community Workers*. New York: AMS Press, 1989.

Yeh, Chiou-Ling. *Making an American Festival: Chinese New Year in San Francisco's Chinatown.* Berkeley: University of California Press, 2008.

Ye, Guochao. "Madame Chiang at Wesleyan College." *The World Journal*. 29 April 1990.

Ye, Weili. *Seeking Modernity in the United States, 1900-1927*. Stanford: Stanford University Press, 2001.

Yee, Jennie H. Y. "Parenting Attitudes, Acculturation and Social Competence in the Chinese-American Child." Ph.D. diss., Boston University, 1983.

Yin, Xiao-huang. *Chinese American Literature since the 1850s*. Urbana: University of Illiois Press, 2000.

Yu, Li-hua. "Chinese Immigrants in Idaho"." Ph.D. diss., Bowling Green State University, 1991.

Yu, Henry. *Thinking Orientals: Migration, Contact, and Exoticism in Modern America*. Oxford: Oxford University Press, 2001.

Yu, Renqiu. *To Save China, To Save Ourselves: The Chinese Hand Laundry Alliance of New York*. Philadelphia: Temple University Press, 1992.

Yun, Lisa. *The Coolie Speaks: Chinese Indentured Laborers and African Slaves in Cuba. Philadelphia: Temple University Press, 2008.*

Yung, Judy. *Chinese Women of America, A Pictorial History*. Seattle: University of Washington Press, 1986.

------. *Unbound Feet: A Social history of Chinese Women in San Francisco*. Berkeley: University of California Press, 1995.

Yung, Wing. *My Life in China and America*. New York: Henry Holt & Company, 1909.

Zhao, Xiaojian. *Remaking Chinese America: Immigration, Family, and Community, 1940-1965*. New Brunswick, New Jersey: Rutgers University Press, 2002.

Zhou, Min. *Chinatown: the Socioeconomic potential of An Urban Enclave*. Philadelphia, Temple University Press, 1992.

Zhu Hongyuan. 朱浤源 "Qingmo yilai haiwai huaren de minzu zhuyi" 清末以來海外華人的民族主義[The Nationalism of Overseas Chinese since the Later Part of Qing Dynasty]. In *Si yu yan* 思與言[Thinking and Speaking], Vol. 3, no. 3 (September 1993): 1-66.

Zhuang Guotu. 莊國土 *Zhongguo fengjian zhengfu de huaqiao zhengce* 中國封建政府的華僑政策 [The Chinese Feudal Governments' Policies on Overseas Chinese]. Xiamen, China: Xiamen daxue chubanshe 廈門大學出版社 [Xiamen University Press], 1989.

其他亞裔美國人

Afkhami, Mahnaz. *Women in Exile*. Charlottesville, Virginia: University Press of Virginia, 1994.

Agtuca, Jacqueline. *A Community Secret for the Filipina in An Abusive Relationship*. Seattle: Seal Press, 1992.

Austin, Allen W. *From Concentration Camp to Campus: Japanese American Students and World War II*. Urbana, University of Illinois Press, 2004.

Azuma, Eiichiro. *Between Two Empires: Race, History, and Transnationalism in Japanese America*. New York: Oxford University Press, 2005.

Bonacich, Edna, and John Modell. *The Economic Basis of Ethnic Solidarity: Small Business in the Japanese American Community*. Berkeley: University of California Press, 1980.

Chan, Sucheng, ed. *Hmong Means Free: Life in Laos and America*. Philadelphia: Temple University Press, 1994.

------. *Survivors: Cambodian Refugees in the United States*. Urbana: University of Illinois Press, 2004.

------ ed. *The Vietnamese American 1.5 Generation: Stories of War, Revolution, Flight, and New Beginnings*. Philadelphia: Temple University Press, 2006.

Ch'oe, Yŏng-ho. *From the Land of Hibiscus: Koreans in Hawaii, 1903-1950*. Honolulu: University of Hawai'i Press, 2007.

Choy, Bong-Youn. *Koreans in America*. Chicago: Nelson Hall, 1979.

Choy, Catherine Cenaza. *Empire of Care: Nursing and Migration in Filipino American History*. Durhan and London: Duke University Press, 2003.

Davé, Shilpa S. *Brown Voice and Racial Performance in American Television and Film*. Urbana: University of Illinois Press, 2013.

Dhingra, Pawan. *Life Behind the Lobby: Indian American Motel Owners and the American Dream*. Stanford: Stanford University Press, 2012.

Espana-Maram, Linda. *Creating Masculinity in Los Angeles's Little Manila: Working Class Filipinos and Popular Culture, 1920s-1950s*. New York: Columbia University Press, 2006.

Espiritu, Yen Le. *Filipino American Lives*. Philadelphia: Temple University Press, 1995.

------. *Home Bound: Filipino American Lives across Cultures, Communities, and Countries.* Berkeley: University of California Press, 2003.

Freeman, James M. *Hearts of Sorrow: Vietnamese American Lives.* Stanford: Stanford University Press, 1989.

Glenn, Evelyn Nakano. *Issei, Nisei, War Bride: Three Generations of Japanese American Women in Domestic Service.* Philadelphia, Temple University Press, 1986.

Ichioka, Yuji. "Amerika Nadeshiko: Japanese Immigrant Women in the United States, 1900-1924." *Pacific History Review.* Vol. 49, No. 2 (May 1980): 339-57.

Kibria, Nazli. *Family Tightrope: The Changing Lives of Vietnamese Americans. Princeton: Princeton University Press, 1995.*

Kim, Ai Ra. *Women Struggling for A New Life.* Albany: State University of New York Press, 1995.

Kim, Claire Jean. *Bitter Fruit: The Politics of Black-Korean Conflict in New York City. New Haven: Yale University Press, 2003.*

Kim, Elaine H. and Eui-Young Yu, eds. *East To America: Korean American Life.* New York: New Press, 1996.

Kim, Eleana J. *Adopted Territory: Transnational Korean Adoptees and the Politics of Belonging.* Durham, NC: Duke University Press, 2010.

Kim, Richard S. *The Quest for Statehood: Korean Immigrant Nationalism and U. S. Sovereignty, 1905-1945.* New York: Oxford University Press, 2011.

Koshy, Susan. *Sexual Naturalization: Asian Americans and Miscegenation. Stanford: Stanford University Press, 2005.*

Koshy, Susan, and R. Radhakrishnan, eds. *Transnational South Asians: The Making of a Neo-Diaspora.* New York: Oxford University Press, 2008.

Kurashige, Scott. *The Shifting Grounds of Race: Black and Japanese Americans in the Making of Multiethnic Los Angeles.* Princeton: Princeton University Press, 2008.

Lee, Mary Paik. *Quiet Odyssey: A Pioneer Korean Woman in America.* Seattle : University of Washington, 1990.

Leonard, Karen Isaksen. *Making Ethnic Choices: California's Punjabi Mexican Americans.* Philadelphia: Temple University Press, 1992.

-------. *Muslims in the United States: The State of Research.* New York: Russell Sage Foundation, 2003.

Leong, Russell, ed. *Asian American Sexualities: Dimensions of the Gay and Lesbian Experience.* New York: Routledge, 1996.

Lyon, Cherstin M. *Prisons and Patriots: Japanese American Wartime Citizenship, Civil Disobedience, and Historical Memory*. Philadelphia: Temple University Press, 2012.

Maira, Sunaina. *Youth, Citizenship, and Empire after 9/11*. Durham, NC: Duke University Press, 2009.

Masequesmay, Gina ed., *Embodying Asian/American Sexualities*. New York: Lexington Books, 2010.

Matsumoto, Valerie J. *Farming the Home Place: A Japanese American Community in California, 1919-1982*. Ithaca: Cornell University Press, 1994.

Melendy, H. Brett. *Asians in America: Filipinos, Koreans, and East Indians*. Boston: Twayne Publishers, 1977.

Min, Gap Pyong. *Caught in the Middle: Korean Communities in the New York and Los Angeles*. Berkeley: University of California Press, 1996.

Muir, Karen L. S. *The Strongest Part of the Family: A Study of Lao Refugee Women in Columbus, Ohio*. New York: AMS Press, 1988.

Nakano, Mei. *Japanese American Women: Three Generations, 1890-1990*. Berkeley: Mina Press Pub., 1990.

Ng, Wendy. *Japanese American Internment during World War II: A History and Reference Guide*. Westport, Connecticut: Greenwood Press, 2002.

Odo, Franklin. *No Sword to Bury. Japanese Americans in Hawai'i During World War II*. Philadelphia: Temple University Press, 2004.

Okihiro, Gary Y. *Cane Fires, The Anti-Japanese Movement in Hawaii, 1865-1945*. Philadelphia: Temple University Press, 1991.

Park, Kyeyoung. *The Korean American Dream: Immigrants and Small Business in New York City*. Ithaca: Cornell University Press, 1997.

Park, Lisa. *Consuming Citizenship: Children of Asian Immigrant Entrepreneurs*. Palo Alto, CA: Stanford University Press, Author, 2005.

Park, Lisa Sun-Hee. *Consuming Citizenship: Children of Asian Immigrant Entrepreneurs*. Palo Alto: Stanford University Press, 2005.o:

Patterson, Wayne. *The Korean Frontier in America: Immigration to Hawaii, 1896-1910*. Honolulu: The University of Hawaii Press, 1994.

Peterson, William. "Success Story, Japanese-American Style." *New York Time Magazine*. 9 January 1966, 20-43.

Robinson, Greg. *A Tragedy of Democracy: Japanese Confinement in North America*. New York: Columbia University Press, 2009.

Shah, Bindi V. *Laotian Daughters: Working toward Community, Belonging, and Environmental Justice*. Philadelphia: Temple University Press, 2012.

Shan, Nita. *The Ethnic Strife: A Study of Asian Indian Women in the United States*. New York: Pinkerton and Thomas Publications, 1993.

Shah, Nayan. *Stranger Intimacy: Contesting Race, Sexuality and the Law in the North American West*. Berkeley: University of California Press, 2011.

Spickard, Paul. *Japanese Americans: The Formation and Transformations of an Ethnic Group*. New Brunswick, NJ: Rutgers University Press, 2009.

Vang, Chia Youyee. *Hmong America: Reconstructing Community in Diaspora*. Chicago: University of Illinois Press, 2010.

Võ, Linda Trinh. *Mobilizing an Asian American Community*. Philadelphia: Temple University Press, 2004.

Yang, Kao Kalia. *The Latehomecomer: A Hmong Family Memoir*. Coffee House Press, 2008.

Yanagisako, Sylvia. *Transforming the Past: Tradition and Kinship among Japanese Americans*. Stanford: Stanford University Press, 1985.

Yoo, David K. *Contentious Spirits: Religion in Korean American History, 1903-1945*. Stanford: Stanford University Press, 2010.

Yu, Diana. *Winds of Change: Korean Women in America*. Silver Spring, Maryland: The Women's Institute Press, 1991.

Yu, Eui-Young and Earl H. Phillips, eds. *Korean Women in Transition: At Home and Abroad*. Los Angeles: Center for Korean-American and Korean Studies, California State University, 1987.

Zhou, Min, and Carl Bankston III. *Growing up American: How Vietnamese Children Adopt to Life in the United States*. New York: Russell Sage Foundation, 1998.

非洲裔和墨西哥裔美國人

Anderson, Karen. *Changing Women: A History of Racial Ethnic Women in Modern America*. New York: Oxford University Press, 1996.

Blackwelder, Julia Kirk. *Women of the Depression: Caste and Culture in San Antonio, 1929-1939*. College Station: Texas A&M University Press, 1984.

Blea, Irene I. *Toward A Chicano Social Science*. New York: Praeger, 1988.

------. *La Chicana and the Intersection of Race, Class, and Gender*. New York: Praeger, 1992.

Clark-Lewis, Elizabeth. *Living in, Living Out: African American Domestics in Washington, D.C., 1910-1940*. Washington and London: Smithsonian Institution Press, 1994.

Frankel, Noralee and Nancy S. Dye, eds. *Gender, Class, Race, and Reform in the Progressive Era*. Lexington: The University Press of Kentucky, 1991.

Lemke-Santangelo, Gretchen. *Abiding Courage: African American Migrant Women and the East Bay Community*. Chapel Hill: The University of north Carolina Press, 1996.

Malson, Micheline, et al., eds. *Black Women in America: Social Science Perspectives*. Chicago: The University of Chicago Press, 1990.

National Association for Chicana Studies. *Chicana Voices: Intersections of Class, Race, and Gender*. Albuquerque: University of New Mexico Press, 1993.

Perez, Gina. *The New Northwest Side Story; Migration, Displacement, and Puerto Rican Families*. Berkeley: University of California Press, 2004.

Rooks, Noliwe M. *Hair Raising: Beauty, Culture, and African American Women*. New Brunswick, N.J.: Rutgers University Press, 1996.

Ruiz, Vicki L. and Susan Tiano, eds. *Women On the U.S.-Mexico Border*. Boston: Allen & Unwin, 1987.

Schlissel, Lillian, Vicki L. Ruiz, and Janice Monk, eds. *Western Women: Their Land, Their Lives*. Albuquerque: University of New mexico Press, 1988, (Chapter 4 deals with Mexican American women).

Staples, Robert. *The Black Women in American: Sex, Marriage, and the Family*. Chicago: Nelson Hall Publishers, 1973.

Wallace, Phyllis A. *Black Women in the Labor Force*. Cambridge: The MIT Press, 1980.

歐裔美國人

Barton, Josef J. *Peasants and Strangers, Italians, Rumanians, and Slovaks in An American City, 1890-1950*. Cambridge, Mass.: Harvard University Press, 1975.

Billigmeier, Robert Henry. *Americans from Germany*. Belmont, Calif.: Wadsworth Publishing Co., 1974.

Cohen, Miriam. *Workshop to Office: Two Generations of Italian Women in New York City 1900-1950*. Ithaca: Cornell University Press, 1992.

Diner, Hasia R. *Erin's Daughters in America: Irish Immigrant Women in the Nineteenth Century*. Baltimore: The Johns Hopkins University Press, 1983.

Ewen, Elizabeth. *Immigrant Women in the Land of Dollars: Life and Culture on the Lower Side, 1890-1925*. New York: Monthly Review Press, 1985.

Friedman-Kasaba, Kathie. *Memories of Migration: Gender, Ethnicity, and Work in the Lives of Jewish and Italian Women in New York, 1870-1924.* Albany: State University of New York Press, 1996.

Gabaccia, Donna. *From Sicily to Elizabeth Street: Housing and Social Change among Italian Immigrants 1880-1930.* Albany: State University of New York Press, 1984.

------. *Militants and Migrants.* New Brunswick: Rutgers University Press, 1988.

Glanz, Rudolf. *The Jewish Women in America: Two Female Immigrant Generations 1820-1929.* New York: Ktav Publishing House, Inc., 1976.

Glenn, Susan A. *Daughters of the Shtetl: Life and Labor in the Immigrant Generation.* Ithaca: Cornell University Press, 1990.

Jeffrey, Julie Roy. *Frontier Women: The Trans-Mississippi West, 1840-1880.* New York: Hill and Wang, 1979.

Kramer, Sydelle & Jenny Masur eds. *Jewish Grand-Mothers.* Boston: Beacon Press, 1976.

Lamphere, Louise. *From Working Daughters to Working Mothers: Immigrant Women in A New England Industrial Community.* Ithaca: Cornell University Press, 1987.

Marcus, Jacob R. *The American Jewish Women, 1654-1980.* New York: Ktav Publishing House, 1980.

Pickle, Linda Schelbitzki. *Contented among Strangers: Rural German-Speaking Women and Their Families in the Nineteenth-Century Midwest.* Urbana: University of Illinois Press, 1996.

Yans-McLaughlin, Virginia. *Family and Community: Italian Immigrants in Buffalo 1880-1930.* Urbana: University of Illinois Press, 1982.

移民與種族

Allen, Leslie. *Ellis Island.* Liberty Island, New York: Evelyn Hill Group, Inc., 1995.

Bodnar, John. *The Transplanted: A History of Immigrants in Urban America.* Bloomington: Indiana University Press, 1985.

Daniels, Roger. *Coming to America: A History of Immigration and Ethnicity in American Life.* New York: Harper Collins Publishers, 1990.

Dinnerstein, Leonard & David M. Reimers. *Ethnic Americans: A History of Immigration and Assimilation.* 2nd ed. New York, N.Y.: Harper & Row, 1982.

Foner, Nancy, ed. *New Immigrants in New York.* New York: Columbia University Press, 1987.

Gabaccia, Donna, ed. *Seeking Common Ground: Multidisciplinary Studies of Immigrant Women in the United States.* Westport, Connecticut: Greenwood Press, 1992.

------. *From the Other Side: Women, Gender, and Immigrant Life in the U.S., 1820-1990.* Bloomington: Indiana University Press, 1994.

Glazer, Nathan and Daniel P. Moynihan, eds. *Beyond the Melting Pot.* Cambridge, Mass.: The M.I.T. Press, 1970.

Jacobson, Matthew Frye. *Whiteness of a Different Color: European Immigrants and the Alchemy of Race.* Cambridge: Harvard University Press, 1998.

Hansen, Marcus Lee. *The Problem of the Third Generation Immigrant.* Augustana College Library, 1987.

Kivisto, Peter and Dag Blanck, eds. *American Immigrants and Their Generations: Studies and Commentaries on the Hansen Thesis after Fifty Years.* Urbana & Chicago: University of Illinois Press, 1990.

Lerda, Valeria, ed. *From `Melting Pot' to Multiculturalism.* Roma: Bulzoni Editore, 1990.

Portes, Alejandro and Rubén G. Rumbaut. *Immigrant America: A Portrait.* Berkeley, CA: University of California Press, 1990.

Reimers, David M. *Still the Golden Door: The Third World Comes to America.* New York: Columbia University Press, 1985.

Roediger, David R. *The Wage of Whiteness: Race and the Making of the American Working Class.* New York: Verso, 1991.

------. *Colored White: Transcending the Racial Past.* Berkeley: University of California Press, 2002.

Seller, Maxine S. *Immigrant Women.* Philadelphia: Temple University Press, 1981.

Takaki, Ronald, ed. *From Different Shores: Perspectives on Race and Ethnicity in America.* New York: Oxford University Press, 1987.

Yans-McLaughlin, Virginia. *Immigration Reconsidered: History, Sociology, and Politics.* New York: Oxford University Press, 1990.

異族通婚

Cerronilong, E. L. “Marring Out--Social-Cultural and Psychological Implications of Intermarriage.” *Journal of Comparative Family Studies* 16 no.1 (1985): 25-46.

Connor, John W. *A Study of the Marital Stability of Japanese War Brides.* San Francisco: R and E Research Associates, 1976.

Crester, Gary A. and Joseph J. Leon, eds. *Intermarriage in the United States.* New York: Hayworth Press, 1982.

Davis, Kingsley. "Intermarriage in Caste Societies." *American Anthropologist* 43, no. 3 (July-September 1941): 376-395.

Gordon, Albert. *Intermarriage: Interfaith, Interracial, Interethnic*. Westport, Connecticut: Greenwood Press, Publishers, 1980.

Gorton, Milton. *Assimilation in American Life*. New York: Oxford University Press, 1964.

Kitano, Harry, et al. "Asian American Interracial Marriage." *Journal of Marriage and the Family* 46, no. 1 (February 1984): 179-190.

Shinagawa, Larry Hajime & Gin Yong Pang. "Intraethnic, Interethnic, and Interracial Marriages Among Asian Americans in California, 1980." *Berkeley Journal of Sociology* 33 (1988): 95-114.

Sickeles, Robert J. *Race, Marriage, And the Law*. Albuquerque: University of New Mexican Press, 1972.

Spickard, Paul R. *Mixed Blood: Intermarriage and Ethnic Identity in Twentieth-Century*. Madison: The University of Wisconsin Press, 1989.

Stuard, Irving R., ed. *Interracial Marriage: Expectations and Realities*. New York: Grossman Publishers, 1973.

Sung, Betty Lee. *Chinese American Intermarriage*. New York: Center for Migration Studies, 1990.

Walsh, Joan. "Asian Women, Caucasian Men." *Image* 2 December 1990: 11-16.

Wong, Morrison G. "A Look at Intermarriage Among Chinese in the United States in 1980." *Sociological Perspectives* 32 no.1 (1989): 87 107.

婦女史

Berkin, Carol Ruth & Mary Beth Norton, eds. *Women of America: A History*. Boston: Houghton Mifflin, 1979.

Burnet, Jean, ed. *Looking into My Sister's Eyes: An Exploration in Women's History*. Toronto: The Multicultural History Society of Ontario, 1986.

Goldman, Marion S. *Gold Diggers and Silver Miners: Prostitution and Social Life on the Comstock Lode*. Ann Arbor: University of Michigan Press, 1981.

Hong, Grace. *Ruptures of American Capital: Women of Color, Feminism, and the Culture of Immigrant Labor. Minneapolis: University of Minnesota Press, 2006.*

Pascoe, Peggy. *Relations of Rescue: The Search for Female Moral Authority in the American West, 1874-1939*. New York: Oxford University Press, 1990.

------. *What Comes Naturally: Miscegenation Law and the Making of Race in America*. New York: Oxford University Press, 2009.

Riley, Glenda. *Inventing the American Women*. Arlington Heights, IL.: Harlan Davidson, Inc., 1987.

Rosen, Ruth. *The Lost Sisterhood: Prostitution in America, 1900-1918*. Baltimore: The Johns Hopkins University Press, 1982.

Timberlake, Andrea. *Women of Color and Southern Women: A Bibliography of Social Science Research, 1975 to 1988*. Memphis, Tenn.: Center for Research on Women, Memphis State University, 1988.

全球化及其影響

Chua, Amy. *Day of Empire: How Hyperpowers Rise to Global Dominance—and Why They Fall*. New York: Anchor Books, 2007.

Dirlik, Alif. "Asians on the Rim: Transnational Capital and Local Community in the Making of Asian America." *Amerasia Journal*, 22, no. 3 (1996): 1-24.

Ferguson, Niall. *Colossus: The Rise and Fall of the American Empire*. New York: Penguin, 2005.

Friedman, Thomas L. *The Lexus and the Olive Tree: Understanding Globalization*. New York: Anchor Books, 2000.

McKeown, Adam. *Melancholy Order: Asian Migration and the Globalization of Borders*. New York: Columbia University press, 2008.

Wallerstein, Immanuel. *Decline of American Power: The U.S. in a Chaotic World*. New York: New Press, 2003.

附錄二　美國華裔大事年表

1820年	美國移民局記載了第一批抵達美國的華人。
1834年	史料記載的第一名中國婦女梅阿芳抵達紐約。
1844年	7月3日，美國政府與中國清政府在望廈簽訂中美第一個不平等條約《望廈條約》（Treaty of Peace, Amity, and Commerce），中美正式建立外交關係。根據《望廈條約》，在華的美國公民享有領事裁判權（extraterritoriality）。而旅美的中國公民則不受中國法律的保護。 第一所基督教會女子學校在寧波成立。
1847年	第一批中國留學生，包括容閎等三人，抵達美國。容閎先在蒙森學校（Monson Academy in Monson, Massachusetts）學習，後畢業於耶魯大學，成為著名學者與教育家。容閎為第一個成為美國公民的中國人。他頻繁往返於中美兩國之間，為推動兩國的文化交流作出了巨大貢獻。
1848年	加利福尼亞州發現黃金，歷史著名的「黃金潮」（gold rush）開始。包括兩名男子，一名女子的中國勞工也抵達加州。這兩名男子在金礦做工，女子在一家從香港返美的美國傳教士家中幫傭。
1849年	在加州的中國勞工人數達54名。 容閎從蒙森學校畢業，進入耶魯大學學習。
1850年	在加州的中國勞工總數達到4000人。被中國的自然災害與政治動亂所驅使，大批來自中國廣東省的窮苦勞

工，抵達香港與澳門，與包工頭簽訂合同，成為苦力（coolie），被海運至美國西海岸與古巴、祕魯。中國勞工勤勉吃苦，受到美國僱主的歡迎，卻招致白人勞工的嫉妒與怨恨。

加州通過《外國礦工營業稅法》（Foreign Miners' License Tax Law），強令中國礦工與其他外籍礦工交納特別稅款。

1851年　在加州中國勞工人數在一年之內達到2.5萬。

1852年　加州立法通過新稅法，要求外籍礦工每人每月付稅3美元。

1854年　大約有1.3萬的中國勞工抵達加州。加州白人勞工因而視華工為搶奪他們飯碗的競爭對象。

為了聯合互助、對抗美國白人社會的歧視與偏見，在加州的華人成立「六大會館」：岡州、三邑、陽和、人和、寧陽、與合和會館。

1855年　加州通過法案，要求輪船主為每名無權成為美國公民的外國乘客交納50元人頭稅。

1857年　雖然種族歧視盛行，少數在紐約的華工與愛爾蘭移民婦女通婚。紐約《哈潑斯週報》（Harpers Weekly）與其他流行雜誌相繼報導了「中國人與愛爾蘭人聯姻」的故事。

1858年　加州通過《禁止中國人或其他蒙古人種進一步移民加州的法案》（An Act to Prevent the Further Immigration of Chinese or Mongolians to This State）。

6月18日，清政府與列強（包括美國）簽訂《天津條約》。

1859年　清政府同意其臣民在國外長期定居。

1860年　該年的人口普查顯示在美華人總數已達34933人，其中1784人為婦女。男女性別比例為18.58:1。

1860年 根據加州立法，蒙古人、印第安人和黑人不得就學於美國公立學校。加州的中國漁夫被要求每人每月付稅4美元。

1863年 修建美國中央太平洋鐵路（Central Pacific Railroad）的鐵路公司開始僱用華工。

1865年 修築中央太平洋鐵路的華工達到一萬人。

1868年 7月28日，清政府與美國政府在華盛頓簽署《中美天津條約》續約，史稱《伯林格姆條約》（Burlingame Treaty）。該條約同意雙方國民可以不受限制地移民，並成為對方國家的公民。

四萬在美國西海岸的中國礦工被白人勞工逐出金礦，成為農業工人或為白人家庭提供家務服務。

1869年 第一條橫貫美國大陸的鐵路修築完工。在中央太平洋鐵路修築的高峰時期，鐵路公司僱傭的勞工中的90%為華工（約10-12萬人）。

1870年 加州立法要求其他人種的居民在與白人分隔的公立學校就學。

在美華人總數達64199人，其中4566人為婦女，男女性別比例為12.84:1。

加州通過立法禁止從事娼妓業的中國、日本和其他蒙古人種的婦女進入該州。

1871年 美國西海岸反華暴力活動開始於洛杉磯。三藩市關閉其為中國兒童開放的夜校。

1875年 《佩奇法》（Page Law）被通過，禁止從事娼妓業的中國、日本和其他蒙古人種的婦女入境。

1877年 加州奇科（Chico, California）發生反華暴力事件。

1880年 11月17日，中美雙方同意修改《伯林格姆條約》，中國政府同意美方限制中國移民但不得完全禁止中國移民。

加州民法第69款規定禁止為白人與「蒙古人、黑人、黑白混血人和其他混血人種之間的婚姻簽發結婚證。

人口普查顯示華人總數達105465人，其中4779為婦女，男女性別比例為21:1。

1881-1892年 首批中國女留學生由美國教會團體贊助赴美留學，取得醫學學位，後返國成為首批受過西方醫學訓練的中國女醫生。

1882年 美國國會通過《排華法案》（Chinese Exclusion Act of 1882）在十年內禁止華工人美。

六大會館在三藩市聯合組成中華會館（Chinese Consolidated Benevolent Association），代表華人利益，抗爭對華人的歧視與排斥。

1884年 中華會館在三藩市建立華文學校。

1885年 三藩市建立新的與白人分立的「東方學校」。

懷俄明石泉（Rock Spring, Wyoming）發生反華暴力事件。

1888年 《司各特法》（Scott Act）規定禁止返華探親的華工入境。

1890年 人口普查顯示華人總數為107488人，其中女性3868人，男女性別比例為28.78:1。

1892年 《蓋瑞法》（Geary Act）被通過，將1882年《排華法》延期十年。

伊利斯島移民過境站建立。

1899年 中國維新人士康有為與梁啟超巡遊美國。

1900年 人口普查顯示華人總數達89863人，其中女性4522人，男女性別比例為18.87:1。

1902年 1882年的《排華法》被再次延期十年。

1903-1905年 中國知識婦女伍風鳴在三藩市、屋倫、巴爾的摩等地演講宣傳革命思想。

1904年 美國國會無限期延長所有排華法案。

	宋靄齡抵達美國喬治亞州梅肯鎮的私立衛斯理陽女子學院（Wesleyan College）讀書。
1906年	中國第一所女子大學——華北女子學院成立。
1907年	宋慶齡、宋美齡抵達美國。
1910年	天使島移民過境站建立。該站於1940年被廢除。
	人口普查顯示華人總數為71531人，其中女性4675人，男女性別比例為14.3:1。
1911年	中國辛亥革命，在美華人男子也剪斷髮辮，以示效忠革命。
1912年	容閎在美國逝世。
	「清華學院」成立，培訓留美學生。
1914-1929年	53名女留學生獲清華獎學金留學美國。
1920年	第二代華裔婦女總數達5214人。
	人口普查顯示華人總數為61639人，其中女性7748人，男性別比例為6.9:1。
1921年	全美共有三個青年婦女基督教協會。
1922年	在美中國女留學生人數達135名。
1924年	5月26日，美國國會通過《1924年移民法》，限制華人與其他亞洲人進入美國。
1926年	美國中國學會（China Institute in America, Inc.）成立。
1930年	人口普查顯示，華人總數為74954人，其中女性15152人，男女性別比例為3.9:1。
1931年	8月24日，中華會館成立旅美華僑統一義捐救國總會，簡稱義捐救國總會，也稱華僑救國會，支援中國的抗日戰爭。
1936年	吳健雄抵達美國加利福尼亞州立大學伯克利分校攻讀物理學博士。
1938年	中國衣廠女工工會在三藩市「一美元商店」罷工。
1939年	「紫禁城夜總會」在三藩市建立。

1940年　人口普查顯示華人總數為77504人，其中女性20115人，男女性別比例為2.8:1。

1941年　11月25日，華裔女飛行員李月英因飛機失事而逝世。

1943年　吳健雄受聘於哥倫比亞大學，加入代號為「曼哈頓計畫」的原子彈研究。

紐約華僑建立紐約華人血庫，支援中國的抗戰。

12月17日，美國國會廢除自1882年以來所有排華法案。

1945年　12月28日，美國國會通過《戰爭新娘法》（War Bride Act），允許美國軍人的外籍妻子入境，並授予她們申請成為公民的權利。在該法實行的三年內，有6000多名中國婦女作為美國軍人的妻子入境。

1946年　6月29日，美國國會通過《軍人未婚妻法》（G.I. Fiancées Act），允許美國軍人的外籍未婚妻入境。1947年至1949年，有91名中國婦女依該法入境。

1948年　6月25日，美國國會通過《戰時錯置人員法案》（Displaced Persons Act of 1948），允許在美國臨時居留的中國公民將其身分轉變為美國永久居民。在該法令實行的1948至1954年之間，有3465名中國人將其身分轉變為永久居民。

這一年有3317名中國婦女移民美國。

1950年　人口普查顯示華人總數為117629，其中女性40621人，男女性別比例為1.9:1。

1953年　8月7日，美國國會通過《難民救援法》（Refugee Relief Act of 1953），給予2000名持有國民黨政府簽發的護照的中國人以美國入境簽證，接收3000名亞洲難民入境，並允許在美的中國臨時居留人士將其身分轉變為永久居民。

1957年　吳健雄從事由華裔物理學家楊振寧與李政道所提出的關於原子在原子核弱性反應條件下違反宇稱性的現象

的物理測試。同年，楊振寧與李政道因此項物理發現而獲得諾貝爾物理獎。

1960年　人口普查顯示華人總數為237292，其中女性101743人，男女性別比例為1.3:1。

1964年　美國國會通過《1964年人權法案》，規定在任何公共場所實行歧視為非法。

華裔女社會學家譚金美逝世。

1965年　美國國會通過《1965年移民法》，廢除1924年移民法按國籍分配簽證的配額制度，並建立三項新的接納移民的原則，即幫助移民家庭團聚，滿足美國勞工市場對技術移民的需求以及收容戰爭與政治難民。根據該法，美國每年簽發17萬份簽證予東半球的移民，12萬份簽證予西半球的移民。

1966年　「模範少數族裔」（model minority）稱號出現，用來描述亞裔美國人在教育與就業方面的成就。

1968年　亞裔學運動（Asian American studies movement）從三藩市開始。舊金山州立大學（San Francisco State University）首先成立亞裔學中心（Asian Studies Program）。加利福尼亞州的其他高等院校隨即響應，成立了亞裔學中心或設置了亞裔學的課程。至70年代初，美國各地的許多院校都成立了亞裔學研究中心，或者開設了亞裔學課程。

1970年　人口普查顯示華人總數為431583人，其中女性204850人，男女性別比例為1.1:1。

1971年　宗毓華被哥倫比亞電視廣播公司錄用，隨後成為華裔著名女主播。

1974年　於江月桂當選為加州州務卿，成為加州州政府的第一位華裔女官員。

1979年　中國政府開始派遣留美學生。

1980年	人口普查顯示華人總數為806040人，其中女性398496人，男女性別比例為1:1。 紐約華裔美國人中異族通婚的婚姻占華裔全部婚姻的27%，在加州，華裔與異族通婚的比例為35.6%。
1980年代	亞裔學運動進入其發展的第二波：美國東海岸的多家著名大學正式建立亞裔學教學與研究機構。
1981年	華裔女建築師林瓔設計越戰紀念碑。
1989年	4月19日，華裔婦女趙小蘭被布希政府任命為交通次長，成為美國女性最高政府官員。 9月，華裔婦女張之香被布希政府任命為美國駐尼泊爾大使，成為美國第一位華裔大使。 11月30日，美國總統布希簽署《關於中華人民共和國公民的管理條例》，免除1989年12月1日之前居留美國的中國公民在完成在美國的學業或培訓後必須返回其母國並在那裡居住兩年的規定，並允許在1989年6月5日以前便已居留美國的中國公民在美國接受僱傭。
1990年代	「跨國主義」理論成為學術界移民研究的新興方法論；亞裔美國研究學界對同性戀的研究吸引學界注意。
1996年	3月23日，華裔花樣滑冰女將關穎珊獲得世界花樣滑冰冠軍。11月5日，美國大選日，「第209號議案」（Proposition 209）被加州選民通過，加州廢除所有對少數族裔在就學與就業中實行特殊照顧的平等權益措施（Affirmative Action）政策。
1990年代 －2000年代	亞裔學運動進入其發展的第三波：美國中部、南部的高等院校相繼成立亞裔學研究中心、設立亞裔研究學學位與課程，號稱「第三海岸」（the Great Third Coast）的美國中部、南部亞裔學研究被納入美國亞裔學研究領域；筆者與其他學者的論著將「受忽視的亞裔」（Underrepresented Asian Americans）——較新的、

或較小的亞裔族群——納入研究範圍。

2001年 9・11事件發生：恐怖主義者襲擊美國紐約世貿大樓；美國通過《美國愛國法》（The USA Patriot Act）以保護其國土與人民的安全，此法導致許多無辜穆斯林移民與中東、南亞、與非洲裔的美國公民被審訊、監禁。

2002年 美國政府成立國土安全局（The Homeland Security Agency）。

2009年 華裔婦女趙美心（Judy May Chu，1953年7月7日—），代表民主黨在加利福尼亞州第32選區當選，成為歷史上第一位華裔女性國會議員。奧巴馬總統任命諾貝爾物理獎得獎者朱棣文（Stephen Chu）為能源部長，前華盛頓州長駱家輝（Gary Locke）為商務部長。

2010年 美國人口普查資料顯示美國亞裔人口已超過1千7百30萬，其中1千4百70萬人為純亞裔（Asian Alone），2百60萬人為亞裔與其他族裔混血（Asian in combination with one or more additional races）。

2011年 奧巴馬總統任命駱家輝為美國駐華大使；趙美心在多位僑團代表的建議下起草了要求美國政府就1882年的《排華法案》表示道歉的提案（H. Res. 683）。

2012年 美國國會通過對1882年的《排華法案》表示道歉的提案（H. Res. 683）。儘管《排華法案》於1943年被廢除，但美國政府一直沒有就這段種族歧視的歷史作出反省，更沒有做出官方道歉的意思。這個在美國歷史上記錄了將近60年的恥辱才最後得以清算。

2014年 5月9日，美國勞工部將當年修築美國橫貫大陸鐵路西段的1萬2千列入勞工部榮譽堂，勞工部長裴瑞斯（Thomas E. Perez）表彰華工對美國經濟的貢獻。裴瑞斯和勞工部副部長盧沛寧以及15位華裔鐵路工人後代為華人鐵路工人榮譽榜揭牌。橫貫大陸鐵路將從美國東部到西部乘需馬車數月的歷程縮短為數天。1869年5月美國橫貫大陸鐵路東、西段接通時，接通儀式上沒有一個華工在場。持續145年的錯誤終於被糾正。

附錄三　華僑華人研究主要專有名詞及概念中英對照表

英文	中文
Affirmative Action	平權措施
American Dream	美國夢
American-born Chinese (ABC)	美國土生華裔
"American Decline"	「美國衰落」
Angel Island	天使島
Angel Island Immigration Station	天使島移民過境站
Anti-miscegenation law	《反異族通婚法》
Asian	亞裔
Asian American	亞裔美國人
Association for Asian American Studies	美國亞裔研究學會
Asian American Studies	美國亞裔研究學／學科
Asian American Studies Movement	美國亞裔學運動
Assimilation	同化
"Assimilation Theory"	「同化理論」
"Bachelor Society"	（美國華僑華人）「單身漢社會」
Bemis, Polly	波莉・貝米斯
Bloch, Julia Chang	張之香
Bowl of Rice Movement	「一碗米運動」
Capital, ethnic	族裔資本
Capital, financial	金融資本
Capital, human	人力／人才資本
Capital, social	社會資本
Census tract	人口普查小區
Chain immigration	連鎖移民

Chao, Elaine	趙小蘭
Chen, Danny	陳宇暉
Cheng, Lucy (Hirata)	成露茜
"Chicago School (of Sociology)"	「芝加哥（社會學）學派」
Chin, Vincent	陳果仁
Chin, Vincent, Murder of	陳果仁謀殺案
China Lobby	（支持國民黨的）美國院外活動集團
China Institute of America	美國中國學會
Chinaman	中國佬（對中國人的蔑稱）
"China Rise"	「中國崛起」
Chinatown	唐人街／中國城
Chinatown elite	唐人街精英階層
Chinatown, Uptown	唐人街上層社會
Chinatown, Downtown	唐人街下層社會
Chinese America	美國華人社會
Chinese American	華裔美國人
Chinese American Studies	美國華裔研究／華裔美國學
Chinese Chamber of Commerce	中華總商會
Chinese Consolidated Benevolent Association	中華公所／中華會館
Chinese Diaspora	海外華人／華裔流散族群
Chinese/ethnic Chinese/overseas Chinese	華人／華僑
Chinese ethnic economy	華裔經濟
Chinese Exclusion Act of 1882	1882年《排華法》
Chinese Hand Laundry Alliance (New York)	紐約衣館聯合會
Chinese immigrant	中國移民
Chinese immigrant community	華人移民社區
Chinese language media	華文媒體
Chinese Nationalist Daily	《民氣日報》
Chinese Six Companies	六大會館（指中華公所／中華會館）
Chu, Judy May	趙美心
Chu, Steven	朱棣文

Civil Rights Act of 1964	《1964年人權法案》
Civil Rights Movement	民權運動
Chinese Yellow Pages	《華商黃頁》
Chung, Connie	宗毓華
Chung Sai Yat Po	《中西日報》
Coolie	「苦力」
Coolie Trade	「苦力貿易」
Confucius Institute	孔子學院
Credit Ticket System	「賒票制」
Cross interrogation	交叉審訊
Cultural Community	「文化社區」
Diao lou	（廣東）碉樓
Daniels, Roger	羅傑・丹尼爾斯
Displaced Persons Act (1948)	1948年《戰時錯置人員法案》
Dim sum	廣式點心
Ellis Island	伊利斯島
Ellis Island Immigration Station	伊利斯島移民過境站
Enclave	族裔聚居區
Ethnic economy	族裔經濟
Ethnic enclave economy	少數族裔聚居區族裔經濟
Ethnic group	族裔群體
Ethnic identity	族裔身份認同
Ethnic social environment	族裔社會環境
Ethnic Studies	族裔研究／族裔研究學
Ethnicity	族裔／種族
FCC (Families with Children from China)	美國領養中國兒童家庭協會
Family value	家庭價值觀念
Federal Communication Committee	美國聯邦政府大衆傳播委員會
Flexible citizenship	「彈性公民」
Foot-binding	纏足
Fu Manchu	傅滿州（英國作家薩克斯・柔莫爾（Sax Rohmer）塑造的虛構人物，一個來自中國清朝的在西方學醫的犯罪學家）

Garment industry	車衣業
Gender and Sexuality Studies	性別與性研究
Ghetto	貧民窟
Glass Ceiling	「玻璃天花板」
The Geary Act (1892)	1892年《蓋瑞法》
G.I. Fiancée's Act (1946)	1946年《軍人未婚妻法》
Gold Rush	（美國）黃金潮
"Green Card"	「綠卡」（指美國永久居住證件）
Haihui	「海龜」（指海外留學後歸國的人士）
Hobo	（城市）「流浪漢」
Harper's Weekly	《哈潑斯週報》
Huiguan (district association)	會館
Immigration Act of 1965(*Hart-Cellar Act of 1965*)	1965年《移民法》（亦稱1965年《哈特——塞勒移民飛》）
GI Fiancée Act	《美國軍人未婚妻法》
Globalization	全球化
Global village	地球村
"Gold Mountain"	「金山」（指美國）
Grocery store	雜貨店
Hispanic (Latino)	（美國）拉美裔
Immigration	移民
Immigration model	移民模式
Immigration motivation	移民動機
INS (Immigration and Naturalization Service)	美國移民歸化局
Interaction	互動
Interdisciplinary degree program	跨學科學位計畫
Intergenerational relation	代際關係
International Migration	《國際移民評論》
Interracial marriage	異族通婚
IT (Information Technology)	諮詢技術
IT industry	諮詢技術產業
Jinshan Ke	「金山客」

Jinshan Po	「金山婆」
Jinshanzhuang	「金山莊」，指香港專對海外華僑華人的批發商行
Journal of American Ethnic History	《美國種族歷史研究》
Journal of Asian American Studies	《美國亞裔研究》
The Joy Luck Club	《喜福會》（小說、電影）
Kingston, Maxine Hong	湯婷婷
"Knowledge economy"	「知識經濟」
Kwan, Michelle	關穎珊
LGBT (lesbian, gay, bisexual, and transgender)	女同性戀者、男同性戀者、雙性戀者、跨性者
Lee, Rose Hum	譚金美
Lee, Wen Ho	李文和
Lin, Maya	林瓔
Locke, Gary Faye	駱家輝
Lord, Betty Bao	包柏漪
Mail order bride	「郵遞新娘」
Mainstream society	主流社會
Marginal man	邊際人
Middleman minority	中間人少數族裔
Mixed-race American	混血美國人
Mixed-race children	混血兒童
Model Minority	「模範少數族裔」
Mongoloid	蒙古人種
Multiculturalism	多元文化
National Archives and Records Administration	（美國）國家檔案館
National Asian American Telecommunication Association (NAATA)	全美亞裔美國人電影大衆傳播協會
On Leong Merchants and Laborers Association	安良工商協會
Opium addict	鴉片煙鬼
Opium War	鴉片戰爭
Oral history interview	口述歷史訪談

"Oriental"	「東方佬」（對亞裔的蔑稱）
Nuclear family	核心家庭
Page Act (1875)	1875年《佩奇法》
Pan-Asian ethnicity	泛亞族裔
Paper son	「證書兒子」／（廣東話）紙仔（指冒充美國公民兒子，持公民身份證書入境的移民）
Peer Group	同儕團體／朋友圈
Peer pressure	同類壓力
Permanent resident	永久居民
"Picture Bride"	「照片新娘」
Progressives	改良運動人士
Protestant	新教教會
"Push" and "Pull"	「推拉理論」
Racial segregation	種族隔離
Repeal of Chinese Exclusion Acts(1943)	1943年《廢除排華法令》
Remittance	僑匯
Residential assimilation	居住同化現象
Residential segregation	居住隔離
Restaurant industry	餐館業
Retail and wholesale	零售與批發（業）
Return certificate	（移民）回返證明書
San Francisco Chronicle	《舊金山時報》
Scott Act (1888)	1888年《司各特法案》
Self-employment	自我雇傭／自我創業
Settlement	定居
Settlement house movement	貧民寄宿所運動
Settlement pattern	定居模式
Settler	定居者
Sexuality	性
Sexual inclination	性取向
Silicon Valley	矽谷（指美國舊金山灣區南部的高科技研發區）

Smuggler	偷渡者
Snake head	「蛇頭」（指移民偷渡集團頭目）
Social mobility, downward	下向社會移動
Social mobility, upward	上向社會移動
Social security	社會保險
Socioeconomic status (SES)	社會經濟地位
Socioeconomic status indicator	社會經濟地位指標
Sojourner	旅居者
"Sojourner Theory"	「旅居者理論」
STEM (science, technology, engineering, and mathematics)	科學、技術、工程與數學（領域）
Stereotype	刻板形象
Study abroad movement	留學運動
Subculture	亞文化／次文化
Suffrage movement	爭取（婦女）選舉權運動
Supermarket	連鎖店／超級商店
Tan, Amy	譚恩美
Temperance	戒酒運動
Three Obediences and Four Virtues	「三從四德」
Transnational	跨國人
Transnational business/commerce	跨國商業
Transnational community	跨國社區
"Transnationalism"	「跨國主義理論」
Transnationalism	跨國主義／跨國性
Tsai, Shin-shan Henry	蔡石山
Urban crimes	城市犯罪問題
Urbanization	都市化
Urban revival movement/policy	城市改造運動/政策
Undocumented immigrant	無證照移民
War Bride Act (1945)	1945年《戰爭新娘法》
West Frontier	美國西部開發時期（1840-1880）
White flight	白人離棄（城中心）（指美國都市化過程中白人中產階級遷居市郊的社會現象）

William Carlson Smith Documents	威廉・史密斯檔案 （美國俄勒岡大學圖書館）
Wong, Jade Snow	黃玉雪
Women and Gender Studies	女性與性學研究
The Women Warrior	《女戰士》（湯婷婷著）
Wu, Jiangxiong	吳健雄
“Yellow peril”	「黃禍」（蔑指亞洲文化／美國亞裔文化對白人主流社會的經濟文化衝擊）
Young Men Christian Association (YMCA)	男青年基督教協會
Young Women Christian Association (YWCA)	女青年基督教協會

附錄四　中外主要華僑華人研究機構及組織

一、中外主要華僑華人研究機構與博物館

（一）美國研究機構與博物館

1.聯邦政府機構

美國國家檔案館華盛頓特區總館
美國國家檔案館太平洋山嶺地區分館
美國國家檔案館大湖地區分館
美國國家檔案館亞特蘭大地區分館
美國國家檔案館大學公園（馬里蘭）分館
美國國家檔案館堪薩斯分館
美國國家檔案館舊金山分館
美國國家檔案館費城分館
美國國家檔案館波士頓分館
美國國家檔案館西雅圖分館
美國國家檔案館聖路易分館
美國國會圖書館

2.大學圖書館特藏館

夏威夷大學圖書館特藏館
俄勒岡大學圖書館特藏館
斯坦福大學胡佛研究中心
哈佛大學燕京圖書館

3.民間盈利機構

匹鮑迪依色卡斯博物館（Peabody Essex Museum, in Salem, MA）

4.民間非盈利機構

舊金山華僑博物館（Chinese Historical Society of America）
紐約華僑博物館（Museum of Chinese in America, MOCA）
洛杉磯華僑博物館（Chinese American Museum, CAM）
芝加哥華埠博物館（Chinese American Museum of Chicago, CAMOC）
聖地亞哥華僑博物館（San Diego Chinese Historical Museum, SDCHM）

（二）中國與東南亞研究機構與博物館

1.中國政府僑務管理機構

中國國務院僑務辦公室
中國僑聯
致公黨
人大華僑委員會港澳臺僑委員會
政協港澳臺僑委員會
臺聯
海聯會

2.中國研究機構

中國華僑華人歷史研究所
中國社會科學研究院海外華人研究中心，2002年成立。
上海社科院僑務理論研究中心，成立於2007年1月，是上海市人民政府僑務辦公室與上海社會科學院聯合組建的非營利性的社會化研究機構，是國務院僑務辦公室在上海設立的權威理論研究基地。
上海社科院國際關係研究所，2012年6月22日成立。
北京大學華僑華人研究中心，1999年成立。
清華大學華商研究中心，2011年6月15日成立。
復旦大學華商研究中心，2006年11月14日成立。
暨南大學華僑華人研究院／國際關係研究院，暨南大學華僑華人研究院1991年由朱傑勤教授創辦；2011年與國際關係研究院合併，實行「一套人馬，兩塊牌子」。
華僑大學華僑華人研究院／國際關係研究院，成立於2009年9月。

廈門大學南洋研究院，其前身廈門大學南洋研究所創辦於1956年，是中國最早設立的東南亞研究機構，也是中國最早設立的國際問題研究機構之一。

廈門華僑博物院，為中國唯一的僑辦博物館，由已故愛國華僑領袖陳嘉庚於1956年9月倡辦。1958年底建成，1959年5月正式開放。

中山大學華僑華人研究中心，成立於2010年8月19日。

華中師大華僑華人研究基地

浙師大華僑華人研究中心，1990年代成立。

廣西華僑華人研究基地

廣西華僑華人研究所，2009年9月24日成立。

3.臺灣

臺灣中央研究院

臺灣故宮博物院

臺灣國史館

4. 新加坡

華裔館，新加坡南洋理工大學（Chinese Heritage Center）

5. 中國與東南亞華僑博物館

（1）中國

中國華僑歷史博物館

廣東華僑博物館

廣州民俗博物館

廈門華僑博物館

五邑華僑華人博物館

福州市歷史博物館

福州華僑博物館

浙江華僑博物館

（2）新加坡

華裔館，新加坡南洋理工大學（Chinese Heritage Center）

（3）印度尼西亞

檳城華僑博物館（Pinang Peranakan Museum）

二、中外主要華僑華人研究學術與民間組織

（一）國際

世界海外華人研究學會（International Society for the Studies of Chinese Overseas, ISSCO）

世界海外華人研究與文獻收藏機構聯合會（The World Confederation of Institute and Libraries for Chinese Overseas Studies, WCILCOS）

世界華僑華人聯合總會

（二）美國

亞裔美國研究學會（Association for Asian American Studies, AAAS）

中華會館（Chinese Consolidated Benevolent Association, CCBA）

美華協會（Organization of Chinese Americans, OCA）

安良工商會（On Leong Merchants and Laborers Association）

美國領養中國兒童家庭組織（Families with Chinese Children, FCC）

（三）中國

中國華僑華人研究學會

中國華僑歷史協會

廣東華僑華人研究會

浙江省華僑華人研究會

中國全國歸國華僑聯合會

（四）臺灣

臺灣國史館

（五）香港

香港華僑華人研究中心

香港華僑華人總會

（六）日本

日本華僑華人研究學會
日本華僑華人協會
西日本新華僑華人聯合會
長崎新華僑華人協會
北海道華僑華人聯合會
日本福井華僑華人聯誼會
日本中華總商會
「東京大學華人創業論壇」

（七）新加坡

華裔館，新加坡南洋理工大學（Chinese Heritage Center）
馬來西亞華人文化協會（Malaysian Chinese Cultural Society）
馬華公會

（八）菲律賓

菲華各屆聯合會
菲華商聯總會
旅菲各校校友聯合會
菲律賓中國商會
菲律賓晉江同鄉會

（九）泰國

泰國華僑教育協會
泰國華僑華人語言文化協會

（十）歐洲

歐洲華僑華人研究學會
法國華僑華人會
義大利東北四省華僑華人聯合會
冰島華人華僑協會

（十一）非洲

非洲華僑華人研究學會

（十二）南美洲

巴拿馬華人工商總會

三、中外主要華僑華人媒體

（一）中國

《人民日報海外版》，中國中央委員會機關報，創刊於1985年7月1日，為中國對外最具權威的綜合性中文日報。

《環球時報》，人名日報社主辦，1993年1月3日創刊，發行量200多萬份，注重日本、美國、臺灣的新聞，其文章受中國大陸與海外同行高度關注。

《中國建設》雜誌，1952年由宋慶齡創辦。主要讀者對象為華僑華人與港澳臺僑胞。

《中華英才》雜誌，1989年創刊，為中國目前唯一以人物（包括華僑華人精英）為重點的綜合性新聞半月刊，報導範圍涵蓋中國政治、軍事、外交、經濟、文教、衛生等。

《星島日報》、《星島晚報》、《星島晨報》（香港）。

（二）美國

《金山日新錄》，1854年在舊金山創刊，為海外最早華僑報紙。

《世界日報》，1970年創辦，總部設紐約。為北美發行量最大、最有影響力的華文媒體。

《美洲華僑日報》，總部設紐約，1941 年創刊，1989年停刊。

《美國僑報》，1990年1月5日創刊，為美國發展最快、最有影響力的華文媒體。

（三）加拿大

《大漢公報》，1907年創刊溫哥華。

《華僑新報》，1990年創刊蒙特利。

《加華日報》，1983年創刊多倫多。

（四）日本

《日本新華僑報》。

（五）東南亞與南亞

1.新加坡

《叻報》，1881年創刊，為東南亞地區最早華僑報紙。
《南洋商報》，1920年代由著名華僑領袖陳嘉庚創辦。
《星洲日報》，1920年代由著名華僑領袖胡文虎創辦。
《聯合早報》，1983年由《南洋商報》、《星洲日報》合併而來。
《聯合晚報》，1983年由《南洋商報》、《星洲日報》合併而來。

2.馬來西亞

《光華日報》，1910年創刊。
《星洲日報》，中文、馬來文雙語版。
《新檳日報》，中文、馬來文雙語版。

3.印度尼西亞

《訊報》2007年5月21日創刊，總部設印尼第三大城市棉蘭，由當地華人企業家林榮勝創辦。《訊報》為面向當地華人，以報導當地和大中華區域新聞為主的日報，為蘇門答臘島第一大華文報紙、全印尼主流華文報刊之一，日銷量逾1萬2000份。

4.菲律賓

《聯合日報》，總部設馬尼拉，中、英文雙語版。

5.泰國

《星暹日報》，1950年1月1日創刊，由著名華僑鉅商胡文虎與泰國華僑富商郭實秋合辦，後成為胡氏家族「星系報業有限公司」的產業。
《星泰晚報》，1951年由著名華僑鉅商胡文虎創辦。

6.緬甸

《緬甸晨報》，1923年11月5日由著名華僑鉅商胡文虎在仰光創辦。
《仰光日報》，1920年代初由著名華僑鉅商胡文虎在仰光創辦。

四、中外主要華僑華人電視臺、電臺

海外華人電視頻道（VodGo.COM）

五、中外主要華僑華人社會媒體網絡

（一）中國

中國僑網（www.Chinaqw.com）
中國華聲網（www.huashengwang.net）

（二）香港

香港華聲網（www.chinaroot.net）

（三）美國

世界新聞網（www.worldjournal.com）
美國僑報網（www.uschinapress.com）
華夏文摘（China News Digest, CND, www.cnd.org）
海歸網（haiguiwang.com）
華聲網（www.myhuasheng.com）
洛杉磯華人諮詢網（www.chineseinla.com）

（四）日本

日本新華僑網（www.jnocnews.jp）

附錄五　美國2010人口普查有關亞裔華裔數據

表1　美國亞太裔受教育程度（1970-2010）

年度	所有族裔[1]		白人[2]		黑人[2]		亞太裔[2]		西裔[3]	
	男	女	男	女	男	女	男	女	男	女
高中以上[4]										
1970	51.9	52.8	54.0	55.0	30.1	32.5	61.3	63.1	37.9	34.2
1980	67.3	65.8	69.6	68.1	50.8	51.5	78.8	71.4	45.4	42.7
1990	77.7	77.5	79.1	79.0	65.8	66.5	84.0	77.2	50.3	51.3
2000	84.2	84.0	84.8	85.0	78.7	78.3	88.2	83.4	56.6	57.5
2010	86.6	87.6	86.9	88.2	83.6	84.6	91.2	87.0	61.4	64.4
大學畢業生、研究生[4]										
1970	13.5	8.1	14.4	8.4	4.2	4.6	23.5	17.3	7.8	4.3
1980	20.1	12.8	21.3	13.3	8.4	8.3	39.8	27.0	9.4	6.0
1990	24.4	18.4	25.3	19.0	11.9	10.8	44.9	35.4	9.8	8.7
2000	27.8	23.6	28.5	23.9	16.3	16.7	47.6	40.7	10.7	10.6
2010	30.3	29.6	30.8	29.9	17.7	21.4	55.6	49.5	12.9	14.9

[1] 包括所有未被專門羅列的族裔。

[2] 從2005年起，只統計被選入該族裔的人口。

[3] 西裔人口包括各種族裔。

[4] 至1990年，統計數位包括完成四年高中和四年大學或更高的教育。

[5] 自2005年起，統計數字只包括亞洲人口，不包括太平洋島嶼人口。

資料來源：美國人口普查局，1970和1980人口普查，第一卷；http://www.census.gov/population/www/socdemo/educ-attn.html; 美國人口普查局，2012年人口統計資料摘要，表230，依族裔、性別分類的各族裔受教育程度。

表2　美國各州亞裔參政情況（2007）

州名	職位
Alabama	市議員City Councilmember (1)
Alaska	州衆議院議員State Representative (1), 法官Judge (1)
American Samoa	國會衆議院議員Federal Representative (1), 州上議院議員State Senator (18), 州長State Governor (1), 副州長Lieutenant Governor (1), 州教育局School Board (7)
Arizona	市議員City Councilmember (1), 法官Judge (4), 州教育局School Board (2)
Arkansas	
California	國會衆議院議員Federal Representative (2), 州衆議院議員State Representative (9), 州內被選舉的官員State Elected Official (4), 市長City Mayor (18), 市議員City Councilmember (76), 法官Judge (96), 州教育局School Board (142)
Colorado	法官Judge (4), 州School Board (1)
Connecticut	州衆議院議員State Representative (1),市議員 City Councilmember (1), 州教育局School Board (1)
Delaware	
District of Columbia	法官Judge (2)
Florida	州教育局School Board (3)
Georgia	州衆議院議員State Representative (1), 市議員City Councilmember (1), 法官Judge (3), 州教育局School Board (1)
Guam	州上議院議員State Senator (14), 州長State Governor (1), 副州長Lieutenant Governor (1), 法官Judge (11), 州教育局School Board (11)
Hawaii	國會上議院議員Federal Senator (2), 州上議院議員State Senator (18),州衆議院議員 State Representative (50), 副州長Lieutenant Governor (1), 市長City Mayor (3), 市議員City Councilmember (20), 法官 Judge (81), 州教育局School Board (19)
Idaho	
Illinois	市長City Mayor (1), 市議員City Councilmember (2), 法官Judge (6), 州教育局 School Board (5)
Indiana	法官Judge (1), 州教育局School Board (1)
Iowa	州衆議院議員State Representative (1), 法官Judge (1)
Kansas	
Kentucky	
Louisiana	市議員City Councilmember (1)
Maine	
Maryland	州衆議院議員State Representative (3), 法官Judge (3), 州教育局School Board (2)
Massachusetts	市議員City Councilmember (3), 法官Judge (2), 州教育局School Board (4)
Michigan	州衆議院議員State Representative (2), 市議員City Councilmember (3), 州教育局School Board (2)

Minnesota	州上議院議員State Senator (2), 州衆議院議員State Representative (3), 法官Judge (5), 州教育局School Board (5)
Mississippi	
Missouri	州教育局School Board (1)
Montana	
Nebraska	法官Judge (1)
Nevada	州衆議院議員State Representative (1)
New Hampshire	州衆議院議員State Representative (1)
New Jersey	州衆議院議員State Representative (1),市長 City Mayor (1), 市議員 City Councilmember (5), 法官Judge (3), 州教育局 School Board (10)
New Mexico	法官Judge (1)
New York	州衆議院議員State Representative (1),法官 Judge (15), 州教育局 School Board (20)
North Carolina	
North Dakota	
Northern Marianas Islands	州上議院議員State Senator (9), 州長State Governor (1), 副州長 Lieutenant Governor,法官 Judge (8),
Ohio	法官Judge (1)
Oklahoma	
Oregon	國會衆議院議員Federal Representative (1), 法官Judge (1), 州教育局 School Board (1)
Pennsylvania	州衆議院議員State Representative (1), 法官Judge (1)
Puerto Rico	
Rhode Island	
South Carolina	州衆議院議員State Representative (1)
South Dakota	
Tennessee	
Texas	州衆議院議員State Representative (1), 市議員City Councilmember (4),法官 Judge (16), 州教育局School Board (2)
Utah	州衆議院議員State Representative (1), 市議員City Councilmember (4), 法官Judge (5)
Vermont	州衆議院議員State Representative (1), 法官Judge (1)
Virginia	法官Judge, 州教育局School Board (2)
Virgin Islands	
Washington	國會上議院議員State Senator (1),州衆議院議員 State Representative (3), 州長State Governor (1), 市長City Mayor (1), 市議員City Councilmember (4), 法官Judge (22), 州教育局School Board (24)
West Virginia	州衆議院議員State Representative (1)
Wisconsin	州教育局School Board (2)
Wyoming	

資料來源：Don T. Nakanishi and James S. Lao eds., *2007-2008 National Asian Pacific American Political Almanac* (Los Angeles: UCLA Asian American Studies Center, 2007), 82-83.

表3　美國亞裔各族群人口統計（2010）

族群	單一亞裔		亞裔與其他族裔混合		單一亞裔族群或與其他亞裔族群或族裔混合
	單一亞裔族群	兩種以上亞裔族群	單一亞裔族群	兩種以上亞裔族群	
總數	14,327,580	346,672	2,429,530	217,074	17,320,856
印度裔	2,843,391	75,416	240,547	23,709	3,183,063
孟加拉裔	128,792	13,288	4,364	856	147,300
不丹裔	15,290	3,524	442	183	19,439
緬甸裔	91,085	4,451	4,077	587	100,200
柬埔寨裔	231,616	23,881	18,229	2,941	276,667
華裔	3,347,229	188,153	334,144	140,588	4,010,114
華裔，不包括臺灣裔	3,137,061	185,289	317,344	140,038	3,779,732
臺灣裔	196,691	2,501	15,781	468	215,441
菲律賓裔	2,555,923	94,050	645,970	120,897	3,416,840
老撾苗裔 Hmong	247,595	4,728	7,392	358	260,073
印尼裔	63,383	6,713	22,425	2,749	95,270
（日本）硫磺島裔 Iwo Jiman	1	1	7	3	12
日裔	763,325	78,499	368,094	94,368	1,304,286
韓裔	1,423,784	39,690	216,288	27,060	1,706,822
老撾裔Laotian	191,200	18,446	19,733	2,751	232,130
馬來西亞裔	16,138	5,730	3,214	1,097	26,179
馬爾代夫裔 Maldivian	98	4	25	–	127
蒙古裔	14,366	772	2,779	427	18,344
尼泊爾裔	51,907	5,302	1,941	340	59,490
（日本）沖繩島裔 Okinawan	2,753	2,928	3,093	2,552	11,326
巴基斯坦裔	363,699	19,295	24,184	1,985	409,163
新加坡裔	3,418	1,151	645	133	5,347
斯里蘭卡裔	38,596	2,860	3,607	318	45,381
泰國裔	166,620	16,252	48,620	6,091	237,583
越南裔	1,548,449	84,268	93,058	11,658	1,737,433
其他亞裔	218,922	19,410	366,652	18,777	623,761

–代表零。

資料來源：美國人口普查局，2010人口普查特別統計。

表4　美國亞裔家庭與一般家庭每家就業人數比較（2000-2010）

	2000		2010	
	全國人口	亞裔美國人	全國人口	亞裔美國人
家庭總數	72,261,780 (100%)	2,616,085 (100%)	114,567,419 (100%)	3,587,927 (100%)
每家就業人數	9,148,427 (12.7%)	188,424 (7.20%)	31,183,644 (27.2%)	233,859 (6.52%)
1 人	16,114,172 (22.3%)	786,087 (30.0%)	45,082,026 (39.3%)	1,127,898 (31.4%)
2 人	36,433,010 (50.4%)	1,186,968 (45.4%)	31,560,302 (27.5%)	1,667,645 (46.5%)
3 人以上	8,610,842 (11.9%)	454,579 (17.4%)	6,751,447 (5.90%)	530,010 (14.8%)

資料來源：American FactFinder, PCT084, FAMILY TYPE BY NUMBER OF WORKERS IN FAMILY IN 1999, Total Population; American FactFinder, PCT084, FAMILY TYPE BY NUMBER OF WORKERS IN FAMILY IN 1999, Asian Alone or in combination with one more other races (400-499) & (100-299) or (300, A01-z99) or (400-999); American FactFinder, B23009, PRESENCE OF OWN CHILDREN UNDER 18 YEARS BY FAMILY TYPE BY NUMBER OF WORKERS IN FAMILY IN THE PAST 12 MONTHS, Asian Alone or in combination with one more other races (400-499) & (100-299) or (300, A01-z99) or (400-999); American FactFinder, B08202, HOUSEHOLD SIZE BY NUMBER OF WORKERS IN HOUSEHOLD, Total Population.

表5　美國亞裔各族群人口增長統計（2000-2010）

族群	單一亞裔			亞裔與一種以上其他族裔混合			單一亞裔或與其他族裔族群混合		
	2000	2010	Percent change	2000	2010	Percent change	2000	2010	Percent change
總數	10,242,998	14,674,252	43.3	1,655,830	2,646,604	59.8	11,898,828	17,320,856	45.6
華裔	2,564,190	3,535,382	37.9	301,042	474,732	57.7	2,865,232	4,010,114	40
華裔，不包括臺灣人	2,432,046	3,322,350	36.6	288,391	457,382	58.6	2,720,437	3,779,732	38.9
菲律賓裔	1,908,125	2,649,973	38.9	456,690	766,867	67.9	2,364,815	3,416,840	44.5
印度裔	1,718,778	2,918,807	69.8	180,821	264,256	46.1	1,899,599	3,183,063	67.6
越南裔	1,169,672	1,632,717	39.6	54,064	104,716	93.7	1,223,736	1,737,433	42
韓裔	1,099,422	1,463,474	33.1	129,005	243,348	88.6	1,228,427	1,706,822	38.9
日裔	852,237	841,824	-1.2	296,695	462,462	55.9	1,148,932	1,304,286	13.5
其他亞裔	162,913	238,332	46.3	213,810	385,429	80.3	376,723	623,761	65.6
巴基斯坦裔	164,628	382,994	132.6	39,681	26,169	-34.1	204,309	409,163	100.3
柬埔寨裔	183,769	255,497	39	22,283	21,170	-5.0	206,052	276,667	34.3
老撾苗裔 Hmong	174,712	252,323	44.4	11,598	7,750	-33.2	186,310	260,073	39.6
泰國裔	120,918	182,872	51.2	29,365	54,711	86.3	150,283	237,583	58.1
老撾裔 Laotian	179,103	209,646	17.1	19,100	22,484	17.7	198,203	232,130	17.1
臺灣裔	118,827	199,192	67.6	11,564	16,249	40.5	130,391	215,441	65.2
孟加拉裔	46,905	142,080	202.9	10,507	5,220	-50.3	57,412	147,300	156.6
緬甸裔	14,620	95,536	553.5	2,100	4,664	122.1	16,720	100,200	499.3
印尼裔	44,186	70,096	58.6	18,887	25,174	33.3	63,073	95,270	51
尼泊爾裔	8,209	57,209	596.9	1,190	2,281	91.7	9,399	59,490	532.9
斯裡蘭卡裔	21,364	41,456	94	3,223	3,925	21.8	24,587	45,381	84.6
馬來西亞裔	15,029	21,868	45.5	3,537	4,311	21.9	18,566	26,179	41
不丹裔	192	18,814	9,699.00	20	625	3,025.00	212	19,439	9,069.30
蒙古裔	3,699	15,138	309.2	2,169	3,206	47.8	5,868	18,344	212.6
（日本）沖繩裔 Okinawan	6,138	5,681	-7.4	4,461	5,645	26.5	10,599	11,326	6.9
新加坡裔	2,017	4,569	126.5	377	778	106.4	2,394	5,347	123.4
馬爾代夫裔 Maldivian	29	102	251.7	22	25	13.6	51	127	149
（日本）硫磺島裔 Iwo Jiman	18	2	-88.9	60	10	-83.3	78	12	-84.6

資料來源：美國人口普查局，2010年人口普查資料，2010美國亞裔人口。

表6　美國中西部與南部亞裔人口增長與加州、夏威夷、紐約比較（2000-2010）

	單一亞裔		單一土生夏威夷人與其他太平洋島嶼人口	
	占人口百分比	變化	占人口百分比	變化
南部州				
Arkansas	1.2	78.50%	0.2	251.50%
Alabama	1.1	71%	0.1	117%
Delaware	3.2	76%		
Florida	2.4	70.80%	0.1	42.40%
Georgia	3.2	81.60%	0.1	42.40%
Kentucky	1.1	64.50%	0.1	71.30%
Maryland	5.5	51.20%	0.1	37.10%
N Carolina	2.2	83.80%	0.1	65.80%
S Carolina	1.3	64%	0.1	66.20%
Tennessee	1.4	61%	0.1	65.20%
Texas	3.8	71.50%	0.1	50%
Virginia	5.5	68.50%	0.1	51.50%
中西部州				
Indiana	1.6	73.30%		
Iowa	1.7	44.90%	0.1	98.50%
Kansas	2.4	44.80%	0.1	70.40%
Minnesota	4	50.90%		
Missouri	1.6	59.20%	0.1	97%
Nebraska	1.8	47.20%	0.1	53%
N Dakota	1	91.60%		
S Dakota	0.9	73.80%		51.00%
Wisconsin				
東北部州				
Vermont	1.3	52.30%		
California	13	31.5	0.4	23.40%
Hawaii	38.6	3.20%	10	19.30%
New York	7.3	35.90%		-0.60%

資料來源：令狐萍根據2010年美國人口普查數據編撰。

史地傳記類　PC0433　秀威文哲叢書08

金山謠
——美國華裔婦女史（增訂版）

作　　者 / 令狐萍
主　　編 / 蔡登山
叢書主編 / 韓　晗
責任編輯 / 劉　璞
圖文排版 / 楊家齊
封面設計 / 蔡瑋筠

發 行 人 / 宋政坤
法律顧問 / 毛國樑　律師
出版發行 / 秀威資訊科技股份有限公司
114台北市內湖區瑞光路76巷65號1樓
電話：+886-2-2796-3638　傳真：+886-2-2796-1377
http://www.showwe.com.tw
劃撥帳號 / 19563868　戶名：秀威資訊科技股份有限公司
讀者服務信箱：service@showwe.com.tw
展售門市 / 國家書店（松江門市）
104台北市中山區松江路209號1樓
電話：+886-2-2518-0207　傳真：+886-2-2518-0778
網路訂購 / 秀威網路書店：http://www.bodbooks.com.tw
國家網路書店：http://www.govbooks.com.tw

2015年4月　BOD一版
定價：520元

國家圖書館出版品預行編目

金山謠 : 美國華裔婦女史 (增訂版) / 令狐萍作. -- 一版. -- 臺北市 : 秀威資訊科技, 2015.04

面 ;　公分. -- (史地傳記類 ; PC0433)(秀威文哲叢書 ; 8)

BOD版

ISBN 978-986-326-318-0 (平裝)

1. 華僑 2. 女性 3. 歷史 4. 美國

577.252　　104000251

讀者回函卡

感謝您購買本書，為提升服務品質，請填妥以下資料，將讀者回函卡直接寄回或傳真本公司，收到您的寶貴意見後，我們會收藏記錄及檢討，謝謝！

如您需要了解本公司最新出版書目、購書優惠或企劃活動，歡迎您上網查詢或下載相關資料：http:// www.showwe.com.tw

您購買的書名：________________________________

出生日期：________年________月________日

學歷：□高中（含）以下　□大專　□研究所（含）以上

職業：□製造業　□金融業　□資訊業　□軍警　□傳播業　□自由業

□服務業　□公務員　□教職　□學生　□家管　□其它____

購書地點：□網路書店　□實體書店　□書展　□郵購　□贈閱　□其他

您從何得知本書的消息？

□網路書店　□實體書店　□網路搜尋　□電子報　□書訊　□雜誌

□傳播媒體　□親友推薦　□網站推薦　□部落格　□其他________

您對本書的評價：（請填代號　1.非常滿意　2.滿意　3.尚可　4.再改進）

封面設計____　版面編排____　內容____　文／譯筆____　價格____

讀完書後您覺得：

□很有收穫　□有收穫　□收穫不多　□沒收穫

對我們的建議：________________________________

____

____

____

請貼
郵票

11466
台北市內湖區瑞光路 76 巷 65 號 1 樓

秀威資訊科技股份有限公司 收

BOD 數位出版事業部

(請沿線對折寄回，謝謝！)

姓　　名：＿＿＿＿＿＿＿＿　年齡：＿＿＿＿　性別：□女　□男

郵遞區號：□□□□□

地　　址：＿＿＿＿＿＿＿＿＿＿＿＿＿＿＿＿

聯絡電話：(日)＿＿＿＿＿＿＿＿(夜)＿＿＿＿＿＿＿＿

E-mail：＿＿＿＿＿＿＿＿＿＿＿＿＿＿＿＿